普通高等教育交通类专业系列教材

道路交通事故分析技术

主　编　邹铁方　胡　林
副主编　王丹琦　王　方　李奇奇
参　编　武和全　高　凯　张　旭

机械工业出版社

智能网联与新能源是未来汽车两大主攻方向，其中智能车辆安全性成为所有工作的重中之重。改善智能车辆安全性不仅需要保障其信息安全，还需要保障其功能安全及预期功能安全，后两者显然只能依据对现有交通事故数据的深度调查、深度分析才有可能获得解决方案。本书主要内容包括交通安全相关基础知识、交通事故再现技术的相关知识、数据挖掘的相关成果等，目的是为行业各类人员提供从事故现场勘察到事故再现，再到事故数据挖掘的相关知识。

本书可作为高等院校车辆类、交通类专业学生学习交通安全相关知识的教材，也可作为从事交通事故研究的工程技术人员、管理人员、教师及相关学者的参考用书。

图书在版编目（CIP）数据

道路交通事故分析技术 / 邹铁方，胡林主编 . —北京：机械工业出版社，2022.12

普通高等教育交通类专业系列教材

ISBN 978-7-111-72174-1

Ⅰ . ①道…　Ⅱ . ①邹…②胡…　Ⅲ . ①公路运输 – 交通运输事故 – 事故分析 – 高等学校 – 教材　Ⅳ . ① U491.3

中国版本图书馆 CIP 数据核字（2022）第 231405 号

机械工业出版社（北京市百万庄大街 22 号　邮政编码 100037）

策划编辑：李　军　　　　责任编辑：李　军

责任校对：贾海霞　王明欣　责任印制：李　昂

北京中科印刷有限公司印刷

2023 年 2 月第 1 版第 1 次印刷

184mm × 260mm ·15 印张 · 370 千字

标准书号：ISBN 978-7-111-72174-1

定价：69.90 元

电话服务　　　　　　　　　网络服务

客服电话：010-88361066　机　工　官　网：www.cmpbook.com

010-88379833　机　工　官　博：weibo.com/cmp1952

010-68326294　金　　书　　网：www.golden-book.com

　机工教育服务网：www.cmpedu.com

前　言

从长期看，我国道路交通安全形势持续向好，特别是在考虑人、车数量稳步增加的情况下更是如此。但因交通事故致死、致伤人员的数量依然巨大，每年因各类交通事故死亡的人数维持在6万人左右，这不仅造成社会劳动力的大量损失，也给国家和社会带来了沉重的负担。因此，为进一步改善道路交通现状，更好地保护道路使用者的生命财产安全，呼应我国建设交通强国的战略举措，亟需深入研究事故以吸取教训。事故深度调查是从事故中吸取教训的有效手段，其用科学手段分析事故现场所获得的各类痕迹并结合证人证言还原整个事故过程、探索预防事故或降低伤害的举措，不仅能为事故责任认定提供证据，为相关法律法规的制定和完善提供依据，为交通安全教育提供素材，还能为交通、车辆等安全研究提供大量数据，有巨大价值。

为了能对交通事故开展专业的深度调查，不仅需要对影响交通安全的人、车、路、环境及管理等因素有基本的认知，也需要了解事故现场勘察的基本内容与方法，还需要依据现场勘察信息高质量再现整个事故的发生过程，进一步需要能全面且深入地分析所得数据以服务于交通安全改善。为此，本书聚焦基于仿真的交通事故深度调查技术，内容主要来源于编写团队在事故深度调查领域的长期积累及国家自然科学基金、国家新工科与实践项目等项目的研究成果，力求使读者阅读完本书后能了解交通安全特别是交通事故的影响因素，知道事故现场勘查的基本流程及所需的采集信息，能掌握用仿真软件再现常规交通事故的方法和步骤，并在需要时可分析再现结果的不确定性，能用事故数据或仿真软件开展提升道路交通安全的相关研究工作。

本书共8章，分别是绪论、道路交通安全影响因素、事故现场勘查的内容与方法、基于Pc-Crash的事故再现技术、基于MADYMO的事故再现技术、典型交通事故再现、事故再现中的不确定性问题以及基于事故深度调查及再现技术的扩展研究。

此外，研究生吴良伟、刘阳阳、程宇峰、周靖、刘前程、谢荣荣及赵云龙也参与了本书内容和素材整理工作，研究生罗鹏琛、陈得着核校了书中案例，王丹琦博士在完成5、6章编写后审阅了全书，在此一并感谢。

感谢以下项目的资助：国家新工科与实践项目“四化牵引产业驱动的地方高校汽车类专业改造升级路径探索与实践”（编号：E-JX20201526）、国家自然科学基金“多源不确定信息下车人碰撞事故高可靠再现方法研究”（编号：51775056）、湖南省研究生教学平台项目（湖南省研究生高水平教材立项项目）“基于Pc-Crash的事故再现技术”、2022年度长沙理工大学学术著作出版资助项目“道路交通事故分析技术”及长沙理工大学优秀教材项目“道路交通事故深度调查方法”。

因作者水平所限，书中内容难免存在问题和纰漏，敬请读者批评指正。

编　者

目　录

第 7 章 事故再现中的不确定性问题 …………………… 151

第 8 章 基于事故深度调查及再现技术的扩展研究 ………… 193

第 1 章 Chapter 1

绪 论

1.1 我国交通安全的现状

随着社会经济的发展和人们生活质量的提升，汽车已经成为普通消费品并广泛进入家庭，可汽车在给人们生活带来极大便利的同时，随之而来的交通事故也给人们带来了伤痛和灾难。根据世界卫生组织2021年道路安全全球现状报告显示，全世界每年约有130万人死于交通事故；道路交通死亡者中将近50%是“弱势道路使用者”，即行人，电动两轮车、自行车及摩托车骑车人等。道路交通事故现已成为威胁人类生命安全的重要因素，并且也是5～29岁的儿童和年轻人群体的主要死亡原因。

作为世界上道路交通事故严重的国家之一，从20世纪80年代末，我国道路交通事故年死亡人数首次超过5万人，之后我国每年因道路交通事故死亡人数超过10万人。面对如此严峻的道路交通安全形势，我国采取了一系列的交通安全措施，如制定并与时俱进地完善《道路交通安全法》《道路交通安全法实施条例》《机动车驾驶证申领和使用规定》等相关法律法规，加强道路交通安全知识教育的普及。因此，如图1-1所示，自21世纪以来，国内交通事故的发生次数及死伤人数总体都处于下降趋势，于2015年降到最低，2002年因交通事故死亡的人数为10.9万，至2015年时则降为5.8万，降幅达到46.8%。这表明我国所采取的各类交通安全措施

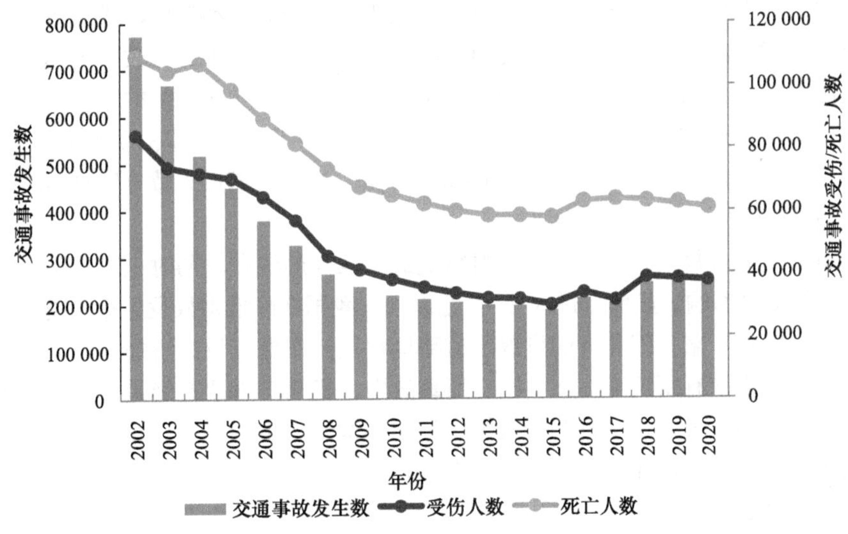

图1-1 2002—2020年我国交通事故发生数、受伤及死亡人数统计

已起到一定的事故预防效果。有研究表明，事故的增多或减少，通常与一个国家和地区的经济社会发展存在着内在的联系，其一般规则是，发展中国家交通事故普遍上升，特别是经济高速发展的时期，交通事故更是大幅上升。近年来，随着我国经济的迅速发展、机动车保有量的增加、道路里程的延伸，道路交通状况越来越复杂。因此在2015年后，交通事故发生数及受伤人数有所回升，死亡人数呈小范围波动；即2015—2020年期间，事故数量同比增加56 893起，增长率达30.3%，受伤人数同比增加50 843人，增长率达25.4%，死亡人数自2016年上升后在6.3万人左右稳定波动。

目前我国汽车保有量稳居世界第一。从图1-2中可知，2016—2021年无论汽车保有量或是机动车保有量均在逐年上升，截至2021年国内汽车保有量已达到3.0亿辆，而机动车更是达到了4.0亿辆。如此庞大的汽车数量虽给人们的日常生活提供了便捷、高效的出行方式，但也给道路交通安全带来了巨大的挑战。据国家统计局数据显示，2020年全国共发生道路交通事故244 674起，其中，死亡人数总计61 703人，受伤人数总计250 723人，造成直接财产损失约13.1亿元。其中涉及汽车的交通事故占据着绝对的数量；全年共发生汽车交通事故150 901起，造成43 098人死亡，152 276人受伤，直接财产损失10.8亿元，汽车交通事故数量、死亡人数、受伤人数以及财产损失分别占据全年交通事故的64.1%、69.8%、60.7%和87.7%。这表明我国交通事故以机动车特别是汽车的交通事故为主导。此外，涉及非机动车、行人等弱势交通参与者的事故同样不容忽视，一方面，因近年来共享经济的快速发展，加之社会上对于环保、低碳等出行方式的推崇，共享单车、共享助力车、电动两轮车等交通工具现已成为人们日常短途出行的不二选择；另一方面，相当数量的非机动车骑车人、行人等交通弱势群体的交通安全意识薄弱，出行过程中常出现闯红灯、不按规定车道行驶、超速、随意横穿机动车道等违法行为。因此近年来，涉及非机动车、行人等弱势交通群体的事故多发，弱势交通群体的交通安全形势严峻。如图1-3所示，在2010—2020年期间，非机动车交通事故发生数、受伤及死亡人数均持续增长，其中2020年的事故数量、受伤及死亡人数分别是2010年3.08倍、3.17倍和2.73倍。

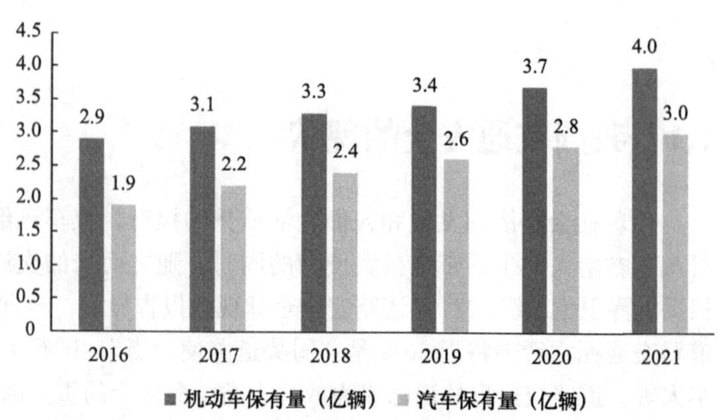

图1-2　2016—2021年我国汽车保有量及机动车保有量走势

综上，道路交通事故不仅给我国社会财富造成了巨大的浪费，同时也对我国社会的安定团结产生了一定的消极影响。虽然自进入21世纪以来，我国在降低事故发生率及伤亡人数上取得了长足的进步，但近年来，因经济的发展、道路里程及汽车保有量的增加等因素使得事故发生率及伤亡人数相比之前有所反弹。在我国交通事故中，机动车事故特别是涉及汽车的交通事故占据的比重最大；而涉及非机动车和行人等弱势交通群体的事故，不论在数量上还是伤亡人数上近年来均不断攀升。总体而言，我国道路交通安全形式依旧严峻，当前道路交通问题仍是人们需要格外重视的安全问题之一。

图 1-3 2010—2020 年我国非机动车事故数量、受伤及死亡人数统计

1.2 智能网联汽车安全

智能网联汽车（Intelligent Connected Vehicle，ICV）是指车联网与智能车的有机联合，是搭载先进的车载传感器、控制器、执行器等装置，并融合现代通信与网络技术，实现车与人、车、路、后台等智能信息交换共享，实现安全、舒适、节能、高效行驶，并最终可替代人来操作的新一代汽车。智能网联汽车的技术体系由传感、决策、控制、通信定位及数据平台等组成，实现这些功能主要依赖于环境感知与导航定位技术、智能驾驶决策控制技术和车联网技术等。功能安全、预期功能安全和信息安全均属于汽车操作安全的一部分，同时这三项安全技术也一起被称为智能网联汽车操作安全性的“安全三剑客”。

1.2.1 功能安全

汽车功能安全属于汽车操作安全体系下的人身安全，它关注的危害单指因系统的故障行为引起的对驾驶人或者路人或周边车辆内人员（注意不仅是驾驶人）的人身危害。也就是说，功能安全是指当智能车辆发生感知错误、决策失误、控制失效等故障时，系统仍能保持车辆的安全状态，避免发生交通事故。关于智能网联汽车的功能安全，有以下几种。

1. 环境感知与导航定位功能安全

环境感知系统的任务是利用摄像头、毫米波雷达、激光雷达、超声波等主要车载传感器以及 V2X 通信系统感知周围环境，通过提取路况信息、检测障碍物，为智能网联汽车提供决策依据。但现阶段由于车载传感器及感知系统的检测与识别精度还未能满足车辆复杂多变的行驶环境要求，故存在复杂行驶环境下车辆感知系统失效、延迟或误判的安全隐患。虽然有研究表明基于“深度学习”的环境感知技术在复杂环境感知方面有巨大的优势，许多学者采用“深度学习”方法对行人、自行车等传统算法识别较为困难的目标物的识别方法进行了研究，但目前依旧处于研究或测试阶段，还未正式进行大规模推广使用。此外，单一传感器感知能力有限且受到各种因素的限制（如摄像头在能见度低环境下的使用效果差），因此学者们提出了融合多种车载传感器的方案，以获取丰富的周边环境信息。但各传感器间是否存在相互干扰，所获得的信息是否冗余都是现阶段相关学者研究的热点。导航定位功能也是车辆重要的环境信息来源，但现阶段地图的精度、覆盖率还未能满足自动驾驶方面的需求，如在某些偏僻山区道路上，甚至无法接收到 GPS 信号。为确保车辆导航定位的准确性，目前国内各地图商都在积极推进建设面向自动驾驶的高精度地图。基于北斗地基增强系统的高精度定位系统也已在我国开展应用，将为自动驾驶车辆提供低成本、广覆盖的高精度定位方案。

2. 智能驾驶决策控制功能安全

智能网联汽车决策控制技术对采集的信息进行进一步的处理，根据信息包含的内容进行决策，进而指导驾驶行为。决策控制系统涉及很多关键技术，如信息融合技术、路径规划技术和车辆控制技术等，是整个智能网联汽车系统的核心部分。但它同样存在如第 1 部分所言的安全隐患，即在道路交通环境复杂的情况下，环境感知系统可能失效、延迟或误判，从而导致汽车决策系统下达错误指令，进而引发事故。针对此问题，有学者提倡实行人机共驾的方式，即在复杂的道路交通环境下，智能驾驶系统提醒车辆驾驶人接管车辆，使驾驶人和智能系统同时在环分享车辆控制权。但这就要求系统具有更高的智能化水平，因为在人机共驾方式下，人、车同为控制实体，双方受控对象交联耦合，要求系统不仅可以识别驾驶人的意图，实现行车决策的步调一致，而且能够增强驾驶人的操纵能力，减轻其操作负荷。此外，提醒驾驶人接管的时间同样重要，接管时刻过早则人机共驾的优势不明显，接管时刻过晚则存在发生交通事故的隐患。

3. 车联网功能安全

车联网是以车内网、车际网和车载移动互联网为基础，按照约定的通信协议和数据交互标准，在车、路、行人及互联网等之间进行无线通信和信息交换的大系统网络，是能够实现智能化交通管理、智能动态信息服务和车辆智能化控制的一体化网络，是物联网技术在交通系统领域的典型应用。现阶段的车联网技术所使用的计算系统和联网系统沿袭了既有的计算机和互联网框架，因此也继承了这些系统的天然缺陷；如因车载信息与外界互联互通，信息传输和数据交互更加频繁，这可能影响到用户的隐私安全。另外，车辆行驶过程中，可能由于目标种类繁多、信号类型复杂，会导致网络信号出现波动等情况。汽车网联化云服务平台则存在着数据量大、实时服务要求高、数据质量不稳定和软件演化导致的一系列安全挑战。

4. 行为规划功能安全

行为规划功能主要的任务是按照任务规划的目标和当前的一些局部情况（如周围车辆及行人的位置和行为，当前的交通规则等），做出下一步应该执行的决策，也可以把这一功能理解为车辆的副驾驶，依据目标和当前的交通情况指挥驾驶人是跟车还是超车，是停车等行人通过还是绕过行人等。但当本车对周围车辆的轨迹、速度进行预测，决定本车驾驶策略时，同样存在误判或预测不准等问题，极端情况下可能引发交通事故。在行为规划功能安全方面，学者们也提出许多措施来消除上述安全隐患，如有学者建立了基于实际道路的换道意图预测模型，考虑实际道路环境的行驶轨迹引导模型等。但上述措施（模型）目前均处于研究阶段，还未实际投入使用。

1.2.2 预期功能安全

随着智能网联汽车技术的发展，人们发现并不是所有的车辆安全问题都源于系统错误和失效，而是很多时候来源于环境影响或系统本身的功能性能不足。例如，自动驾驶系统即使不发生故障，也可能因为神经网络黑盒输出等因素的不确定性导致功能的偏离，进而造成交通伤害。

这类非故障情况下，因系统功能不满足预期而导致的安全风险便是预期功能安全。简而言之，预期功能安全是指由于自动驾驶功能不足和可合理预见的人为误用造成的危害问题。现有关于智能网联汽车预期功能安全的国际标准草案 ISO/PAS 21448 规范和描述了一个基于迭代的系统分析流程，用于系统识别、分析，减少功能不足造成的危害。与此同时，国内外科研机构和汽车厂商对涉及智能网联汽车关键系统的预期功能安全问题开展了研究。本节将从感知系统、传感器检测系统及车辆系统功能认知三个方面对预期功能安全问题进行简要介绍。

1. 感知系统面临的预期功能安全挑战

（1）在极端天气（雨、雪和大雾）条件下的感知方面

目前，在一些特殊或者极端恶劣的天气状况下，实现车辆的自动驾驶是非常困难的，因为即使是驾驶人应对此类情况也十分棘手。在雨、雪等恶劣环境下，无论是基于视觉的感知系统还是基于雷达的感知系统，都存在感知困难。

大多基于视觉的自动驾驶感知系统都依赖于观测道路标志来辨识道路，然而薄雪覆盖道路可能会导致这些标志完全消失。此外，即使是模糊、肮脏、磨损或涂漆的道路标记（没有雪况），也会对自动驾驶的感知系统造成不良影响。大雾则可能会遮挡摄像机的视线，从而影响车辆可靠地感知车辆周围环境的能力。

基于雷达的环境感知系统主要依据电磁波反射原理探测汽车周围物体的方位、距离和速度等信息，而雪的“沉重感”或密度会影响激光雷达光束的反射效果，产生“幻影障碍”。这些“幻影障碍”将抑制自动驾驶车辆正确判断环境的能力，并可能导致车辆误停。在多雨或多雾的条件下，会出现类似的不同情况，飞溅的雨水会影响激光雷达的反射效果。此外，由于雷达无法执行稳健的分类和检测道路标记，所以自动驾驶不能完全依赖雷达来感知，视觉算法的改进是一种潜在的解决方案，这是因为人类可以只用眼睛进行感知就能在雨雪中相对安全地驾驶。因此，模拟生物视觉的算法有可能在恶劣环境中大幅提高自动驾驶的可靠性。与此同时，相机、激光雷达和雷达传感器等多传感器融合的方法也可以用于检测阴天、晴天、雪、雨和黑暗条件下的行人和车辆，但这些系统仍要改进，以提高准确率和稳定性。此外，基于车联网（V2X）的车辆通信系统可以协助验证传感器数据的准确性。

（2）在不利照明条件下的感知方面

镜头光斑、大阴影和其他不利的照明条件也会对感知性能产生不同的影响，例如视觉系统可能会将大阴影混淆成其他物体的一部分。为解决不利照明条件下的感知问题，有学者建议在当前感知系统中添加不同的视觉提示（例如尾灯、反射道路标记等）或热成像（远红外）相机，以提高低光环境或夜间的环境感知性能。然而，目前大量的远红外线摄像机检测和跟踪算法的计算效率不足以实时使用。另外，一些感知系统试图通过依赖环境的先验信息来解决光条件问题，但由于先验信息并非一成不变，如果一个新建设的交通指示灯没有录入先验信息，则自动驾驶车辆遇到它时会产生问题。此外，一些方法利用有源传感器（例如雷达）来克服糟糕的照明条件，此类传感器不需要外部光线，它们可以在光线不足和夜间条件下探测障碍物，但激光雷达数据在观察复杂或深度纹理的物体（如灌木丛）时通常会产生噪声，从而阻碍系统的感知。因此，为了更好地解决照明条件问题，可以组合来自多个传感器的数据，以在不良的照明条件下获得更好的感知结果，但在这方面仍然存在一些挑战。

2. 传感器故障和运行状态监控系统面临预期功能安全挑战

自动驾驶车辆除能稳健地感知环境外，还需能检测和识别传感器故障。例如，驾驶人驾驶

传统汽车时，看到发动机故障指示灯会采取主动停车措施，自动驾驶系统也需能准确检测出感知传感器故障并采取相应的措施。通常可以采用基于硬件冗余的方法来解决此问题，即多个相同的传感器交叉验证，从而确定是否有传感器出现故障。然而，上述基于硬件冗余的方法会造成成本上升和增加系统复杂程度等方面的负面影响。因此，基于解析冗余的传感器故障检测与隔离（FDI）方法受到广泛的关注。然而，现有故障检测与分离的方法应用于自动驾驶感知系统仍然具有一些局限性。首先，在基于模型的FDI方法中，只有“接近完美”的系统模型才能使该方法有效，但是对于极其复杂的非线性的车辆操纵和不可预测的周围环境来讲，“完美”模型的获得并非易事；数据驱动的FDI方法依赖大量的传感器故障数据对模型进行训练，这样的数据同样难以大量获取；使用基于信号分析的方法来比较传感器度量，以便检测和识别故障或异常传感器是解决该问题的另一种思路，该方法虽然误报率很低，但是漏报率很高。因此，继续深入适用于自动驾驶感知系统的FDI方法研究是目前的主流趋势。

3. 驾驶人对于自动驾驶系统功能正确认知方面的挑战

驾驶人正确理解系统的感知能力及其局限性十分重要，是保证自动驾驶系统正确运行的必要条件之一。然而，公众对于自动驾驶不同级别之间的差异知之甚少，对于不同厂商自动驾驶系统的功能了解程度不够，这将造成驾驶人过度依赖传感器，从而导致严重的后果。有研究表明，公众可能无法从自动驾驶的中间阶段（即Level2和Level3的自动驾驶系统）受益。因为在此等级的自动驾驶系统中，驾驶人可能不会完全理解该阶段自动驾驶自主特征的范围和限制，从而造成事故的发生。例如，此前发生的一些事故就是因驾驶人盲目信任自动驾驶系统而误操作导致的。此外，驾驶半自动驾驶汽车的驾驶人可能会尝试进行其他的活动，因此在要求接管汽车的控制权时会缺少所需的情景意识。具体讲，在人类驾驶人重新接管汽车控制权时，他们必须立即对周围环境进行判断，确定车辆的位置，根据车辆所处的危险情景决定并施行安全、合理的行动方案，但驾驶人脱离驾驶状态的时间越长，重新介入驾驶所需的时间一般也就越长。因此，驾驶人对于自动驾驶系统功能的正确认知，是确保自动驾驶系统正确运行的必要条件。

1.2.3 信息安全

信息安全防护指的是规避重要信息泄露、被篡改、盗窃或遗失。信息安全同样属于智能网联汽车技术的一部分。信息安全是将车辆的内外部环境及其对车辆内部系统的影响进行比较。信息安全措施的采取旨在保护系统免遭非法使用和操纵（黑客、低成本备件等）的侵害。在汽车行业中，信息安全原则涉及车辆功能的开发以及车辆与周围环境（例如其他汽车）或物联网（例如云服务）方面的创新潜力。关于信息安全方面，有以下几点概述。

1. 可信操作系统安全

操作系统是智能网联汽车的核心部件，同时也是整个汽车系统的“大脑”，所有的应用程序都在操作系统上运行，操作系统向上承载应用、通信等应用功能，向下承接底层资源调用和管理。当前主流的智能网联汽车操作系统分为两个方向：非开源和开源。非开源操作系统完全由车厂自己开发，比如宝马iDrive。开源操作系统主要有Android、QNX和Linux。当前大部分车厂采用的都是开源方案，开源虽然能够极大地降低开发成本，但其自身安全风险不容小觑，如已知和未知的漏洞风险、安全和健壮性的缺失以及缺乏对操作系统行为的监控等。

2. 固件安全

固件是指保存在具有永久存储功能器件中的二进制程序。在微控制器为核心的ECU中，固件主要用于实现ECU的全部功能，不但提供硬件初始化、操作系统加载功能，同时也为上层软件有效地使用硬件资源提供调用接口，因此是ECU系统的重要组成部分。随着智能网联汽车的普及和智能化程度的提高，ECU得到了广泛的应用，而作为ECU核心器件之一的微处理器和微控制器也随之呈现爆发式增长趋势。固件作为ECU系统的重要组成部分，以灵活、多样的存在形式更加方便了用户的使用，但同时也为汽车信息系统安全带来了极大的隐患。比如通过提取ECU固件逆向分析其代码然后反编译更改相应的参数、向ECU固件插入恶意代码从而改变整个系统执行流程，或者使用未经厂商认证的固件程序进行升级等，这些都将威胁到智能网联汽车，并对驾驶人造成极大的威胁。

3. 密钥安全

智能网联汽车除了要建立一套完整的密钥管理体系外，还需要在密钥存储方面做特别关注。保护数据隐私与机密性的通常做法是实施数据加密，在这种情况下合法用户需要访问的解密密钥同样必须予以保护，因为一旦密钥被泄露，加密数据的安全性将荡然无存。这对存储在不能被信任的T-BOX开源Linux操作系统和手机Android操作系统环境里的密钥来说，安全性更是无法得到保障。

4. 云平台安全

1）物理环境安全：在物理层，通过门禁系统、视频监控、环境监控、物理访问控制等措施实现云运行的物理环境、环境设施等层面的安全。

2）计算存储安全：通过对服务主机/设备进行安全配置和加固，部属主机防火墙、主机IDS，以及恶意代码防护、访问控制等技术手段对虚拟主机进行保护，确保主机能够持续提供稳定的服务。

3）可信计算：保证硬件、软件系统的行为/执行安全，包括安全的输入/输出、内存安全、远程认证等服务。

4）网络安全：在网络层，基于完全域划分，通过防火墙、IPS、VLAN ACL手段进行边界隔离和访问控制，通过VPN技术保障网络通信完整和用户的认证接入，在网络的重要区域部署入侵监测系统（IDS）以实现对网络攻击的实时监测和预警，部署流量监测和清洗设备以抵御DDoS攻击，部署恶意代码监测和防护系统以实现对恶意代码的防范。需要说明的是，这里的网络包括了实体网络和虚拟网络，通过整体防御保障网络通信安全。

5）安全管理：根据ISO 27001、COBIT、ITIL等标准及相关要求，制定覆盖安全设计与获取、安全开发和集成、安全风险管理、安全运维管理、安全事件管理、业务连续性管理等方面的安全管理制度、规范和流程，并配置相应的安全管理组织和人员，建立相应的技术支撑平台，保证系统得到有效的管理。

6）应用安全：保护应用程序安全；通过PKI等机制对用户身份进行标示和鉴别，部署严格的访问控制策略；通过关键操作的多重授权等措施保护应用层安全；采用电子邮件防护、Web应用防火墙、Web网页防篡改、网站安全监控等应用安全防护解决方案确保特定应用的安全。

7）可信安全管理平台：包括建设并管理基于PKI、身份管理等的安全基础支撑设施；管理平台综合利用成熟的安全控制措施，并构建良好的安全实现机制，保障系统的良好运转，以提供满足各层面需求的安全能力。

1.3 现代交通与未来交通的纽带

智能网联已经成为汽车行业的发展热潮和趋势，是未来交通中的重要一环。而测试场景作为现代交通向未来交通转变的关键一环，其重要性不言而喻。未来交通的测试场景是在现代交通场景的基础上进行构建的。测试场景是现阶段智能网联汽车驾驶系统安全测试的基础，为确保智能网联汽车的安全和智能网联车辆的快速发展需求，场景库在智能网联汽车测试评价系统中起着非常重要的作用。

1. 测试场景评估的基础和关键

为确保其充分性，场景库应至少与驾驶性能中可能出现的所有场景相对应，证明自动驾驶在同等行驶里程数的前提下比人为驾驶有更高的安全性，在不同的测试阶段对场景数据库中的数据进行分析，同时应在车辆的测试中收集新生成的情景。特别是在经验测试过程中，在新的场景数据中进行细化和分析之后，转换为闭环系统，不断优化，逐步使场景数据库丰富，这将增加模拟场景的数量并对经验场景的需求进行测试。这就大大缩短了测试和评估周期，提高了测试和评估的有效性。对于场景数据的获取，在上述测试评估系统中，场景数据库的构建是决定测试评估充分性的关键，从实际驾驶环境和视觉、雷达传感器及环境数据记录器、车辆驾驶数据（车速、制动、节气门开度、转向信息等）收集现场数据。对最初记录的信息进行分析时，如果发现某个特定场景触发了一个重要的安全事件，则该场景可能包含在测试场景数据库中，测试过程中的数据也可以作为现场数据生成的有力补充。

此外，还可以根据实际交通模式进行分析，根据我国道路交通的特点，分析道路交通事故和事故的类型，分析道路交通事故的成因，通过模拟交通事故和事件的元素重建场景进行测试和评估。也可以使用 ADAS 和自动驾驶系统开发过程的安全分析，特别是第一次场景作为数据来源，因为它来自实际道路的行驶环境，是一个不断迭代优化的封闭系统，由此可以不断实现现场数据的更新，解决当前场景数据库的不足。

2. 测试环境的多样性

智能网联汽车最有效的测试方法是道路测试，使车辆能够在复杂的驾驶条件下进行实车试验。但是这种实际道路测试必须对智能网联车辆进行有效性的全面审查，至少要求智能网联汽车在实际道路上行驶 1 亿 km 才能完全确保智能网联汽车的安全性，并且绝大部分汽车生产公司的车型复杂多样，这些车辆的配置和软件还原都比较复杂，如果都是通过实际的道路试验来检验，那么显然不符合产品开发在时间和资金上的需求，难以在规定的时间内完成智能网联车辆的测试和评估。测试需要对驾驶场景中的“人、车、环境”三个要素进行测试，验证其中的一部分或全部是否符合标准，建议可以执行模拟测试和仿真验证，从而显著缩短测试和评估周期。这些方法包括仿真、驾驶模拟、受控场地试验和实地测试。

驾驶环境的实际因素也是多种多样的，这也使得智能网联汽车测试和评估系统充满了许多不确定性，比如天气（如雨、雪、雾、光、温度）等其他因素是影响智能网联车辆传感器性能的重要因素，必须在不同的环境中对车辆进行测试和评价。这些不确定性是我们在建立测试和评估系统时需要充分考虑的因素。主要目标是，全面、有效地验证车辆在复杂驾驶场景下的功能满足客户预期使用的要求，因此要求测试评价系统的建立能充分反映用户的使用需求，能充分反映实际驾驶环境的不同场景和工作条件。有效性是指测试方法的有效性能，所采用的方法能够有效地验证智能驾驶功能的质量，有效地评估车辆系统的一致性和可靠性。

综上，测试场景现有的架构已较为完善，但难以满足不同测试目标及测试方法的需求，其优化应充分考虑测试场景设计的流程。

1.4 事故深度调查的技术及意义

随着我国经济社会的发展，和谐、科学的发展理念对交通事故预防工作提出了更高的要求。交通事故调查分析是开展交通事故预防工作的重要基础，为事故预防措施提供科学的依据。然而目前我国交通事故调查分析多数在宏观层面开展，对事故深层次的调查分析研究还非常不够，亟须开展交通事故深度调查分析。交通事故深度调查是由专门人员或者机构从人、车、路、环境和管理等方面对交通事故进行的深入调查，既包括查找事故发生的直接原因，还包括查找事故发生的间接原因。

事故深度调查由现场勘查、事故再现及统计分析三大部分组成。其中，现场勘查由问询记录、现场测量和车辆及人员损失勘查三部分组成：问询记录顾名思义是通过对事故当事人、目击者的询问来了解事发过程、人员信息、事发时的应急措施采取情况及事发时参与者的精神状态等信息；现场测量则是利用卷尺、摄像机、三维扫描仪、激光测距仪、无人机等设备获得事故现场的整体概况、人车最终位置、散落物位置及汽车制动痕迹等信息，而其关键技术在于采用上述测量设备对事故现场遗留痕迹的定位及测量技术（如三角定位法和直角坐标系法）；车辆及人员损失勘查则是获取事发后车辆损坏、人员损伤等信息，故其关键技术在于对事故车辆损坏变形、人员损伤程度的采集及鉴定技术。除通过现场测量所获得的直接信息外，事故中还存在非直接测量信息（如车速、碰撞角度、人体损伤数值等），这部分信息则需依靠事故再现获得；事故再现的方法很多，其中基于Pc-Crash、MADYMO等多体动力学及Hyperwork、LS-DYNA等有限元仿真软件的事故再现技术在近年来成为主流。在对大量事故进行再现后，可获得许多有价值的、能深度揭示事故机理的数据，应该且必须对相关数据进行统计分析，其关键技术在于采用聚类分析、逻辑回归、关联规则、决策树模型等数据深度挖掘技术对事故数据进行更深层次的分析，以揭露引发事故或导致人员伤亡的内在因素。

通过交通事故深度调查可对已有的交通安全管理措施、设施等在减少交通事故频次、降低交通事故伤害等方面的成效进行评价，进而科学地提出修订交通安全法律法规和技术标准的相关建议。此外，深度调查还能够有效地掌握当前汽车安全设计存在的薄弱环节，认识到现阶段汽车安全配置对车内外人员的保护效果。因此，基于深度调查数据，汽车厂商可以进行针对性的改造完善，提高汽车的安全性能，以更好地在事故中对车内外人员进行保护。

开展交通事故深度调查分析是我国科学预防事故的必然趋势，同时开展交通事故深度调查分析是一项长期性的工作。我国应重视并逐步构建科学、有效的交通事故深度调查分析机制，从重特大事故着手，从事故多发路段着手，从典型车辆着手，逐步积累，提高道路交通事故预防方面的科学性、针对性，实现道路交通安全形势的持续稳定好转。

1.5 本书主要内容

本书总共分为八章，核心内容为基于仿真的交通事故深度调查技术。各章的主要内容如下。

第 1 章为绪论，主要介绍了我国道路交通安全现状及开展事故深度调查的意义和关键技术，为本书后续章节所介绍内容的背景知识。此外，为结合当下的研究热点，还简要介绍了智能网联汽车安全及现代交通与未来交通的联系等方面的内容。

第 2 章为道路交通安全影响因素，此章主要从人、车、路、环境及管理五个方面来介绍道路交通安全的影响因素。

第 3 章为事故现场勘查的内容与方法，从事故现场勘查的基本流程入手，从现场信息采集、问询记录、事故参与者损失信息采集、现场图绘制和事故现场复核这五个方面详细介绍事故现场勘查的相关内容与方法。

第 4 章、第 5 章分别为基于 Pc-Crash、MADYMO 的事故再现技术，主要介绍利用现阶段常用的两款多体动力学仿真软件再现事故的流程及基本操作。

第 6 章为典型交通事故再现，此章承接上面的两章，主要介绍了采用 Pc-Crash、MADYMO 软件对各典型交通事故的再现过程。

第 7 章为事故再现中的不确定性问题，主要对不确定性的定义、类别、产生原因以及再现过程中各种不确定性问题的分析方法、分析过程进行了详细的介绍。

第 8 章为基于事故深度调查及再现技术的扩展研究，主要介绍了作者在深度调查的基础上，利用上述两款再现软件开展了一系列扩展研究，主要包括人 - 车事故中人体损伤来源及相关性研究、基于制动控制的人地碰撞损伤防护措施研究、载人摩托车事故中骑乘人员损伤差异研究及自行车座高对骑车人脊背前倾角和头部损伤影响规律研究。

第 2 章 Chapter 2 道路交通安全影响因素

交通安全是指在交通活动过程中，能将人身伤亡或财产损失控制在可接受水平的状态。若这种可能性超过了可接受的水平，则为不安全。由于近年来我国经济快速发展，我国的道路交通发展也越来越快，导致道路交通安全形势日益严峻，道路交通事故频发给人们带来巨大的损失。道路交通系统作为动态的开放系统，其安全既受系统内部因素的制约，又受系统外部环境的干扰。国内外众多学者的研究表明，人、车、路、环境及管理五个因素对道路交通安全至关重要，故本章也将从这五个方面来介绍道路交通安全的影响因素。

2.1 人的因素

交通是人类生存的四大根本需求之一，人是道路交通安全的主体，包括所有使用道路者，如机动车驾驶人、乘车人、骑车人、行人等。公安部交通管理局在对 28 000 起交通事故的分析中发现，人的因素引起的交通事故约占 95%，这足以说明人因对交通安全的重要影响；交通安全关键在于人，人对交通安全有什么样的态度，就会有什么样的结果。故此处作者将从驾驶人、行人及骑车人三个方面来阐述人的因素。

2.1.1 驾驶人的生理、心理特征及可靠性

1. 生理特征

生理特征是指人的各器官的功能，其中最重要的是视觉、听觉、平衡感觉、皮肤感觉、关节肌肉感觉等功能，它们直接反映驾驶人的驾驶能力。

（1）视觉

视觉是指用眼睛辨认外界事物的能力。光线通过目击物折射在眼睛的透明介质上，再进入视网膜，在这里通过化学反应和电反应转换成神经刺激，传入大脑皮层，从而产生视觉。视觉包括视力（静视力、动视力和夜视力）、适应性、眩目及色觉这几个方面。

1）视力。人的视力也称为视敏度，是指分辨细小的或遥远的物体或物体细微部分的能力。在一定的条件下，眼睛能分辨的物体越小，视觉的敏锐度越大，视觉敏锐度的基本特征在于辨别两点之间距离的大小。静视力是指人和所看的目标都在不动状态下所检查的视力。体检时用视力表测得的视力就是静视力。动视力是指人和所看的目标处于运动（其中一方运动或两方都运动）时所检查的视力。动视力要比静视力低，且随行驶速度的变化和年龄的增长而发生变化。在黑暗环境中的视力，则称为夜视力。夜视力与亮度有密切的关系，亮度大，视力强，在照度为 0.1 ~ 1 000m 烛光的范围内，照度与视力成线性关系，即照度减小，视力下降。

2）适应性。视觉对照明条件的变化不是立即就能适应的，眼睛在不同照明度下的适应能力称为适应性。由明亮环境进入黑暗环境的视觉状态称为暗适应，反之则称为明适应。暗适应需 5~7min；明适应过程较快，至多 1min。

3）眩目。眩目是指强光照射，使人的眼睛产生不舒适的感觉，形成视觉障碍。因此，在会车与跟车过程中不提倡使用远光灯，这会造成对向来车或前车驾驶人眩目，增加事故风险。

4）色觉。人的眼睛所能看见的一切物体都具有这样或那样的颜色。色觉能使我们的感觉更加鲜明和充实，对于经常遇到彩色信号的驾驶人来说，正常的色觉尤为重要。色觉异常分为色盲和色弱。色盲是指不能区分颜色，所有颜色一概视为灰色；色弱是指不能区分某种颜色。

（2）听觉

驾驶人在驾驶时应能够确定声音发出的方位、种类和强度。听觉的正常辨别能力使驾驶人能在噪声中听出危险信号声，从发动机和其他机件形成的声响辨别出它们的故障。在检查驾驶人身体时，要求其具备察觉警报声的基本听力，这也是保障安全行车的重要因素。

（3）平衡感觉

前庭器官能够感受物体运动的速度和方向变化，同时也告诉人他的身体在空间的位置。这类感觉多产生于汽车制动、超车、侧滑和转弯的时候。

（4）皮肤和关节肌肉感觉

驾驶人在驾驶过程中随时都在控制操纵机构，用在这些装置上的力一定要与预想的操纵行动协调一致。例如，定点停车时必须根据车速和到达停车地点的距离来选择用于制动踏板上相应的压力。

2. 心理特征

心理特征是指驾驶人的心理活动规律，驾驶人的心理会受到环境条件及生理变化的影响，最终会反映在驾驶行为上。心理特征包括感觉、知觉（空间知觉、时间知觉、运动知觉）、错觉（速度错觉、距离错觉、坡道错觉、弯度错觉、颜色错觉、光线错觉等）、注意、情绪（激情、应激和心境）、性格等。

（1）感觉

感觉是客观事物的个别属性作用于人们的感官，在头脑中的反映。感觉是最简单的心理过程，人对客观事物的认识过程是从感觉开始的。例如眼睛从车窗看到车外各种物体的亮度和颜色，两手感受到转向盘的操作力量，右脚感受加速及制动状况，臀部感受汽车振动状况，耳朵听到发动机的响声，鼻子闻到各种气味等，这些都是感觉现象。

（2）知觉

知觉是比感觉更为复杂的认识形式。知觉是在感觉的基础上，对事物各种属性的综合反映。在实际生活中，人们都是以知觉的形式来直接反映客观事物。驾驶人的知觉受到个人对交通环境中各种事物的关心程度，以及欲望、经验、知识和性格等的影响。

1）空间知觉：对感知对象的大小、形状、距离、体积、方位等的知觉。空间知觉是通过多种感觉器官协同活动而实现的。

2）时间知觉：对客观事物运动和变化的延续和顺序性的反映。人们总是通过某种衡量时间的标准来反映时间。

3）运动知觉：人对物体在空间位移上的知觉。运动知觉和运动的速度以及空间知觉、时间知觉密切联系。

（3）错觉

错觉是指在观察外界事物时产生的不正确的知觉。

1）速度错觉：一般以为，汽车驾驶人不必看车速表，只凭对外界景物的观察及发动机声音和风声便可大体上判断出汽车的行驶速度。但最近的一些研究和试验表明，这种主观判断车速的方法有明显的倾向性，因而是不十分可靠的。例如以车外景物移动作为参照物来估计车速，当路边景物多时易高估车速，景物少时易低估车速；此外，长时间以某一速度行驶后会对该速度产生适应，对其余速度易于错估，特别是误将高速低估是非常危险的。

2）距离错觉：感知距离时主要靠视觉，而视觉容易产生图形错觉。对于路上各种类型的车辆，驾驶人有时会对来车的车长、会车间距、跟车距离产生错觉，使会车的距离不够和跟车的距离过近而导致事故的发生。常见的有：同样的距离，白天看起来近，而在夜间较昏暗时感觉远；前面是大车时感觉距离近，是小车时感觉距离远。

3）坡道错觉：长距离的坡道，特别是环境比较单调时，驾驶人常常觉得好像是在平路上行驶。因此，在下长坡接近坡底时（图 2-1a），部分驾驶人会因坡道错觉，误认为即将上坡，会采取“加速冲坡”的措施（图 2-1b）。

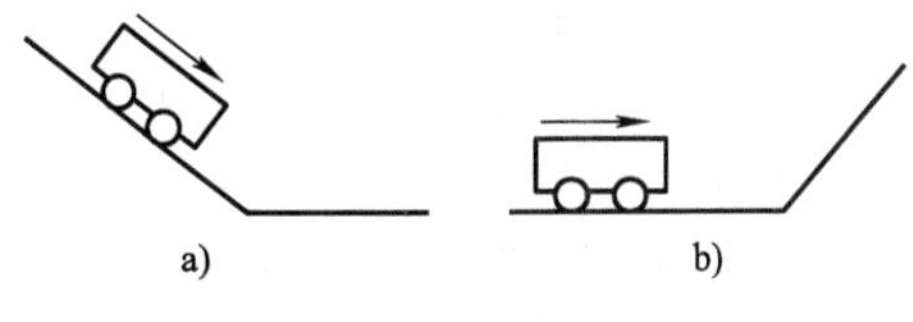

图 2-1　坡道错觉

4）弯度错觉：驾驶人在公路上行驶的快慢，经常随公路的弯度而改变。变速的程度也会造成错觉。一般对于未超过半圆的圆弧，驾驶人往往感觉到的曲率半径总是比实际的小，圆弧的长度越短，越感到曲率半径小。在连续转弯的山道上行驶，驾驶人会感到山区比平地容易转弯，因此在行驶中未控制车速，保持高速连续急转弯，而实际上这是十分危险的驾驶行为。

5）颜色错觉：在市区等交通复杂的路段，周围景物五颜六色，相互交错，容易分散驾驶人的注意力，特别是夜间，容易将路口红绿灯当成霓虹灯；把停驶车辆的尾灯当成行驶车辆的尾灯；把前车的制动灯错看成尾灯等。另外，夏季戴墨色太阳镜时易将浅色物体“滤”掉，产生错觉。

6）光线错觉：太阳光、反射物体的亮光、车头迎光、夜间远光灯强光等会使驾驶人的视觉一时难以适应，如平头车的明亮车窗、阳光下路旁树木交替变换的阴影、原野上积雪的反光、进出隧道时光线的变化等，都容易使驾驶人产生眩晕，形成光线错觉，从而导致操作失误。

（4）注意

注意就是人们心理活动对一定事物对象的指向和集中。指向就是在某一瞬间将我们的心理活动有选择地指向一定的对象，而同时离开其余的对象。集中就是把我们的心理活动贯注于某一事物对象。

1）注意的种类。注意分为无意注意和有意注意两种。无意注意是事先没有预定目的，也不需要作意志努力的注意。它主要是由事物的外部特点所引起的，如强烈的光线、巨响、尖叫、浓郁的气味、新奇的外形等。有意注意是有预定目的，必要时还要作一定意志努力的注意，主要是由于安全行车所必需的条件而引起的。例如，必须注意交通信号和交通标志，注意车流、行人的动态，转弯时注意对面来车等，这些都是有目的、有意识的注意。

2）注意的范围。注意的范围是指在同一时间内能清楚地把握对象的数量。一般人能同时把握的对象为 4 ~ 6 个。驾驶人应该有较大的注意范围，这样才能收集更多的情报，短时间内做出正确的判断。

3）注意力转移。注意的转移就是根据需要，把注意从一个对象转移到另一个对象上去。如车辆变道时，需要驾驶人将注意力转移到所变车道上，通过后视镜观察所变车道上的交通情况，确定安全后再完成变道。

（5）情绪

情绪一般是指与人的生理需要相联系的态度体验，如防御反射、食物反射等无条件反射引起的高级、复杂的体验。人的情绪可以根据其发生的速度、强度和延续时间的长短，分为激情、应激和心境三种状态。

1）激情。激情是一种猛烈的、爆发性的、短暂的情绪状态。其心理活动特点是，认识范围变得狭窄，理智分析能力受到抑制，意识控制作用大大减弱，已不能约束自己的行为，不能正确评价自己行为的意义和后果，以致说出不该说的话，做出不该做的事。对于不良激情，想要加以控制，可采取转移注意力的方法，把能量消耗转移到别的事物上去。

2）应激。应激是在出乎意料的紧急情况下所引起的情绪状态。例如驾驶人在行车途中，突然发现有人横穿马路，或车辆正在急转弯时，突然间闯出一辆没有鸣号的汽车，这时驾驶人瞬间的反应，就是应激。在这些突然出现的情况面前，驾驶人有时会呆若木鸡，做不出避让动作，有时会做出错误的反应。只有熟练的驾驶技能，良好的驾驶习惯，才会使驾驶人在紧急情况下有意识地做出正确的规避动作，从而避免事故的发生或减少事故的损失。

3）心境。心境是一种微弱而持久的情绪状态，心境对人的活动有很大影响。积极、舒畅的心境，使人心情振奋，朝气蓬勃，勇于克服困难，提高工作效率。消极沮丧的心境使人萎靡不振，懒散无力，无精打采，陷于颓废。因此，驾驶人应当做到不带思想包袱开车，一切问题都要在进驾驶室前基本解决掉。

（6）性格

性格是指一个人在个体生活过程中所形成的，对现实稳固的态度以及与之相适应的行为方式。性格是人的个性心理特征的一个重要方面，是一种决定个性总体的品质，不同性格的人，处理同样问题的方式和效果会不一样。

3. 驾驶人的可靠性

即便驾驶人的经验丰富，技术高超，都难免在某一重要关头出现缺乏自制力，动作不当或走神的情况。从概率的角度来看，每个驾驶人都有卷入交通事故的可能性，而驾驶人发生事故概率的高低则表现为驾驶人的可靠性。

驾驶人的可靠性包括生理可靠性、心理可靠性、驾驶技能可靠性、安全意识与态度、法律法规观念及驾驶人的自我修复能力。

（1）生理、心理可靠性

驾驶人的生理、心理可靠性是影响驾驶人可靠性最为核心的因素，正如驾驶人在道路交通系统中处于核心地位一样，驾驶人的生理、心理可靠性往往决定着驾驶人的可靠性。

驾驶人的生理条件是影响驾驶行为最为直接的因素，驾驶人一切驾驶行为的形成都是要通过肌体去感知、判断与操作，如此不断地重复执行。因此，驾驶人的生理因素对驾驶人的可靠性具有非常重要的影响。影响驾驶人生理可靠性的因素包括注意观察能力、反应能力、判断思维能力以及视听力等。而疲劳、饮酒、疾病等是驾驶人生理可靠性的杀手，大量的交通事故都是由于以上因素造成的，即通过影响驾驶人的注意观察能力、反应能力以及判定思维能力，促使驾驶人发生驾驶差错，从而引发交通事故。

由于人的生理局限性，驾驶人在行车时经常受到一些生理“弱点”因素的影响，包括记忆局限、反应力局限、注意力的局限、视觉的局限、无法全面感知交通信息。这些生理“弱点”是在异常情况下的影响因素，使驾驶人的行为能力失常，如不能正确地进行信息接收、处理、判断、决策、操作以及驾驶行为控制等，从而导致驾驶事故的发生。

驾驶人心理因素对驾驶行为可靠性的影响比生理因素更具复杂性，往往通过作用于驾驶人的生理因素而影响驾驶人的驾驶行为。因此，心理因素对驾驶人可靠性的影响作用更大。有研究发现，70% 的事故与驾驶人的心理因素有直接或间接关系。驾驶人心理可靠性影响因素概括起来主要包括心理素质（心理适应性以及应激能力）、性格特征、情绪、情感以及心理“弱点”因素。这些因素往往会对驾驶人的驾驶行为起到决定性的作用。驾驶人的心理“弱点”因素包括投机取巧心理、过度自信的心理、侥幸心理、逆反心理以及虚荣心理。

驾驶人的生理、心理是相互作用与影响的，不良的心理状态会影响到驾驶人的注意能力、反应能力等，而不良的生理状态如疲劳、疾病等也往往会引发驾驶人不良的驾驶心理状态。

（2）驾驶技能可靠性

驾驶技能可靠性因素包括驾驶知识、驾驶经验、驾驶技术以及驾驶应激能力。其中驾驶应激能力是指驾驶人面对突发情况时的紧急驾驶避险能力，受到驾驶人心理、生理以及驾驶经验与技术综合方面的制约。驾驶技能可靠的驾驶人往往具有较高的驾驶应激能力，能够及时处理突发情况，并很好地规避驾驶风险。

（3）安全态度与法律观念

安全意识与态度以及法律法规观念是影响驾驶人可靠性的另一重要因素。大多数驾驶事故的发生都与驾驶人的不安全行为有关，而驾驶人不安全行为的产生很大程度上是由于其安全意识不足与态度较差以及交通法律法规观念的淡薄造成的。驾驶人的安全意识与态度以及法律法规观念一方面由驾驶人自身决定，另一方面也与交通法制管理水平、安全教育以及法律知识培训有关。

（4）驾驶人自我修复能力

驾驶人的自我修复能力是基于人的主观能动性，即驾驶人在大多数情况下能及时发现自己的驾驶差错，并在差错产生驾驶事故之前予以纠正的能力。因此，在研究驾驶人可靠性时，应该考虑驾驶人的自我修复能力。它具有以下特点。

1）驾驶人的操作往往是经验性、重复性的作业，其动作输出误差可依据感官反馈，通过其自我纠正能力进行驾驶差错的修正，因此驾驶人的差错随时随地都可以得到修复或部分修复。

2）驾驶人在行车过程中，完成感知、判断、反应操作的一次驾驶作业时间很短，因此对驾驶差错的修复时间应尽可能地少。驾驶人自我修复能力受到自身生理、心理机能以及驾驶技能的制约，往往呈正相关关系。

2.1.2 行人的特征

1. 行人的交通特性

行人的交通特性是由行人的心理特征决定的，主要表现为以下特点。

1）行人决定是否开始横穿道路的主要依据是自己与驶近的汽车间的距离。根据国外的调查，当车速为 30 ~ 39km/h，行人开始横穿道路时，与驶近的汽车平均距离为 45m；当车速为

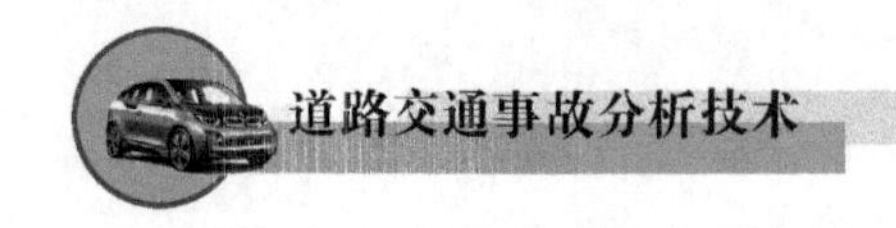

40～49km/h 时，平均距离为 50m。

行人横穿道路时的平均步行速度与年龄和性别有关。在一般情况下，13～19 岁行人的平均步行速度为 2.7m/s，20～49 岁为 1.8m/s，50 岁以上为 1.5m/s。从整体来看，男性平均为 1.57m/s，女性平均为 1.53m/s。

2）行人结伴而行时，在从众心理支配下，往往互相以对方为依赖，忽视交通安全而导致事故。行人在横穿道路时，有 70%～80% 是个人单独步行，其余 20%～30% 是两三人结伴步行。调查表明，3 人以上结伴步行比 1 个人或 2 人同行的事故危险性大，由成人带领儿童或由同一单位的熟人构成的步行组合比其他步行组合危险性大。

3）多数行人横过道路时，只注意一个方向的交通车辆，往往使自己闯入了驾驶人的行驶空间而导致交通事故。有时由于缺乏经验，顾此失彼，往往只顾躲第一辆车而忽视了后边还有第二辆车，或者不注意双向来往车辆而使自己处于两车流相会的夹缝中，这些都极易导致行人事故。

4）行人的自由度大，与车辆行驶速度差距很大，在行人走捷径心理的支配下，往往会突然闯入驾驶人的行驶空间，特别是上下班怕迟到和着急回家或有急事的行人，表现得更为突出。

5）部分行人对汽车性能不甚了解，在“自我为中心”的心理支配下，错误地认为汽车是由人掌握的，因此汽车不敢撞人，也不会撞人；听到喇叭声或看到车辆临近也不避让，不知汽车常常会失控而导致事故。此外，有的行人心不在焉，注意力分散或思想高度集中在其他事件上，边走边低头沉思，对过往车辆的行驶声、喇叭声充耳不闻，对周围复杂的交通环境视而不见，极易造成行人事故。

2. 不同行人的行为特征

根据行人的年龄、性别将行人划分为儿童行人、老年行人、青壮年行人和女性行人四种，下面将一一分析不同类型行人的行为特征。

（1）儿童行人的行为特征

1）横穿道路前不懂得观察和确认是否安全是儿童行人的一大特征。当然这种行为特征与儿童的年龄及智力存在着莫大的联系。研究表明，1～4 岁的儿童中，经常有 60% 以上的人在没有证实安全的情况下就横穿道路，5～8 岁的儿童有 30% 左右。一般儿童到 9～12 岁，才能基本上达到和成人一样，能够对道路交通情况进行很好的观察和判断。交通量和行人平均确认安全次数的关系如图 2-2 所示。由图 2-2 可以看出，随着儿童年龄的增加，确认安全的次数增加，但与成年人还有一定的差距。

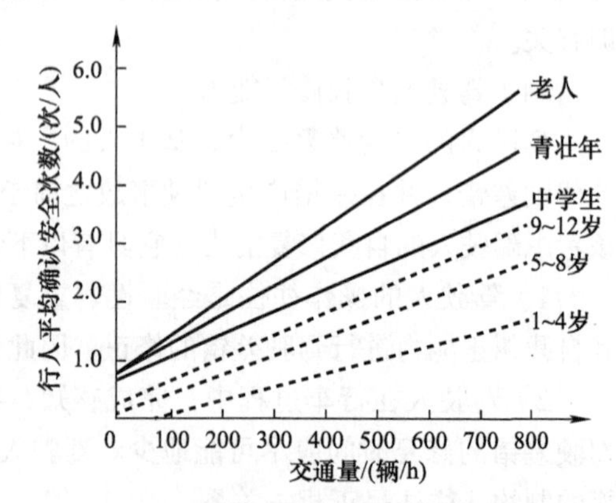

图 2-2　交通量与行人平均确认安全次数的关系

2）儿童常常跑步穿越道路。在穿越道路时，儿童的心理负担比成人大，往往急于到达道路的另一侧而跑步穿越，这是很危险的。因为驾驶人很难预料步行中的儿童会在什么时候突然跑起来，如果机动车驾驶人对此没有思想准备，就可能来不及避让而发生交通事故。图 2-3 表示不同年龄、性别的儿童跑步横穿道路的比例。由图 2-3 可以看出，男孩跑步横穿道路的比例比女孩高，特别是 5～8 岁的男孩所占的比例较大，3 人中约有 1 人跑着穿越道路。

3）儿童行人对成人有依赖性，认为有成人保护可任意行动。但若成人忽视了对儿童的照管，则容易造成交通事故。儿童和大人一起横穿道路时，违反交通法规的比例明显增加，由大人带领横穿道路不走人行横道和违反交通信号的比例较儿童单独行走时要高，如图 2-4 所示。

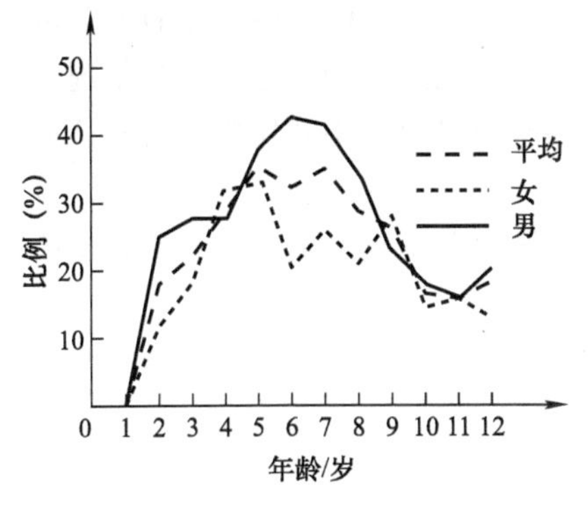

图 2-3　不同年龄、性别的儿童跑步横穿道路的比例

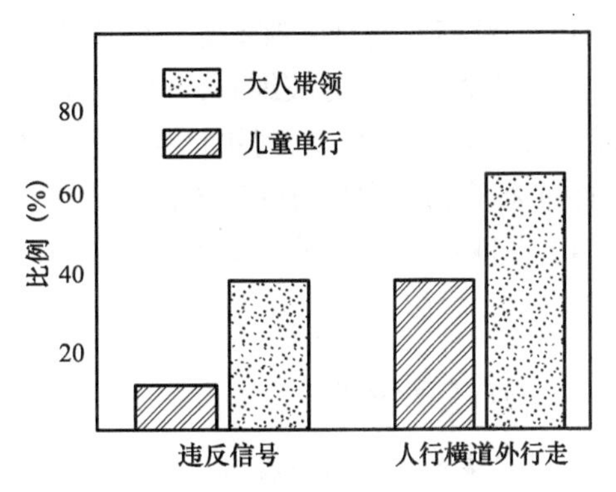

图 2-4　儿童横穿道路时的违章对比

4）儿童身体矮小，眼睛距地面高度低，视野比成人狭窄，使得其对交通状况的观察受到限制。儿童的目标小，不易引起机动车辆驾驶人的注意，特别是儿童前面有大人或有障碍物时，儿童难以看见交通状况，驾驶人也难以发现儿童，这对儿童的交通安全是不利的。

5）儿童经常在道路上玩耍。儿童和成年人使用道路的形式有时不同。成年人都是为了到达道路的另一边时才去穿越道路，而儿童却常把道路当作可玩耍的地方，特别是在较偏僻的道路上，儿童更是毫无顾忌。经调查分析，美国被机动车撞死的 5 ~ 10 岁儿童有 8.6% 是在道路上玩耍时被撞的。

（2）老年行人的行为特征

1）老年人生理机能衰退，感觉和行为都显得迟钝，发现和躲避车辆的能力下降。

2）对机动车辆速度和距离判断的误差大，有时因判断不清而与机动车辆争道抢行。

3）交通安全意识低，往往认为老年人应受到照顾，汽车应该停下来让老年人先走。

4）老年人喜欢穿深颜色的衣服，在夜间或傍晚时，不易被发现。

5）老年人在横穿道路时，会发生突然折回的现象。这种情况很危险，常使驾驶人措手不及而造成交通事故。

据统计，老年人死于交通事故的，大多发生在横穿道路的时候。虽然老年人有以上的缺点，但老年人比较谨慎，乱穿道路的行为不多。

（3）青壮年行人的行为特征

相较于儿童及老年行人，青壮年行人精力充沛、感觉敏锐、洞察力强、反应速度快、应变能力强，对交通法规也比较熟悉，一般不易发生行人交通事故。但是青壮年人的社会工作和家庭负担较重，出行时间多，行走距离长，这就增加了发生交通事故的客观原因。特别是有些青年人，好胜心强，经常不甘示弱，常与汽车争高低，如对汽车鸣笛置之不理、对过往车辆视而不见、经常任意穿越道路。因此，这些人发生交通事故多在横穿道路和交通拥挤的时候。据统计，青壮年在车祸中的死亡率，占交通事故总死亡人数的 30% 以上。

（4）女性行人的行为特征

1）女性行人一般较男性细心，观察周围交通环境比较仔细，规范行为的意识比较强，能自觉遵守交通规则。女性的这一心理特征比较有利于女性行人的自身安全。

2）女性行人的反应一般较男性慢，行动比较迟缓。女性的这一心理特点，造成她们穿行道路的时间较长，事故发生的机会增多，对其步行安全很不利。

3）女性行人情绪一般不如男性稳定，应变能力较差，属于非稳定型的交通参与者。女性行人在正常情况下，比较细心，也有耐心，能自觉遵守交通法规；但在危险紧急情况下，往往恐慌失措，手忙脚乱，有时中途停顿，进退两难，有时盲目乱跑，不知所措。女性行人的这一心理特征很容易导致自身受到伤害。

4）女性行人喜欢穿比较艳丽的服饰，她们容易被驾驶人发现，从而避免不必要的行人交通事故。女性行人的这一心理特征，有利于自身安全。

2.1.3 骑行者特征

1. 骑行者的交通心理特征

1）胆怯心理。骑车人惧怕机动车，从而在骑行过程中容易产生胆怯心理。这是因为骑车人无驾驶室，属于交通弱者，在骑车过程中离机动车越近，机动车的速度越快，骑车人就越害怕。同时，有些骑乘者在骑行过程中，处于一种不稳定的蛇形运动状态，停车易倒，从而致使其处于一种惧怕的心理状态，造成精神高度紧张，越恐慌，越摇晃，最后出现倒向机动车的可怕场面。胆怯心理多发生于初骑者、老人、妇女及少年。

2）侥幸心理。部分骑车人有时会过度地相信机动车驾驶人会遵守交通法律和法规行驶，对自身的驾驶技术盲目自信，因此有时会自由随意骑行，对过往车辆的行驶声、鸣笛声听而不闻，对复杂的交通环境视而不见；还有些骑车人明知机动车已临近身边，却还冒险继续骑行，甚至逼迫机动车驾驶人紧急制动避让。

3）超越心理。两轮车轻巧、灵活、方便、省力，这对人们在一定的时间赶到目的地极为有利，因此造成部分骑车人存在抢时间、争先恐后的心理状态，这种现象在男性青少年中尤为普遍。

4）单干心理。有些骑行者不愿与他人并排或多人聚集行驶，而是希望与其他骑行者保持必要的横向、纵向距离，从而导致两轮车在道路上所占据的行驶空间过大，甚至在机动车道上行驶。此外，部分骑车人交通安全意识不强，喜欢闯红灯、抢黄灯、抄捷径等，从而影响行人、机动车通行，危及交通安全。

2. 不同骑乘者的行为特征

与行人一样，按照骑行者的性别、年龄特征将骑行者分为男性、女性、儿童和老年骑行者，下面就这些骑行者的行为特征进行分析。

（1）男性骑行者的行为特征

交通事故调查表明，男性骑行者事故率高于女性，且男青年事故率最高。男青年骑自行车的心理特征主要有：排他性心理和逞强心理，表现为骑车时，喜欢高速度，互不相让；以及出风头心理，表现为骑车撒把，搭肩并行。

（2）女性骑行者的行为特征

女性骑车人的心理特征一般分为两类：第一类为胆怯型，胆小，害怕出事故，表现为骑车不稳，遇机动车易恐慌，躲躲闪闪，当遇到复杂情况时容易惊慌失措，处理不当；第二类为冒险型，心理状态是无所谓，表现为骑车时与机动车抢道，互不相让。

（3）儿童骑行者的行为特征

儿童骑车的心理特征是无意识。其具体行为表现为：

1）行动冒失：由于骑车的经历短，骑车时不知道如何去避让行人和机动车辆。

2）骑自行车追逐玩耍：由于骑车对少儿的诱惑力很大，往往注意力集中于骑车而容易忽视其他机动车。

3）缺乏交通安全常识：不懂交通法规，临危不能采取适当的措施。

（4）老年骑行者的行为特征

老年人由于生理原因，反应迟钝，行动迟缓且易受到惊吓，遇机动车时惊慌失措，精神过度紧张，容易处理不当而发生事故。

2.2 车的因素

车是交通安全的关键因素。有什么样的状况、什么类型的车，就会有什么样的交通安全结果。相对于自行车和其他非机动车来说，机动车是交通强者，是众多交通事故的“罪魁祸首”。现阶段普遍认为，对交通安全有显著影响的车辆因素主要有汽车的安全性能、技术状况、安全结构和行驶速度这四个方面。

2.2.1 汽车的安全性能

为保证行车安全，汽车必须具有良好的性能和完善的结构，并始终保持完好的技术状况。汽车的制动性能、加速性能、稳定性能等对其安全行驶的影响最为突出，应认真掌握并合理运用。

1. 制动性

制动性能是指汽车在最短的时间或距离内强制停车的效能，以及制动时不跑偏的能力。汽车肇事时，驾驶人出于对危险的本能反应，多数会采取紧急制动措施，结果使车轮制动器的制动力大于车轮与地面间的附着力，从而导致车轮抱死，沿汽车行驶方向滑移，并在路面上留下制动印迹（图 2-5）。

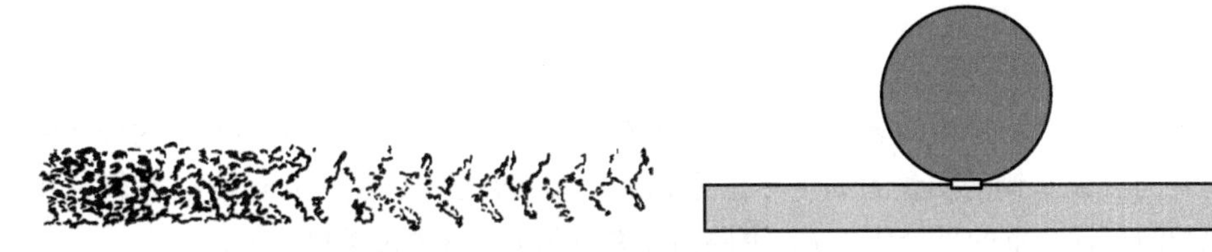

图 2-5 制动印迹

当汽车通过紧急制动由运动状态变为静止时，它所具有的动能将主要消耗在车轮与路面之间的摩擦上，考虑到道路坡度的影响，依据动能原理有

$$\frac{1}{2}mv^2 = S\varphi mg\cos\theta + Smg\sin\theta \tag{2-1}$$

式中，m 为汽车质量，单位为 kg；v 为制动印迹起点车速，单位为 m/s；S 为制动印迹长度，单位为 m；φ 为附着系数（表 2-1）；θ 为坡度角（上坡为正，下坡为负）；g 为重力加速度，约等于

$9.81m/s^2$。

表 2-1　附着系数表

路面		轮胎		
类型	状态	高压轮胎	低压轮胎	越野轮胎
沥青或混凝土路面	干燥	0.50～0.70	0.70～0.80	0.70～0.80
	潮湿	0.35～0.45	0.45～0.55	0.50～0.60
	污染	0.25～0.45	0.25～0.40	0.25～0.45
渣油路面	干燥	0.50～0.60	0.60～0.70	0.60～0.70
	潮湿	0.20～0.30	0.30～0.40	0.45～0.55
碎石路面	干燥	0.50～0.60	0.60～0.70	0.60～0.70
	潮湿	0.30～0.40	0.40～0.50	0.40～0.55
土路	干燥	0.40～0.50	0.50～0.60	0.50～0.60
	潮湿	0.20～0.40	0.30～0.45	0.35～0.50
	泥浆	0.15～0.25	0.15～0.25	0.20～0.30

由此可得，利用制动印迹长度判断车速的基本公式为

$$v=\sqrt{2g(\varphi\cos\theta+\sin\theta)S} \tag{2-2}$$

如果道路坡度较小，且用百分数 i 表示坡度值，则有 $\cos\theta\approx1$，$\sin\theta\approx\tan\theta\approx i$，于是上式可简化为

$$v=\sqrt{2g(\varphi+i)S} \tag{2-3}$$

当道路为水平时，$\cos\theta=1$，$\sin\theta=0$，将它们及 g 值代入基本公式，并把该式的单位由 m/s 换算为 km/h，便可得到利用制动印迹长度判断车速的常用公式，即

$$v=\sqrt{2g\varphi S}=15.95\sqrt{\varphi S} \tag{2-4}$$

在制动停车过程中，由于从汽车开始减速到地面开始出现制动印迹的这段时间内，汽车的速度将有所降低，其数值与道路的附着系数以及汽车的制动力增长时间有关，因此实际车速总比计算值略高。

2. 加速性

汽车起步时，由于受轮胎与地面间附着条件的限制，发动机的有效输出转矩不可能全部用来加速，否则驱动轮将产生滑转，反而使车辆的加速度减小，所以产生加速度的最大驱动力只能等于附着力。设车辆的质量为 m（单位为 kg），加速度为 a（单位为 m/s^2），车辆静止时后驱动轮上承受的车辆总重的百分比为 k，道路附着系数为 φ，重力加速度为 g。

根据牛顿第二定律有

$$ma=\varphi kmg \tag{2-5}$$

由此可知，车轮不产生滑转的最大加速度为

$$a=\phi kg \tag{2-6}$$

严格地讲，汽车在加速时后轮的载荷较静止时大得多，但由于驱动力不仅用来使平移质量加速，旋转质量的加速也要消耗一部分，所以忽视载荷转移和惯性力偶矩所产生的误差将相互抵消，从而使得由上式计算出来的 a 值比较符合实际。

3. 稳定性

稳定性能是指汽车抵抗倾覆和侧滑的能力。任何一辆车保持稳定行驶的能力都是有一定限度的，如果驾驶人对汽车的操作动作或道路条件使汽车的运动状态超出了其保持稳定行驶的限度，那么就会立刻失去稳定，发生侧滑或侧翻，引发交通事故。汽车的行驶稳定性包括纵向稳定性、横向稳定性等。汽车纵向稳定性是指汽车上（或下）坡时抵抗绕后（或前）轴翻车的能力。汽车横向稳定性是指汽车抵抗侧翻和侧滑的能力。

2.2.2 汽车的技术状况

除了上述直接对汽车安全行驶产生重要影响的性能外，底盘部分的一些重要装置，如制动系统、转向系统、行驶系统以及车身等关键装置的结构、性能、技术状况也对行车安全具有重要影响。从保障交通安全的目标出发，对汽车制动系统、转向系统、行驶系统、车身等装置的基本要求是使其能保持良好的技术状态，避免故障发生，保障交通安全。

1. 制动系统

汽车的制动系统是保证行车安全的关键结构。按照 GB 7258—2017《机动车运行安全技术条件》的规定，各种类型的汽车都必须装有专门的制动机构，且通过驾驶人操纵就可产生制动作用。汽车制动系统由制动器和制动传动机构两大部分组成。汽车制动系统按其作用可分为行车制动系统、驻车制动系统、应急制动系统、辅助制动系统四种。

汽车制动系统的常见故障类型主要有制动失效、制动不灵、制动跑偏、制动拖滞。汽车制动系统的任何故障都直接影响制动效果，而其中任何一种故障都对行车安全构成直接威胁，轻则毁损车辆，重则引发车毁人亡的恶性交通事故。任一制动系统故障都直接对制动性能产生负面影响，其直接表现是使制动性能恶化，制动效果下降。此外，制动系统故障多发生于行车过程中且带有突发性，而许多驾驶人往往又缺少相应的心理准备，一旦发生往往导致措手不及或操作不当，从而引发交通事故。与此同时，制动系统故障的突发性易对驾驶人心理构成压力，使驾驶人情绪发生突变，引发操作错误，进而引发交通事故，这在驾龄较短、驾驶经验缺乏、以前又从未碰到过此类故障的驾驶人的操作行为上表现得尤为明显。

2. 转向系统

汽车转向系统按转向能源的不同分为机械转向系统和动力转向系统两大类。机械转向系统是以驾驶人施加于转向盘上的体力作为转向能源，其所有传力件都是机械的，通常由转向操纵机构、转向器和转向传动机构三大部分组成。动力转向系统是兼用驾驶人的体力和发动机动力作为转向能源。在正常情况下，汽车转向所需的能源，绝大部分由发动机通过转向助力（也称为转向加力）装置提供，只有一小部分由驾驶人提供，但在转向助力装置失效时，则由驾驶人独立承担转向任务。

汽车转向系统的常见故障类型主要有转向沉重、转向不灵敏、车辆发飘。上述汽车转向系统的三种故障中的任何一种都会对行车安全产生影响，这是因为这三种故障均是通过影响转向操作效果继而对行车安全产生影响，只是相对制动系统而言没有那样直接而已。特别是汽车发飘故障，其直接结果是使驾驶人对汽车行驶方向的可控性降低，而驾驶人对汽车行驶方向可控性的降低则使汽车在行驶过程中发生交通事故的风险大大增加。

3. 行驶系统

此处关于行驶系统的表述特指最为常见的轮式汽车行驶系统，对于全履带式、半履带式、

车轮 - 履带式等行驶系统不在此处讨论。轮式汽车行驶系统一般由车架、车桥、车轮和悬架组成。汽车行驶系统技术状况的好坏不仅影响汽车的操纵稳定性，乘坐舒适性，而且和制动、转向系统一样同样直接威胁着行车安全。在汽车行驶系统中，汽车前轮定位状况的恶化对行车安全具有明显的影响。汽车前轮定位是指汽车前轮、转向主销和前轴三者之间的安装所具有的相对位置关系，包括主销后倾角、主销内倾角、车轮外倾角和车轮前束。前轮定位的功用是使汽车具有稳定的直线行驶能力和自动回正作用，转向轻便，减少汽车在行驶过程中轮胎和转向机件的磨损。如果汽车前轮定位失准，那么除了加快轮胎和转向机件的磨损外，还使自动回正作用降低，当遇到外界干扰时，将使转向轮左右偏摆，行驶方向可控性变差，从而诱发交通事故。汽车行驶系统的常见故障类型主要有行驶跑偏、前轮定位失准、车轮不平衡、轮胎爆胎。这几种故障的共同特点是使驾驶人对车辆行驶过程中的方向可控性变差，而行驶方向可控性的变差对行车安全的危害是十分明显的。特别需要指出的是轮胎爆裂现象，轻者会使车辆失去正常的行驶状态，转向盘失去控制，车辆偏驶；严重时会出现车辆完全失去控制，发生甩尾、掉头；如果爆胎发生在高速行驶状态下，则很可能导致车毁的惨剧。

4. 汽车车身

汽车车身是指安装在汽车底盘上各种特种箱形构件和覆盖件的总称。其主要作用是为驾驶人提供便利的工作环境，为乘员提供安全、舒适的乘坐环境和活动场所，保护他们免受汽车行驶时的振动、噪声、废气的侵袭以及外界恶劣气候的影响；为运载的货物提供合适的运载空间，且方便装卸；为发动机和底盘部件提供必要的覆盖、隔离和保护。随着汽车车速的提高和汽车保有量的增加，汽车碰撞的严重性和危害性正日益加剧，这将给驾乘人员的人身安全带来极大的威胁。因此，对于汽车车身而言，除了载客、载货的重要功能外，还应有助于行车安全，在交通事故不可避免地要发生时应能最大限度地保护乘员免遭交通伤害，减轻一次事故后果。

汽车车身结构按承受负荷方式的不同，可分为承载式、非承载式和半承载式三种类型。上述几种车身各有优缺点，分别运用在不同用途的汽车上。一般而言，非承载式车身多用于载货车、客车和越野车，承载式车身多用于轿车，当然现在也有一些客车采用这种形式的车身。碰撞吸能强的承载式车身结构，舍弃了沉重的钢梁与车壳，一旦发生碰撞事故，车身以溃缩的方式消解外力，以有效地降低所造成的破坏力。故与传统的刚性非承载式车身（大梁）相比，现代轿车在发生碰撞事故后是以车身的变形来充分吸收碰撞产生的能量，从而达到最大限度地保护驾乘人员的目的。

2.2.3 汽车的安全结构

汽车的安全结构包含两个方面：一是主动式安全结构，即防止事故的发生；二是被动式安全结构，即事故发生后的乘员保护。现代汽车上一般都同时设有预防交通事故的安全结构和减轻事故损害的安全结构，这对于保证车辆运行安全有着重要意义。

1. 主动安全结构

汽车主动安全结构又统称为积极安全结构，是汽车上避免发生交通事故的各种技术措施的统称。汽车主动安全结构旨在提高汽车的安全性能，以确保行驶安全。预防交通事故的主动安全结构有：

1）驾驶视野。汽车的驾驶视野就是驾驶人驾驶汽车时的视野，它和驾驶人视野的差别在

于受到驾驶室结构的限制，一般情况下汽车的驾驶视野比驾驶人视野小。汽车的驾驶视野可分为前方视区、侧方视区和后方视区。前方视区是通过前风窗玻璃所能看到的区域，侧方视区是通过两侧门窗玻璃看到的区域，后方视区是通过后视镜间接看到的后方区域。汽车在行驶过程中，80% 以上的交通信息是依靠人的视觉获取的，因此汽车本身结构形成的驾驶视野是否充分，对交通安全有十分重要的影响。现代汽车一般都采用全景玻璃作为前风窗玻璃，这种结构可以扩大前方驾驶视野，减少玻璃窗框造成的视线盲区，同时还装有刮水器、除霜器、遮阳板等附加装置，以保证不同情况下的良好视野。这些对行车安全都有很大的帮助。

2）工作环境。驾驶人长年累月工作在驾驶室里，驾驶室内的环境应保证驾驶人工作舒适，温度、湿度适应，噪声符合国家标准，有必要的活动空间，只有这样才有利于减轻和消除驾驶疲劳，使驾驶人保持良好的情绪状态，从而保证行车安全。

3）照明装置。夜间行车照明主要靠前照灯。现代汽车的前照灯设计有远光和近光两种光学系统。当对向没有来车时，使用前照灯的远光系统照明，保证汽车前方有足够的照明距离和照度。当对向有来车时，使用前照灯的近光系统照明，以防止对向来车驾驶人眩目，并保证本车驾驶人有足够的视距，保证照明距离一般不小于 40m。

4）信号装置。汽车上的信号显示装置用来向驾驶人及周围的其他交通参与者通告车辆状态，起提示和警告作用，以保证行车安全。信号显示装置中以视觉信息最多，如汽车的制动信号灯、尾灯、转向指示灯和各种警告灯等。听觉信息较少，主要有汽车喇叭及其他声响报警装置。

5）控制装置。汽车的电子控制装置由复杂精密的电子元器件、集成电路和自动执行装置组成，并且越来越多地使用计算机集成控制系统，使汽车的所有工况（发动机和底盘）都在电子控制装置的监控下运行，使汽车处于最佳运行状态，可有效保证行车安全。

2. 被动安全结构

随着科学技术的发展，汽车主动安全技术将在道路交通安全中起到越来越大的作用。尽管如此，仍然不可避免地会发生意外事故，此时汽车被动安全技术将是减轻人员伤害和财产损失的唯一保障。

汽车被动安全是指发生事故后，汽车本身减轻人员受伤和货物受损的性能，即汽车发生意外的碰撞事故时，如何对驾驶人、乘员及货物进行保护，尽量减少其所受的伤害和损坏。通常减轻车内乘员受伤和货物受损的性能称为内部被动安全性；减轻对事故所涉及的其他人员和车辆损伤的性能称为外部被动安全性。提高汽车的被动安全性，可以从以下两个方面采取对策。

首先，提高汽车结构的安全性，即使汽车碰撞部位的塑性变形尽量大，吸收较多的碰撞能量，降低汽车减速度的峰值，尽量减缓一次碰撞的强度；使汽车驾驶室及车厢有足够的强度和刚度，确保汽车乘员的生存空间，并保证发生事故后乘员能够顺利逃逸。

其次，使用车内保护系统，即使用安全带、安全气囊等保护装置对驾驶人及乘员加以保护，通过安全带的拉伸变形和气囊的排气节流阻尼吸收乘员的动能，使猛烈的二次碰撞得以缓冲，以达到保护驾驶人和乘员的目的。

2.2.4 汽车的速度

在交通事故救援通报中，往往会频繁出现“车速过快”“制动不及”“避让不及”等字眼，车速过快会从以下几个方面影响交通的安全。

1. 驾驶人视觉变差

汽车高速行驶时，驾驶人的动视力下降，看不清远处物体的细节；车速越快，视野变狭窄，观察左右两侧行人、车辆以及各种障碍物的能力降低；注视点前移，形成隧洞视现象，致使发生事故的概率大大增加。

2. 驾驶人易疲劳

高速行车，要求驾驶人对各种情况做出正确判断的时间要短，驾驶人必须高度集中注意力，其精神经常处于紧张状态，心跳加快。据国外资料介绍，汽车行驶速度为 100km/h 时，驾驶人的心跳次数比车速 80km/h 增加 20%，从而使驾驶人易于疲劳。

3. 驾驶人反应距离延长

车速越高，反应距离越长，如车速从 50km/h 提高到 100km/h，反应距离将从 13.89m 增至 27.78m，故一些高速行驶的车辆往往还没有来得及采取措施便撞到了一起。

4. 制动停车距离增大

随着车速的提高，胎面橡胶往往来不及与路面微观凹凸构成完全“啮合”，加之轮胎与路面间的相对滑移速度增大，接触面温度升高，因此附着系数有所降低，车辆的减速能力也相应地减弱。高速行驶时，汽车的动能增加，在同样的制动强度下，要使汽车降低车速，需更长的时间来消耗掉这些能量。制动器使用时间越长，温度越高，常常引起热衰退现象，制动器的摩擦系数下降，制动停车距离延长。

5. 操作稳定性变差

车速增加时，汽车转向离心力增大，离心力与车速的平方成正比关系。同一辆汽车，转弯半径相同，车速增加 2 倍，离心力就增加到 4 倍。在急剧增加的离心力作用下，汽车的横向稳定性下降，汽车有可能发生侧滑和侧翻现象。同时汽车的操纵稳定性变坏，部分在低速时出现不足转向的汽车，在高速行驶状态下有可能变为过度转向。高速行驶的汽车还受到空气力和空气力矩的作用，其中空气升力的作用与速度的平方成正比关系，它将减少前后轴的载荷量。前轴载荷的减少将使驾驶人感到转向盘效率下降，后轴载荷的减少则会使转弯力（侧偏力）减小，车速越高，驾驶人越感到“发飘”就是这个原因。

6. 机件易损坏

汽车持续高速行驶会使发动机、传动系统、车轮轮胎等负荷加重，各部件间磨损加剧，安全性能下降，引起失控或抛锚，容易在行驶过程中出现状况，致使其他车辆应对不及时而发生碰撞。

交警表示，行车时虽然要严防超速，但是也不能一味低速行驶，这同样会引发危险，因为这会严重影响正常行驶的车辆，并大幅增加被追尾的风险。最安全的办法是“随大流”，就是跟随车流，保持比较一致的速度，减少超车和被超车的情况，这样发生车辆碰撞事故的概率才会大幅降低。

2.3 路的因素

道路是一种带状的三维空间人工构造物，它常和桥梁、涵洞、隧道等构成统一的工程实体。道路根据其所处的位置、交通性质、使用特点等主要分为公路和城市道路。道路是交通安全的基本因素。据统计，10% 的交通事故直接与道路条件有关。道路的设计是否合理、质量是否合格、等级是否到位，标志、标线、安全设施等交通设施是否齐全、醒目、有效，都直接关系着交通安全。

2.3.1 公路

公路是指联结各城镇、乡村和工矿基地之间主要供汽车行驶的郊外道路。公路可分为干线公路、地方公路、专用公路。公路按其在公路路网中的地位和行政管理体制分为国道、省道、县道、乡道。当前我国的公路等级按照其使用任务、功能和适应的交通量分为高速公路、一级公路、二级公路、三级公路、四级公路五个等级。公路是建筑在野外大地上的一种线形工程构造物，能承受车轮荷载并经受各种自然因素的长期影响和破坏，公路包括直接组成部分、间接组成部分和附属工程三大部分。公路的直接组成部分是公路的主体和骨架，主要包括路基、路面、桥梁、涵洞及隧道。公路的间接组成部分，起加固和稳定公路的作用，主要包括防护工程、排水设备及山区公路特殊构造物。公路附属工程主要包括管理设施、安全设施、服务设施、公路绿化和道路照明。

2.3.2 城市道路

通达城市各个地区，供城市内交通运输及行人使用的，便于居民生活、工作及文化娱乐活动，并与城市外道路连接承担对外交通的道路称为城市道路。城市道路一般比公路宽阔，为适应城市里种类繁多的交通工具，多划分为机动车道、公共交通优先专用道、非机动车道等。道路两侧有高出路面的人行道和房屋建筑。人行道下一般多埋设公共管线。城市道路两侧或中心地带，有时还设置绿化带、雕塑艺术品等，也起到了美化城市的作用。按照道路在道路网中的地位、交通功能以及对沿线建筑物的服务功能等，城市道路分为四类：快速路、主干道、次干道、支路。

城市中由快速路、主干路、次干路、支路等纵横交织组成的一个网状系统，称为城市道路网。城市道路网的形成是城市的历史、地理及城市本身的性质、规模等因素综合作用的结果。城市道路网的基本形式分为方格式（棋盘式）、带状式、星形放射式、环形放射式、自由式、混合式等。

2.3.3 道路条件对行车安全的影响

1. 路面条件

随着车辆的行进，道路环境在不断变化，驾驶人的心理活动、生理状况以及车辆的状态也在发生相应的改变。这些要素的变化必须相互协调，才能保证行车安全。良好的路面应当是宽度满足行车要求、坚实、平整、没有凹坑、耐磨、具有一定的抗滑性能的刚性或者柔性体。路面的抗滑能力对安全行车至关重要，路面等级越高，抗滑能力越强，通常用道路附着系数进行衡量。此外，道路周围建筑物、植物对交通安全的影响主要有妨碍驾驶人和行人视线、造成视距不足、引发交通事故，因此要定期地检查道路视线与视距情况，确保行车安全。

2. 道路线形

为保证行车安全，道路几何线形应该流畅，行驶速度越快，路面本身在视觉透视图中所描绘的形状（即道路的线形），就越成为构成道路美观印象的控制因素。道路线形也对行车安全有一些影响，线形简单，方向明了，可获得最短的行车距离，但直线线形的景观单调，长直线道路呆板、枯燥，会导致驾驶人反应迟钝，削弱了驾驶人的警觉性，容易发生车祸。因此，道路使用直线线形的距离不宜过长。适当采用平曲线可刺激驾驶人的注意力，使驾驶人具有一定的紧张程度，有助于交通安全；但平曲线的半径、超高、加宽均值得注意。竖曲线和平曲线的完美组合，使道路线形看起来不觉扭曲，过渡自然、优美，可避免视线曲折，达到良好地引导驾驶人视线的目的。两者的不良组合，则会使路段扭曲，破坏了线形的一致性，造成驾驶人心理、视觉不适，使视觉出现紊乱，从而形成行驶中的危险路段。

图 2-6 所示的道路线形设计合理，充分考虑了视距要求，驾驶人看到的曲线恰好落于视距矩形范围内，从而使驾驶人在不需要移动视线或转动头部的情况下即可充分了解道路及交通情况，同时也提高了行车舒适性、减少了行车疲劳和紧张感。图 2-7 用于表示平曲线转角变大，部分曲线已落于矩形范围之外，导致驾驶人看到的路线不连续，为此必须移动视线或转动头部才能看清全部曲线上的道路及交通情况，这无疑增加了行车难度和危险性。

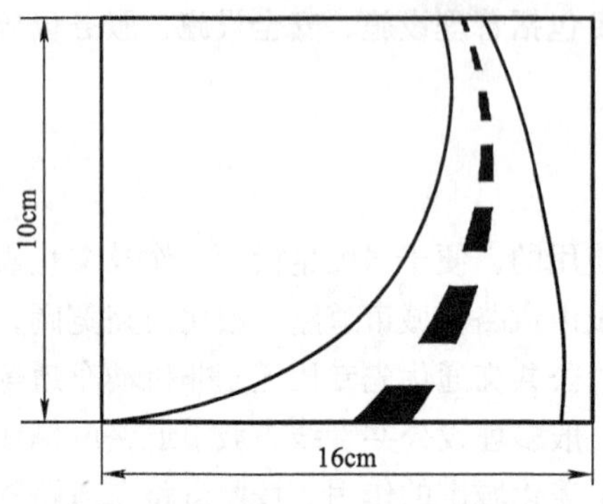

图 2-6　曲线全部落入视距矩形范围

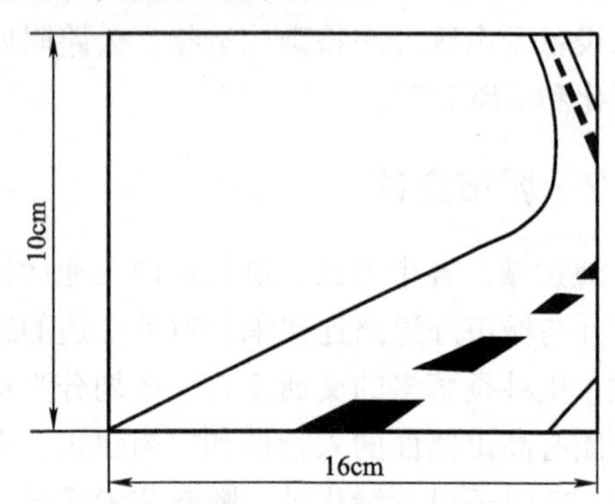

图 2-7　曲线部分落入视距矩形范围外

3. 道路标志标线

（1）道路交通标志

交通标志是将有关的交通管理法规条款用图形、文字、数字等形象化语言采用指示、警告、禁令、指路等特定标志设置于道路路侧或行车道上方的交通管理设施。道路交通标志主要有警告标志、禁令标志、指示标志、指路标志、旅游区标志、道路施工安全标志及设施、辅助标志、可变标志等。

道路交通标志主要有以下作用：一是调节交通流量、疏导交通。可根据道路交通情况实行单向通行、定时通行、限制某些车辆通行等，对各种车辆的流量、流向进行调节、疏导和控制以提高道路通行效率。二是预示道路状况，提示前方为岔路、长下坡、弯路或事故多发地段等，以警告车辆、行人注意危险地点及应采取措施，确保行车安全。三是为驾驶人、行人指路导向，指示道路的方向、路名；明确所在道路到达的目的地，各相交道路的去向，沿途名胜古迹的位置及距离；指示停车位置、人行道位置、公交车站台位置等，使得驾驶人或行人在陌生的地点也能来去自如。四是规范交通行为，作为驾驶人、行人守法及交警执法的依据。

（2）道路交通标线

交通标线是将有关的交通管理法规条款用划线、图形、数字、文字等形象化符号嵌画于道路路面、路边缘石或路旁建筑物上用于指示、警告、禁令、指路的特定标记。交通标线按设置方式分为纵向标线、横向标线、其他标线三类；按功能分为指示标线、禁止标线、警告标线三类；按形态分为线条标线、字符标记、突出路标和路边线轮廓标四类。我国主要的路面标线样式有双向两车道道路中心线、车行道分界线、车道边缘线、停止线、让行线、人行横道线、导流线、导向箭头、出入口标线、左转弯导向线等。

道路交通标线可与交通标志配合使用，也可单独使用以起到管制和引导交通的作用。其具体作用如下：一是实行分道行进，利用交通标线可实现各类交通参与者之间的分离。二是渠化平交路口交通。利用交通标线可在平交路口组织渠化交通，指导行人和各种车辆按标线所示的位置、方向行进，以疏导路口交通流量和流向，减少交通冲突点，提高路口的通行能力。三是预告行进方向，保障交通安全。通过交通标线，可以引起驾驶人的注意，起到引导作用。四是为守法和执法提供依据。交通标线既是指引行人和车辆驾驶人行进位置、方向和必须遵守的规范，也是交通民警纠正交通违章、处理交通事故时确定责任的依据。

目前我国交通标志设置方面存在以下突出问题：其一是低等级公路标志设置不完善。在我国的城乡公路中，很多低等级公路在急弯、堵坡等路段缺乏必要的警告标志，更不用说对限速、禁止超车等交通行为的动态监管。在急弯、堵坡等路段，基本警告标志的缺失会直接对行车安全构成威胁。其二是高等级公路标志设置不规范、不到位。在一些高等级公路路段，驾驶人无法及时找到出入口，也就是经常所说的“进不来，出不去”。“进不来”是指从城市或城乡接合部就近找不到上高等级公路的相应入口，而“出不去”是指在高等级公路上不知道从哪个出口出去，这种现象在一些大城市的中环、外环高等级公路上依然存在，这给初次进入某地区的驾驶人的正常行驶带来极大的不便。此外，有的交通标志还存在标志上所指示的内容与该标志设置处的实际作用不相符的情况，如在出口处设置的标志上所标示的内容为入口指示内容。

道路上设置齐全的交通标志、交通标线，有利于保障交通秩序、提高道路通行效率、减少交通事故的发生。对于高速公路安全行车而言，交通标志的指示、指引作用尤为重要。随着道路交通流量的增大，交通标志、交通标线在保障车辆安全、畅通行驶方面的作用越来越重要。在交通标志、交通标线的设置方面，除了其本体的设计要科学以外，还需要重视交通标志，交通标线在道路沿线的合理设置。

4. 安全设施

交通安全设施有以下几种类型：隔离设施、防护栏、行人过街设施。

1）隔离设施。通过隔离设施分隔对向的交通流，避免了对向车辆正面相撞和对向刮擦事故。隔离设施在城市可通过阻止行人违章过街，降低 30% ~ 40% 的交通事故。

2）防护栏。防护栏是防止行驶中的车辆因意外驶出路外或闯入对向车道而沿道路边缘或在分隔带上设置的一种安全防护设施。目前防护栏在高等级公路和城市道路上获得了广泛的应用，是一种重要的安全防护设施。防护栏的防护机理是，当在行车辆与刚性护栏发生相撞时，通过防护栏和车辆的弹性变形、摩擦吸收车体碰撞能量，从而达到保护车内人员生命安全的目的。因此，防护栏也是一种被动的交通安全设施，主要通过分隔效应保障行进车辆、行人的安全。

3）行人过街设施。行人需要过马路时，若随意穿行势必会与道路上的在行车辆发生冲突，这既危及行人生命安全，同时也影响车辆的正常行驶。为此，道路交通管理部门根据道路上交通车流量、行人量大小的不同在一些重要路段设置了人行横道标线、交通信号控制、安全岛、人行天桥、地下通道等不同的安全设施，以方便行人安全过马路。其中安全岛又称为庇护岛，是在两车道之间设置的且车辆不能使用的高出路面的岛状设施，是为行人提供安全庇护空间的岛。当机动车车行道数目较多时，若在道路中央不设安全岛，则可能存在部分行人在绿灯信号内不能走到马路对面，在下一个行人红灯信号内就只能停在车流中间，或者在密集的车流中强行通过的情况，这样极易引发交通事故。特别是对于行走缓慢的老人、儿童、残疾人，过街的危险程度就更大。安全岛的作用就是为在一个行人绿灯信号内未能过街的行人提供一个相对安全的空间，减少了暴露在车流中的时间，降低了发生事故的可能性。供行人二次过街的安全岛不仅可以提高行人过街的安全性，同时又能提高人行横道的通过能力，是缓解行人过街困难的一种有效措施。

在设有人行天桥、地下通道的地方，只要行人过马路时遵守交通法规走人行天桥、地下通道，其安全性为100%；在未设置人行天桥、地下通道而仅设置有人行横道标线、交通信号控制、安全岛的地方，行人过马路时的安全性显然低于100%，即存在着相对危险性。设行人在有人行横道标线、交通信号控制、安全岛处过马路的相对危险程度为1.00，在几种具有不同安全设施状况的条件下行人过马路时的相对危险程度统计见表2-2。

在行人交通安全意识一定的条件下，随着过马路时安全设施状况条件的变差，行人过马路时的危险程度明显提高。在无人行横道标线，也无交通信号控制时过马路的相对危险程度比在有人行横道标线、交通信号控制、安全岛等安全设施条件过马路的相对危险程度高1.78倍。因此，加强和规范行人过马路时的交通安全设施建设，对于保障行人交通安全、规范行人过马路时的交通秩序具有积极意义。

表2-2　在几种具有不同安全设施状况的条件下行人过马路时的相对危险程度统计

过马路时的安全设施状况	危险程度	过马路时的安全设施状况	危险程度
有人行横道标线，有交通信号控制	1.00	有人行横道标线，但无人专门管理	2.47
有人行横道标线，无交通信号控制	1.47	无人行横道标线，无交通信号控制	2.78

2.4　环境因素

交通环境是交通安全的综合因素。环境因素分为气候条件和道路景观两方面，事故调查结果显示，很大一部分的交通事故与恶劣天气有关，不利的气象条件引起的道路交通事故数量居高不下。道路景观对交通安全的影响同样不容忽视，由于道路周边的行道树、建筑物等设置不合理而遮挡驾驶人视线，从而引发事故的现象也时有发生。

2.4.1　道路景观

现代道路景观包含的内容较多。现代道路不仅具有承载交通运输的功能，而且能够为人们提供美好、舒适的视觉效果，并能与自然环境和社会环境相协调，体现社会文化内涵和文化价值。

道路景观的安全作用如下。

1）绿化。道路景观由多种景观元素组成，各种景观元素的作用、地位都应当恰如其分。一般情况下，绿化应与道路环境中的景观诸元素协调，应该让道路使用者从各方面来看都有良好的效果。有些道路绿化成了视线的障碍，使道路使用者看不清街道面貌，从街道景观元素协调来看就不适宜。绿化具有诱导视线、防眩、缓冲、遮蔽、协调、指路标记、保护坡面、沿线保护等安全功能。如在弯道中央分隔带种植树木，夜间行车时，能遮挡对向车灯光线，避免产生眩光。

2）建筑。一条道路的景观好坏，建筑是否与道路协调是最主要的因素，而建筑与道路宽度的协调则是关键。不同交通性质道路的建筑高度 H 与道路宽度 D 的比例关系不同。一般认为，$1<D/H<2$ 时，既具有封闭空间的能力，又不会有压迫感。在这种空间比例下的步行和驾车可取得一定的亲切感和热闹气氛，而且绿化为两侧建筑群体空间提供了一个过渡，使两侧高大的建筑群之间产生了一种渐进关系，从而避免了两侧建筑群体的空间离散作用，使人感到突然和单薄。此外，道路周围建筑、植物对交通安全的影响主要是妨碍驾驶人和行人的视线，造成视距不足、引发交通事故等。因此要定期检查道路视线与视距情况，确保行车安全。

3）照明。道路景观的亮化是指道路夜景的统一设计和道路两侧建筑立面的橱窗、景观灯、霓虹灯及绿化的地灯等统一设计，烘托建筑轮廓线，亮化道路的夜景观。照明除了给人好的视觉效果外，还具有安全功能，它可以指示道路方向、道路标记，但照明设计不好也会引发眩光，引起交通事故。同时，要注意节约能源和防止光污染。

2.4.2 气候条件

气候条件与交通安全有着密切的关系。恶劣的天气条件会带来道路路面摩擦系数下降、驾驶人视线受阻、驾驶人心理变化较大等影响，容易导致交通事故。因此，研究气候条件对交通安全的关系，也可以有效地控制交通事故，提高交通安全。

天气与气候对道路交通安全的影响是明显的。不良的天气与气候，特别是恶劣的天气和气候对行车安全的影响尤为明显与突出，对于道路行车而言，恶劣气候主要是指阴雨天气（含大雨和暴雨天气）、降雪天气、大风天气、沙尘暴天气、大雾及雾霾天气、高温天气、低温天气等。下面对各种恶劣天气对交通安全的影响一一进行介绍。

1. 阴雨天气

阴雨天气尤其是大雨、暴雨使天气昏暗，能见度低，道路湿滑。该天气对驾驶人的影响是使其视线变暗，清晰度降低，导致驾车过程中对前方人、车和道路环境状况的判断准确性降低。对行驶车辆的影响是，使车轮与地面的附着系数降低，附着力变小，制动效果变差，特别是在转弯或遇到紧急情况制动时易发生侧滑、跑偏、甩尾等现象而导致交通事故。此外，大雨暴雨天气还易引发山体滑坡，泥石流、道路塌陷、道路损坏以及路面积水等多种灾害而危及车辆的行车安全。

2. 降雪天气

降雪天气常因路面积雪产生冰冻现象，导致路面湿滑坚硬，使车辆行驶过程中因车轮与路面的摩擦系数降低，制动力变小而导致制动距离变长，在转弯或遇到紧急情况制动时容易发生侧滑、跑偏，并极易诱发多车连环追尾事故。此外，降雪天气还使车辆起步和上坡时容易发生打滑，导致起步困难、上坡溜滑而引起事故。特别是架在地面之上的立交桥，高架桥路面在低温和降雪天气较其他路面更容易结冰，车辆在此处行驶时更要特别小心，避免高速行驶、急转弯和紧急制动等操作。

3. 大风天气

大风天气（如沿海地区的台风天气）对交通安全的影响如下：一是行驶中车辆的空气阻力明显增大，并随风力增大而对车辆的行驶稳定性造成破坏性的影响，如强力大风容易造成在行

车辆侧滑、侧翻等类型的交通事故：二是使摩托车驾驶人、自行车骑车人及行人在行进过程中对道路前方视野的观察能力降低，受大风影响骑车人容易偏离原行驶路线而左右摇晃，行进中左右摇晃的车辆极易与行进中的其他机动车发生碰撞事故。行人因躲避大风，导致其注意力容易分散，观察不周而引发交通事故。

4. 大雾、沙尘暴天气

大雾天气、沙尘暴天气对交通安全的影响也是明显的。因能见度低使得驾驶人、行人可视距离变短，且使得观察者对道路前方人、车、物和道路环境状况判断的准确性、及时性下降，特别是浓雾天气使得能见度降低至几十米或百余米，极易在高速公路上引发多车追尾或相撞的恶性重大交通事故。这是需要所有驾驶人高度重视的。实际中，沙尘暴天气常常伴随着沙尘漫天飞扬，空气混浊不清。大雾及雾霾天气因天空一片灰蒙蒙而使水平能见度大大降低、视线不清。

5. 高温天气

高温天气因天气炎热，易使发动机“开锅”，轮胎爆胎，或使驾驶人疲劳而产生睡意。特别是在中午时段，高温天气对人、对行驶车辆的影响最为突出。因此，在高温条件下，驾驶人最好避免中午时段开车，如果无法避免中午时段驾车（如城市公交车辆），那么驾驶人在驾车之前务必注意休息。

6. 低温天气

低温天气的特点是环境温度低并常常伴有积雪、结冰现象。在低温天气的条件下，除因道路积雪、结冰影响行车安全以外，还会因驾驶室内外温差过大使水蒸气凝固于风窗玻璃上形成薄雾而使风窗玻璃的透明度降低，影响驾驶人对前方人、车、物和道路环境状况的准确观察与判断，同时低温天气也使驾驶人手脚的灵敏性降低，反应变得迟钝。这些都将直接对驾驶人的行车安全产生影响。

7. 突变天气

行车途中天气突变是指驾驶人在驾车过程中天气状况在较短的时间内发生了明显改变的情况，多指天气突然由好变坏的情况，如突然大雨倾盆、大雾四起、漫天沙尘飞扬等。行车途中天气突变（变坏）对交通安全的影响，一方面是对驾驶人的视线产生不利影响，另一方面对驾驶人的情绪、心理状态产生负面影响继而影响驾驶状态。对于所有驾驶人而言，为保证行车安全，应注意在驾车过程中保持良好的心态，以将天气变化对自己的情绪、心理状态变化的影响降到最低。

此外，在雨、雪、大雾、大风或沙尘暴时夜间行车，驾驶人因视线变暗及对光线尤其是对强光照射特别敏感，会产生视线盲区（即背光区），而视线盲区易使行驶车辆与其他车辆或道路旁构造物发生碰撞。

在恶劣气候条件下，要保证道路交通安全，无论是机动车驾驶人还是行人都需要格外小心，并采取相应的保护与预防措施。对于机动车驾驶人而言，需要针对不同的天气气候采取不同的应对措施，对于行人而言，则需要提高安全意识和自我防范技能。

2.5 管理因素

管理是影响道路交通安全工作的重要因素之一，科学健全和统一高效的道路安全管理体制是减少事故，防患于未然的必要条件。本小节将从机动车、驾驶人及违法行为的处理三个方面来介绍涉及道路交通安全的管理因素。

2.5.1 机动车管理

为实施对现代化交通工具的有效管理，保证道路交通活动的安全进行，国家授权公安机关的车辆管理部门依据有关法律、法规、标准和政策，对机动车辆进行确认、登记、检验、发牌、发证以及强制报废等管理工作，并对相关行业在规定的范围内实施安全监督，主要有以下几个方面的内容。

1）车辆牌照制度。对准予在道路上行驶的机动车辆，有条件地发给号牌、行驶证和机动车登记证书，并以车辆牌证的核发和管理为手段，对车辆使用的全过程进行安全监督和安全管理。

2）车辆登记制度。机动车登记是指公安机关的车辆管理部门依法对我国民用机动车辆的车主、住址、电话、单位代码、居民身份证、车辆类型、厂牌型号以及车辆技术参数和车辆变更、转移、抵押、注销等情况所实行的记录手续。机动车登记的种类有注册登记、变更登记、转移登记、抵押登记及注销登记。

3）车辆检验制度。为了确保交通安全，机动车安全技术检验机构根据法律、法规和标准的规定，对机动车辆进行定期与不定期的安全技术检验。经检验合格的车辆，取得安全技术检验合格证明。

4）车辆强制报废制度。国家实行机动车强制报废制度，根据机动车的安全技术状况和不同用途，规定不同的报废标准。新的机动车强制报废标准规定，非营运小型和微型汽车无使用年限，行驶里程60万千米，国家会引导报废。超过15年且行驶里程未达到60万千米的，需要每年检验两次，不合格车辆将强制报废。

5）车辆强制保险制度。国家实行机动车第三者责任强制保险制度，通过国家法律强制机动车所有人或管理人购买机动车交通事故责任强制险（简称交强险），为可能出现的交通事故受害人提供及时和基本的保障。

2.5.2 驾驶人管理

机动车驾驶人，是指根据本人自愿，年龄、体检及其他条件审核合格，由公安机关的车辆管理部门考核合格，准许驾驶某一种或几种车型的机动车辆，并持有公安车辆管理机关核发的机动车驾驶证的人员。

1）机动车驾驶证。驾驶证是证明驾驶人具有某种机动车驾驶资格的法定证件，驾驶机动车必须依法取得机动车驾驶证。机动车驾驶证按管辖归属的不同，分为民用机动车驾驶证、军用机动车驾驶证及武警机动车驾驶证三种，它们分别由公安、军队、武警车辆管理机关核发和管理。

2）驾驶证的申领。初次申请机动车驾驶证的，应当填写《机动车驾驶证申请表》，并提交以下证明：申请人的身份证明（居民身份证、暂住证等）；县级或者部队团级以上医疗机构出具的有关身体条件的证明。申请增加准驾车型的，除填写《机动车驾驶证申请表》，提交上述规定的证明外，还应当提交所持机动车驾驶证。

3）驾驶人的计分管理。根据《道路交通安全法》规定的累积记分制度，公安机关交通管理部门对驾驶人违反道路交通安全法律、法规的行为除依法给予行政处罚外，还记录下其违法行为的相应分值，对累计达到一定分值的驾驶人进行教育和考试，对模范遵守交通法规的驾驶人予以奖励。一次记分的分值，依据道路交通安全违法行为的严重程度，分为 12 分、6 分、3 分、2 分、1 分五种。驾驶人一次有两种以上道路交通安全违法行为的，应当分别计算，累加分值。地方法规、规章设定的违法记分分值，只适用于本地驾驶人。

4）驾驶人的定期审验。审验是公安机关的车辆管理部门对机动车驾驶人定期进行的能否继续保持驾驶资格的审查。换发机动车驾驶证时，公安机关交通管理部门应当对机动车驾驶人进行审验。车辆管理所办理审验时，需要审验的主要事项为机动车驾驶人的身体条件和累积记分情况。

2.5.3　交通违法行为处理

道路交通安全违法行为是指交通参与者违反道路交通安全法律、法规，扰乱道路交通安全秩序，妨碍道路交通安全和畅通，侵犯公民交通权益的行为。为教育违法行为人，震慑后继者，对公民、法人或其他组织的道路交通安全违法行为，公安机关的交通管理部门将依法给予行政处罚，并可能采取必要的行政强制措施。

1）行政处罚。行政处罚是指公安机关交通管理部门在执法过程中，依据《道路交通安全法》《道路交通安全违法行为处理程序规定》等法律、法规和规章，对道路交通安全违法行为人所实施的行政制裁措施。对交通警察执勤、执法中当场发现的违法行为的处罚由违法行为地的公安机关交通管理部门管辖。对交通技术监控资料记录的违法行为的处罚可以由违法行为地或者机动车号牌核发地的公安机关交通管理部门管辖。

2）行政强制措施。交通警察在执法过程中，因制止违法行为、避免危害发生、防止证据灭失的需要或者机动车驾驶人累积记分满 12 分的，可以依法采取行政强制措施。它是针对交通安全违法行为人、财、物品进行临时约束或处置的限权性强制行为。

3）被处理者的法律救援。当事人对公安机关交通管理部门的行政处罚不服，或者对行政强制措施有意见时，可以依法向其上一级公安机关交通管理部门或者法律、法规规定的其他机关提出申诉，请求重新审查并纠正错误。当事人对复议决定不服的，可以向人民法院起诉。由于法律没有规定必须先申请行政复议、对行政复议决定不服再提起诉讼，所以当事人可以不经复议程序而直接向人民法院提起行政诉讼。

2.6　小结

交通事故具有随机性、突发性、频发性、社会性及不可逆性等特点，而道路交通安全的影响因素也比较复杂。但据大量研究表明，对道路交通安全影响最大的主要是人、车、路、环境及管理这五个因素。其中，人作为道路交通安全的主体，对道路交通安全有显著影响的因素有驾驶人生理、心理特征及可靠性和行人、骑行者等的运动不确定性等。车主要从车辆的安全性能、技术状况、安全结构及行驶车速这四个方面对道路交通安全产生影响。对道路交通安全有影响的路的因素则主要涉及公路及城市道路的路面条件、道路线性、各类标志和标线以及道路安全设施；有影响的环境因素有道路景观和气候条件。当然，道路交通安全也与机动车管理、驾驶人管理等管理因素有很大的关联。

第 3 章 Chapter 3 事故现场勘查的内容与方法

事故现场勘查是指专业人员对所有参与事故的人、物件、车辆及其他与事故相关的信息、证据进行采集的过程。现场勘查不仅是处理事故的首要环节，也是整个事故处理和重建过程中最基本、最重要的环节，通过勘查得到的信息准确与否将极大地影响后续的事故处理和重建。例如，某些疑难事故案例的产生就是因为在现场勘查时错漏了部分重要信息，或者相关痕迹被破坏或消失了，从而导致无法对事故过程进行分析与再现。由第 2 章可知，道路交通事故是人、车、路、环境等多方因素共同作用的结果，因此事故现场通常十分复杂，需要采集的信息繁多。为使读者对现场勘查有一个全面的认识，本章将先对事故现场勘查的基本流程进行描述；在此基础上，再通过对现场信息采集、事故当事人 / 目击者问询、事故参与者损失信息记录、绘制现场图及事故分析与现场复核这五个部分的详细分析来阐述现场勘查的主要内容与方法。

3.1 现场勘察的基本流程

现场勘查要求相关技术人员在事发后第一时间赶往事发现场；同时为避免发生二次事故，要求勘查技术人员在短时间内毫无遗漏且迅速完成现场信息的采集工作并撤离事故现场。因此，一套专业的勘查设备和完善的采集流程能够帮助技术人员高效、可靠地完成此任务。现场勘查设备如图 3-1 所示，包括调查车、记录用具（绘图板、录音笔、照相机等）、测量工具（轮式尺、钢卷尺、塔尺、手持 GPS、多功能胎压纹深测量仪）、标记工具（粉笔与刻度纸）和反光背心。

现场勘查基本流程如图 3-2 所示。勘查人员到达事发现场后，首要任务是参与受伤或受困人员的救援并保护好事故现场。这是因为在事故发生后，事故现场的围观人群或者其他因素（如变化的天气）可能会破坏事故现场，使得现场痕迹变得模糊不清，给现场勘查工作增加一定的困难，且会使得采集到的痕迹信息不准确，从而影响到对事故的判断分析。因此，通常需在事故现场四周设置警戒线或隔离栏等设施来保护事故现场的完整性。在此之后，再进行信息采集、问询记录、绘制现场图和记录事故参与者损失（车损、人员损伤、财产损失）等一系列后续工作。最后，汇总所有以上采集的信息，并由专业事故分析人员依据采集的信息分析事故过程并对事故现场进行复核。

上述对事故现场勘查流程的描述，只是让读者对于现场勘查有一个大致了解，但还远远不够。因此，本章的后续内容将在现场勘查基本流程的基础上，从现场信息采集、事故当事人 / 目击者问询、事故参与者损失信息记录、绘制现场图及事故分析与现场复核这五个部分，详细地剖析现场勘查的内容以及方法。

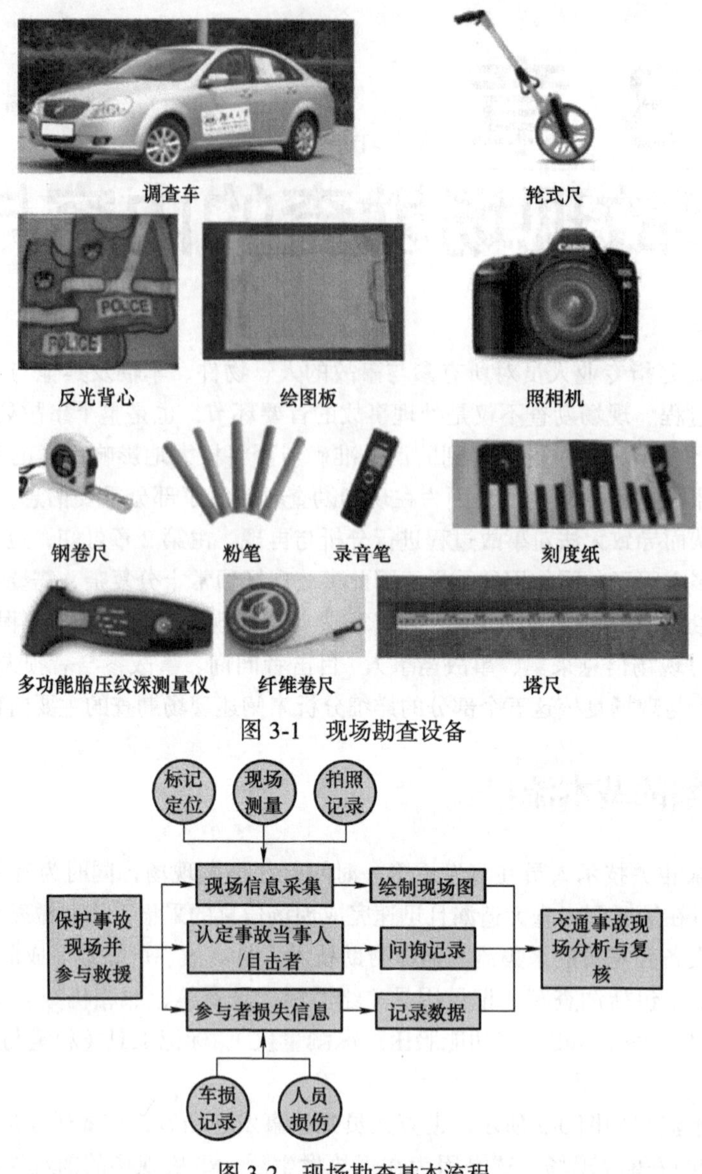

图 3-1 现场勘查设备

图 3-2 现场勘查基本流程

3.2 现场信息采集的基本内容与方法

3.2.1 标记定位

由图 3-2 可知，现场信息采集包括标记定位、现场测量及拍照记录三个部分。其中标记定位是指相关调查人员为能够在短时间内完整地采集事故关键信息，对现场遗留信息进行标记和定位；通常使用粉笔等显眼又易于清除的工具对车辆停止位置（图 3-3）、人员倒地位置（图 3-4）、轮胎痕迹（图 3-5）、两轮车倒地方向（图 3-6）、血迹、车身碎片及其他散落物进行标记和定位。此外，因事发后伤亡人员会第一时间被送往急救中心救治，所以为不耽误其最佳救援时间，一般情况下需先对事故伤亡人员的位置进行标记。对于两轮车事故，除对两轮车倒地位置、方向标记外，还需特别注意驾乘人员的头盔状况，并对头盔进行标记（图3-7）；现场散落物的标记对于碰撞点及碰撞后运动状态的确定具有重要的作用（图3-8）。

图3-3 T字定位法标明汽车车轮位置

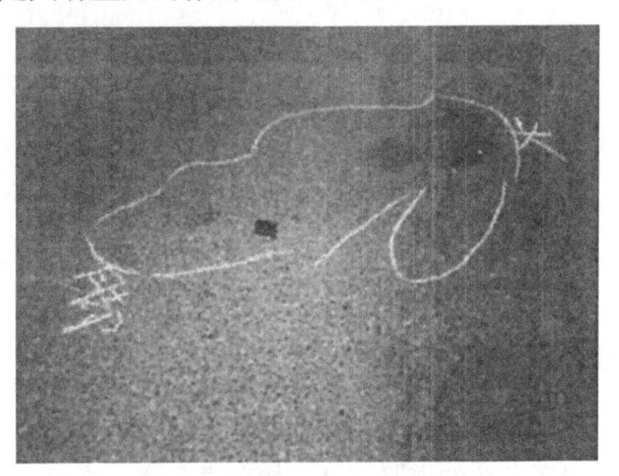

图3-4 伤亡人员倒地整体轮廓标记

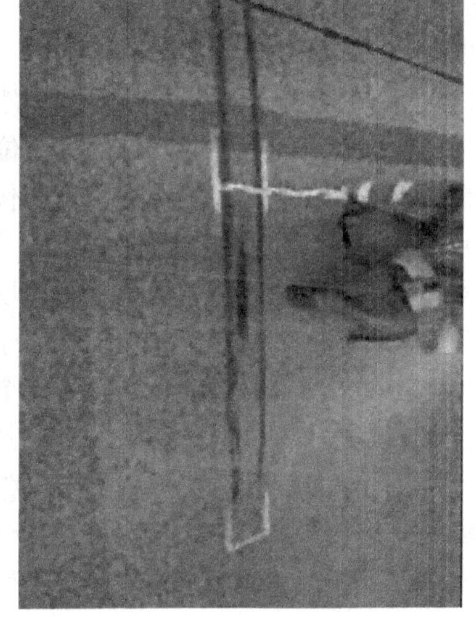

图3-5 轮胎痕迹标记

图3-6 两轮车最终位置标记

图3-7 头盔及血迹标记

图 3-8　散落物标记

3.2.2　现场测量

对事故现场遗留信息进行标记后，紧接着就是现场测量。现场测量是指勘查人员在事故现场对事发地的道路信息（如车道宽度、路面标线尺寸等），对车、人、两轮车及散落物等最终位置、地面痕迹始末点长度等现场遗留信息的测量记录工作，以此为事故现场图绘制和事故再现提供详细的数据支持。现阶段常用的测量方法有两种：直角坐标法和三角定位法。下面将详细地介绍这两种方法。

1）直角坐标法。直角坐标法适用于直线简单路面的事故现场测量，在测量前需在事故现场选择一个参考点，用以确定事故现场的绝对位置，并以该点为原点建立直角坐标系，确定各事故参与方的相对位置；通常以路边的固定物作为参考点（如电线杆、交通信号灯杆、道路交通标志杆等）。据绘图习惯以道路方向为 x 轴，垂直道路方向为 y 轴建立直角坐标系（图 3-9），而后利用卷尺、软尺、滚轮等工具测量事故现场的痕迹，得到的数据为其坐标点，根据这些坐标点就可确定不同痕迹、车辆、行人在事故现场的具体位置（图 3-10）。对于连续不间断的痕迹（如车轮制动痕迹、两轮车地面刮痕），仅靠一个坐标点可能无法确定该痕迹的位置，此时可分别测量其始点和末点的坐标，通过两点来确定其位置。对于弯曲的连续痕迹，则可在痕迹上取多个点进行测量来确定其位置。在一些复杂道路上测量时，一个直角坐标系可能无法满足要求，此时可根据路面环境建立多个坐标系，如 T 字形路口则至少需要两个直角坐标系（图 3-11）。直角坐标法具有测量简单、快捷的优点，但更多地适用于易找到参考线的简单道路。

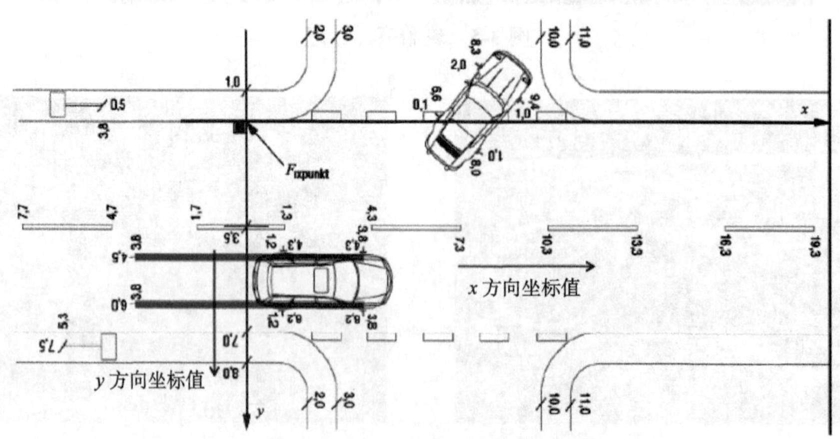

图 3-9　直角坐标测量法

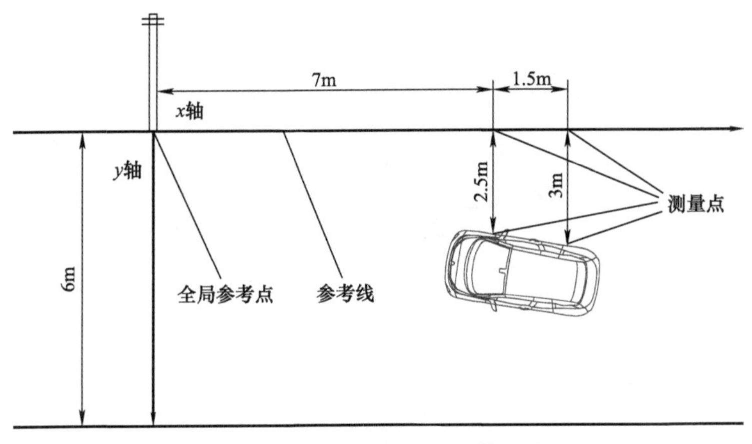

图 3-10　直角坐标法的具体测量

2）三角定位法。三角定位法不需要建立坐标系，但是需要建立参考点。此处以测量事故现场的汽车车轮位置为例来详细介绍三角定位法的操作步骤。首先，选择一个标志性的位置为原点；然后在车辆附近选择 A、B 两个参考点，通过测量 A、B 点到原点的距离确定 A、B 点的位置；最后分别测量两个轮胎到 A、B 两点的距离来确定两个轮胎的位置，进一步可确定车辆位置（图 3-12）。三角定位法的原理图如图 3-13 所示，分别以图 3-12 所示 A、B 为圆心，以图中所示轮胎到 A、B 两点的距离为半径画圆，两圆的交点即轮胎所在位置。三角定位法测量的数据较为精确，且在复杂路面环境下也可测量，但该方法需要测量的数据较多，大型的事故现场运用此方法可能需要花费较多的时间。

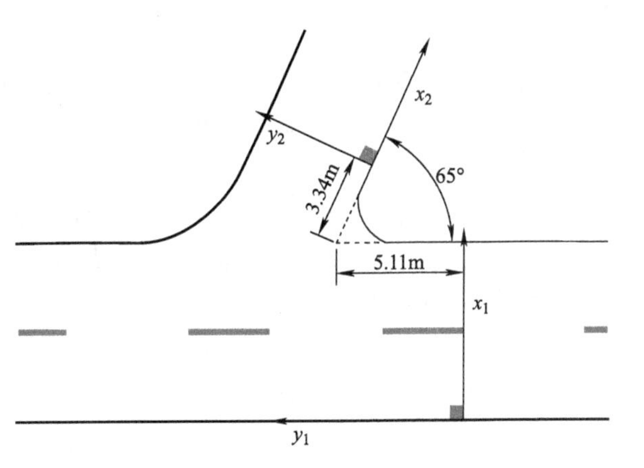

图 3-11　直角坐标法在 T 字形道路上的应用

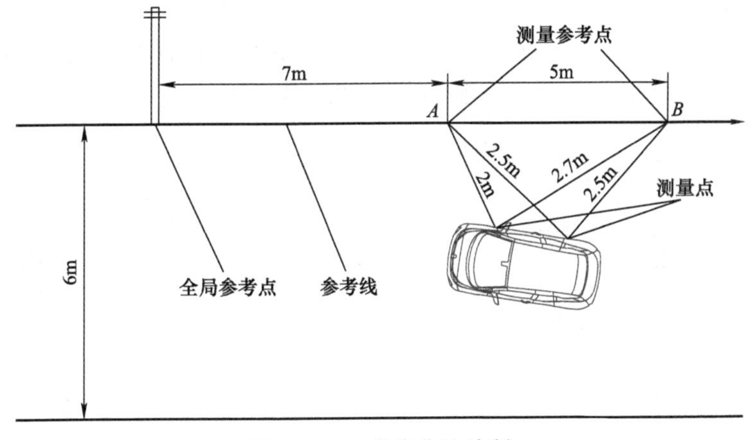

图 3-12　三角定位法绘制

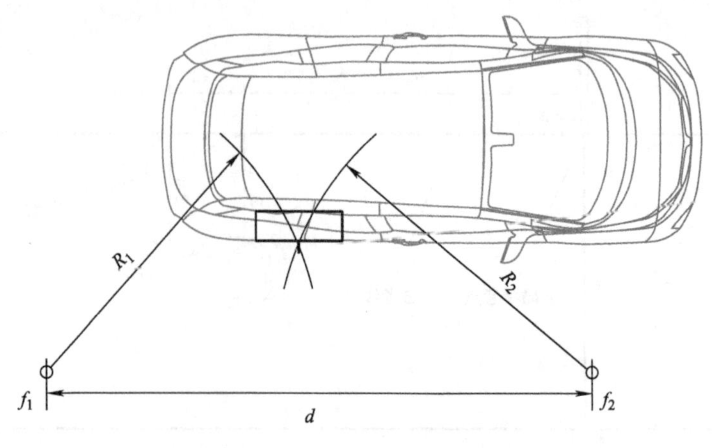

图 3-13　三角定位法的原理图

3.2.3　拍照记录

拍照记录是指以图像的形式将现场的车辆、人员、痕迹、物品等信息快速、真实地记录下来，不仅为先前的测量结果提供参照，也为事故分析再现和责任判定提供最有力的证据。现场照片的拍摄是有相应的规范和方法的，不仅要有概览事故现场的整体照片，还要有各种碰撞变形、轮胎痕迹、划痕、散落物、血迹等信息的照片，需确保从整体到局部全面地记录整个事故。因此，现场拍摄具体可分为整体拍摄、事故参与方拍摄和痕迹拍摄。下面将基于此三种拍摄内容对现场照片的拍摄方法进行详细的介绍。

1）整体照片拍摄。为清楚地表示事故现场的总体概况（包括整个事故现场和部分现场环境信息），拍摄者需与事故现场保持一定的距离（30~50m）；整体照片的拍摄根据事故发生地的不同，具体拍摄方法也有所不同。在直线道路上发生的交通事故，在事故发生点的前后两端各拍摄 2 张照片即可（一张朝向事故现场，另一张背向事故现场）。在十字路口发生事故时，需在四个路口分别拍摄 2 张照片（一张朝向事故现场、另一张背向事故现场），而后在两个路口之间的四个区域对着事故现场再拍摄 4 张照片，总计 12 张照片（图 3-14）。若事故发生在 T 形路口或分叉路口时，其与十字路口的拍摄方法区别不大，同样沿着三个路口各拍摄 2 张照片，再在各路口的交叉区域，对着事故现场再拍摄 2 张照片，总计 8 张照片（图 3-15）。随着科学技术的发展，近年来无人机航拍技术也越来越多地被运用到事故现场调查中，运用此技术可迅速、有效地对事故现场的整体概况及周围环境进行拍摄（图 3-16）。

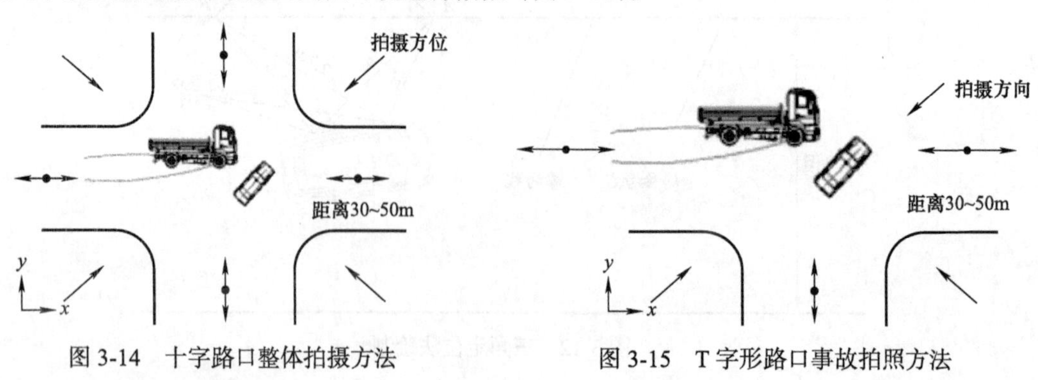

图 3-14　十字路口整体拍摄方法　　图 3-15　T 字形路口事故拍照方法

图 3-16 事故现场航拍图

2）事故参与方拍摄。完成事故现场的整体拍照后，调查人员需对事故参与方进行拍摄，主要记录车、人、两轮车等事故参与方在现场的最终位置及状态。拍摄方法是从各事故参与方的停止位置前后左右 4 个方向分别拍摄，若发生碾压事故，受害者最终停止在车轮下，则需将汽车移动后方可进行拍照，因此对于此种情况应把对受害者的最终位置和状态的拍摄放在最后来完成。此外，还需获得驾驶人的视角照片；假设涉事车型为轿车，调查人员可沿着事发前汽车的行驶方向，保持半蹲的姿态以确保相机高度与驾驶人视线高度平齐，边移动边拍照。沿汽车前进路线每拍一张照片，在相同的地点向另一辆汽车、行人、两轮车出现的方向再拍一张，将这些照片组合起来就可以还原事发时驾驶人的视野（如图 3-17 所示，此处以车 - 两轮车事故为例）。

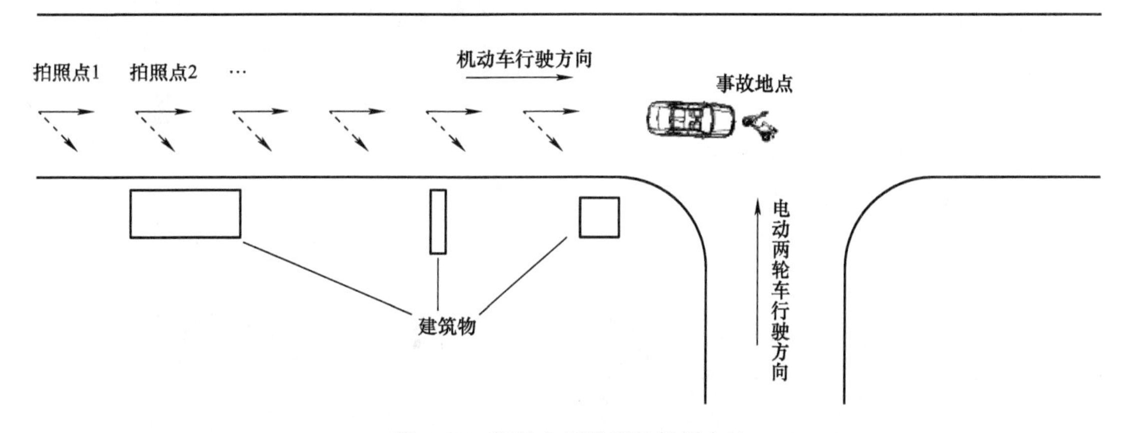

图 3-17 驾驶人视线照片拍摄方法

3）痕迹拍摄。发生事故时，现场会产生很多复杂的痕迹，这些痕迹是后续事故再现的基础，也是对事故责任进行判定的根本依据，因此痕迹的拍摄尤为重要。事故中痕迹产生的原因不只是车辆之间的碰撞，车、人、两轮车、路面等其他现场物体间的碰撞、剐蹭均会产生痕迹信息，因此将事故现场痕迹大致划分为车辆制动痕迹、地面划痕、散落物痕迹和血迹。

制动痕迹是在车轮与道路接触的前提下，事发前驾驶人采取紧急制动措施后在现场道路上产生的胎痕。拍摄制动痕迹时应从胎痕起始位置开始，且为确保拍摄照片包含胎痕的始末点，调查人员应从距胎痕起始位置3m左右的位置拍摄，所拍摄的照片需能够明确地表达痕迹、道路、车辆三者间的相互关系（图3-18）。某些情况下，胎痕中还存在中断的情况，这可能是因为碰撞而导致轮胎短时间脱离地面引起的（图3-19）；胎痕突然改变方向，这可能是碰撞时刻轮胎的受力方向突变所致（图3-20）。由此可知，胎痕是判断碰撞点的重要依据。当然，碰撞前或碰撞后，车辆与路肩或其他固定物接触同样会导致胎痕方向突变，这就需要调查人员具体问题具体分析。某些事故中，胎痕十分容易消失，例如汽车驶过草坪留下的胎痕，此类痕迹就需要及时进行标记并拍摄记录（图3-21）。此外，因路面情况和光线强弱的不同，照片逆光和顺光拍摄的效果也会不同，此种情况下建议两种角度都进行拍摄（图3-22，图3-23）。

图3-18　轮胎痕迹整体照片

图3-19　中断的胎痕

图3-20　突变的胎痕

图3-21　易消失的胎痕

图3-22　顺光拍摄的胎痕

图3-23　逆光拍摄的胎痕

地面划痕是在碰撞过程中，当轮胎爆胎、车辆侧翻以及两轮车倒地等情况发生时，汽车车身或两轮车的把手、踏板等与地面产生接触及相对运动时所留下的痕迹。地面划痕是用来判断事故中落地点或碰撞点的重要依据，事故调查人员可依据划痕的长度，运用动量定理或能量定理，粗略估算碰撞点。划痕的拍摄方法与胎痕一样，拍摄时同样需将痕迹、道路及车辆三者间的相互关系表示清楚，对于划痕的起点也需进行特殊标记并拍摄（图 3-24，图 3-25）。

图 3-24　两轮车路面划痕

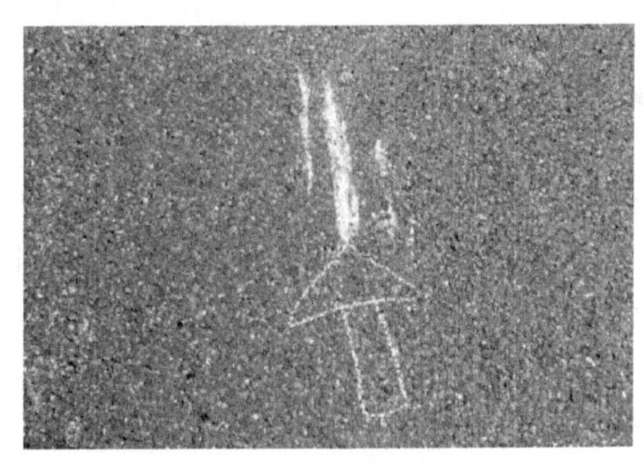

图 3-25　路面划痕起点

由于现在汽车上基本配备了防抱死制动系统（ABS），所以很多时候地面上并没有留下明显的制动胎痕，因此利用胎痕来判断事故的碰撞点、碰撞车速等信息可能会存在较大的误差。在碰撞发生时，车辆上的货物、车身碎片及受害者身上的物品和受伤的血迹等信息也会遗留在现场地面上（图 3-26），这是除胎痕、划痕外的其他痕迹信息，同样可帮助事故调查人员获得诸如初始碰撞点、人员最终落地位置、汽车碰撞速度等信息。例如，调查人员通过血迹获得受害者的精确落地位置（图 3-27）；林庆峰等学者则通过部分典型车身碎片在事故现场的分布特征，建立了车身碎片散落物抛距（Y）与碰撞车速（X）的一元线性回归经验公式（表 3-1）。

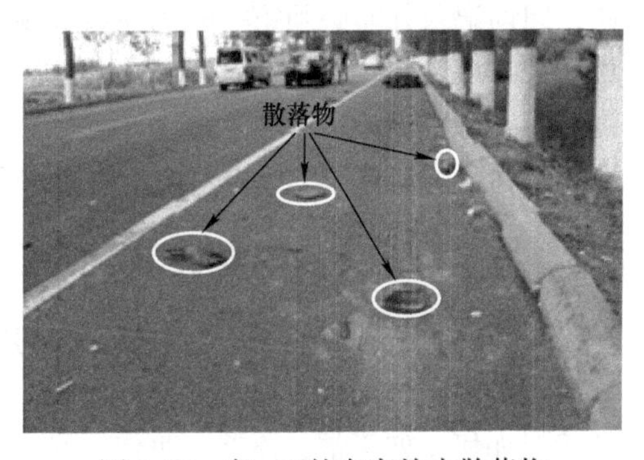

图 3-26　车 - 两轮车事故中散落物

图 3-27　受害者落地点血迹

表 3-1　车身碎片散落物抛距经验公式

车身碎片	质量 /g	一元线性回归公式	决定系数
轿车尾灯	445	$Y = 2.359X - 0.694$	$R^2 = 0.958$
轿车侧灯	161	$Y = 1.277X + 9.86$	$R^2 = 0.991$
转向灯	360	$Y = 1.812X + 4.472$	$R^2 = 0.973$

3.3　问询记录

问询记录主要是通过对事故当事人 / 目击者的询问录音，让调查人员对事故的整体情况有一个大致的了解。相比通过标记定位、测量、拍照等方式获得的事故现场直接信息，问询记录更多的是对事故间接信息的收集。这里以我国发生频率最高的车 - 车、车 - 人、车 - 两轮车及单车事故为例，按照问询的对象，将问询记录分为车内人员问询、行人问询、两轮车骑车人 / 乘员问询及目击者问询四种，其中关于汽车驾驶人、乘员、行人、骑车人等事故当事人的问询是在事发后其处于意识清醒、情绪稳定且经医护人员救治后已脱离生命危险的前提下进行的。因此，问询记录并非必须第一时间在事故现场完成（情况允许的条件下，能第一时间在现场完成最好），对于某些事故中各当事人均受到严重损伤时，问询记录可在医院回访阶段完成。相关问询内容参考了 GA/T 1082—2021《道路交通事故信息调查》中对事故信息采集的要求，下面对上述四种问询记录的具体内容进行详细的介绍。

3.3.1　车内人员问询内容

1）车内人员信息：车内人员包含驾驶人和乘员，问询驾驶人 / 乘员姓名、年龄、身高、体重等人员信息；驾驶人是否取得驾驶证？驾龄？驾驶证种类？是否准驾事故车辆？事发前的心理状况如何（如正常、愤怒、悲伤、忧虑等）？车内共几人？是否都合理使用安全带？若有儿童乘员，是否合理使用了儿童安全座椅？碰撞前、后车内人员的位置？是否有车内人员被抛出车外？

2）事故环境信息：事发时间、天气、照明条件、交通情况（车流量拥挤、正常、稀少）。

3）事故诱因信息：驾驶人对汽车的熟悉程度（如初次驾驶、近一年内驾驶 2~10 次、近一年内驾驶超过 10 次）？事发时是否存在误操作行为（如加速踏板踩错）？对事发路段的熟悉程度？问询碰撞前是否存在视线障碍而未能及时观察到其他事故参与方（如对向车灯、道路上车辆、建筑物、绿化带等）？事发前驾驶人是否存在分心驾驶行为（如看手机、接听电话、进食、视线被其他事物吸引、与同行人员攀谈等）？事发前已连续行驶多长时间？驾驶人是否有疲劳驾驶行为（如注意力涣散，打瞌睡等）？事发前驾驶人是否饮酒、吸毒？若所驾驶的是载货汽车，事发时有无载货？载货多少？若事发地有交通信号灯、指示牌、地面标线或交警等因素存在，事发前是否观察到？是否按照其指示行驶？

4）车辆行驶信息：事发前行驶方向是什么？行驶状态是什么（直行、转弯、掉头、倒车等）？处于哪一车道？大概的行驶车速？变速器处于哪一档位？转向灯使用情况？若为夜间事故，是否使用灯光？近光还是远光？若事发前观察到了其他事故参与方，当时相隔的距离大致多少？碰撞前是否采取了转向及制动等应急措施？碰撞后的行驶状态是？

3.3.2 行人问询内容

1）行人信息：姓名、年龄、身高、体重等基本信息；问询事发前行走方向为何？行走状态为何（正常行走、快步行走、奔跑、静止等）？事发前处于何种状态（如穿越机动车道、路侧行走等）？事发前心理状态？

2）事故环境信息：问询事发时间、天气、能见度、照明条件、交通情况为何？

3）事故诱因信息：对事发路段是否熟悉？若事发地有交通信号灯，事发前是否观察到信号灯？是否按照信号灯指示行走？是否按道路标线行走？事发前是否因视线障碍而未观察到车辆（如其他车辆、绿化带、建筑物等）？事发前行为是（如看手机、接听电话、与人攀谈等）？若事发地有交通信号灯、指示牌、地面标线或交警等因素存在，事发前是否观察到？是否按照其指示行走？

4）碰撞信息：若事发前观察到碰撞车辆，大致的距离是多少？来车方向？碰撞后的运动状态（直接倒地、在地面翻滚、翻过汽车掉落、被抛至空中等）？碰撞时，身体与车辆的大致接触部位？

3.3.3 骑车人 / 乘员问询内容

1）骑车人 / 乘员信息：问询姓名、年龄、身高、体重等基本信息；搭载几人？所有人员是否合理佩戴头盔？若为摩托车、电动摩托车等机动两轮车，则还应查询骑车人是否取得相应的驾照？是否准驾车型？驾龄多少？事发前心理状态？

2）事故环境信息：问询事发时间、天气、能见度、照明条件、交通状况为何？

3）事故诱因信息：事发前大概车速是？骑车人对所驾驶的两轮车的熟悉程度如何？对事发路段是否熟悉？事发前是否因存在视线障碍而未观察到其他事故参与方？事发前驾驶人是否存在分心驾驶行为？若载物，载物情况是？事发前是否饮酒、吸毒？若事发地有交通信号灯、指示牌、地面标线或交警等因素存在，事发前是否观察到？是否按照其指示行驶？

4）两轮车行驶信息：问询事发前行驶方向为何？所处车道？行驶状态为何（变道、转向、穿越其他车道等）？转向灯使用情况？若为夜间事故，是否使用灯光，近光还是远光？若事发前观察到碰撞车辆，当时的距离是多少？是否采取了紧急措施（如转向、制动等）？

5）碰撞信息：碰撞时两轮车与车辆的大体接触部位，大致碰撞形态（如追尾，正面、侧面碰撞等）？碰撞时骑车人与车辆的大体接触部位是？骑车人 / 乘员碰撞后的运动状态？两轮车碰撞后的运动状态？

3.3.4 目击者问询内容

1）目击者信息：姓名、年龄等基本信息。

2）事故环境信息：问询事发时间、天气、能见度、照明条件、事发前的交通情况。

3）事发前各事故参与方状态：问询事发前各事故参与方的行进方向、所处车道、行驶状态为何？各事故参与方的大致车速多少？转向灯使用情况？若为夜间事故，各事故参与方的灯光使用情况为何？事发前各事故参与方是否采取应急措施？两轮车骑车人、乘员是否佩戴头盔？各事故参与方载人、载物情况为何？各事故参与方是否按照交通信号灯、指示牌、道路标线及交警的指示通行？

4）碰撞时各事故参与方状态：事发时的碰撞形态、碰撞位置是？碰撞时行人、骑车人等与车辆的接触部位是？

5）碰撞后各事故参与方的状态：行人、两轮车骑车人及乘员与车辆的接触位置；行人、两轮车骑车人及其乘员的运动状态；车辆乘员是否被抛出车外？事发后汽车、两轮车等事故车辆的最终停止位置是？骑车人、行人、乘员等事故参与者的落地位置，最终停止位置是？问询在调查人员、医护人员、执法人员等到达现场前，事故现场是否受到人为因素的干扰（如围观人群移动了各事故参与方的最终位置、破坏了道路上的痕迹等）？

综上，通过问询记录，调查人员可大致了解事故的基本信息，包括事故参与者的基本信息、事故环境信息、大概的事发过程及事故诱因信息等；这些信息不仅为后续的事故分析再现提供支持，也为事故中相关责任的划分提供帮助。需要注意的是，问询时各事故参与方所陈述的“事实”可能会倾向于对自己有利。例如有研究表明，问询调查时，汽车驾驶人会倾向将汽车速度低估 10km/h。因此，对于事故参与者所陈述的内容真实与否，调查人员还需依靠事故中的其他信息进行甄别。

3.4 事故参与者损失信息采集的内容与方法

由图 3-2 可知，事故参与者损失信息主要包括车损信息和人员损伤信息两部分。其中车损信息具体包括车辆损坏情况勘查和车辆性能状况鉴定等方面，而人员伤亡信息具体为损伤部位、损伤程度、致死原因等方面。该信息不仅可帮助调查人员判断事故中的碰撞点、碰撞形态、人车 / 人地接触部位等信息，还可为后续事故再现的可靠性提供验证，极具价值。但事故参与者损失信息通常无法在事故现场获得，这一方面是因为该部分信息通常需要专业机构鉴定并出具相关报告，例如人员损伤信息的判定需运用到某些专业医学仪器（如 CT、核磁共振等），并由医院开具损伤证明；车辆性能状况鉴定则需要由具有车辆安全知识的研究人员负责，且需用到专业仪器，这些操作均无法短时间内在事故现场完成。另一方面是事发后为尽可能快地恢复交通以及抢救受伤人员，通常在测量完事故参与方停止位置、路面痕迹等必要信息后，相关事故车辆会被运往当地交警大队的停车场，相关受伤人员会被送往当地医院进行救治。因此，事故参与者损失信息通常在交警大队或医院获得。

3.4.1 车损信息采集的内容及方法

车损信息采集的主要内容是对车辆变形、破损的部位进行拍照测量及对车辆性能进行鉴定，以了解事发时车、人、两轮车等各事故参与方之间的接触情况、运动状态及事发时车辆是否处于正常工作状态。车损信息的采集包括车外、车内、细节、静态模拟及性能鉴定五个部分，下面对这五个部分一一进行介绍。

1）车外。此处以轿车为例（两轮车类似），围绕事故车辆进行 8 个方位的拍摄，以力求能全面地反映事故车辆的整体外观。拍摄时要求每张照片有 1/4 以上的重叠处，镜头尽量与车辆成平视角度，不要倾斜（图 3-28）。同时为获得事故车辆的具体技术信息，还需对车身上的 VIN（Vehicle Identification Number）铭牌进行拍摄（图 3-29），以便于后续进行事故再现时在软件中选择准确的数据，提高再现的准确性。汽车铭牌一般位于发动机舱或汽车驾驶位、前排乘客位车门附近。由图 3-28 可知，此宝马牌事故车辆车外主要受损部位是右前方保险杠、翼子板以及右侧的风窗玻璃。

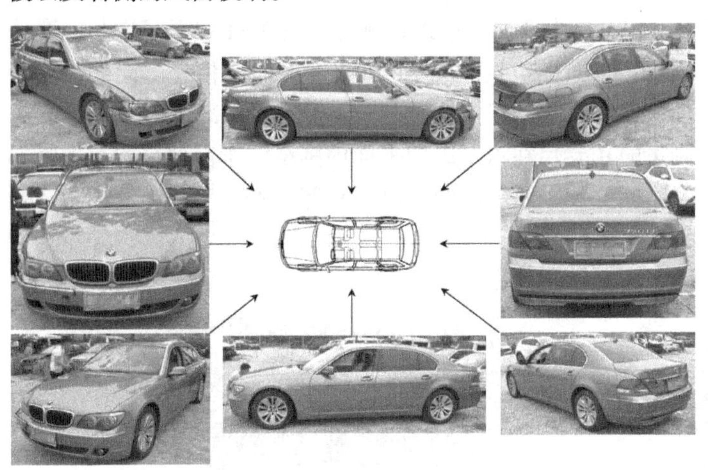

图 3-28　事故车辆外观图

图 3-29　车辆 VIN 铭牌

2）车内。车内拍摄遵循先整体后局部原则，整体照片需要反映车内的整体损坏情况和损坏部位，局部照片要反映车内损坏部位的细节特征。重点关注车内空间的侵入量、仪表板显示情况（如速度指针）、安全气囊点爆情况、安全带磨损及锁扣的损坏情况等信息。图 3-30a、b 所示为上述宝马牌事故车的内部情况，可以看出其车内整体保存完好，无侵入，仪表板指针归零，安全气囊也未点爆。因此，可推测出事故中车内乘员未受到明显的损伤。与之相对应，图 3-30c、d 则显示了驾驶舱存在明显侵入量、安全气囊被点爆的事故车辆。

a）车内整体照片

b）仪表板照片

c）驾驶舱被侵入

d）安全气囊被点爆

图 3-30　事故车内照片

3）细节。对事故车辆每一处的变形、破损以及痕迹进行细节描述，不仅要拍照记录，还应对变形、破损部位的高度、宽度、面积、最大变形量等进行测量。图 3-31 显示了宝马牌事故车辆破损、变形的细节。图 3-32 则显示了伤亡人员在车辆上所留下的血迹信息。此外，对于车 - 人、车 - 两轮车事故，在明确人体头部与车头的碰撞位置后，还需进行头部绕转距离（Wrap Around Distance，WAD）的测量，测量时用卷尺在汽车纵向平面内围绕汽车前部结构，拉紧卷尺，一端与地面垂直，另一端为头部碰撞位置，两端间的距离即头部 WAD。WAD 示意图及勘查中的 WAD 测量方法如图 3-33 所示。

a）损坏高度

b）损坏宽度及最大变形量

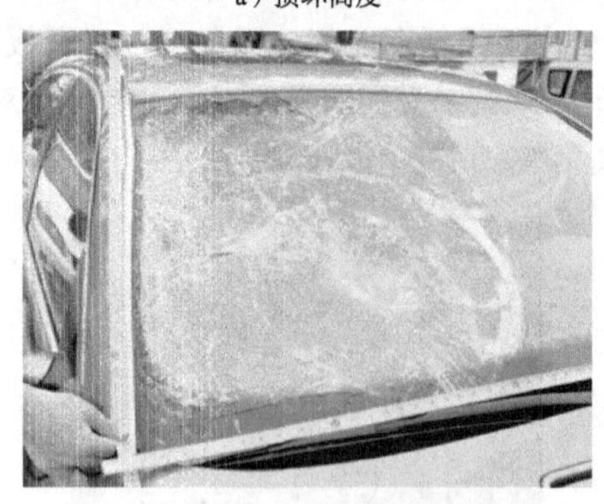

c）风窗玻璃损坏面积

d）风窗玻璃损坏深度

图 3-31　部分宝马牌事故车辆损坏的细节照片

图 3-32　事故车轮胎上的擦挂血迹

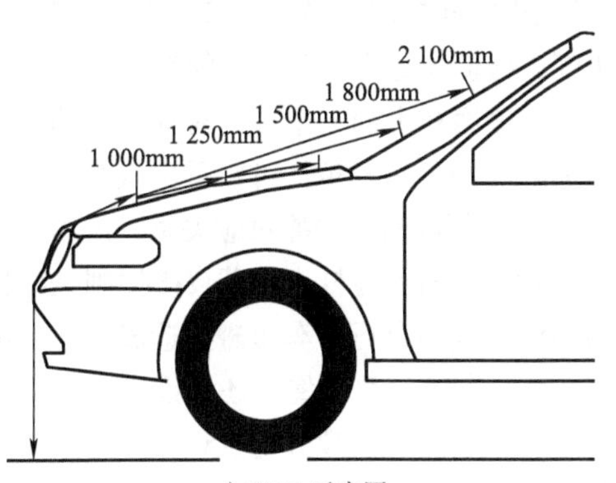

a）WAD 示意图

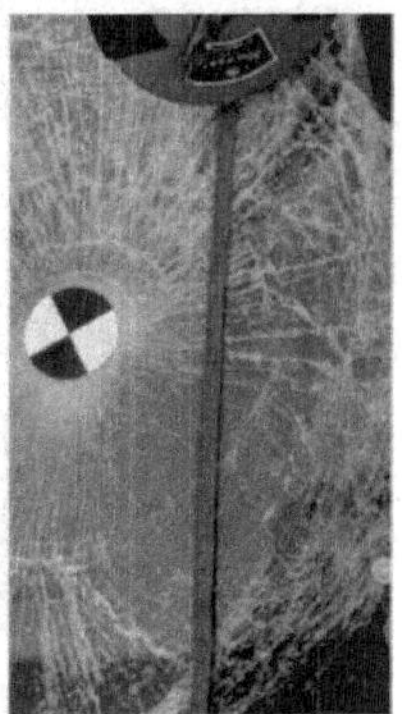

b）车损勘查中 WAD 的测量

图 3-33　WAD 示意图及勘查中的 WAD 测量方法

两轮车损坏部位的测量同样重要（图 3-34），调查人员可通过两轮车的损坏部位了解其碰撞角度、碰撞速度、碰撞部位等信息。此外，相关研究人员通过对助动型、小型、中型的踏板车进行试验分别得到了基准质量换算碰撞速度和轴距缩小量之间的关系。因此，若事发后两轮车的轴距明显缩短，则调查人员还可利用其轴距缩短量来估算碰撞时刻两轮车的速度（图 3-35）。

图 3-34　自行车变形位置测量

a）电动两轮车轴距缩短

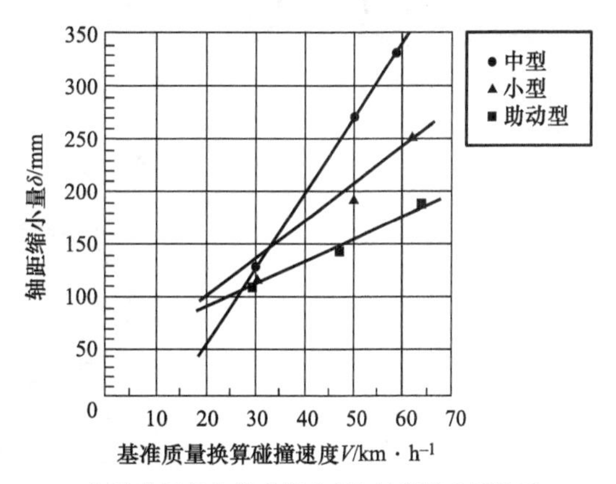

b）基准质量换算碰撞速度与轴距缩小量关系

图 3-35　利用轴距缩短量来估算碰撞速度

4）静态模拟。静态模拟指的是在静止状态下，模拟事故碰撞瞬间各事故参与方的相对位置。通过静态模拟不仅可以判断事故的碰撞形态、碰撞角度、碰撞位置等信息，还能够判定造成事故车辆变形、破损及人员损伤的原因。静态模拟时从正面、侧面和上面三个方向对其进行拍摄，对接触部位进行特写。图 3-36 展示了车 - 自行车事故碰撞瞬间的静态模拟，可以看出汽车与自行车发生侧面直角碰撞。图 3-37 展示了汽车与自行车破损、变形部位间的碰撞对应关系，汽车保险杠底端的刮痕是与自行车后座支架碰撞所产生的（图 3-37a）；右前保险杠中部蒙皮破损则是与自行车后座支架碰撞造成的（图 3-37b），保险杠中部上的刮痕则是与自行车车座碰撞造成的，这也导致了车座的变形（图 3-37c）。此外，据静态模拟中车 - 自行车的相对位置，还可推测出汽车发动机舱盖前端凹陷是与骑车人臀部碰撞产生的。因此，通过上述静态模拟分析发现，不论是汽车还是自行车均能找到导致其破损、变形的原因，故认为此次静态模拟是成功的。

a）正视图

b）侧视图

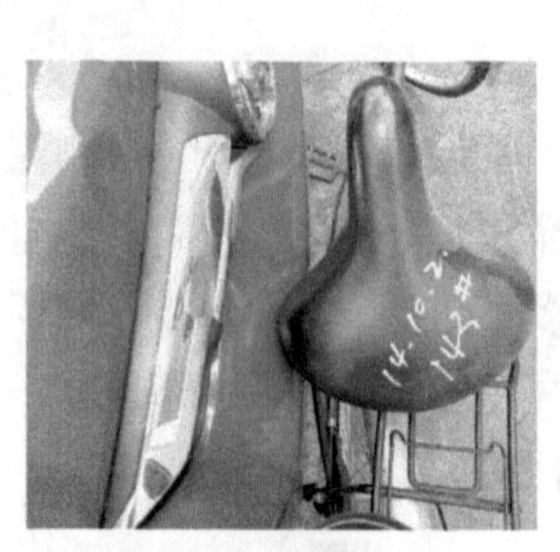

c）俯视图

图 3-36　车 - 自行车事故碰撞瞬间的静态模拟

a）保险杠底端刮痕碰撞对应关系

b）保险杠蒙皮破损碰撞对应关系

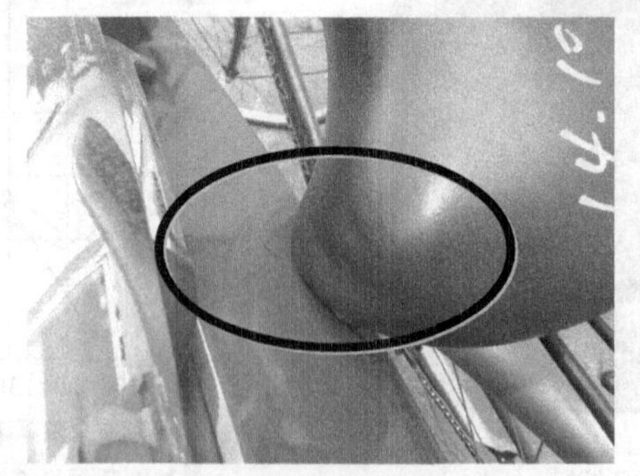

c）保险杠中部划痕碰撞对应关系

图 3-37　汽车和自行车变形、破损部位间的对应关系

5）性能鉴定。性能鉴定指的是对事故车辆的性能进行鉴定，以此判断事发前车辆是否处于正常工作状态。鉴定的前提是事故车辆所需鉴定的系统保持完整，未在事故中受到明显的破坏。性能鉴定中比较常见的是调查人员对事故车辆的制动性能进行鉴定。造成事故中制动失效的原因主要有制动系统机械故障、制动管路泄漏、制动液不足或使用了劣质制动液、制动片磨损严重、轮胎磨损严重等。因此，鉴定时，调查人员可多次踩下制动踏板，观察制动器是否有响应；同时观察汽车底盘或制动盘附近是否有制动液漏出，以检查制动系统是否存在机械故障或管路泄漏。打开发动机舱盖，找到车辆的制动液储液罐（图 3-38a），观察制动液液面是否在储液罐上所标注的最高与最低液面之间，并用制动液检测笔、制动液检测仪等工具对事故车辆的制动液质量进行检测（图 3-38b），以检查制动液量是否不足及制动液质量是否未达标。再用制动片塞尺检测制动片磨损程度（图 3-38c、图 3-38d），用轮胎花纹深度规来检测轮胎花纹的磨损程度（图 3-38e）；制动片及轮胎磨损严重均会对汽车制动性能产生影响，使汽车制动距离延长，从而导致事故的发生。

a）事故车辆制动液储液罐

b）用制动液检测笔检查制动液质量

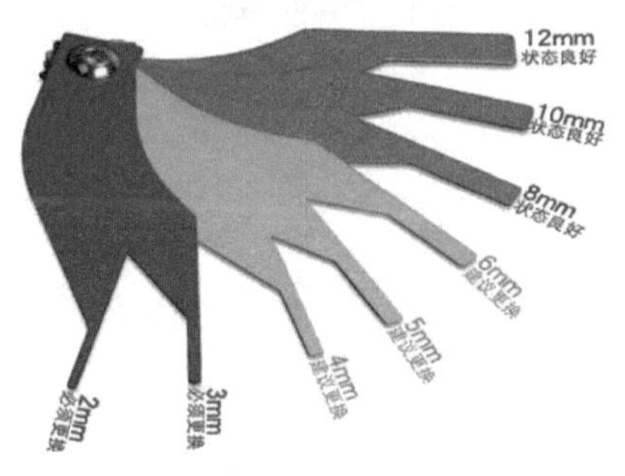

c）制动片塞尺

d）制动片厚度检测

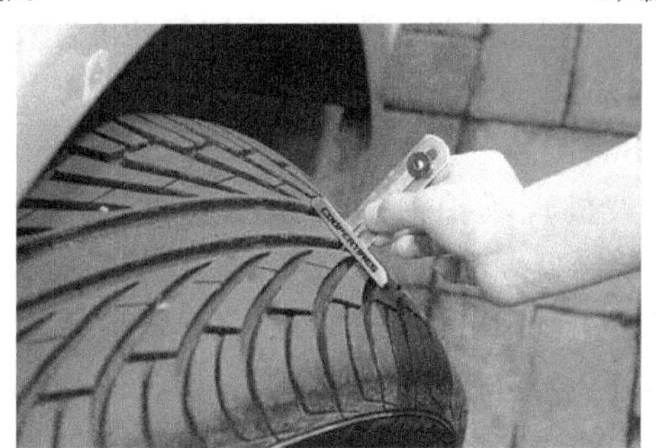

e）轮胎花纹深度检测

图 3-38　汽车制动性能鉴定

3.4.2 人员损伤信息采集的内容及方法

事故中关于人员损伤信息的采集主要有两个途径，对于在事故中仅受到轻微损伤且无需前往医院治疗的人员，可在事故现场的问询记录阶段向当事人了解其损伤部位及损伤程度，并拍照记录。而对于严重损伤或死亡的人员在事发后便被送往医院，对于其损伤部位、损伤程度及致死原因等信息则需依据医院出具的损伤证明或尸检报告（图 3-39）。

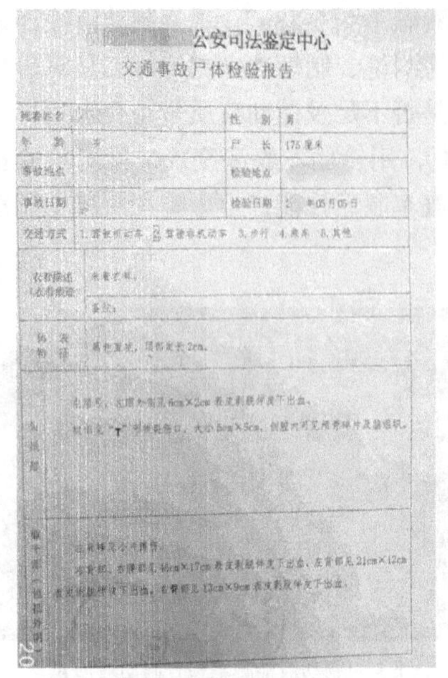
公安司法鉴定中心
交通事故尸体检验报告

		性别	男
		尸长	175 厘米
		检验地点	
		检验日期	

a）尸检报告对损伤的描述

左肘部见 15cm×12cm 表皮剥脱伴皮下出血，右肘部见 10cm×4cm 表皮剥脱伴皮下出血，其中见 1.5×0.8cm 皮肤挫裂创。

右小腿上段内侧见 8cm×9cm 表皮剥脱伴皮下出血，右小腿中段前侧见 16cm×8cm 表皮剥脱伴皮下出血，左小腿中段前侧见 5cm×5cm 皮下出血。

检验人员

b）尸检报告结论

图 3-39　尸检报告

3.5 事故现场图绘制

3.5.1 定义

根据 GA/T 49—2019 中对道路交通事故现场图的定义，认为事故现场图是反映道路交通事故现场环境、事故形态和有关车辆、人员、物体、痕迹等的位置及相互关系的图。它包括现场实景记录图（含现场激光三维扫描图、现场实景俯瞰记录图）、现场断面图、现场立面图、现场记录图、现场比例图和现场分析图。

实景记录图是在勘查人员现场拍摄的实景图片的基础上标注尺寸、文字的现场图（图 3-40）。现场断面图则是绘制事故现场某一横断面、纵断面或水平断面的现场图，通常运用在横向、纵向或水平方向存在多个层次的事故现场，如车辆坠崖事故（图 3-41）。现场立面图则是反映事故现场车辆、物体等正对方向的轮廓、痕迹的局部视图（图 3-42）。现场记录图则是勘查人员运用手工或计算机绘制的用图形符号、尺寸、文字记录的现场图，按照绘制方法，可分为由调查人员手工绘制的现场草图和由计算机绘制的现场记录图（图 3-43）。现场比例图与现场记录图类似，是按一定比例缩放的事故全部或局部平面现场图。现场分析图是依据所获取的现场信息，分析事发过程的平面图；当需要反映交通事故中的车辆、人员、散落物等运行轨迹、时序、接触或冲突位置时，可选用现场分析图（图 3-44）。上述各种类型的事故现场图各有优势，事故调查人员可按需选择合适的事故现场图。

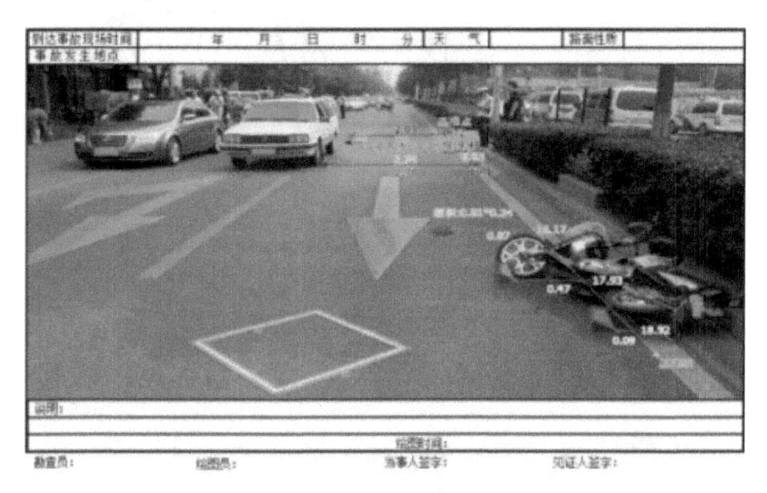

a）主视视角的现场实景记录图

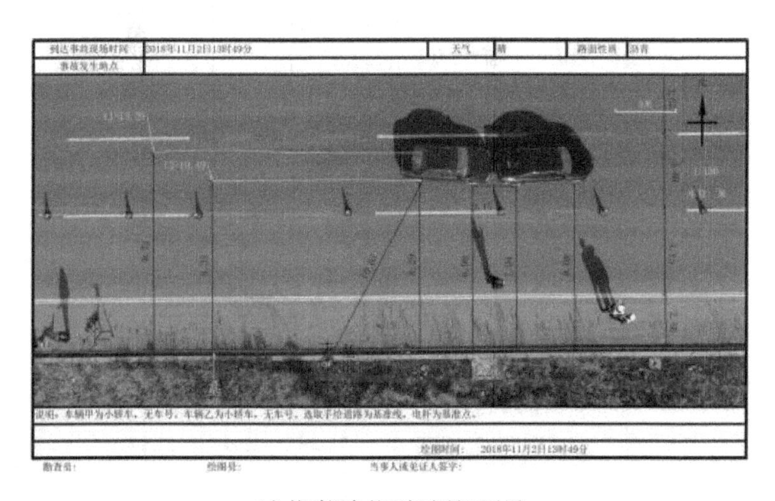

b）俯瞰视角的现场实景记录图

图 3-40　事故现场实景记录图示例

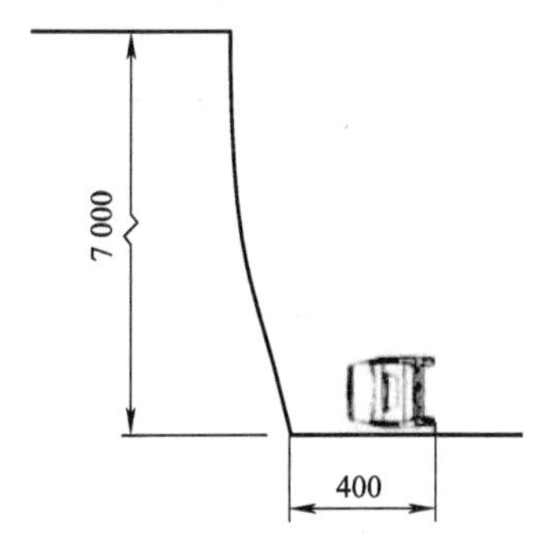

图 3-41　现场断面图示例

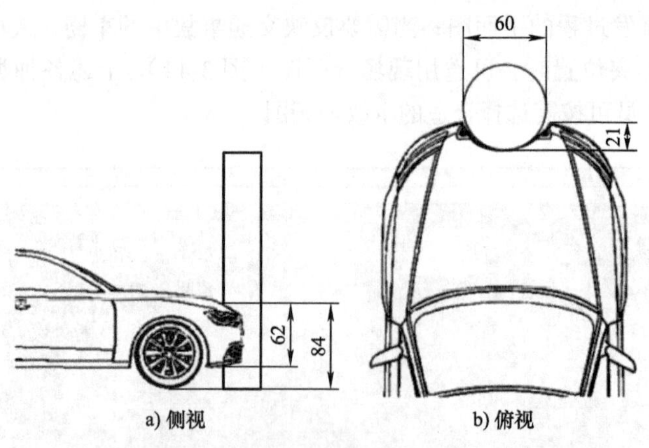

a) 侧视　　b) 俯视

图 3-42　事故现场立面图示例（单位：cm）

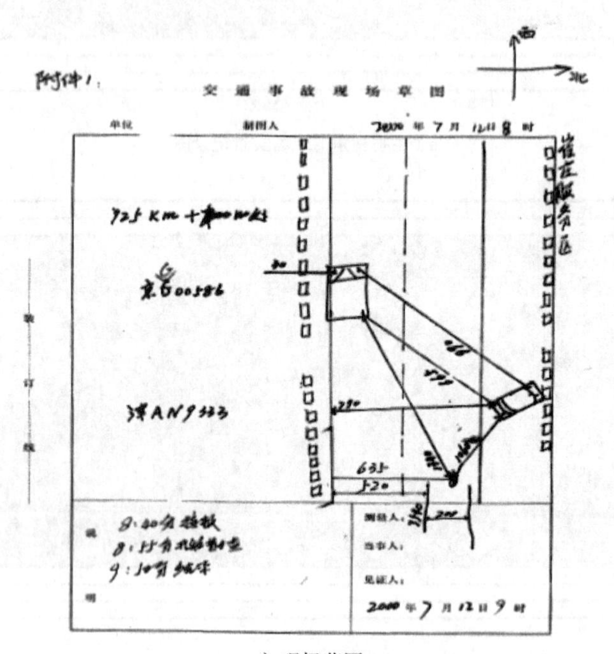

a）现场草图

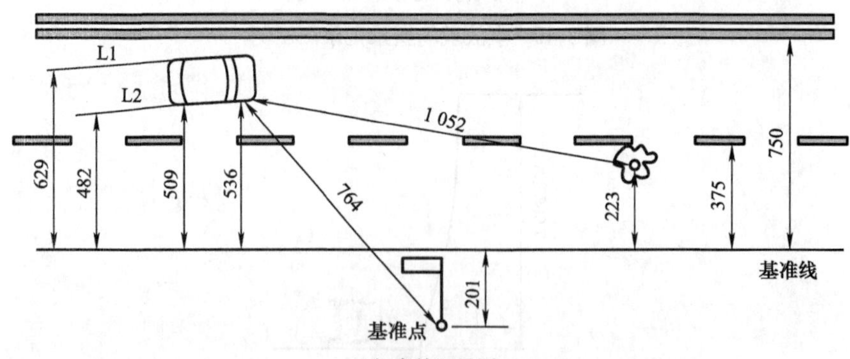

b）事故记录图

图 3-43　现场记录图示例（单位：cm）

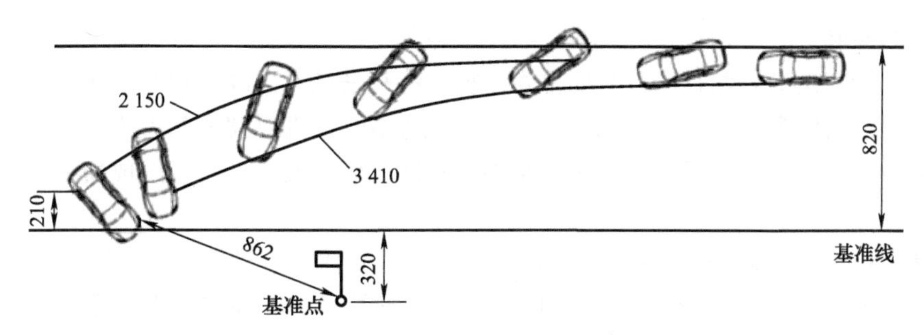

图 3-44　现场分析图示例（单位：cm）

3.5.2　现场图绘制规范

（1）主要内容

事故现场图应与现场勘查记录、现场照片相互印证和补充。此处给出一张绘制好的事故现场比例图（图 3-45），分析认为一张合格的事故现场图应大致包含以下内容。

1）事故现场的基本信息，如事故发生的时间、地点、路面性质、天气情况等。

2）道路几何结构特点，如道路的布局走向、车道数量、交叉路口的结构形式等。

3）交通参与者，如参与事故的车辆、人员、物体（包括牲畜）等。

4）动态痕迹要素，如路面上遗留的轮胎痕迹、划痕、血迹、水迹、油迹等。

5）道路附属物，如各种道路标志、标线、隔离带、安全岛、防护栏、树木等。

6）事故现场周围环境要素，如公共设施、建筑物、植被等。

7）位置坐标，如各种距离、角度及位置关系的标注等。

8）其他，包括事故类型标注、事故发生前后交通现象的标注、方向标志、绘图比例尺、绘制人员、绘图时间等。

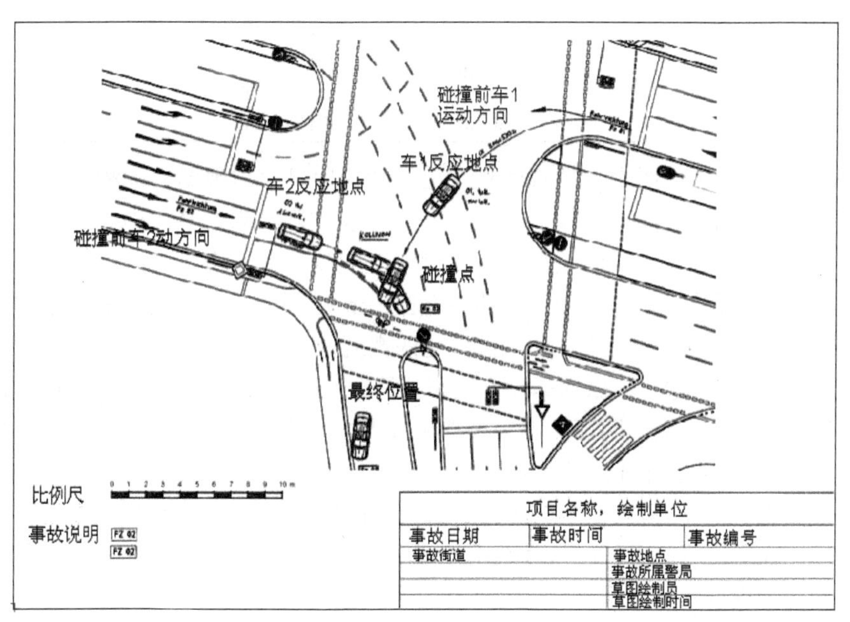

图 3-45　事故现场比例图

（2）绘图要求

因事故现场图是事故调查、分析的重要依据，特别是进行事故再现时，通常将事故现场记录图或比例记录图作为底图导入到相关软件中，作为事故仿真再现的基本依据。因此，现场图绘制的好坏将直接影响到后续事故分析的结果，故同机械制图一样，事故现场图也有相应的绘图要求。

1）图线规格及图形符号：各种图线的名称、形式、代号、量度及一般应用可参考表3-2。图线宽度应在0.25~2.0mm选择，在同一图中同类图形符号的图线应基本一致。绘制现场图的图形符号可参考GB/T 11797—2005中的规定，也可按照实际情况自行添加相关的图形符号，但必须在说明栏中进行说明。

表3-2 图线规格及应用

图线名称	图线形式及代号	图线量度	一般应用
粗实线	———— A	b	A1 可见轮廓线 A2 图例图形线
细实线	———— B	约 $0.3b$	B1 尺寸线及尺寸界线 B2 剖面线 B3 引出线 B4 说明示意线 B5 范围线、辅助线 B6 较小图例的图形线
波浪线	～ C	约 $0.3b$	C1 断裂处的边界线 C2 变形处的边界线
双折线	—\/— D	约 $0.3b$	D1 断裂处的边界线
虚线	- - - - - - F	约 $0.3b$	F1 不可见轮廓线 F2 延长线
点画线	—·—·—·— G	约 $0.3b$	G1 设立的测量基准线 G2 对称中心线 G3 轨道线 G4 分界线

2）比例：指现场比例图中各要素和相互关系的线性尺寸与现场实际相应的尺寸之比。绘制现场比例图时可优先选用1 ：200的比例，也可根据实际需求选择其他比例，并在左下角或右下角绘制相应的比例尺。在同一张图中所采用的比例应一致，有特殊情况应注明。应按照比例绘制的要素，如机动车、非机动车、道路隔离栏（带）、动态痕迹长度等；可不按比例绘制的要素，如人体、牲畜、交通安全设施、动态痕迹的宽度等。

3）尺寸与标注：尺寸、数据的标注方法应该符合GB/T 50103—2010中的规定，尺寸线应该用细实线绘制，其两端为简明箭头型，或者用圆点或斜线代替。尺寸界线用细实线绘制，从被测物体、痕迹的固定点引出，尺寸界线与尺寸线垂直，必要时允许倾斜。图中的尺寸以厘米（cm）为单位时，可不标注计量单位；采用其他计量单位时，应在说明栏中注明。文字说明一般可直接标注在图形符号上方、尺寸线上方或图形符号内部，也可引出标注文字说明。图中所标注的尺寸均为现场实际测量尺寸，与图形符号所选用的比例、准确度无关。现场图同样需要定位，其定位方法与3.2.2节现场测量的定位方法相同。对于事故现场的方向应按实际情形在现场图右上方用方向标注，对于方向难以判断的，用“→”直接标注在道路图例内，并注明道路走向通往的地名。

3.6 事故现场分析与复核

事故现场分析是在道路交通事故现场勘查基本结束时，对现场勘查的全部材料进行全面、综合的分析和研究，初步做出符合实际的推理和判断，揭示道路交通事故现场上各种现象的本质及其内在联系，初步分析道路交通事故当事人的道路交通安全违法行为以及导致道路交通事故的过错或者意外情况，判断案件性质以及道路交通事故成因的重要工作程序。下面通过车辆行驶方向的判断、碰撞点范围的确定和碰撞角度的判断三个方面来简要介绍现场分析的内容。

事发前车辆行驶方向可结合事故当事人/目击者的问询记录、路面上遗留的胎痕及事故车辆上的刮痕等信息来综合判断，如路面的胎痕由浅入深、车身上的刮痕由深入浅的方向，即为事发前事故车辆的大致行驶方向。

碰撞点范围的确定同样结合事故当事人/目击者的问询记录、路面上遗留的胎痕等信息来综合判断，如路面上的胎痕出现突然的增粗、中断、变向等情况，则可能是车辆行驶过程中发生碰撞、车轮突然受力而产生，可结合上述突变的位置和车辆的相关参数来判断碰撞点。

碰撞角度的判断可综合车辆破损、变形和路面胎痕信息来确定，如在单车、车-车事故中，可根据事故车辆破损、变形信息判断碰撞时车辆的受力方向，再根据地面胎痕判断事故车辆的行进方向，将二者结合即可大致确定事故车辆的碰撞角度。需明确的是，此处所得出的是一个大致碰撞角度，更为精确的碰撞角度则需在此基础上依靠事故再现技术获得。

事故现场复核是指在勘查过程中调查人员对某些痕迹、当事人的陈述等信息存在疑惑或分歧时，对事故现场进行回勘、对当事人进行回访或在事故现场进行试验等方式来验证、查明某些痕迹或事实形成原因的过程。如调查人员对于当事人在事发前存在视线障碍的陈述存在疑惑，可在事后重新回到事故现场，模拟事发前当事人所处的状态（如事发时当事人驾驶轿车，在第二条车道上由东往西方向行驶），检查在此状态下，是否如当事人所描述的视线内存在障碍物（如建筑物、行道树等）。

3.7 小结

本章主要对事故现场勘查的内容与方法进行了详细的介绍与分析。首先从事故现场勘查的基本流程入手，介绍现场勘查需要运用的工具及勘查流程并给出事故现场勘查基本流程图，使读者对现场勘查有一个初步的了解。在此基础上，再从现场信息采集、问询记录、事故参与者损失信息采集、事故现场图及事故现场分析和复核这五个方面详细介绍事故现场勘查的内容与方法，以使读者对于事故现场勘查的内容与方法有个全面的认识。

当然，事故现场的信息是十分繁多且复杂的，勘查人员需按照相关标准及勘查经验，有序、准确地收集现场信息，同时对所采集的信息进行筛选、甄别，提取出对后续事故分析再现有价值的信息。即便如此，所采集到的信息可能受多种因素的影响而具有不确定性（如恶劣的天气使道路痕迹模糊不清，测量工具误差大等原因），从而导致后续事故再现结果的不确定性。此问题将在本书第7章中进行详细的介绍与分析。

第 4 章 Chapter 4

基于 Pc-Crash 的事故再现技术

事故再现是指根据事故现场遗留痕迹、参考证人证言并依托现代化技术手段对整个事故发生过程进行推断的过程。在当前大数据、智能化的背景下，事故再现的作用常被弱化。很多情况下，人们将事故再现等同于事故责任认定，实则不然，事故责任认定仅需对事故中各参与方所需承担的责任进行认定即可。依据已有的成熟标准、规范可轻松地对绝大部分事故进行责任认定。事故再现作为事故深度调查的重要组成部分，其目的不仅是为责任认定提供证据，还通过重建事故的全过程来推断事故发生的原因，采集事故中各类有价值且不易通过事故现场勘查获得的数据（事发前驾驶人的操作、人体损伤数据、碰撞力等）、分析事故的可避免性，为今后防止或减少此类事故的发生提供建议，为安全汽车设计、安全道路设计等交通安全研究提供基础数据支持。

事故再现的依据是事故现场遗留的各类痕迹，据痕迹信息的不同，再现方法也不同。随着计算机技术的发展，现阶段基于仿真的事故再现技术成为主流。事故再现领域常用的仿真平台包括 Pc-Crash、MADYMO、LS-DYNA、HyperWorks 等多刚体动力学或有限元仿真软件。本章将主要对基于 Pc-Crash 仿真平台的事故再现技术进行详细的介绍。

4.1 基于 Pc–Crash 的事故再现流程

Pc-Crash 是奥地利 DSD 公司以 Kudlich-Slibar 模型为基础开发的一款专门用于道路交通事故重建的软件。它具有丰富的模型和数据库，包含了现实生活中绝大部分事故参与方模型，如汽车、自行车、电动两轮车及行人等，且支持最多 32 辆车同时进行仿真。Pc-Crash 可依据事故现场所获得的各类痕迹进行迭代计算，反推事发时各事故参与方的运动状态，并以可视化的方式输出仿真结果。因其操作简单、模型丰富、重建结果准确等优点，Pc-Crash 已获得事故重建领域专家的普遍认可，现已成为事故重建领域应用最广泛的软件之一。

如前所述，事故再现的依据是事故现场的遗留痕迹。故要使再现结果可靠，就必须确保事故中的痕迹在仿真中均能得到合理的解释，那么该怎么做才能达到上述要求呢？一般认为，运用 Pc-Crash 仿真时应遵循一定的仿真流程。

对每一起交通碰撞事故进行再现之前，都需要对事故发生时的详细信息进行掌握与分析，如事故发生的天气状况、道路状况的调查分析，人员损伤情况调查，车辆损坏状况分析，驾驶人的反应情况等。这些工作做得越细致，后面的再现才会越简单，所得结果自然也是越可靠。

当这些工作都完成以后，则可依据事故现场再现、事故参与者建模、仿真再现、仿真结果的分析与验证这一基本流程再现事故。

4.1.1 事故现场再现

进行事故再现首先要对事故现场进行重建。在重建事故现场时，一般是以现场勘查时所绘制的事故现场草图为依据，利用相关的绘图软件如 AutoCAD 绘制出相关的事故现场图，然后将绘制好的现场图导入仿真软件 Pc-Crash 中，调整好相应的比例即可。

当事故现场的二维视图被建立后，若事故发生在平坦、干燥的道路上，则仅需再建立其他事故参与者如护栏、行道树等的模型；而当事故发生在三维道路，则还需进一步利用 Pc-Crash 自带的三维道路模型，重建三维道路及道路周边环境（如边沟等）。

4.1.2 事故参与者建模

Pc-Crash 软件与其他仿真软件相比有一个非常突出的优点，就是本身拥有非常全面的车辆模型数据库，在建立车辆模型时只需按照车辆的品牌型号从中调用即可。其中，车辆模型包括电动车、小轿车、面包车、客车等，也有属于非机动车的自行车模型。若在车辆数据库中缺少相应的事故车辆模型，可以调入型号与之相近的车辆模型，再按照事故车辆的相关参数进行修改，便可获得所需的事故车辆模型。

同样，人体模型也相当丰富，包括行人、骑车人、驾驶人和乘员，也可以按实际情况调用并修改其参数，其他事故参与者如墙、护栏、树等的模型也可以直接调用。一般而言，只需建立事故参与者的模型，未参与事故的物体尽量不建模。因 Pc-Crash 在每一迭代步中均需计算所有物体之间碰撞的可能性，所以当未参与事故的物体较多时，计算的速度和效率会显著降低。

4.1.3 事故仿真

对事故进行碰撞仿真，具体操作可根据以下步骤进行。

1）将车辆或人体模型放置在现场图中推断合理的碰撞位置。

2）根据现场信息及相关经验设置好相应的仿真参数，如车速、加速度、碰撞角度、碰撞点位置、摩擦系数等。

3）进行碰撞仿真。

4）比较仿真中路面痕迹与事故现场图中路面痕迹的吻合程度，若吻合度高，则结束仿真，若吻合度低，则回到第二步对其仿真参数进行重新调整，再继续仿真，直到仿真结果与实际现场路面痕迹高度吻合为止。

如果是车 - 车类事故再现，则在这一过程中可以借助 Pc-Crash 的优化计算器辅助迭代计算。在进行痕迹对比的时候，离碰撞位置近的痕迹应该优先考虑，如车车碰撞中靠近碰撞地点的痕迹的吻合度应比车辆最终停止位置的吻合情况更受重视、车人碰撞中人车接触位置等信息比人体最终停止位置及姿势更应受到重视等。

4.1.4 仿真结果的分析与验证

在第 4.1.3 节的第 3 步中，主要运用的痕迹有路面痕迹、车体变形及人体损伤等，其中有一些不是很适合在第 3 步中直接看出来的痕迹，主要包括车体变形、人体损伤等，这些痕迹自然需要解释。故而 4.1.3 第 4 步是基于第 3 步的仿真结果，重新审视事故中所有的痕迹是否能在仿真中获得很好的解释，核心任务在于审视人体损伤信息是否能获得合理的解释。如能获得很好的解释，则可认为仿真成功，否则需重新进行仿真。

这四个步骤环环相扣，每一步都非常重要，一步不成功则需返回重新开始。严格完成这四个步骤之后，基本可以确认事故中的痕迹均能在仿真中获得合理的解释，由此所得的结果是值得信赖的。

4.2 道路交通事故现场重建

在仿真过程中对痕迹进行比对时，主要的依据就是所建立的事故现场，因此事故现场重建工作非常重要。Pc-Crash 中至少有 3 种对事故现场进行建模的方法。具体介绍如下。

4.2.1 拖入图片法

拖入图片法，顾名思义，就是将现有图片拖入到 Pc-Crash 的工作界面中，具体操作为，单击图片并按住鼠标左键直接将图片拖入 Pc-Crash 工作区中。图片有很多来源，如 AutoCAD 或 Pc-Rect，基本上大多数图片都可直接导入，但建议以 JPG 等常规图片格式为主。此处需要注意的地方是，图片保存的路径需全英文，比如将图片放入文件夹“2018 练习”中时是不能导入的，打开保存的 pro 文件时也读不到该图片。但如果将文件夹改为“2018exercise”，则可以导入，重新打开保存后的 pro 文件后也能自动读取到该图片。下面通过一操作示例向读者展示拖入图片法重建事故现场的流程。

实例 1：利用拖入图片法建立事故现场。

图 4-1 给出了一个事故现场图，图中相邻两“+”号间的距离为 1m，将此图片保存至计算机上（手机扫描或者截图），并拖入 Pc-Crash，调整缩放比例使图片中所标注的尺寸与事故现场的一致。

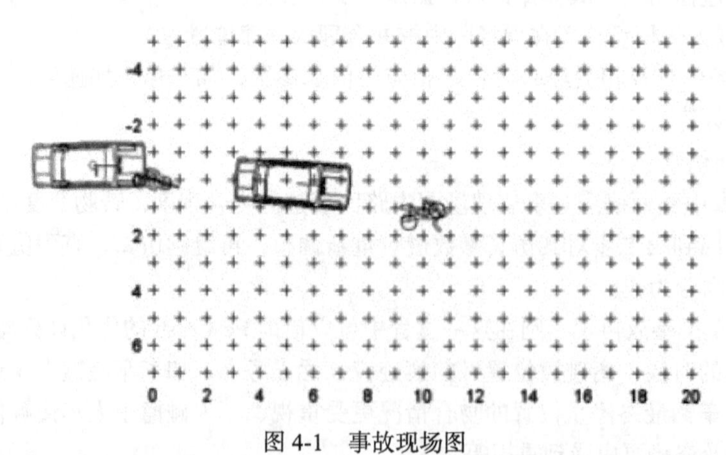

图 4-1　事故现场图

步骤 1：双击 Pc-Crash 图标打开软件，进入软件后会发现软件主要由工作区和菜单栏所组成（图 4-2），而菜单栏中的许多按钮当前处于不可操作状态（按钮为灰色），这些按钮的功能需要调入车辆后才能被激活，对于此类功能将在后续的分析中进一步介绍。

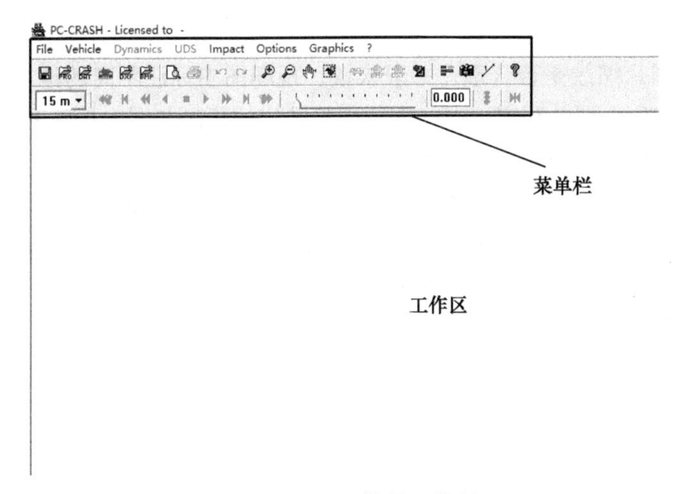

图 4-2 Pc-Crash 软件工作界面

步骤 2：在计算机中找到图 4-1（注意存储路径），选中图片，按住鼠标左键直接将图片拖入 Pc-Crash 的工作区内。此时，由于存在比例问题（图片过大或过小），无法观察到图 4-1 的全貌，故需选择菜单栏上的“Graphics”选项，在其下拉菜单栏中单击“Zoom All”选项后，在工作区内找到导入的对象，再单击按钮后在工作区内框选中导入的对象，就可观察到现场图的全貌；也可通过单击，逐次对现场图进行放大或缩小；单击按钮后按住鼠标左键进行拖动，将现场图调整到工作区的中央。调入现场图后的软件界面如图 4-3 所示。

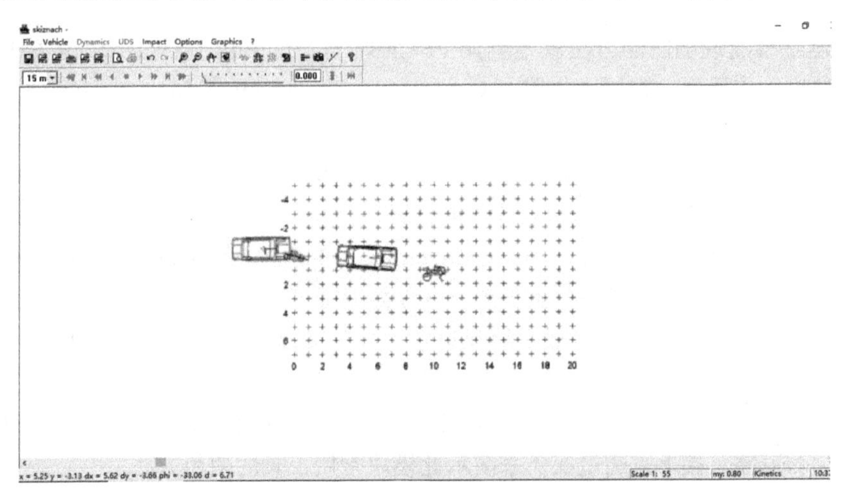

图 4-3 调入现场图后的软件界面

步骤 3：调整图片比例，即对图片进行缩放。通过单击“Graphics-Bitmap-Scale”选项后，单击现场图中的一个点并按住鼠标移动到另一个点（在此之前需对现场图进行适当的放大，保证点选取的准确性），松开鼠标左键，此时会弹出“Scale Bitmap”对话框，Actual distance 会显示当前两点间的距离，将现场图中实测的真实距离输入，单击“ok”，就调整好了图片的比例。需注意的是，为降低误差，提高精度，尽可能选择距离较远的点。本例选择同一行中的第一个点和最后一个点进行缩放，默认的距离为 2.80m，将其改为 20m 并单击确定后，完成图片的缩放。

步骤 4：验证图片缩放是否合理，一般来说，现场图中标注距离的地方肯定不止一处，此时可通过测量任意其他标记的距离，严格来说测量得出的距离与图上标注的距离应该完全一致。本例中，竖向 6 个点间的距离应该是 5m，单击测量图标后会弹出“Measure”对话框，然后单击需要测量的第一个点后按住鼠标左键拖到第二个点，此时对话框中显示鼠标位置的 x 与 y 方向的距离及总距离，测量结果显示 DX=0.00m，DY=5.02m，D=5.02m，phi=90.00°（图 4-4），说明测量到的竖向 6 个点间的距离为 5.02m，表明此次缩放是成功的。若测量结果与实际距离差异明显，则需要重新评估缩放的准确性及调查事故现场的客观性。

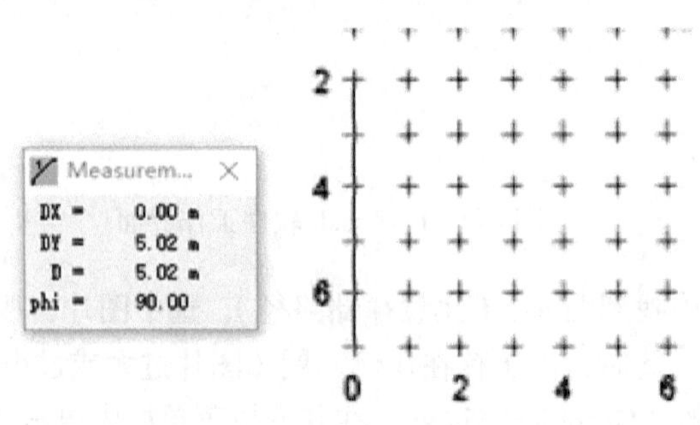

图 4-4　测量结果

4.2.2　基于 Edit DXF Drawing 模块的事故现场图绘制方法

第二种建立事故现场图的方法就是利用 Pc-Crash 自带的 Edit DXF Drawing 模块。单击按钮后则会弹出工作界面，在居中位置有 Generate Road element 和 Generate intersection 两个按钮，前者生成道路，后者生成交叉口。

单击 Generate Road element，弹出 Road Section 对话框，在 length 内填入需生成的道路长度，若勾选 Straight Road，则 Radius 为灰色并生成直路，否则可通过改变 Radius 内的数值来改变道路的半径。如需建立左右人行横道，则勾选 Sidewalk 内的 Left 或 Right，并给出人行道的宽度；在 Width Lanes 下，可以选择有多少条车道，并制定每条车道的宽度及车道之间的分隔线；在 General 对话框下，通过勾选 Filled 表示填充道路，并定义标线之间的距离，这一部分一般情况无须更改。单击 Generate intersection，可以选择街道数量，3 街道为 Y 交叉口，4 街道为典型的十字交叉口，依次类推，可以分别定义道路的宽度、方向及偏移度、半径与人行道等建立与实际情况吻合的道路。接下来通过实例来演示此模块常用工具的使用方法。

实例 2：建立十字路口。

十字路口为两条双向 2 车道直路的相交部分，直路长 100m 左右，左右人行道各宽 1m，各车道宽度为 3m，路侧宽度 0.5m，道路中间有双黄线隔开，路边有黄色实线标记，车道间有黄色虚线隔开。

步骤 1：建立一条道路。单击“Generate Road Element”，出现图 4-5 所示的对话框，将需要建立的道路信息填入对话框中，单击确定，即完成道路的建立。如需调整道路在工作区中的位置，则单击工具后，单击道路的标线选中道路，然后拖动道路到工作区中合适的位置，也可双击道路标线对道路进行重新编辑。

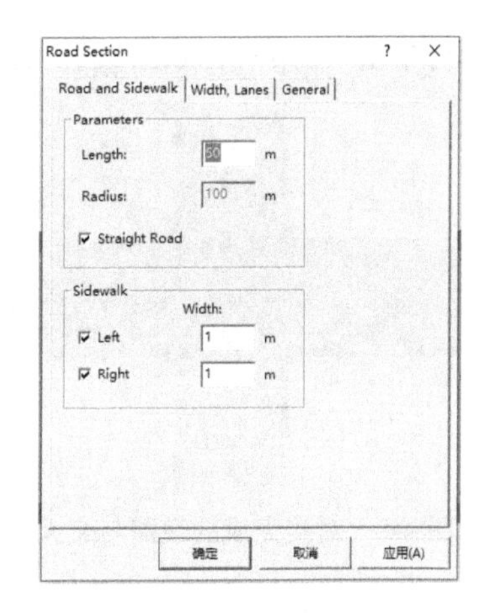

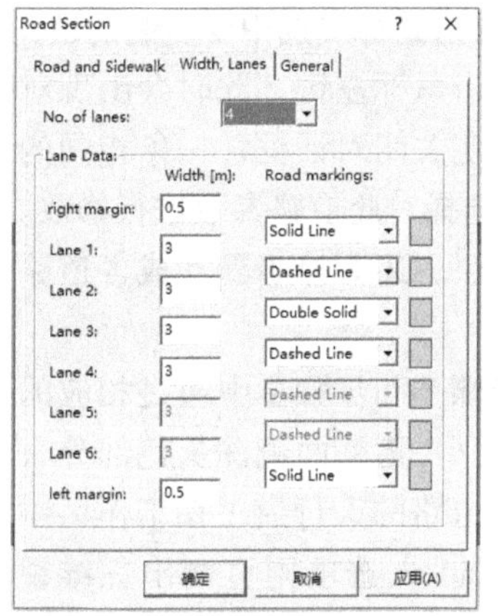

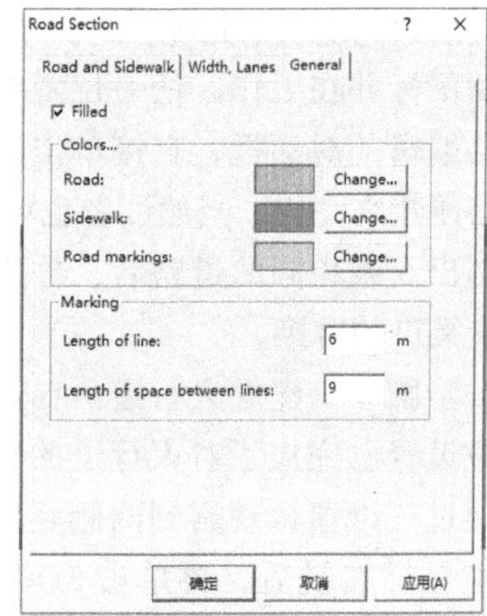

图 4-5　实例 2 中的道路参数

步骤 2：建立交叉口（图 4-6）。单击“Generate Intersection”出现图 4-7 所示的对话框，将需要建立的十字路口信息填入对话框中，单击确定，完成交叉口的建立，如需对交叉口进行移动或重新编辑，方法与步骤 1 一致。

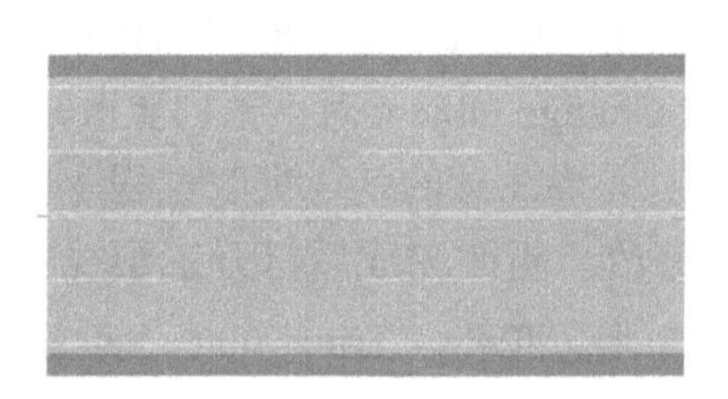

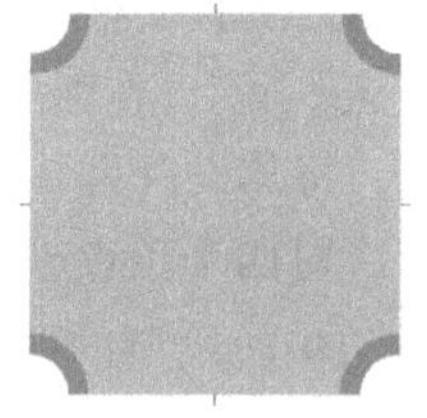

图 4-6　道路与十字路口二维视图

Intersection

Intersection | General

No. of streets: 4

	Width: [m]	Direction: [	Offset: [m]	Radius:	Sidewalk: [m]
1:	13	0	0	3	1
2:	13	90	0	3	1
3:	13	180	0	3	1
4:	13	270	0	3	1
5:	6	285	0	2	1
6:	6	300	0	2	1

确定　取消　应用(A)

图 4-7　实例 2 中的交叉口参数

步骤 3：完成交叉口与道路的对接并复制道路，如图 4-8 所示。观察建立好的道路及交叉口发现，道路的两端及交叉口的四周都有一根细短的红线，移动道路或交叉口，使二者的红线相互靠近，然后松开鼠标，则道路和交叉口会自动对接完成。但是交叉口的四周均应与道路连接，此时读者可选择重复步骤 1 的内容，建立另外 3 条相同的道路；也可选择复制当前的道路。

那么该如何复制道路呢？首先单击道路标线选中要复制的道路，再单击“copy selected ”后，移动鼠标并在工作区任一位置单击鼠标左键，此时会出现对道路编辑的对话框，直接单击确定关闭对话框，一条相同的道路便建立完成，当然读者也可选择对此道路参数进行修改。复制出 3 条相同的道路后，再按照上述对接步骤完成各道路与交叉口的对接。

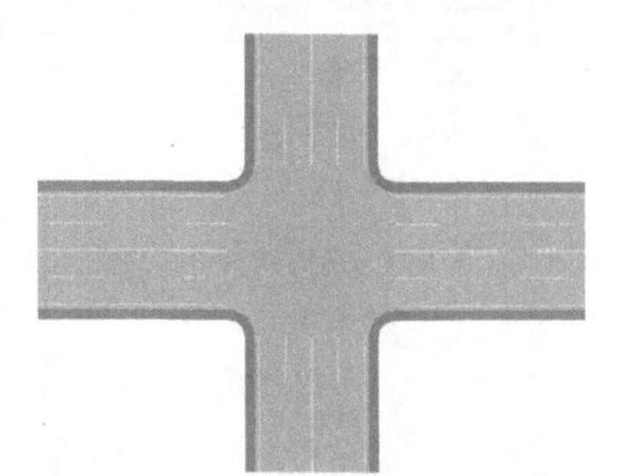

图 4-8　对接完成的道路与交叉口

步骤 4：建立人行道。在步骤 1 和步骤 2 中通过相应的参数设置已完成了对人行道的建立（道路两侧深灰色部分），也通过三维窗口观察到两侧高出道路的人行道（在工作区中单击鼠标右键后，再单击 3D Window 选项则可调出三维视图）。但是此处高于路面的人行道在仿真过程中并不能被车辆识别（如果车辆有冲上人行道的情况），故需要对道路两侧的人行道重新进行建立。单击“Rectangle ”后按住鼠标左键拖动绘制矩形并选中，单击矩形顶点并拖动来改变其大小，单击线条并拖动来改变其位置，应尽量保证矩形与道路两侧人行道重合。单击线条后会弹出 Line Style 对话框，可对矩形的线形、线宽、颜色等进行修改。再次单击“Rectangle ”在第一个矩形上绘制第二个矩形，大小应比第一个矩形略小（此举是为了方便后续对矩形的选中），且两矩形的边应相互平行。选中第二个矩形后，单击“Change Selected ”，在弹出的 Change Object 对话框内更改矩形四个顶点 z 的数值，这代表了人行道的高度，将其设置为 0.1m。需要注意的是，更改过程中所选中的顶点会变成红色，单击向右的按钮依次对四个顶点进行修改。更改完成后打开三维视图，可以明显地看到一矩形处于半空中。最后选中所绘制的两个矩形，单击“Triangulate Selected ”并确定后得到一个能被车辆识别的人行道。

步骤 5：调入车辆，验证所建立的人行道是否真的能被识别。为形成对比，仅在道路的一侧利用步骤 4 建立人行道，另一侧保持不变。单击“Vehicle Database ”，在“Model”处随意双击一辆车（也可选中后单击“Load”），此时如弹出其他对话框直接单击确定即可，关闭所有对话框后便完成车辆的导入（此处以 Ace/Aceca 3.5 V8 32V 为例），此时发现菜单栏上的绝大部分按钮被激活。单击“ ”按钮后发现鼠标变成拖车形状，将其移动到车辆的中间，按住鼠标左键并拖动，可将车辆移动到工作区内的任一位置，将鼠标移动到车辆边缘，按住左键并拖动可以改变车辆的角度。单击“Dynamics-Position & Velocity”，在弹出对话框的 Velocity 处输入 30 与 45、−45，前者定义车速（30km/h），后者定义车辆角度（45°、−45°）。单击“ ”或“ ”按钮开始仿真（前者代表一次性仿真到结束，后者代表步进仿真），仿真结束后单击“ ”锁定仿真，单击“ ”按钮可将车辆恢复到初始状态（注意，此时一定要先锁住仿真，否则会使之前的仿真结果被清除），单击“ ”按钮显示各事故参与者的最终位置。菜单栏中的 15 m 代表仿真步长为 15ms，在下拉选项中也有 60ms 和 300ms 的选项，但通常选用 15ms，因为此步长下仿真动画连续性会更好。“ 0.000 ”代表仿真进度条及仿真时间，仿真结束并锁定后，可通过拉动进度条来观察各个时间点事故参与者的运动情况，相应的后续仿真时间也会随进度条的拖动而变化。需要注意的是，当仿真结果不理想时，可再次单击“ ”解除锁定，然后单击“ ”将所有事故参与者恢复到初始状态，重新设置仿真参数开始新的仿真。

从二维视图中似乎看不出仿真结果，故需打开三维视图观察车辆的运动情况，单击“3D

Window”后，可按住 Ctrl 键和鼠标左键并上下移动放大和缩小视图，通过按住 Shift 键和鼠标左键并左右移动来调整观察视角。观察发现，车辆通过步骤 4 建立的人行道时，车身有明显的起伏，车轮有明显的跳动；而通过默认的人行道时，车辆平稳通过。此外还可查阅车辆的加速度变化来验证，单击“Option-Diagram”，在弹出的 Diagram 对话框中选择“Diagram-Vehicles-Acceleration”，发现通过步骤 4 建立的人行道时，汽车 *z* 方向上的加速度有明显的变化，而通过默认人行道时，汽车三个方向的加速度均为零（图 4-9）。这说明步骤 4 建立的人行道在仿真过程中能被车辆识别。

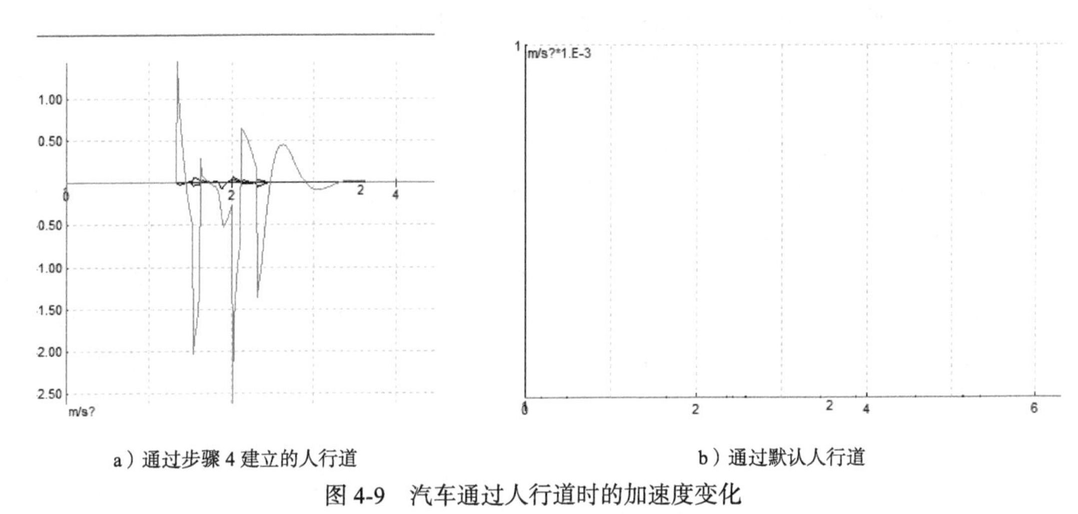

a）通过步骤 4 建立的人行道　　b）通过默认人行道

图 4-9　汽车通过人行道时的加速度变化

4.2.3　基于 3D Road object 模块的事故现场三维图绘制方法

当道路有坡度、沟渠等情况，且这些道路特征影响到事故中参与者的位置时，则 3D Road object 是建立道路非常有效的模块。

打开软件并调入一辆车之后，选取 Dynamics-Define Road Slope，可以找到如的标志，其中箭头可以用来选中道路，多边形模样的为 Draw，可以绘制边坡，最后一个为生成三维道路。在这些按钮中，最后一个用得最多。单击 Generate 3D Road object 按钮，弹出对话框 3D Road object。对话框里面有很多界面，建议读者根据后面的描述，不停地调整各个参数的值（变化幅度尽可能大），并用热键 F9 时刻关注 3D 视图的变化，则能清晰地掌握各个参数的意义。

在 General 界面下，选择道路长度、宽度并定义好 Long. Resolution，这里有点类似道路单元的长度，数值越大，道路的单元越长，反之则越少。对于直路，建议道路数值尽可能大；对于弯道，在不影响美观的情况下也尽可能大为好。因为该数值越小，占用的计算机内存会越多，影响计算速度和效率。当然，从美观角度看，该数值越小越光滑，特别是弯道会更加漂亮。Road radius 下拉框中有三种选择：As a Diagram，可以通过改变后面的线调整道路的形状；Straight Road，顾名思义，直线；Use Follow Points 表示生成道路的走向根据某些点来形成，这个用得最多。Ditches 用于建立路面边坡，左右两边可以选择 use ditchprofile 后通过调整后面的曲线调节左右两个边坡。

在 Diagram 界面下，Elevation 表示道路抬高，可以整体抬高，也可分路段抬高。路段长度可以在 Diagram resolution 处设置，每次设置后单击确定后生效，此时需选中道路后双击来重新调出 3D Road object 界面。鼠标左击选中相应的位置（线或点）后上下拖动则可获得想要的路面高度，上下拖动可将道路改造为想要的近似模样，如需精确定义，可双击相应位置后调整相应点的坐标即可。Cross Slope 定义横坡，特别在弯道时，这个定义非常有价值，左右道路横坡可以一样也可以不一样，勾选 left lane equal right lane 则两者一样，否则可以单独定义。Ditch profile，如果前面 Ditches 处勾选了 Use ditch profile 的话，通过此处的调整，可以改变边坡的形状。Radius 定义半径，Width 定义宽度。

在 Marking 处，与 Edit DXF Drawing 处类似，可以定义各个车道的宽度、路边宽度及各个车道之间的虚实线情况及颜色。但这里不同的是，在 General 处已经定义了道路的宽度，故而此处总宽度不可改变。这意味着读者在建立道路模型时，需要首先计算好道路宽度。这里需要注意的是，如果前面 Long. Resolution 处的数值较大，则此处实线也会变为虚线。在实际操作中，可以先选择大的“步长”进行计算，计算结束后再将其修改为小的步长，以美化最终的视频结果。Option 界面下可以默认选择即可，勾选 filled 则道路会填充，显得更加漂亮。

在这个过程中，读者如果反复观看三维视图的话，会注意到当路面抬高后车辆并未随着路面的抬高而抬高，这时候可在二维视图下利用拖车拖动车辆至路面，则会发现车辆可以识别抬高的路面，即车辆位于路面之上了，每次改变道路参数前，若车辆已经置放在道路上了，则需要在改变道路参数后使用拖车对车辆进行单击，以此来更新车辆状态。

虽然通过 Diagram 内调整线的位置可以控制道路的平面线型，但如果想通过此方法建立一条与事故现场图（通过 4.3.1 节的方法输入）一致的道路，那么会非常麻烦，故而在实际操作中经常选用 Use follow points 的方式获得所需要的道路。首先单击 Dynamics- Define path points 后，出现 1 AC-Supe，从下拉菜单中选择第一辆车，并单击“Draw”后沿道路中心线（由事故现场图或其他图片提供）画一条折线，然后用三维道路生成模型生成相应的道路并在 General 界面下选择 Use follow points，则可生成与点一致的道路。此处要特别注意：其一，道路只会跟随第一辆车的 path points；其二，一旦第一辆车的 path points 改变，此后任何情况下双击道路后道路都会跟着改变。在实践中，可以输入第一辆车，然后将其拖离仿真区域（主要是不影响视觉）并在右下角处双击 Kinetics，在 Activate/ deactivate vehicle 下不勾选该车即可。不勾选意味着不让此车参与到仿真中，即在计算过程中其他运动物体不需要判断是否与该车碰撞，这样可以节约计算时间。

实例 3：建立一傍山公路。

公路左侧为山体，右侧为悬崖，公路长度为 100m，宽度为 6m，垂直高度为 20m，有两车道且具有一定的上升坡度。

步骤 1：随意调入一辆车，单击“Dynamics-Define Path Point”后菜单栏上出现“1 AC-Ace/A”，在下拉菜单，选中刚才导入的车，单击“Draw”后沿道路中心线（由事故现场图或其他图片提供）绘制一条折线，此处折线任意给出（图 4-10），后续对此折线进行修改或调整需重新调出上述菜单栏并选中折线。

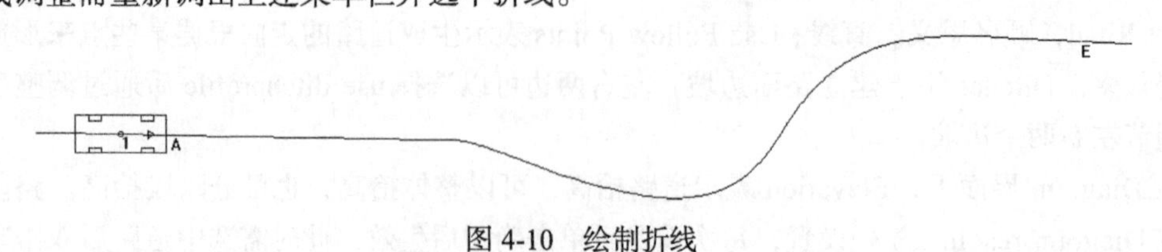

图 4-10　绘制折线

步骤 2：打开三维道路生成模块，在 General 界面下可选择道路的长度、宽度并定义好道路单元长度 Long.Resolution，对于直路，建议单元长度尽可能大；对于弯道，在不影响美观的情况下也尽可能大为好，因为该数值越小，占用的计算机内存越多，越容易影响计算速度和效率，本例中取值为 1m。在 Road Radius 下拉菜单中有三种选择：① As a Diagram，可以通过改变后面的线调整道路形状；② Straight Road，直路；③ Use Follow Points，表示生成道路的走向根据某些点来形成，这个使用得较多，本例则依据步骤 1 绘制折线的点来生成道路。Ditches 用于建立路面边坡，可勾选 left 或 right 分别定义左右两侧路边的坡度，或选择 Use Ditch Profile 后调整后面的曲线来调节左右两个边坡，本例中输入相关参数来完成道路左侧山体和右侧悬崖的建立（图 4-11）。需要注意的是，如果仿真中有多条 Path Point，即绘制了多条曲线，道路只会跟随第一条 Path Point；当第一条 Path Point 发生改变，此后任何情况下双击道路后道路也会跟着改变；实际操作中，可在道路建好后将第一条 Path Point 所对应的车拖离仿真区域（主要是不影响视觉）并在工作区右下角处双击“Kinetics”，在 Activate/Deactivate Vehicle 下不勾选该车即可，这意味着此车不参与到仿真中，仿真过程中其他物体不需要判断是否与该车碰撞，这样可节省计算时间。

步骤 3：在 Diagram 界面下，Elevation 表示道路抬高，可整体抬高（鼠标左击线并上下拖动），也可分路段抬高（左击点并上下拖动），如需精确定义，则双击相应位置的点后在弹出的对话框内调整相应点的坐标即可，分路段的长度可在 Diagram Resolution 处设置。本例中道路的垂直高度为 20m 且具有一定的上升坡度（此处坡度任意给出），分路段长度为 10m，故先将道路整体抬高至 20m 后，再对各点的坐标进行设置，初始点的高度为 20m，终点的高度为 25m，中间各点的高度在 20~25m 的范围内依次增大（图 4-11），这表明在 100m 的距离内此路段上升了 5m。Cross Slop 定义横向坡度，左右道路横坡可以一样，也可以不一样，勾选“Left Lane Equal Right Lane”则两者一样，否则可以单独定义。如果在步骤 2 中的 Ditches 处勾选了“Use Ditch Profile”，此处可通过 Ditch Profile 调整左右边坡的形状。Radius 定义半径，Width 定义宽度。本例中并未对后面几个选项进行设置，读者可自行修改其中参数并通过三维视图观察道路的变化，以进一步了解各选项的作用。

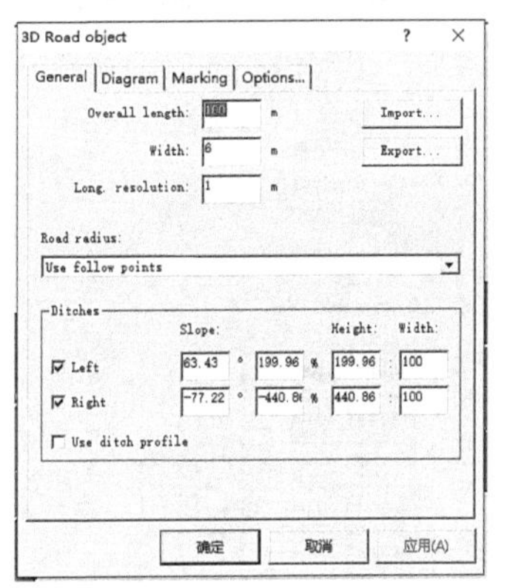

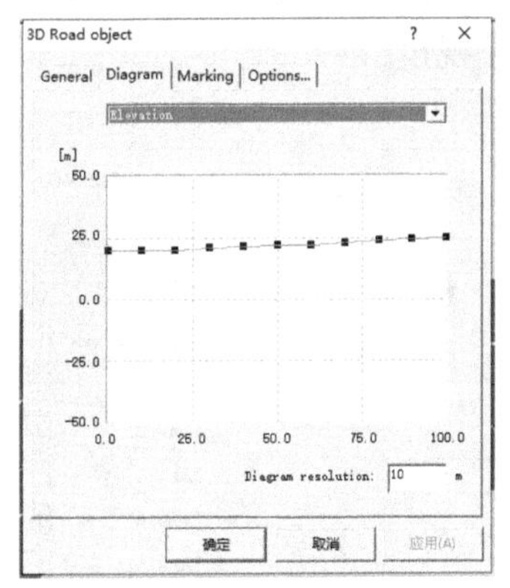

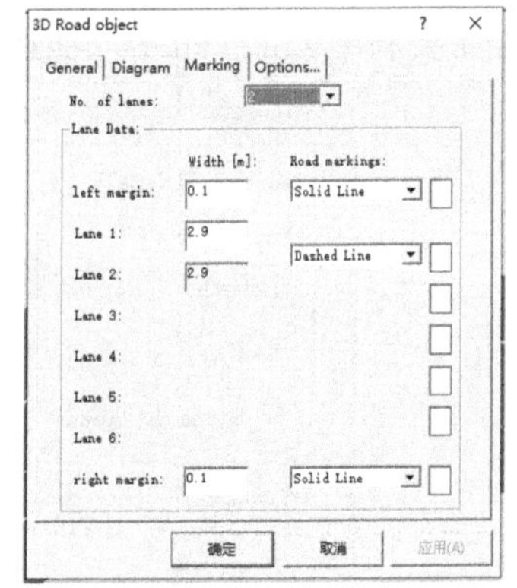

图 4-11　3D Road Object 各界面下的道路参数设置（General、Diagram、Marking）

步骤 4：Marking 界面与 Edit DXF Drawing 类似，可以定义各个车道的宽度、路侧宽度及各车道之间的虚实线标记情况和颜色。不同的是此处在 General 处已经定义了道路的宽度，故此处总宽度不可改变。本例中道路为两车道，两车道用虚线隔开，车道边缘用实线标记，路侧宽度为 0.1m，车道宽度为 2.9m，标线颜色为白色（具体参数设置如图 4-11 所示）。Option 界面下的参数选择软件默认即可，勾选“Filled”则道路会被填充，显得更加美观。

步骤 5：完成道路设置后，观察三维视图发现路面抬高后车辆并未随路面的抬高而抬高，此时可在二维视图下利用“ ”按钮，拖动车辆至路面上，三维视图中便可观察到车辆移动到了路面上（图 4-12），若后续改变了道路参数（如道路的高度），则可使用此按钮对车辆进行单击，以此来更新车辆状态。

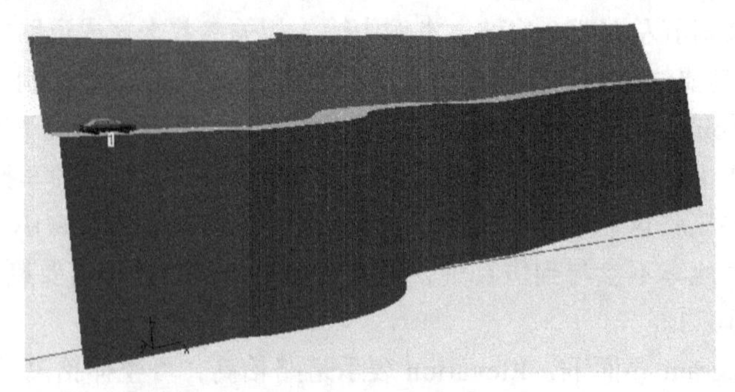

图 4-12　实例 3 中的三维道路效果图

4.2.4　其他交通设施的重建方法

用 Pc-Crash 重建事故的基本原则是，没有参与事故的交通设施尽量不建模，但有时候我们又不得不建立一些与事故无关的交通设施，这样使得建立的事故现场更为美观和全面。这种情况下主要有两种方法进行操作：其一是用 Edit DXF Drawing 模块内的 Symbol Library，里面有很多交通标志、标线，通过更改其角度，交通标志还能建成三维的样式；其二是以 Vehicle-Vehicle DXF 的形式进行建模。下面通过实例 4 对该方法进行介绍。

实例 4：建立一条有中心护栏、边上有一排行道树的双向单车道道路。

步骤 1：调入一辆车后，利用 Edit DXF Drawing 模块按图 4-13 建立平面道路。在此过程中经常要利用 Zoom all 等功能调整视角。

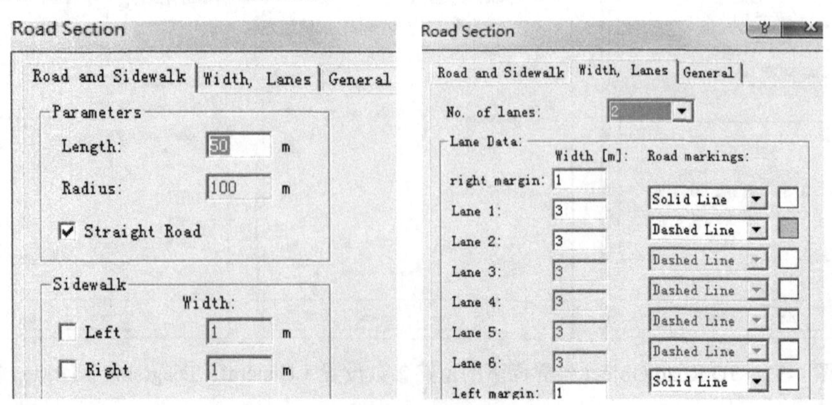

图 4-13　平面道路参数

步骤 2：建立人行道和树的模型。首先找到 File-Import-Custom Vehicle Pc-Crash 文件夹，

然后从 Pc-Crash 安装目录中找到 Pc-Crash-Tree.dat 并单击确定，这表明我们调入了一辆车，自动编号为 2。此时通过三维视图可以发现这棵树是一个倒立的铜锤。用拖车将车 2 拖到路侧。如为车 - 树或其他柱状物体碰撞，则放到真实的被撞物体位置。再通过 Vehicle-vehicle DXF，在弹出对话框的 Vehicle 下拉菜单中选择好车辆，这里选择 Tree。然后单击 file-plan view- load DXF 打开 Pc-Crash 安装目录后，选择 Pc-Crash- 3DDXF-Idf- miscellaneous-Tree，然后依次单击确定返回则调入了行道树的 DXF 视图（可通过三维视图明显看到树的形状发生了改变）。

本实例中要求建立一排行道树，那么是否要求我们输入很多 Tree 的车辆模型呢？事实并非如此，如前所述，树属于车辆模型，车辆模型多了，计算效率会急剧下降，故而是不行的，此时可以用 DXF 模型来代替那些未参与碰撞的树，以此来提高计算效率。方法是进入 Vehicle DXF 界面后，选择车辆后勾选左下角的对话框 Edit drawing，然后弹出 DXF 编辑界面。对于初学者，将界面缩小后按住鼠标左键全选树的 DXF 模型后，复制，然后将复制后的模型放入到合适的位置，如此反复（在此过程中可以多思考如何提高反复操作的效率）。单击 ok 后返回，返回后如果发现行道树并未在一条直线上，则可返回调整 DXF 模型的位置，也可调整车辆的方向，以使得行道树尽可能在一条线上。

步骤 3：建立道路中心线护栏。如果护栏不参与到事故中，则通过 File-Import- Custom Vehicle Pc-Crash 文件夹找到 Pc-Crash 安装目录，然后从中找到 Pc-Crash-Wall.dat 并单击确定，并将其放置于道路中间。再通过单击 Vehicle-Vehicle DXF，在弹出对话框的 Vehicle 下拉菜单中选择好车辆，这里选择 Wall。通过 File-Plan View- Load DXF 打开 Pc-Crash 安装目录，即 Pc-Crash-Examples-Roadside barriers- leitschiene_sys1_190.dxf，然后依次单击确定返回，这时可通过三维视图观察 Wall 形状的改变。我们不可能调入太多的 Wall，此时依然编辑 DXF 文件以获得道路中间的护栏。在这个过程中，思考如何将单面的护栏变为双面的以及如何复制、粘贴以快速延长护栏长度。建好后拖动 Wall 及车辆的位置使得护栏、车及行道树尽可能靠近，并通过更改车辆的颜色改变相应的 DXF 模型的颜色。

通过单击 Display Setting-Option-Colors 选项，可选择改变车辆及 DXF 模型的颜色，选择 Basic 后的 change 按钮则可更改。此处 Tree 改为绿色，Wall 改为银灰色。建好的三维视图如图 4-14 所示。

图 4-14　建好的三维视图

4.3　事故参与者仿真建模

4.3.1　事故车辆建模

Pc-Crash 具有强大的车辆数据库，使用者可直接从数据库中调入车辆，从而节省大量车辆建模的时间。单击“ ”，打开车辆数据库界面，从 Database 下拉菜单中可选择最新的车辆数据，在 Vehicle 下面填写车辆编号，软件一般会默认对导入的车辆进行编号，一般只在需要替代某一辆车时才主动填写此处。例如调入三辆车后，发现第三辆车调入错误，此时可再调入一辆符合要求的车，但 Vehicle 下的编号是 4，这时将其编号改为 3 便可覆盖之前错误调入的车辆 3，也可以通过单击 Vehicle-Erase Last Vehicle 删除最后调入的车辆 3 后再重新调入。Type 下拉菜单中可以选择各种车型，有小汽车、摩托车、货车等。在 Vehicle Query 处可通过输入相关信息对车辆进行搜索。Make 下拉菜单中可选择车辆的制造商，如奔驰、宝马、奥迪等。Build 下拉菜单会给出车辆的制造年份。将 Make 与 Build 联合使用一般可快速定位到需要寻找的车。Driver 为驾驶人名字，在仿真中没有实际意义，可按需求决定填写与否。

尽管 Pc-Crash 具有强大的车辆数据库，但对我国而言，数据库中能找到的车型不多，此时还是需要我们重新建模，这个建模过程相对简单。下面将通过一个实例来演示其建模过程。

实例 5：建立车辆“宝马 5 系 2017 款 520Li 典雅型”车辆模型。

步骤 1：从各大汽车销售网站查询该车的各项参数配置及外形尺寸。该车为中大型车，车重为 1 740kg，发动机功率为 135kW。据上述两个参数，选择如图 4-15 所示的车辆调入软件中。在工作区任意地方单击鼠标右键后选择“Vehicle Setting”，进入车辆参数设置界面，按照所查询到的车辆的实际参数对此模型进行修改，具体参数如图 4-16 所示。

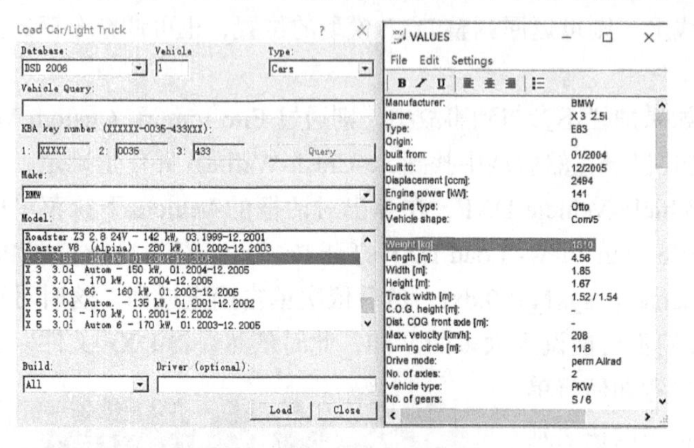

图 4-15　原始宝马车参数

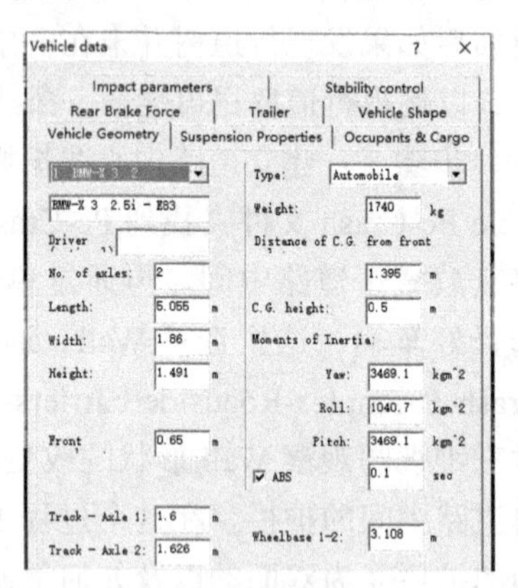

图 4-16　修改后的宝马车参数

步骤 2：对车辆外形尺寸进行设置。单击“Vehicle Shape”进入外形设置界面，可以看到界面内关于车辆外形的 1、2、3 及 a、b、c 等参数，这些参数一般查询不到，那么该如何获得这些参数尺寸来对模型的外形进行修改呢？首先通过相关网站搜索并下载一张此车型清晰的侧视图，导入 Pc-Crash 中（与导入现场图的方法一致），按照汽车轴距进行缩放（图 4-17），再利用测量工具测量各个参数的尺寸并修改“Vehicle Shape”内相应参数的数值（图 4-18）。

图 4-17　缩放完成后的宝马车侧视图

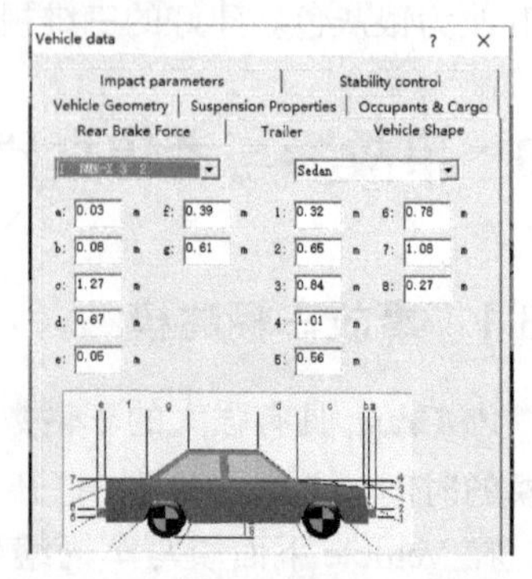

图 4-18　详细的外形尺寸参数

4.3.2 行人及两轮车建模

行人及两轮车有两种建模方法，可分别定义为单刚体模型和多刚体模型。

1. 单刚体建模方法

就两轮车单刚体建模而言，本质上就是调入一辆车。读者如果在调入车辆部分前认真阅读了 Type 下的车辆模型的话，会发现其中有一类为 Motorcycles 模型。其他方面与调入车辆的方法一致。就人体单刚体模型而言，可通过单击“File-Import-Custom Vehicle”打开 Pc-Crash 安装目录后，找到 Pedestrian.dat 文件并导入，即可完成人体单刚体模型的建模。在三维视图下，不论是两轮车还是行人，其外形都比较粗糙，特别是行人，其外形为一个长方体。此时单击 Vehicle-Vehicle DXF，在弹出对话框的 Vehicle 下拉菜单中选择两轮车或行人，再单击 File-Plan View-Load DXF 后打开 Pc-Crash 的安装目录，进而单击 3DDXF-Idf-Motorcycle/Miscellaneous 后选择 Hdomin w rider.dxf 或 Pedestrian.dxf 调入两轮车和行人的 DXF 模型，调入界面的左下角有一个 Adapt 选项，勾选此选项表示 DXF 模型会随其单刚体模型的大小进行缩放，若需删除 DXF 外形，则在调入界面中选中车辆后，单击界面右侧的“Delete”即可。调入 DXF 外形后，三维视图下的两轮车及人体模型会更加美观（图 4-19）。需要注意的是，不论是两轮车还是行人，其单刚体模型本质上都是一辆车，故同汽车模型一样，可通过拖车按钮及单击“Dynamics-Positions & Velocity”来定义其位置及速度，也可通过单击 Vehicle Setting 进入其车辆参数设置界面，在 Vehicle Geometry 界面内修改单刚体模型的长、宽、高、重心高度等参数，不同的是在 Vehicle Shape 界面内的大部分参数是无法修改的。

在图 4-20 中发现调入 DXF 外形后的两轮车单刚体模型上有一个骑车人，但此骑车人与两轮车实际上为一体，即仿真过程不会出现人车分离现象，骑车人姿态也不会改变，读者也可根据需求选择没有包含骑车人的 DXF 外形（如 Hdomin.dxf）。

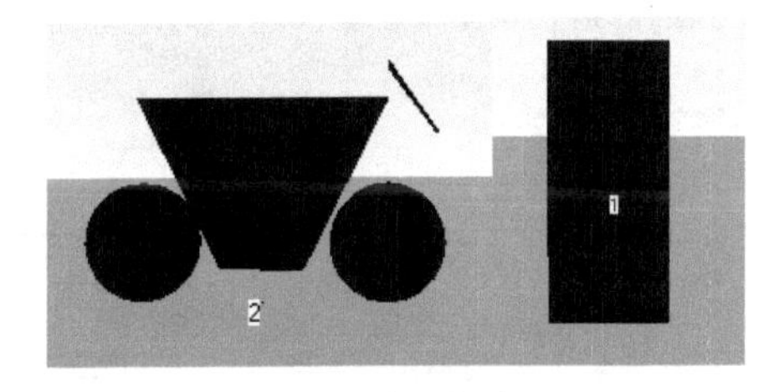

图 4-19 调入 DXF 前两轮车和行人的外形

图 4-20 调入 DXF 后两轮车和行人的外形

2. 多刚体建模方法

虽然 Pc-Crash 中多刚体模型在很多场合中得到过验证，但学界公认的事实是其精度不可靠，甚至有学者认为其仿真精度粗糙。但相比于 MADYMO 中需对不同部位间的接触及接触特性进行定义且要建立一个较为复杂的车头模型并需添加一个离散化的加速度模型等而言，Pc-Crash 中的模型可谓是高效简单，即拿即用，且仿真后得到的结果还不错。特别是考虑到 Pc-Crash 中对车辆运动控制的易操作性，使得基于 Pc-Crash 的多刚体建模、仿真仍然在学术界很受欢迎。

与单刚体不同，两轮车、两轮车骑车人及行人的多刚体模型建立方法是一样的。单击 File-Import-Custom Vehicle 后打开 Pc-Crash 的安装目录，打开 Multibody 文件夹，其中有多种类型的多刚体模型，包括行人、两轮车、骑车人及车内驾乘人员，读者可根据需求打开相应的模型。当调入的是车内驾乘人员的模型时，其初始位置可能不像其他多刚体模型靠近原点处，会在离原点较远的地方，此时可单击 Vehicle-Position & Velocity，在下拉菜单中找到相应的多刚体模型后，调整 C.G.Location 的位置至原点附近，也可通过此界面来设置多刚体模型的速度和角度。此处以调入摩托车及其骑车人为例，在 Multibody 文件夹内选中“mot+driver010910.mbdef”文件并打开，完成摩托车及骑车人的多刚体模型导入（图 4-21），此时模型中的参数均为软件默认，可通过单击 Vehicle-Multibody System 调出多刚体模型参数设置界面来调整模型的各项参数，也可在现有模型基础上建立新的多刚体模型。下面以摩托车及其骑车人的多刚体模型为例，了解多刚体模型参数设置界面的内容。

图 4-21 摩托车及其骑车人多刚体模型

Bodies 界面的左侧为一系列参数设置对话框，右边为多刚体模型的图片，可以注意到图片下方有三个选项：Top、Right 及 Front，它们用来调节界面下多刚体模型的视图，使用户可从不同的角度观察模型。左边第一个下拉菜单内选择系统，有 All System、Motorcycles1 及 Pedestrians1 三个选项，代表全部、摩托车及骑车人三个系统，选中其中任一个系统，表明 Bodies 界面下的参数设置仅针对此系统进行，对其他系统无影响，此处一般保持默认 All System 选项即可。第二个下拉菜单中选择 Body，如摩托车的前轮、把手，骑车人的手臂、头、胸等部位，选定不同的身体部位，右图中模型相应的部分会被黑色的框选中，也可直接单击右图中相应的刚体部位来选中。Name 则是对选中刚体的描述；Geometry（a，b，c，n）定义刚体的形状，其中（a，b，c）三个参数表示椭球体的半径，$n = 2$ 代表球体，$n = 3$ 代表椭球体，若需对多刚体的外形进行修改（修改摩托车的车轮半径、把手高等），可选中相应部位的刚体后，修改 Geometry 下的参数并确定。接下的参数依次为质量（kg）、转动惯量（$kg \cdot m^2$）、恢复系数、摩擦系数（对车，对地面）及颜色等，其中摩擦系数又分为对车和对地面的摩擦系数。在右侧图片的上方有 Insert、Delete 及 Delete All 三个按钮，分别表示添加一个新刚体、删除选中的刚体及删除整个系统；图片上方有 both sided DXF vehicle contact 选项，勾选后表示仿真过程中会计算所建立的 Body 与车辆 DXF 模型的接触，无视 DXF 模型的法向方向（图 4-22）。

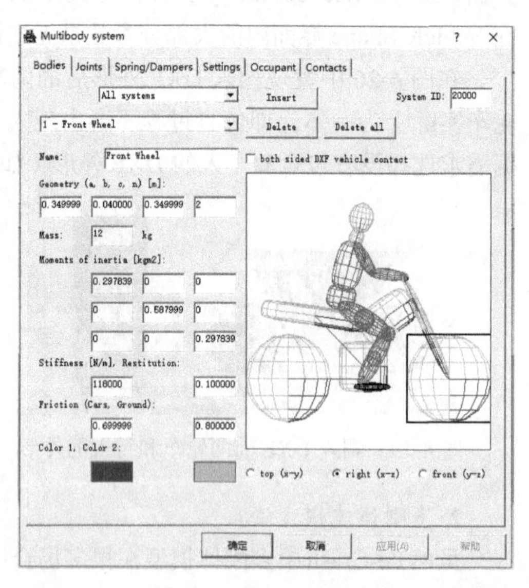

图 4-22 Multibody System 下的 Bodies 界面

Joints 界面则定义各个刚体间的铰接情况，第一个下拉菜单中选择系统，第二个下拉菜单中选择铰链，选中后界面右侧的图片上可以看到黑色的铰链，Joint Location1 定义铰链在父坐标系中的位置，Joint Location2 定义铰链在子坐标系中的位置，读者可修改其中的参数来改变各刚体间的相对位置，从而改变多刚体的外形（如修改两轮车的轴距等），Friction 定义铰接处的摩擦系数，Stiffness 则定义铰链的刚度，勾选 x-axis locked、y-axis locked、z-axis locked 三个选项，代表此铰链被锁定，否则在仿真中此铰链可在 x、y、z 轴方向上自由旋转，右侧图片上方的 Insert 及 Delete 表示新增及删除一个铰链（图 4-23）。

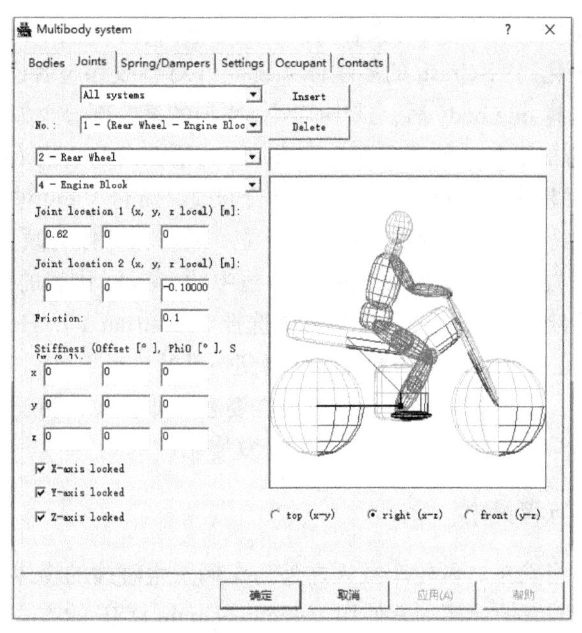

图 4-23　Multibody System 下的 Joints 界面

Setting 界面使用得最多，在第一个下拉菜单中选择系统，在右侧有与之对应的按钮 Syst.Properties 和 Change Body Data，常用的是 Syst.Properties；单击此按钮，在弹出的对话框中可修改多刚体模型的高度（Height）、重量（Weight）、恢复系数（Restitution）、摩擦系数（Friction，与地面间的摩擦系数）/Frict.car（与车辆间的摩擦系数）以及是否识别仿真中车辆 DXF 外形的“3D DXF car contact”选项，第二个下拉菜单选择 Body。左侧 View 对话框下方有 one body 及 act.system 两个选项，通常系统默认选择 one body，而选中 act.system 后会发现下方的许多对话框被激活，但同时也会发现无法再单独对某个部位进行选中；这些对话框可调整多刚体模型在 x，y 平面内的速度 vxy 及其角度 PhiVel，z 轴方向上的速度 vz（在仿真人跳跃运动时可能很有用），$x$min、$y$min、$z$min 及 Phi 对话框通常与 View 对话框配合使用，来调整多刚体模型在 x-y、x-z 及 y-z 平面内的位置及角度（图 4-24）。需要注意的是，Setting 界面下的许多参数虽与 Bodies 界面下的相似，但二者并不完全相同；例如重量、恢复系数及摩擦系数等参数，在 Bodies 界面内表示选中的刚体（骑车人手臂、头部，摩托车的前轮、把手等）的重量、恢复系数及摩擦系数，而在 Setting 界面内则是针对选中的系统而言（整个骑车人或摩托车）。

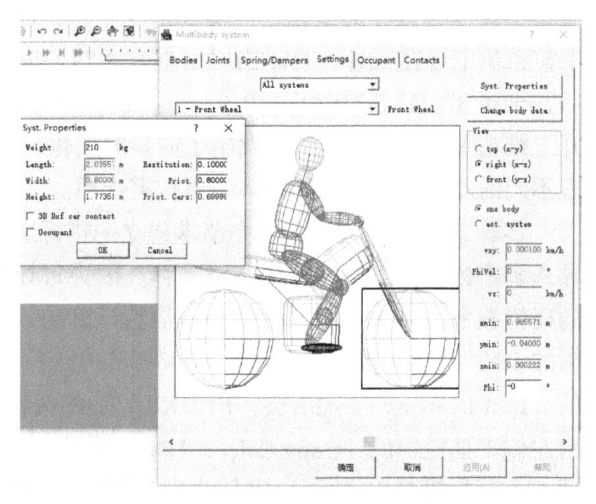

图 4-24　Multibody System 下的 Setting 界面

Sprig/Dampers 界面则定义各刚体间的弹性铰接，Contacts 界面定义各个刚体间的接触，对初学者而言，这两个界面均保持系统默认即可。Occupant 界面则主要是针对车内驾乘人员的多刚体模型，可将多刚体模型与车辆进行耦合，使多刚体模型在仿真中随车辆运动。

为使仿真更加精细化，Pc-Crash 的多刚体系统允许对事故参与者碰撞前的姿态进行调整。同样在 Setting 界面下选择 one body 后，选中多刚体系统的某一部分（如人体的大腿、手臂、头部等），再拉动界面下方的滑块或修改界面右下方 Phi 对话框内的数值（此数值代表各椭球体长轴与 z 轴的夹角），可对相应的身体部位的角度进行修改，结合 View 对话框可对不同视图下事故参与者的姿态进行设置（如行人行走、奔跑、站立，骑车人身体前倾、脚踮地等姿态）。需要注意的是，进行姿态设置后，Syst.Properties 对话框中的 Hcight 代表的是此时模型的高度，例如选择骑车人多刚体系统（在第一个下拉菜单中选择 Pedestrian 1），Height 对话框中的数值为 1.518 6m，这是骑车人在骑行姿态下的高度（从脚到头部的高度），而非骑车人的身高，故建议若需修改骑车人的身高，应先将其姿态调整为站立姿态，即将头、胸、大腿、小腿等主要身体部位的 Phi 设置为 0°，再对身高进行修改，最后恢复姿态。

4.3.3 其他事故参与者建模

其他事故参与者是指除车、两轮车及人之外与车辆发生碰撞的物体，包括行道树、护栏及电线杆等，此类事故参与者的建模通常使用 Vehicle-Vehicle DXF 的方式，下面通过一个实例来进行演示。

实例 6：建立一条双向两车道道路，路的两侧有护栏及一排行道树。

步骤 1：利用 Edit DXF Drawing 模块建立一条双向两车道道路。

步骤 2：建立行道树模型。单击 File-Import-Custom Vehicle，打开 Pc-Crash 安装目录，找到 Tree.dat 文件，选中并打开，完成了一个树模型的导入。但通过三维视图发现，树的外形为简单圆柱体与球体的组合，与实际情况不符，此时单击 Vehicle-Vehicle DXF，在弹出对话框的下拉菜单中选择 Tree，再单击对话框右侧的 File-Plan View-Load DXF，打开 Pc-Crash 安装目录后，选择 3D DXF-Idf-Miscellaneous-Tree，单击确定后返回，则调入了行道树的 DXF，再次打开三维视图会看见树的外形发生了明显的变化。Miscellaneous 文件夹下还有多个 DXF 文件，代表不同的外形，在未来的仿真中可按需选择。

步骤 3：复制模型。实例中要求建立一排行道树，此时有两种方法。一种方法是重复步骤 2，导入多个树模型，但此方法并不推荐，因为每导入一个模型，软件在仿真中便要计算其与车辆的碰撞概率，导入多个树模型会使仿真计算的效率大大降低。另一种方法便是复制已经导入的树的 DXF 模型。首先单击 Vehicle-Vehicle DXF，在弹出的对话框中选中树模型，并勾选左下角的“Edit Drawing”，随后会弹出 DXF 外形的编辑界面，缩小界面后鼠标框选中树模型，然后单击左侧工具栏中的“Copy Selected ”选项，移动鼠标在原模型的旁边左键单击一下，便会出现一个新的树 DXF 外形，重复此步骤便会得到多个树的 DXF 外形，注意将复制的树模型排列为一条直线，复制完成后单击“Vehicle DXF”界面的“ok”按钮即完成了一排行道树的建立。需注意的是，复制得出的树模型仅具有 DXF 外形，不具有刚体性质，说明复制的这些树若与车辆发生碰撞，车辆会直接穿过去，无法识别此模型。此外，调整步骤 2 导入树模型的位置会带动复制的树位置一起变化。

步骤 4：建立护栏。单击 File-Import-Custom Vehicle，打开 Pc-Crash 安装目录下的 Example 文件夹，找到 Roadside Barriers 文件夹并打开，选中 Leitschiene_sys1_190 并打开，完成护栏模型的导入，Roadside Barriers 文件夹下还有其他形式的护栏模型，未来的仿真中按需选择即可。此时护栏模型为一个长方体刚体，与实际不符；单击 Vehicle-Vehicle DXF，在弹出的对话框下拉菜单中选中护栏模型，然后单击 File-Plan View-Load DXF，打开 Pc-Crash 安装目录后单击 Example-Roadside Barriers-Leitschiene_sys1_190.dxf，确定并返回后，打开三维视图发现一个护栏模型已建立完成，再复制护栏的 DXF 外形，并将其排成一列。需注意的是，护栏 DXF 外形文件在计算机中的存储位置与其模型是一样的（在同一个文件夹下）。

步骤 5：修改颜色。在工作区单击鼠标右键，在弹出的菜单栏中单击 Option 选项，在弹出的对话框中选择 Color，在此界面的 Vehicle 下拉菜单中选中需要修改颜色的模型，在 Basic 对话框下单击 Change 按钮修改模型颜色，本例中将树的颜色改为绿色，护栏颜色改为灰色，修改完成后的道路三维视图如图 4-25 所示。

图 4-25　修改完成后的道路三维视图

在二维视图下，发现护栏的一端存在铰链，此铰链用来与其他护栏相连接。当导入多个护栏模型时，可单击 Vehicle-Vehicle Setting，在弹出的对话框内选择“Trailer”拖车连接，进入界面后，在 Vehicle 下拉菜单中选择一个护栏，在 Trailer 下拉菜单中选择另一个护栏，单击确定后发现两护栏连接在一起。此外，Trailer 界面下还有许多关于铰接参数的设置，如 Trailer Type 对话框可选择铰接类型，max.trailer force 对话框内可设置最大的铰接力等，读者可按需对其进行设置。虽然此操作在实例 5 中并未得到运用，但是对于确实需要导入多个护栏模型的仿真（如汽车与一排护栏发生刮蹭碰撞），则此方法对于建立符合实际的护栏模型便十分有用。

4.4　车辆运动控制及碰撞仿真

车辆运动控制是 Pc-Crash 中非常重要的内容，它提供了两种方法：其一是利用 Sequences 控制，这是最常用的方法；另外一种是驾驶模型，通过 Define Path Point 及 Driver Model 控制，该方法为辅助方法。

通过 Dynamics-Sequences 右击选择 Sequences 或热键 F6 均能打开 Sequences 界面。界面有 Sequence、Edit 及 Options 等选项，可以添加加速、减速及实现复制、粘贴等功能，最下面的控制框可以输入车速，为车辆仿真初始速度。默认中间有四项内容，分别为 Reaction、Decel.、Start、Decel.。主流的观点认为交通事故分为三个阶段，即碰撞、碰撞前及碰撞后阶段，这样去理解就非常清晰这些选项的含义所在了。

在这里一定要注意的是，除了 Start 外，其他的都是可以复制、粘贴的，也就是说在控制车辆运动过程中并非只能有一个 Decel.，而是可以有多个。只有通过多个 Decel. 的联合控制，才能实现对车辆运动的真实仿真。下面通过一个实例熟悉相关的功能。

实例 7：仿真车 - 车碰撞事故前后车辆的运动轨迹。

设想一个十字交叉路口发生两车相撞事故，事故前两车均直行。

步骤 1：利用 Edit DXF Drawing 绘制一简单十字交叉路口，并建立与之对应的四条直路。

步骤 2：随机调入两辆车。用拖车将两车分别置于不同方向的车道上，并调整两车方向，使之相互垂直。

步骤 3：右键 F7，调整两车位置及速度，比如将 1 车位置调整为（−12，−1.7），车速为 60km/h，角度为 0°；2 车位置调整为（1.656，−10.025），车速为 50km/h，角度为 90°。

步骤 4：选择 Impact- Crash Detection（碰撞识别）。然后开始仿真，观察两车是否发生碰撞。如发生碰撞，则可开始后面的仿真，否则需重新调整步骤 3 中的相关参数直到两车相撞为止。按停止键后保存。此时二维视图应该类似为图 4-26 所示的情况。

步骤 5：通过调整 1 车的运动，控制碰撞事故发生的时间和位置。假定驾驶人反应时间为 0.8s，制动系统协调时间为 0.2s。在这里一定要注意的是，当按向前仿真键时，开始执行的是 Start 后面的内容，其前面的内容是不会执行的。故而此处需将 Reaction 复制后放入 Start 后面。1 车的运动控制参数及相应视图如图 4-27 所示。运行后会发现，两车依然不可避免地发生了碰撞。

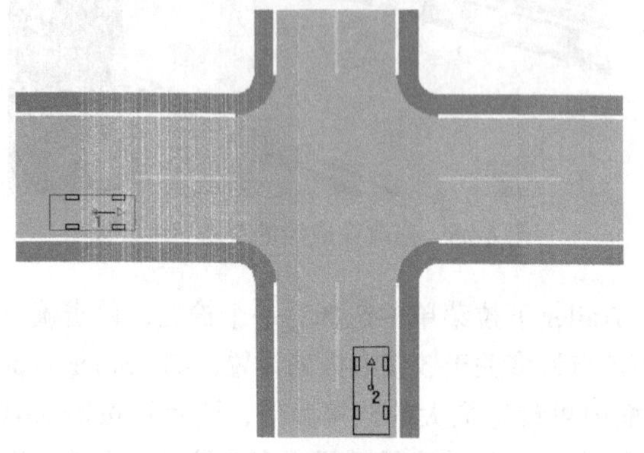

图 4-26　车辆相对位置图

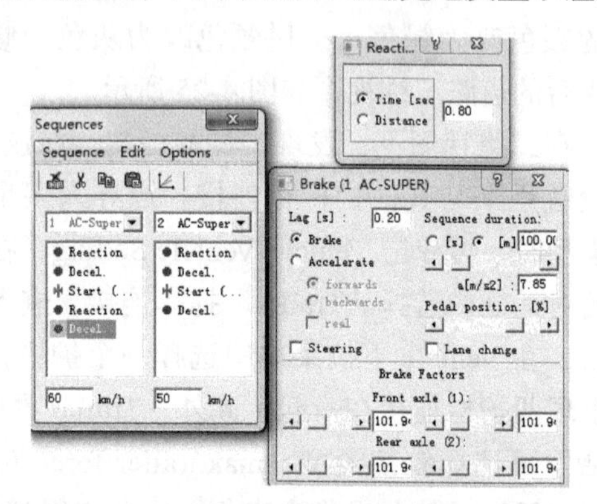

图 4-27　1 车运动控制参数及相应视图

步骤 6：进行另外一种假设。假设 1 车驾驶人很早就发现了 2 车，故而他很早就采取了制动措施，这意味着其反应时间为零。此时将步骤 5 中的反应时间改为 0，按停止键后继续运行仿真。此时会发现两车的碰撞有效地避免了。这里需要注意的是，当我们重新开始一次仿真时，一定要按停止键，解除之前的锁定，删除之前的一些仿真信息，这样才能保证新的仿真完全符合我们设想的情况。

步骤 7：从步骤 6 中可以测出 1 车的运动距离在 19m 左右。可以设想 1 车在碰撞后需要重新开始加速，加速距离设置为 19m，减速距离设置为 15m。同时为避免 2 车一直无限制地往前移动，将 2 车的仿真距离控制在 30m 以内。1 车控制设置中的相关参数如图 4-28 及图 4-29 所示，2 车的设置相对简单，可自行摸索解决。

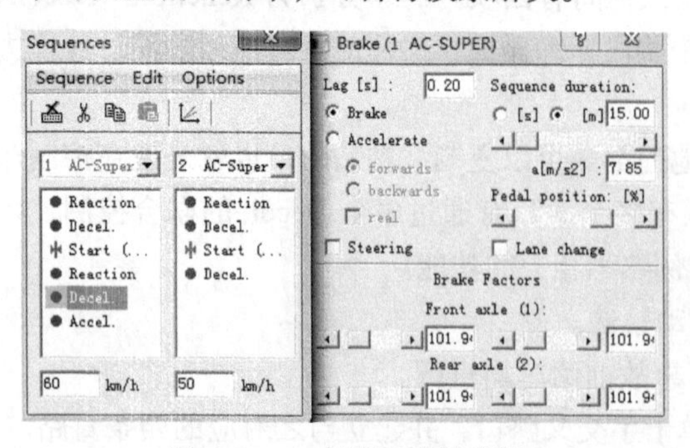

图 4-28　1 车减速控制参数

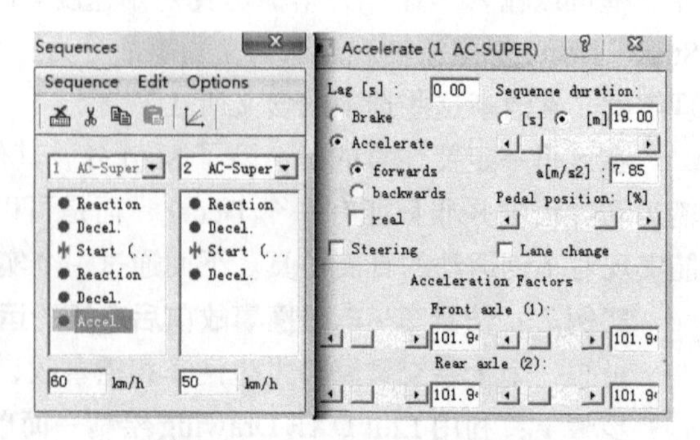

图 4-29　1 车加速控制参数

运行仿真后锁住仿真。从二维或三维视图可以观察到 1 车先减速后加速的运动过程，当然也可直接观察 1 车的速度随时间变化的曲线，通过右键 Diagrams、热键 F2 打开 Diagrams 界面，然后单击 Diagrams-Vehicles-Velocity，就可以看到图 4-30 所示的车辆速度 - 距离曲线，从中可以非常清晰地看到 1 车的曲线有一个先降低再逐渐升高的过程。

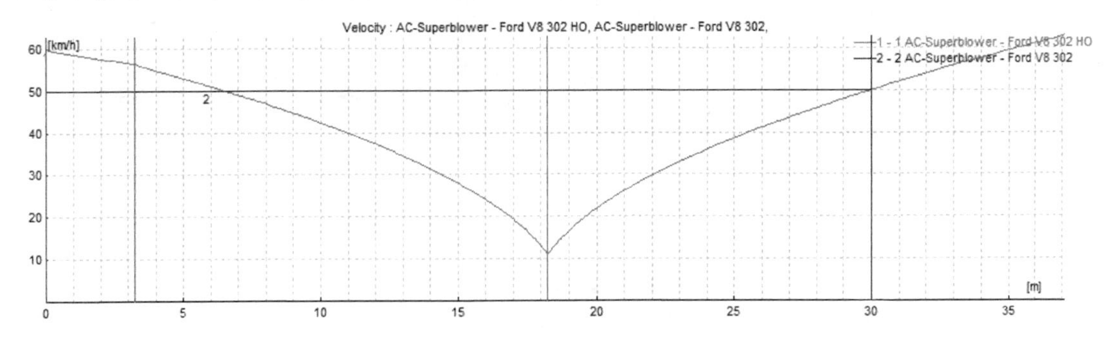

图 4-30　车辆速度 - 距离曲线

步骤 8：当然，为了避免这次事故，也可以不减速，也可采取转向措施控制即可实现。控制参数如图 4-31 ~ 图 4-34 所示，运行结果如图 4-35 所示。

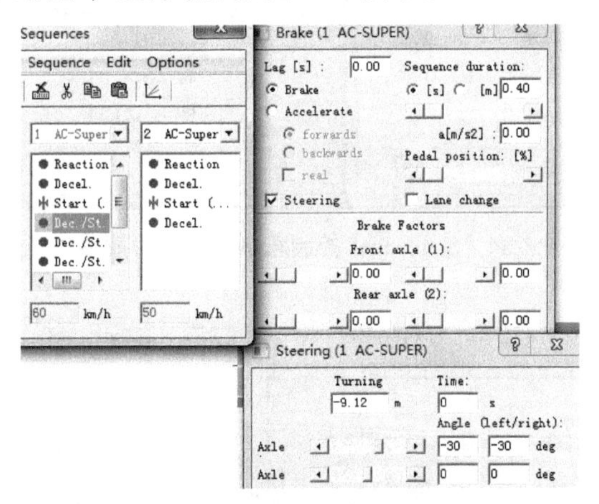

图 4-31　Sequences 控制车辆 1 避免碰撞参数 1

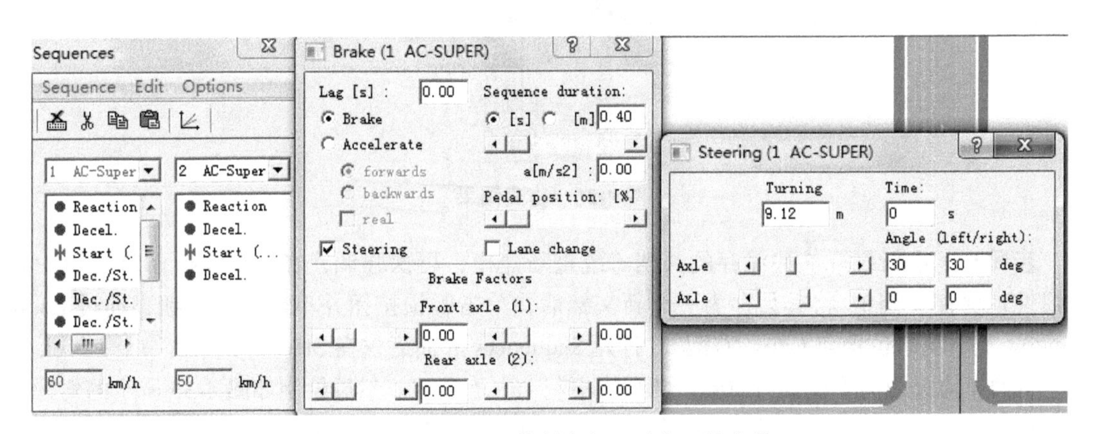

图 4-32　Sequences 控制车辆 1 避免碰撞参数 2

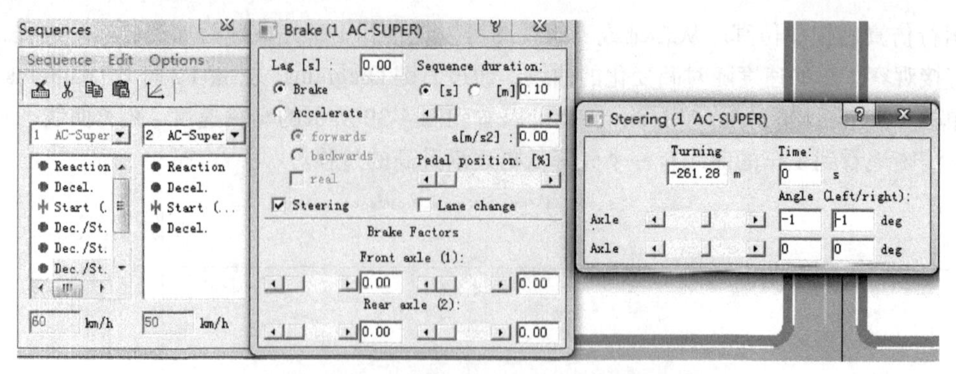

图 4-33 Sequences 控制车辆 1 避免碰撞参数 3

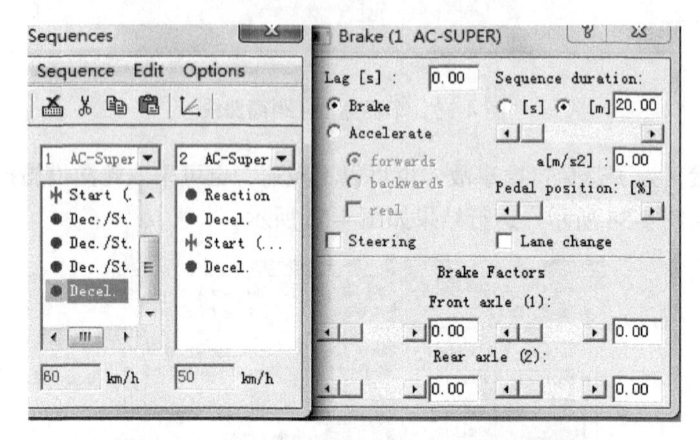

图 4-34 Sequences 控制车辆 1 避免碰撞参数 4

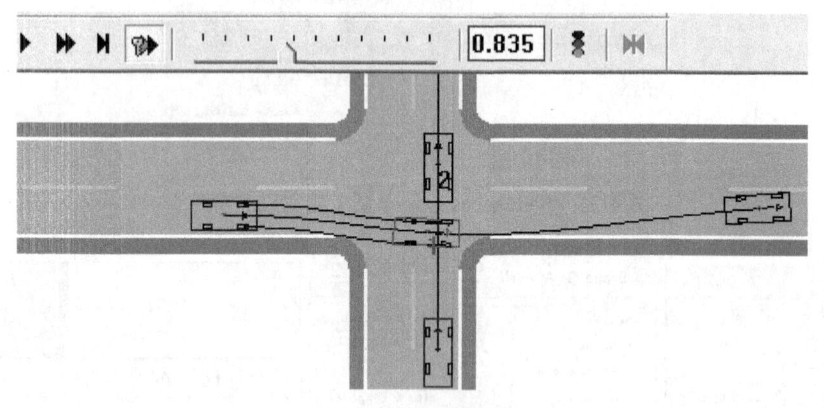

图 4-35 仿真结果

步骤 9：重新打开前述保存的文档（或重新建模，再次强调，在 Pc-Crash 仿真过程中要习惯性地保存文档）。将其另存为一个新文档后，单击解锁按钮并单击停止按钮，通过 Zoom Window 调节窗口位置与大小。右键 F6 打开 Sequences 界面后仅在 Start 后面保留一个 Decel. 即可，将两车仿真距离均设置为 30m，两车均不制动、不转向。然后绘制如图 4-36 所示的驾驶轨迹，运行仿真，调整驾驶轨迹各个点的位置，至两车不发生碰撞为止。最终仿真结果如图 4-36 所示。

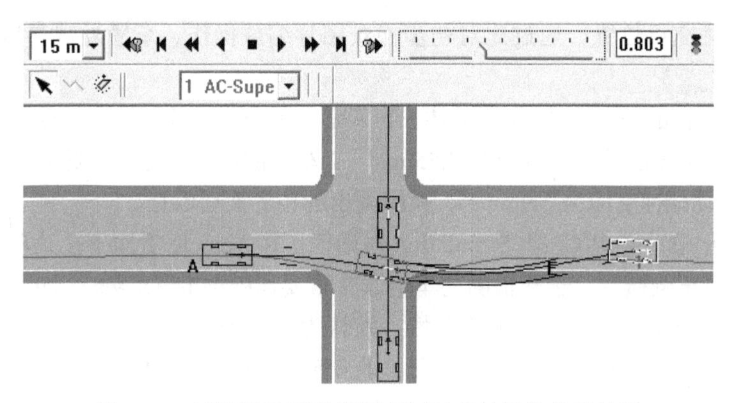

图 4-36　运用驾驶模型控制车辆运动的最终仿真结果

从图 4-35 及图 4-36 可以看出，两种车辆运动控制方法虽然不一样，但所取得的效果却是完全一样的，均能有效地避免交通事故。显然，用驾驶模型的方式控制车辆运动，从操作的角度来看会更为简单。

4.5　车 - 车碰撞及乘员运动仿真

车 - 车碰撞仿真可以说是 Pc-Crash 最成功的部分，基于能量、动量等守恒定理及车辆、轮胎等简单模型，能获得与实际情况吻合度很高的结果。这里直接通过一个实例来介绍如何仿真车 - 车碰撞事故。

实例 8：车 - 车碰撞事故仿真。

事故概况：1 车 AC-Superblower - Ford V8 302 与 2 车 AC-Superblower - Ford V8 302 HO 在某个交叉路口发生碰撞。1 车刚度较大，而 2 车刚度较小，因此导致碰撞中的 2 车变形严重。在碰撞即将发生前，1 车已经完全制动并在路面留下了清晰的制动痕迹，而 2 车整个过程都没有采取制动措施，未留下任何制动痕迹，但其左前轮受损严重，在路面留下了长距离的刮痕。事故现场图如图 4-37 所示。现要求依据这些信息对碰撞前瞬间两车的车速进行识别鉴定。

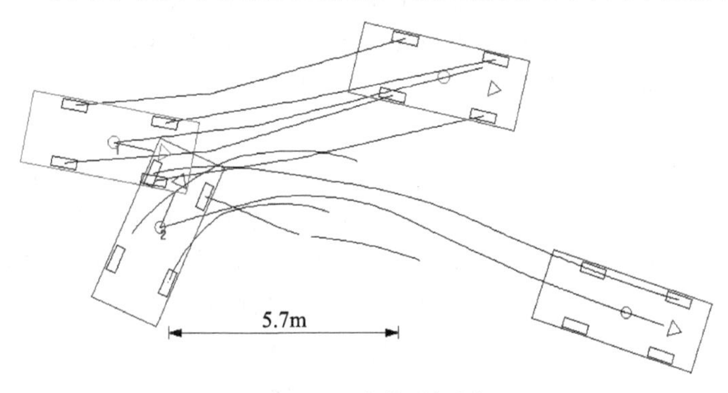

图 4-37　事故现场图

步骤 1：将图 4-37 存入计算机（用手机扫描等系列办法均可实现）。打开 Pc-Crash 后，将该图拖入软件中，并依据响应的比例尺进行缩放。之后，调入如前所述的两辆车（需强调的是，在实际事故中的车辆一般需要修改各类参数，这里只是一种假定的理想情况）。调入车辆后利用拖车将两车拖到碰撞点位置，通过比对初步检查图片缩放操作、车辆外观参数设置的正确性。之后保存。

步骤 2：鼠标右击 F6，根据前面描述，1 车完全制动，2 车左前轮严重受损。则 1 车设置为完全制动，此时 1 车制动减速度应为 9.85m/s^2；2 车左前轮完全抱死，此时其左前轮处的值应为 500N，整车制动减速度应为 1.96m/s^2。关闭调出的各界面后保存。

步骤 3：右击 F8，调出 Crash Simulation 对话框。在 Vehicle 后面下拉菜单选择对应 1 车或者 2 车，当模拟多车碰撞时，选择正确的车辆非常重要。Pre-Impact Vel.，顾名思义，就是碰撞前的车速是多少，两个对话框内选项均需填，默认为零。Pc-Crash 是基于正推法的软件，先预估车速，然后仿真，再比对痕迹，如此反复，直至获得用户相对比较满意的结果。Post-impact 表示碰撞后两车瞬间的速度、角度、速度变化及角加速度等值。

Deformation 和 EES，在仿真中是一定要关注的，Deformation 描述车辆的变形，而 EES 则描述车辆的等效速度。变形好理解，两车相撞，凹进去多深，不仅能观察到，还能测到。EES 的全称是 Energy Equivalent Speed，翻译为等效能量速度，具体细节可以查阅技术文档，下面介绍 EES 的作用。通过单击 EES 下面车辆图案的突出按钮能调出 EES Catalog（这是一个需要另外购买的数据库），在这个数据库内有大量的车辆变形图片及与之相对应的 EES 值。用户通过比较 EES Catalog 内的图片与真实事故中车辆的变形图片，可以预估真实事故中车辆的 EES 值。在每次仿真中，Pc-Crash 均能自动给出此次碰撞的 EES 值，则可通过比对仿真中的 EES 值与我们预估的 EES 值之间的差异，当两者接近时，可认为仿真结果值得信赖。虽然很多机构可能并未购买 EES Catalog 数据库，这并不妨碍使用此功能，读者可以通过自己的积累，建立起自身的数据库。

接下来是碰撞恢复系数及摩擦系数的选择。Rest 表示恢复系数，一般为 0.1，但具体情况需具体分析，比如两个轮胎撞击到一起了，则选 0.3 甚至更高为宜，而如果是一车对另一车的碾压，则此处将出现负值。Friction 表示车车之间的摩擦系数，正常情况下为 0.6，但两车刮擦时需提高此参数的值。

Coordinates 用于控制碰撞点的位置。这几乎是每次碰撞事故仿真都必须操作的项目。x、y 及 phi 三个参数定义了碰撞面的相对位置及角度，事实上因其效率较低，一般情况下很少用到。常用的是上面两个复选框，勾选 Move Point of Imp：，在 Pc-Crash 界面任意一处单击后，会发现 Pc-Crash 自动在两车重叠区域按照一定的规则计算出碰撞点的位置；也可以在勾选后，按住鼠标左键前后左右移动，会发现碰撞点位置随着鼠标的移动而在两车重叠位置移动。一般来说，应该向变形大的车辆方向移动，这个过程可以观察 Deformation 的变化，以便能更好地理解为何会如此。如果勾选 Rotate Contact Pl:，再按住鼠标左键在 Pc-Crash 界面左右移动，会发现有个面在移动，在此过程中也可发现 Deformation 的变化。如果两车事前设置好了速度，则会发现有一蓝色箭头表示力的大小和方向，可以据此找出合适的碰撞面。

Crash 下面有 Option 选项，内容与从界面按 F8 按钮直接调出 Option 一致。调出后单击碰撞选项开始仿真碰撞，一般来说，调节碰撞点或碰撞面后均会自动仿真，故而需用户单击此处的概率极少。No. 框内的数值表示碰撞序列号，即当有多次碰撞时，选择向左或向右按钮能选择对应的碰撞并更改其参数（如需要）。试想一辆车撞了另一辆车后再撞击墙壁，那么车车碰撞间的恢复系数自然与车墙相撞的不同，此时可以通过这里进行设置。最下方的 Auto Cal，如果勾选，则会自动计算。如前所述，Pc-Crash 是基于正推法的软件，每次调整碰撞速度、碰撞位置（有可能还要调整制动情况等参数）后均需回到主界面单击仿真才能看到结果，这样效率不高。为此，当车不多的情况下，选择 Auto Cal 后，发现每调整一个参数均能看到效果，这能显著提高用户的积极性和乐趣，也有利于用户开展“迭代”工作。

我们回到该实例。先勾选 Auto Cal，考虑到城市道路很多时候车速为 40km/h 左右，因此我们将两车速度均设置为 40km/h，其他均默认。仿真前需勾选 Impact-Crash Detection。然后选择 Move point of Imp:，并在界面处随意单击，将碰撞点位置定位到两车重合的部位。此时的结果应该如图 4-38 所示。

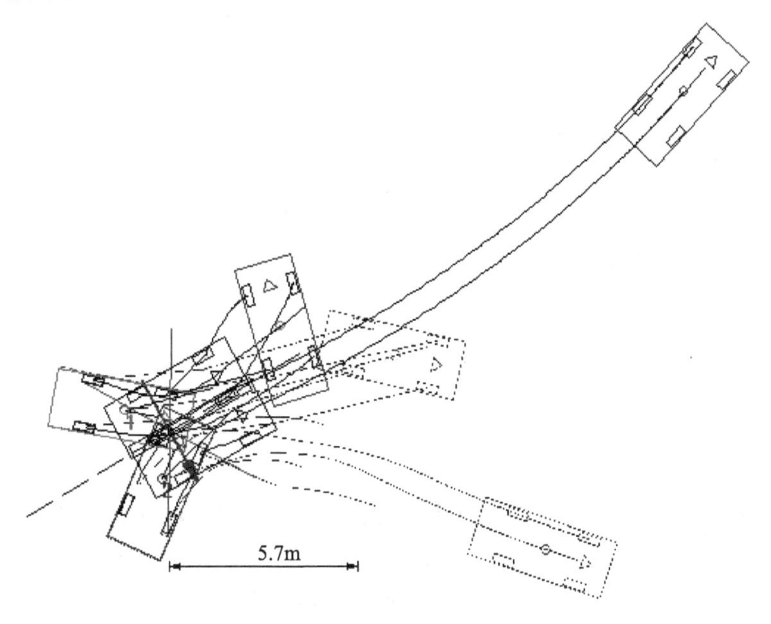

图 4-38　第一次仿真结果

从图 4-38 可以非常明显地发现，1 车位置没有停止在指定的位置而 2 车离开太远，表明 1 车速度预估太小而 2 车预估太大。由此将 1 车速度调整为 60km/h，2 车速度调整为 20km/h，得到如图 4-39 所示的结果，此时仿真中两车与实际情况较为接近。此时可以将调整步长改为 5ms，单独调整两车速度，会发现当 2 车车速为 25 km/h 时与真实情况更为接近。

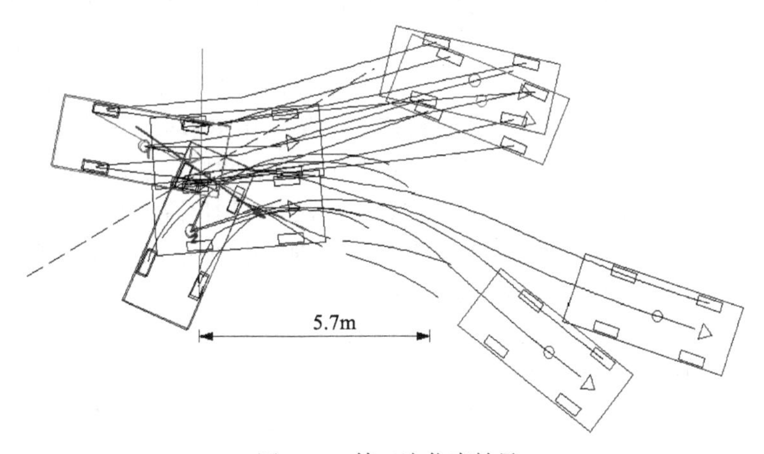

图 4-39　第二次仿真结果

然后开始调节碰撞点位置。在案例中我们提到1车刚度较大而2车较小，这意味着在碰撞中2车变形会更大，表明碰撞点位置应该往2车方向移动。通过反复调整后（此处说起来很轻巧，实际操作可能需要1～2天的时间，由用户经验决定时间的长短），获得如图4-40所示的结果，虽然从图4-40中发现两车的痕迹及最终停止位置均与事故现场图有所差异，但看起来已经很接近且趋势几乎一致，故而到此可以认为此仿真结果值得信赖。

如果读者确实是通过反复调整后获得了图4-40所示的结果，那么表明他已经基本掌握了该软件的真谛，也就是需要反复尝试。

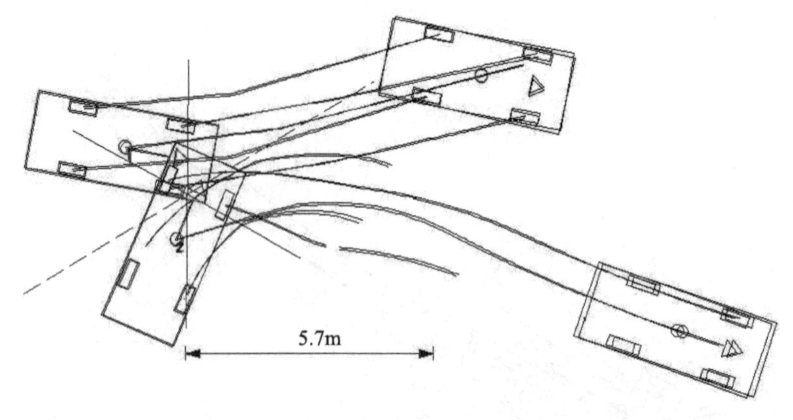

图4-40 最终仿真结果

当然，有时候会觉得反复尝试是很浪费时间的。幸好Pc-Crash还提供了一个优化计算的功能。将上述计算的结果另存为另外一个文档，开始学习Pc-Crash的优化计算功能。

打开刚刚存取的文档，重新让软件自动选择一次碰撞点位置，此时发现刚刚良好的仿真结果变得不那么完美了（再次提醒，在Pc-Crash仿真过程中一定要随时保存文件，而且当运行获得一个较好结果的时候最好保存为另外一个文档，然后再继续下面的操作，如此是为了避免错误操作而导致损失和保存较好的结果），我们以此为基础通过优化计算器以便获得一个好的结果。

在优化计算前，我们需要定义多个车辆的位置，通过优化让车辆运行到这些位置。Pc-Crash最多可以定义6个位置（5个中间位置加1个最终停止点位置）。单击Impact-Rest positions后会出现一个拖车模型，可以拖动任意车辆至其停止位置，通过旋转调整角度。中间5个位置并非都要定义，尽可能定义一两个自己比较确定的位置即可。单击Impact- Intermediate positions选择中间位置，第一个尽可能靠近碰撞点位置，当四轮均留下制动痕迹的时候，这个位置不难确定。需说明的是，两车的位置并非都要一样多，我们能够确定的位置可以多定义一些，而位置不确定的则可以少一些。在定义位置的过程中，用户需尽力思考碰撞发生后两车的运动情况，以此为基础再结合路面痕迹引导找到更准确的中间点位置。该案例中，1车2个中间位置、2车1个。优化位置定义后的界面如图4-41所示。

定义好优化位置后，单击Impact-Collision optimizer调出Collision optimizer界面。Optimize-Optimization下有很多优化参数可供选择，一般选择车速、恢复系数、摩擦系数、碰撞点位置及碰撞法向位置即可。下面的下拉菜单为优化方法选择，有3种，分别为遗传算法、蒙特卡洛法和线性算法，默认为遗传算法，也是效果最好的方法。对于Trajectory，如果单击后面的 Optimize 开始优化计算，此处会有个一直变化的数值，计算终止时已有一个数值，这是用来显示计算误差的，即优化的误差；如对这个误差不满意，可以多单击几次 Optimize，软件将进行多次优化。当然，很多情况下优化后用户需关注车辆运动的效果，思考是否需调整优化位置，并适当调整车辆制动等参数（如需要），再让软件优化，则效果会更佳。Properties 里面的设置也非常重要，第一个下拉菜单选车，如果车速被选为优化参数的话，则最好能预估一个范围，默认［0 300］显然太大。第二个下拉菜单选择优化位置，之后的 Distance 和 Angle 为相应距离及角度的权重，如果某个位置定义不理想，那么还可以删除这个位置。Report 则是生成一个报告，一般可以不看。

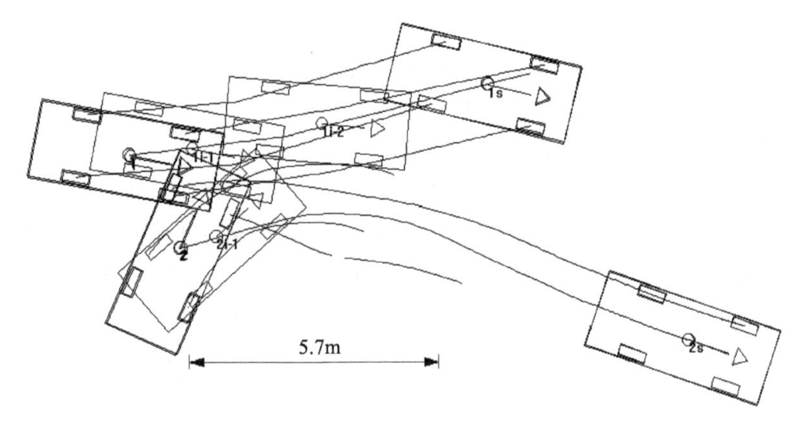

图 4-41　优化位置定义后的界面

对于本案例，选择车速和碰撞点位置作为优化参数，对于车速范围，1 车为［50，70］，2 车为［20,30］，其他默认，然后单击优化。发现经过 33 次迭代后，获得最优结果，误差为 1%，此时 1 车速度为 60km/h，2 车速度为 25km/h，优化仿真结果如图 4-42 所示。

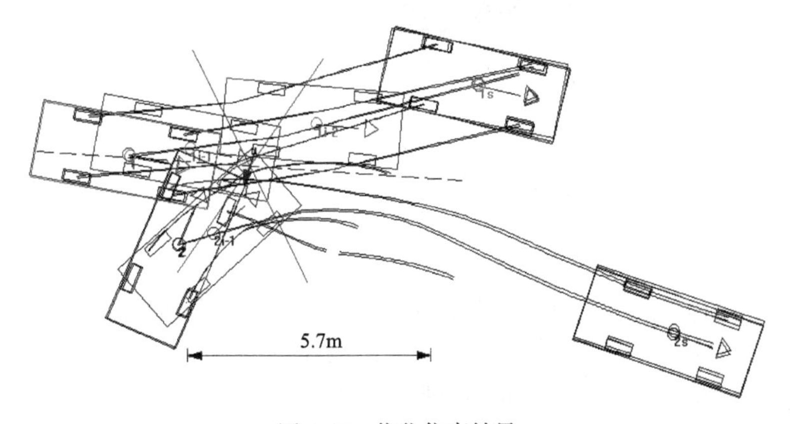

图 4-42　优化仿真结果

对比图 4-42 及图 4-40 可以发现，二维视图中仿真结果比较接近，但从时间和精力上来看，获得图 4-40 的代价远远大于图 4-42。故而在实践中，用户需充分利用 Pc-Crash 的优化计算功能，辅助开展事故再现工作。

步骤 4：对于真实事故而言，若能获得像图 4-40 或图 4-42 的结果，那表明事故再现非常成功。如果驾乘人员在事故中受伤，人体损伤的信息可用于对事故再现结果进行验证。更多情况下建议导出 Pc-Crash 中车辆运动的加速度 - 时间历程曲线，再借助其他软件如 MADYMO 或 Ls-Dyna 等分析人体损伤的情况，如果对其他软件不熟悉，则在 Pc-Crash 中也可分析驾乘人员的运动。需要说明的是，根据作者所掌握的资料，该软件内驾乘人员模型并未得到充分的验证。

将图 4-42 的结果另存为一个文档，并锁住仿真。然后从 File-Import-Custom Vehicle 找到并打开 Pc-Crash 安装目录 Multibody，里面会有很多多刚体模型。选择一个 Passenger 模型，这里面分是否系安全带及 1 人还是 2 人。该案例中调入一个人即可，所以调入 Seat + Occupant + Belt 20020501.mbdef 模型。我们可以通过右键 F7 调整调入模型的位置，以方便随时观察其三维模型，是否执行此步骤不影响仿真。调入模型后，再单击 Vehicle- Multibody System 打开多刚体模型界面，此时可以对模型参数进行修改。然后单击 Occupant，该界面下可以选择车辆、位置（一般不改）及仿真开始与结束时间。该案例中看起来 2 车受到的影响更大，故而此处可选择 2 车，并将结束时间调整为 3s，然后单击 Calculate 按钮，等待计算结果，一定时间后计算结束并保存。右键 F9 打开三维视图，可以发现此时的多刚体模型已经与车辆结合为一体了，为了便于观察，可通过单击 Display Settings，打开 Option 界面，并在 Color 界面下调整 2 车的所有颜色，在基本颜色 - 规定自定义颜色下，其色调、饱和度及亮度分别设为 120、240 及 120。此种颜色在三维视图中默认为透明的。此时运行仿真并调整角度观察三维视图，则可清晰地观察到驾驶人在事故过程中的运动过程。包含驾驶人运动的三维仿真结果如图 4-43 所示。

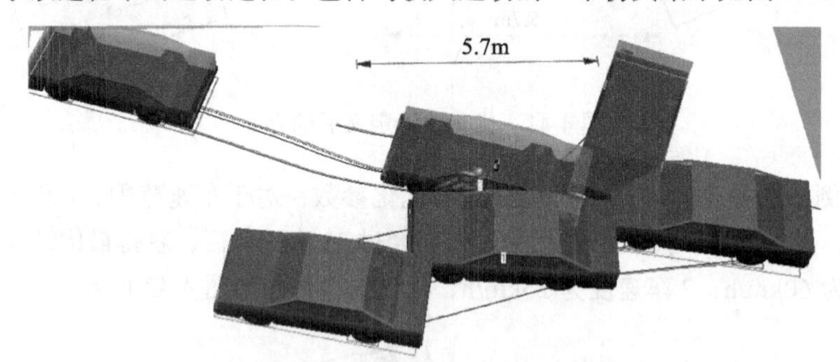

图 4-43　包含驾驶人运动的三维仿真结果

4.6　车与车外多刚体模型碰撞仿真

除了车车碰撞事故外，车人碰撞事故也成为现今的研究热点。Pc-Crash 在仿真车人碰撞事故方面也取得很好的仿真效果，在人体抛距等方面的仿真还利用实验数据进行了验证；人体损伤方面的仿真则主要是基于真实案例的验证，基于实验的验证成果尚不多。

仿真车人碰撞事故的基本方法与前面所提及的步骤一致，即首先建立事故现场，然后建立车人模型，再进行多次迭代仿真，获得与真实事故痕迹最为接近的仿真结果，最终视仿真所得的结果为真实的再现结果。下面给出一个实例来演示基于 Pc-Crash 的车人碰撞事故再现技术。

实例 9：车人碰撞事故仿真。

本案例为 DSD 公司 1999 年所做的一次人 - 车碰撞试验，试验号为 DSD Spring Seminar 99 Test 07，试验车辆及假人参数见表 4-1，试验现场图如图 4-44 所示，图中两个点之间的距离为 1m。从试验视频中截取的人车接触图片、车辆变形等图片如图 4-45 ~ 图 4-47 所示。需说明的是，图 4-45 中 t = 0.268s 为视频中间时刻，此时也是仿真中的零时刻，即此刻人车将要接触但还未接触。

表 4-1 试验车辆及假人参数

车辆	OpelKadett D
质量	900kg
碰撞速度	37.4km/h
假人	180cm；80kg

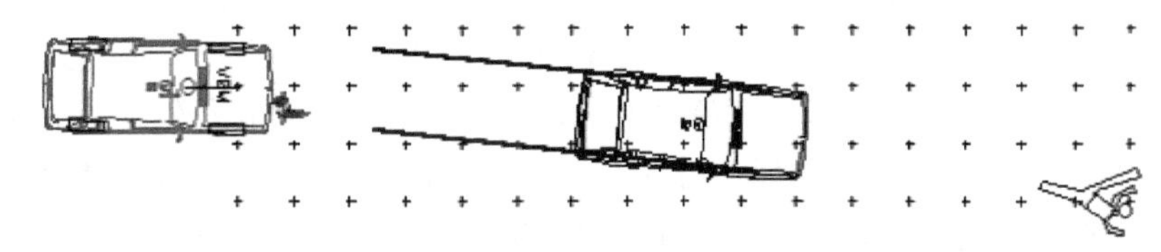

图 4-44 试验现场图

图 4-45 视频中 t = 0.268s 及 0.300s 人车相对位置

假定这是一例事故，下面按照前面描述的步骤来对该事故进行再现。

步骤 1：建立事故现场。因为这是一次明显在平坦、干燥路面上进行的实验，所以无须耗费大量的时间和精力去建立三维道路。加之有事故现场图，也无须在 Pc-Crash 内绘制事故现场图，直接将图 4-44 拖入 Pc-Crash 中进行缩放，则能建立非常美观的二维事故现场图。

图 4-46 视频中 t = 0.402s 时的人车相对位置

图 4-47 试验中的车辆变形情况

步骤 2：建立人车模型。首先建立车辆模型，在 Vehicle Query 输入车辆型号 OpelKadett D 搜索后，选择 1984 年产的车。调入这辆车后，我们可从两个方面验证该车与真实事故车是否相符：其一是看外形是否与事故现场图一致，如果确认操作无误的话，则当将车拖到碰撞点位置时，车辆与事故现场图中车辆的位置应该会完全吻合；其二则是观察车辆重量是否与前面给出的信息基本一致（或近似），此处应该为 900kg，如果不一致，则需修改车辆的重量。修改车辆重量的同时，将车辆中心位置高度设置为 0.5。

调入多刚体人体模型，并设置其身高为 180cm，体重为 80kg，其他方面均选择默认值。在事故再现中，人走路的姿态非常重要，会明显影响到人体碰撞过程中的动力学响应。举个简单的例子，被撞腿与非被撞腿之间的伤害会明显不同，故而同样需要注意。对于真实交通事故而言，用户需先对整个事故发生过程有个清晰的认识，并在头脑中形成人车如何碰撞的动画（此过程可结合人体损伤进行分析），然后在仿真中调整人的姿态并仿真，看人车接触位置、人体损伤情况是否与我们的设想一致，如此反复才能最终确定碰撞时刻的人体姿态。此处作为一个实验，这一复杂步骤则可忽略，因为人的姿态是清晰可见的（图 4-45 左图）。

打开 Vehicle- Multibody System 后，再次选择 Settings，通过选择不同的 View 修改 one body 最下面的角度 Phi。此处 View 可以选择 right，但选择哪一个并不重要，重要的是选择让自己舒服的视角，然后将人体不同部位的姿态调整到位则可。然后单击不同的部位（主要是四肢），调整相应的参数则可获得如图 4-48 所示的人体姿态。至于角度如何选择，还是与之前所述的一致，大胆设置数值，观察三维视图，则能非常清楚各值的意义，清楚意义后再微调各参数即可。

至此，人、车模型均建立完毕。

步骤 3：仿真。这是最精彩的时刻，因为终于可以看到人、车均运动起来了。但这里面有非常多值得注意的地方。

首先，人、车均需利用拖车拖入到碰撞点位置。对于真实交通事故，如果事故现场图中给出了碰撞点位置，则此步非常简单。但如果没有给出，则用户需依据自身经验估计初碰撞点的大概位置。位置估计的好坏将对后续仿真时长产生显著的影响。而该实例中，人、车位置已经给出，而且给得非常具体。

其次，我们还要预估事故参与者的速度。在真实交通事故再现中，这里与碰撞点位置一样重要，两者任何一个错误均将得不到正确的结果或者使获得正确结果的时长急剧增加。在真实事故再现中，需依据经验不停地调整人、车的速度，最简单的经验就是车速越快，人应该抛得越远，而人体一旦有速度也会影响其在该速度方向上的移动距离（但并非一定如此）。对人速度的预估一定要注意，人在行走过程中可以迅速停止，因而在实际操作过程中并非一定要将碰撞时刻速度与碰撞发生之前人体移动速度设置得完全一致（在可获得行人事故前平均移动速度的前提下）。对于该案例，车速与行人速度均给出，这将极大地降低事故再现过程中迭代时的难度。

将车速设置为 37.4km/h，人速度设置为零。然后单击仿真键开始进行仿真。此处有两种选择方式，其一是选择一步仿真到最后，也可选择一步一步仿真。前者鼠标仅需单击 1 次，后者需单击的次数则成倍增长；前者存在的可能问题是仿真过程中因为计算量大会出现软件崩溃的情况，而后者一般不会遇到这种问题。在仿真过程中，打开三维视图，观察人车接触位置，当人车接触位置与实际情况吻合得较好时，再观察最终人、车停止位置。在此过程中可以通过调整人、车之间的摩擦系数、恢复系数及人、地之间的摩擦系数以及车、路之间的摩擦系数等参数，保证人、车最终停止位置尽可能与事故现场图中的位置吻合。此练习中，车辆速度取 37.4km/h，碰撞后驾驶人反应时间为 0.28s，制动系统协调时间为 0.2s，车路间摩擦系数为 0.75，人车间摩擦系数为 0.2，人路间摩擦系数为 0.6，车辆的运行方向由软件内的驾驶模型控制。模拟所得动画和实拍的视频比较如图 4-48 ~ 图 4-50 所示，图 4-51 所示给出了仿真中车辆及行人最终停止位置。

通过这些图片的对比可以发现，仿真中人体运动姿态与试验视频中人体运动姿态非常接近，而对比这些图片中人车接触的位置后也可以轻松地解释图 4-47 中车辆变形的原因。从图 4-51 中可以看到，车辆在路面上留下的制动痕迹及车辆最终停止位置均得到很好的仿真。所有这些均表明，这次仿真是很成功的，获得的痕迹信息均能在仿真中得到合理的解释。

在真实案例中，也许还会有人体损伤的信息，可以利用人体损伤等相关信息对上述仿真结果进行验证，具体可参阅第 4.8 节内容。

图 4-48　$t = 0.268$s 时的人车相对位置

图 4-49　$t = 0.300$s 时的人车相对位置

图 4-50　$t = 0.402$s 时的人车相对位置

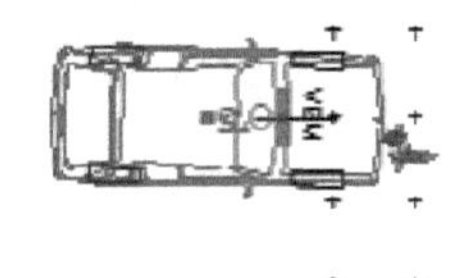

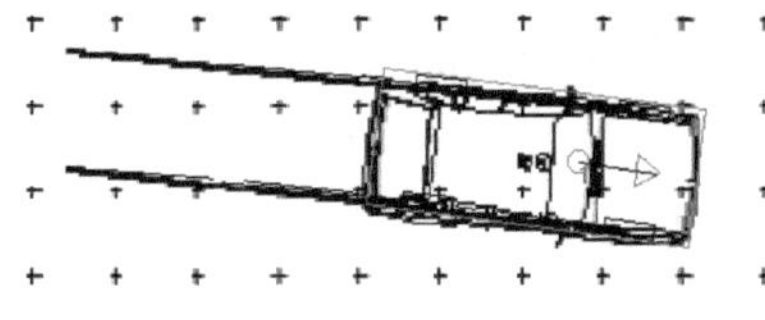

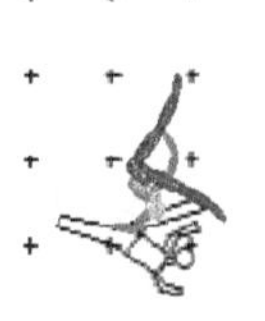

图 4-51　车辆及行人最终停止位置

车 - 两轮车的仿真在仿真步骤上与车人碰撞事故再现仿真几乎完全一致，此处不进行过多的介绍。

4.7 碰撞前各事故参与者运动仿真

事故再现除了能认定事故责任外，还有更多其他价值，比如获得无法从事故现场直接测量的数据或者分析事故的可避免性。简单来说，事故发生后，讨论事故是如何发生的，并探讨如何避免事故。为了更好地实现这一目的，则需要对事故碰撞发生前两车的运动进行再现。按照前面所述，至少有两种办法获得碰撞发生前两车的运动情况。

第一种方法是，将两车置于碰撞发生前的某一位置（一般为驾驶人可以发现对方的位置），然后设置两车初始速度、制动（Sequences 设置）、转向（Sequences 设置或驾驶模型）等系列参数，进行仿真，能让两车自动识别碰撞并进行仿真碰撞后，获得最终结果。这里，可以通过 F8 弹出 Crash Simulation 对话框，在 Crash Simulation 对话框中选择每一次碰撞（Crash 下面的 No. 后面的数字表示相应的碰撞）后，调整相应的碰撞点位置、法向及切向恢复系数等参数，以获得与真实情况更为接近的仿真结果。作者认为这种做法的好处在于每一步都能进行精确的控制；但缺陷在于，从全过程一开始就控制两车的运动并在全过程中验证各类痕迹，会显著增加操作的难度。

如前所述，碰撞点位置、碰撞后的痕迹更少受人为因素的影响，故而在再现中更可靠、客观。一般来说，先从碰撞点位置开始仿真碰撞发生后两车的运动（对于车人事故而言，则是车、人的运动），再从碰撞位置开始推导事故发生前两车的运动情况。这样做的好处是，其一可使更多、更可靠的痕迹得到更好的利用，其二是只需对比碰撞后的痕迹可降低难度。

当通过反复调试获得碰撞时及碰撞后的可靠仿真后，锁住碰撞时及碰撞后的仿真结果，然后利用 Define Path points 设置好碰撞前两车的运动轨迹后，鼠标右击 Kinematics Toolbar（热键 F10），在弹出的对话框内选择参数并设置参数值后，单击 Diagram 仿真车辆碰撞前的运动轨迹。

在 Kinematics Toolbar 中，第一个下拉菜单选择对应的车辆。前面提到的几乎所有案例中均是 1 辆或 2 辆车，故而这个选择显得不重要，但当仿真车辆很多时，一定要选择正确的车辆。第二个下拉菜单与 Sequences 内的项目类似，一般来说默认的 Reaction/Braking 用得最多，即仿真碰撞发生前驾驶人反应及制动的情况；对于个别驾驶人加速的行为，也有 Acceleration 选项可供选择。前面已经提到过，选择 none 则表示不对该车进行操作，这种选择很少。如果选择 Reaction/Braking，则下面会出现 8 个选项，在至少选择 5 个选项后，该车辆后面的红色点才会变为绿色，表示已有足够多的参数去仿真车辆碰撞前的运动，可以进行后续操作。v0 表示初始位置车辆的速度，tr 表示驾驶人反应时间，tl 表示车辆制动系统协调时间，ab 表示制动减速度，tb 表示制动时间，sb 表示制动距离，s 表示运行的距离，v1 表示碰撞速度（这个速度填入仿真所得碰撞时刻速度即可），其他参数都默认即可。读者如想知道具体参数意义，可以阅读 Pc-Crash 操作手册获得。

实例 10：碰撞前车辆运动仿真。

做这个练习之前，读者需先自己构造一个案例，方法如下：随机调入两辆车，通过 F6 将两车速度设置为 40km/h，两车完全制动；用拖车将两车拖至图 4-52 所示的位置（因是构造案

例，故而类似的位置即可，无须获得准确的角度）；通过 F8 调整碰撞点位置（可勾选碰撞点位置复选框、单击界面让软件自动选择），然后运行仿真，得到如图 4-52 所示的结果。锁住往前的仿真并保存，将该虚构的两车运动视为仿真好的某事故中车辆碰撞及碰撞后运动。下面需仿真两车碰撞前的运动情况。

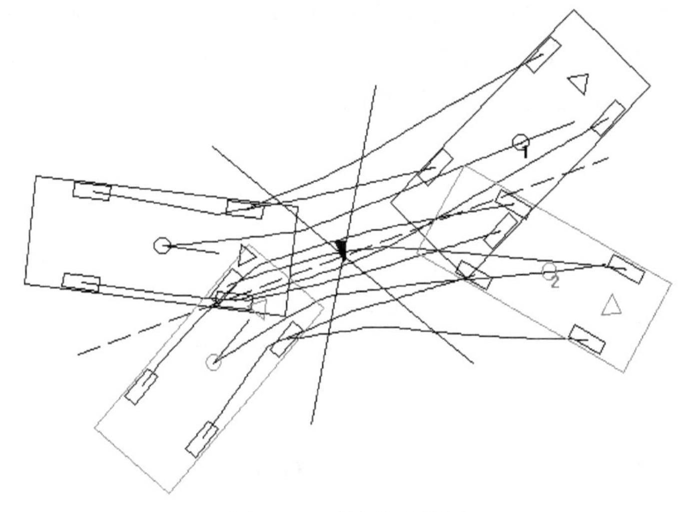

图 4-52　碰撞仿真结果

右击 F10，按照图 4-53 设置各参数后，单击图标则会弹出图 4-54 所示的图表。

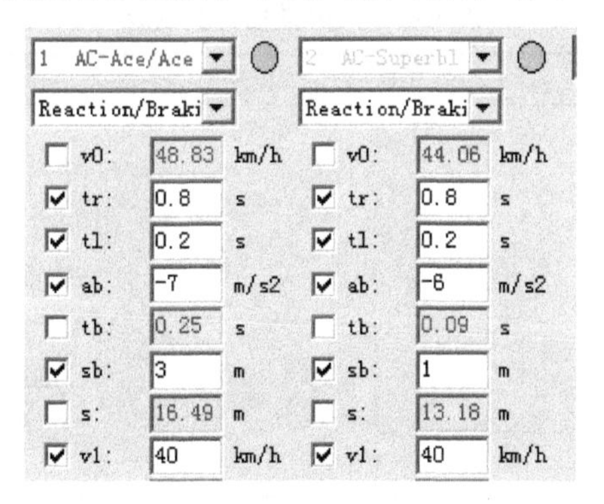

图 4-53　参数值

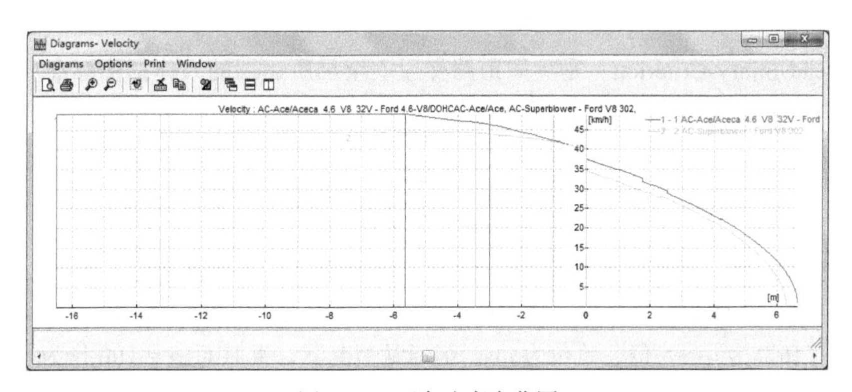

图 4-54　两车速度变化图

再回到 Pc-Crash 界面，则会发现往左拖动进度条时，车辆以碰撞点位置笔直往后运动。也就是说，如果不定义车辆的运动轨迹，则运行该仿真后车辆不会改变行驶的方向，仅依据碰撞时刻，车辆笔直地按照定义好的参数往后运动。此时如果对仿真结果满意，则需即刻锁定往后仿真并保存。

这些参数如何选择，完全依据读者所能从事故现场获得的数据。比如通过测量获得碰撞前有 3m 的制动距离，则需如 1 车中参数所示选择 tb 为 3m。有时候为了保证两车的仿真时间一致，即两车同时开始运动，可以通过调整驾驶人反应时间实现。

4.8 人体损伤验证

损伤指标是指导致某种受伤水平时的损伤生物力学因素，一般通过相关函数或物理参数来表示，这些物理参数可通过在假人实验中测得，如加速度、速度、力、变形量等。一般而言，人体不同部位的损伤标准也不相同，且同一部位的损伤指标随加载方式的不同也呈现出一定的差异。

目前全球广泛使用创伤指数（Abbreviated Injury Scale，AIS）来评估对人体的伤害。为量化人体所受伤害的标准，可借助医学来定量划分人体所受伤害的程度。AIS 是美国汽车医学协会（AAAM）所发表的人体损伤标准，是对人体组织器官损伤量化的手段，通过损伤对人体所造成的致命程度的大小来对各部位进行评分，评分标准见表 4-2。

表 4-2　人体损伤评分标准

AIS	损伤程度
0	无损伤
1	轻度损伤
2	中度损伤
3	较重伤，但无生命危险
4	严重伤，有生命危险
5	危重伤，有生还可能
6	死亡或无法抢救
9	未知

4.8.1 头部损伤指标与耐受极限

HIC（Head Injury Criterion）是美国道路交通安全局所运用的人体损伤标准。我国强制性规范 CMVDR 294 也运用了它，其计算公式为

$$\mathrm{HIC}=\max\left[\left(\frac{1}{t_2-t_1}\int_{t_1}^{t_2}a_{\mathrm{Head}}\mathrm{d}t\right)^{2.5}(t_2-t_1)\right] \tag{4-1}$$

式中，t_1、t_2 为加速度作用的任意时刻；a 为作用于头部质心的合成加速度。

有文献指出，人体头部免受致命伤害的 HIC36 值不应大于 1 000，而 HIC15 值应小于 700，此处的“36”“15”为 t_1-t_2 值，单位为 ms。但通常情况下，将 HIC15 = 700 作为人体头部致命损伤的极限值。

4.8.2 胸部损伤指标与耐受极限

常用胸部伤害指标有（Thoracis Trauma Index，TTI）、胸部黏性指标（Viscous Criterion，VC）与平均胸椎加速度（Average Spine Acceleration，ASA）。ASA 由 Cavanaugh 等人提出，ASA20 最能反映人体真实的受伤情况，其定义为 T12 胸椎达到 20% 和 80% 最大侧向速度时刻点之间的速度变化曲线的平均斜率。ASA 可由下式计算得到，其与 AIS（AIS 与人体实际损伤对应关系见表 4-3）对应关系见表 4-4。

$$ASA = ASA20 \times \frac{\text{mass(kg)}}{75} \tag{4-2}$$

另外，胸部受力和加速度值也是常用判别胸部损伤的标准。一般将胸部所受的碰撞力小于 8kN 与胸部质心处 3ms 合成加速度值小于 60g 作为人体胸部损伤的安全阈值。

表 4-3 AIS 与人体实际损伤对应关系

AIS	头部	下肢
1	头痛或眩晕	脚趾骨折
2	暂时性（1h 以内）意识丧失 线性骨折	胫骨、髋骨或髌骨骨折；闭合性骨折
3	中等时间（1～6h）意识丧失 凹陷性骨折	膝关节脱位，股骨骨折
4	中等时间（6～24h）意识丧失 开放性骨折	膝部上方粉碎性骨折，髋骨粉碎性骨折（闭合性）
5	长时间（大于 24h）意识丧失 脑血肿	髋骨粉碎性骨折（开放性）

表 4-4 ASA 与 AIS 的对应关系

损伤预测因子	25% 损伤风险		50% 损伤风险	
	AIS3+	AIS4+	AIS3+	AIS4+
ASA（gs）	23	58	46	76
标准差（gs）	0～34	38～66	34～58	63～100

4.8.3 下肢损伤指标与耐受极限

下肢损伤指标常用下肢所承受的弯曲力矩与剪切力来表示，Nyquist 等人利用尸体下肢样本于 1985 年测出了胫骨强度，并获得了男、女胫骨骨折所能承受的最大碰撞力和弯曲力矩。再综合 Kajzer 和 Yang 的研究成果，得出了造成人体下肢骨折的安全弯曲力矩与剪切力峰值，见表 4-5。

表 4-5 下肢骨折损伤指标与耐受极限

部位	弯曲力矩 /N · m	剪切力 /kN
大腿	430	6.3
小腿	男：317 ± 88	4.7 ± 1.4
	女：278 ± 30	4.1 ± 1.2
膝关节	15km/h:101 ± 21	15km/h:1.8 ± 0.4
	20km/h:123 ± 25	20km/h:2.6 ± 0.5
	40km/h:331 ± 79	40km/h:2.6 ± 0.5

4.8.4 臀部损伤指标与耐受极限

通常情况下，臀部（骨盆）的损伤主要来自车辆前端的撞击，损伤机理表现为冲击压缩力致使臀部受伤。现有研究表明，50th 男性成人的骨盆耐受限度均值为 10kN，对于 5th 女性成人的骨盆耐受限度均值为 4kN。图 4-55 所示为男性成人骨盆在 33.8km/h 侧向冲击试验得到的力 - 变形响应图。故本书所选行人臀部损伤评价指标中，成年女性盆骨所受碰撞力不超过 4kN，成年男性盆骨所受碰撞力不超过 10kN。

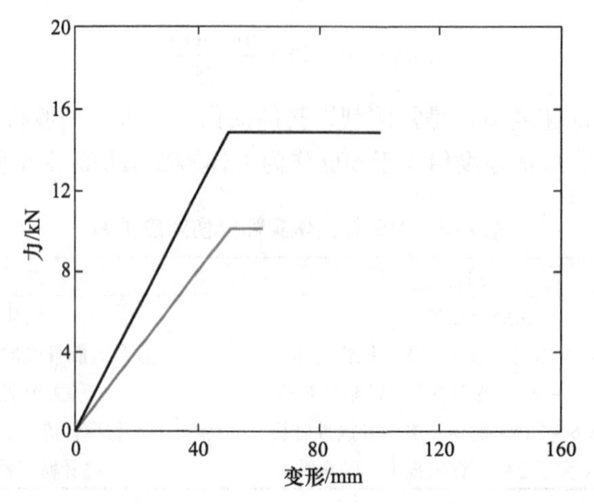

图 4-55　男性成人骨盆在 33.8km/h 侧向冲击试验得到的力 - 变形响应图

4.8.5 人体损伤分析

在 Pc-Crash 中，通过对碰撞过程的仿真，可以获得仿真运动中驾乘人员以及行人的头部、胸部等部位的速度、加速度、碰撞力等参数值，然后结合碰撞生物学对其损伤进行研究。这部分人体损伤信息可以很好地运用在事故再现中，且能对提高事故再现的准确性和乘员的安全性研究提供很大的帮助。下面通过一实例来掌握事故中人体损伤性分析。

实例 11：车人碰撞事故中各参数的读取。

为完成该练习，首先需构造一个案例。打开 Pc-Crash，调入 AC-Superblower -239kW 车辆并同时调入行人模型。通过热键 F7 设置人车相对位置，注意通过 F9 调出三维视图观察两者相对位置使得车人位置尽可能接近但不接触，建议车辆中心位置设置为（0，0），即默认值，而人体位置设置为（2.1，0）。通过热键 F6 将车辆完全制动并设置其初始速度为 40km/h，其他参数均为默认值，然后保存。单击向前仿真（建议鼠标一直按住 Simulate forwards 键进行），可同时在三维视图中观察人、车的运动情况，直至车辆完全静止、人体总体不再移动（人体局部如手臂等部位一般很难完全静止，可通过观察人体胸部的运动判断人体总体是否静止）时松开鼠标左键，锁住向前仿真，并保存。

至此，虚构案例工作完成，读者需完成以下任务。

任务 1：单击停止键及 New simulation 后，通过单击向前仿真至停止位置键，在二维视图中观察人、车的运动。

任务 2：重复上述步骤，在三维视图中观察人、车的运动。

任务 3：读取事故中的车辆制动距离、人体抛距，人体头部、胸部、四肢最大受力及头部、胸部最大加速度值，并计算获得头部 HIC 值。

任务 1 及 2 相对来说较为简单，具体操作此处略去，下面重点介绍如何完成任务 3。

步骤 1：打开刚刚保存的文档，通过热键 F2 打开 Diagrams 界面中的 Diagrams- Vehicles- Distance v. Time，则会出现如图 4-56 的曲线。从图 4-56 可以发现 t=0 时刻，车辆制动距离为零，而当 t=1.295s 或之后的时刻，移动鼠标时视图左下角的数值 6.84 不再变化，这表明车辆的制动距离为 6.84m。

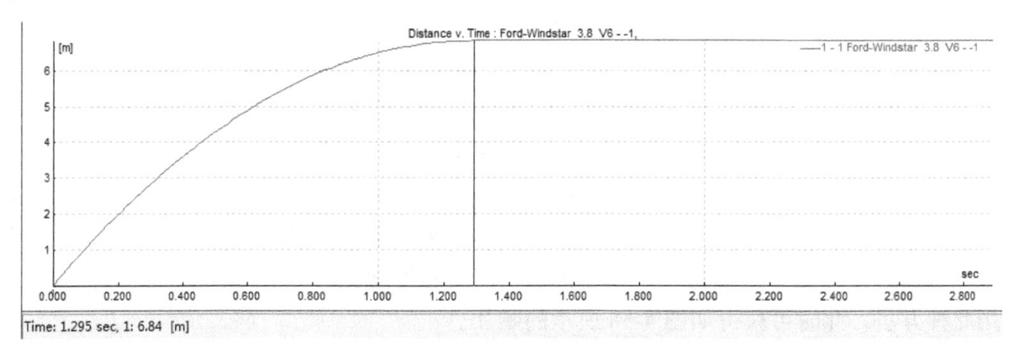

图 4-56　车辆距离 - 时间曲线

步骤 2：读取人体抛距。单击 F2 快捷键，通过单击 Diagrams- Multibody Systems- Distance 选项，我们会得到距离 - 时间曲线，此时经常会发现曲线显示不全，界面中只显示了曲线的部分（特别是 y 部分）。这很好理解，当单位出现急剧变化的时候（比如从距离某一参照物几十米的地方迅速加速至仅距离几米时车辆加速度可达到几千 m/s^2），软件不能及时调整。此时只需要双击 Diagrams 界面边框即可使得软件自动调整 y 方向的坐标，从而使得曲线在 y 方向的所有部分均完整显示，得到如图 4-57 所示的人体各部位距离 - 时间曲线。

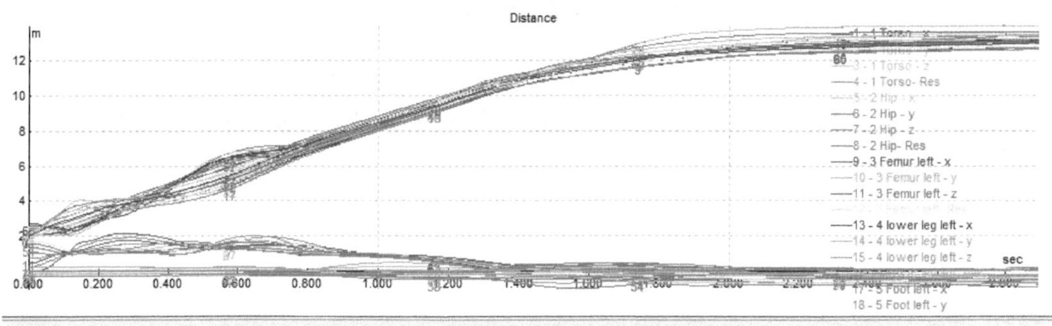

图 4-57　人体各部位距离 - 时间曲线

非常明显，图 4-57 中因曲线太多，无法获得任何我们想要的信息。一般来说，我们可以以人体胸部的移动距离作为人体抛距值。在 Options- Diagrams/ Axes 的 Switch on/ off 处右击，呼出菜单，选择 Deselect all diagrams，即所有的人体部位都取消了选定状态；相反，若选择 Select all diagrams，则全选所有人体部位。此时在选择 Deselect all diagrams 之后，再选择 1，及 Torso-x，y，z，Res，其中 x、y、z 为人体在这三个方向上移动的距离，Res 则为三者综合的距离。选择之后单击 ok，则会发现界面上的曲线少了很多，此时可以开始读取数据。一定要注意的是，人体最终抛距与 z 方向的移动毫无关系，故而此处不宜直接读取 Res 的数据，而应该读取 x 与 y 方向的数据通过计算得来。而且会发现，当 $t=0$ 时刻时，此时 x 方向的距离为 2.10m，回顾下 F7 时的设置，就明白这个数值的来源了。故而在计算人体抛距的时候，需读取 0 时刻人体的 x0、y0 值及终止时刻的 x、y 值，然后两者相减、平方取和再开方后才能获得人体抛距。此案例中，人体抛距应为 $((13.05-2.1)^2+(-0.34-0)^2)^{0.5}$=10.96m，而非直接读取的 13.06m。既然计算这么复杂，读者也可以思考，是否在 F7 设置时，就将人体坐标原点置于（0，0）位置更佳？这在仿真试验中是行之有效的办法。

步骤 3：读取人体各个部位的最大受力、加速度等值。通过 Diagrams- Multibody Systems-Contact Force 可以读取各个部位的受力；而如果选择 Acceleration，则可以读取各个部位的加速度。此处以最常用的人体头部加速度为例进行演示，其他部分数据的读取读者自己练习即可。

选择 Acceleration 后会发现所有曲线 y 方向均显示完整，此时双击界面边框放大，再双击返回即可使得各曲线均显示完整。在 Options-Diagrams/Axes 的 Switch on/ off 处右击，不选择所有对话框，往下拉菜单中找到 14Head，选择 Head-Res 即可，其他不需要选择。再次双击界面，此步骤需反复运用，后面将不再重复说明，当读者发现无法完整观察 y 方向的曲线时，均可采用此种方法。此时可获得如图 4-58 所示的图片。

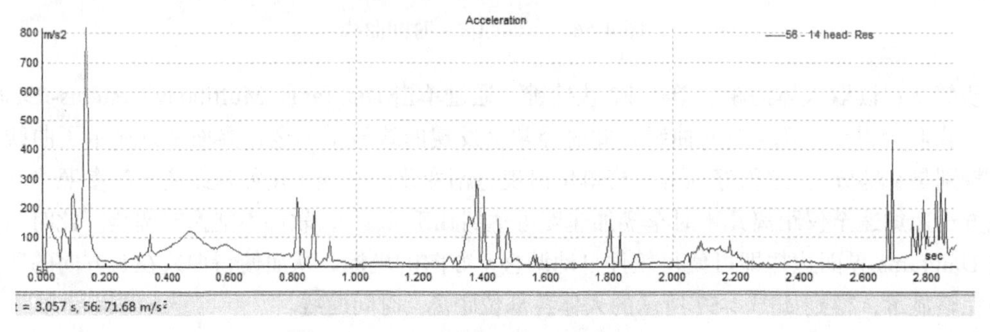

图 4-58　人体头部加速度曲线

从图 4-58 可以看出，人体头部加速度最大值在 0.15s 左右达到，最大值约为 800m/s^2。但最大值到底是多少？通过仔细选择后发现，约在 0.14s 时刻，最大加速度达到 796.73m/s^2，具体如图 4-59 所示。

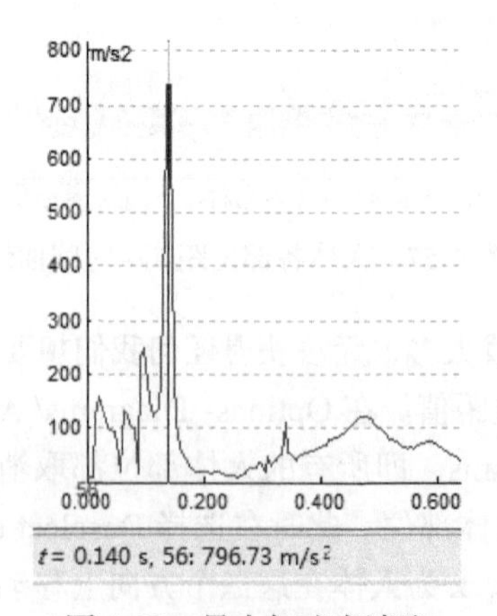

图 4-59　最大加速度读取

这个选择是否正确呢？事实上我们可以通过放大 0.1 ~ 0.2s 这一段加速度来看。在 Options-Diagrams/ Axes 中不选择 xmin/xmaxautocalc 对话框，在随后的 xmin 处填入 0.1，xmax 处填入 0.2，单击 ok，则可得到图 4-60 所示曲线。此处进行放大也可以采取另一种方式，即直接在工具栏使用放大按钮对表格进行放大。

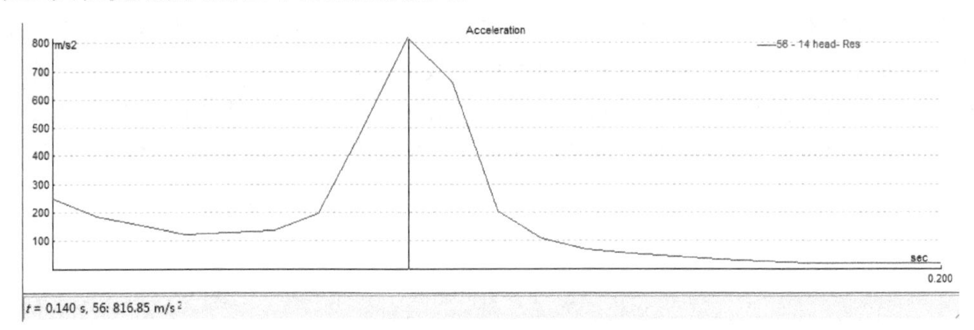

图 4-60 局部放大后的人体头部加速度曲线

从图 4-60 可以看出，真正最大的加速度值虽然确实出现在 0.14s 处，但最大值不是 796.73m/s^2，而是 816.85m/s^2。这就说明，在读取具体的数值时，我们应当把需要读取数值所在的区域进行局部放大，以此来进行准确的读数，降低人为误差。

步骤 4：HIC 的计算。Pc-Crash 不直接提供 HIC 值，但读者可以根据 HIC 的计算公式运用 Matlab 编程进行计算。在步骤 3 中选择头部加速度值（不缩放）后，选择 Diagrams-Export Diagram，注意时间步长一定要选择 0.001s。右键用 Excel 打开保存的 dia 文件，则会发现有两列，第一列为时间，第二列为加速度。然后根据如下公式

$$\mathrm{HIC}=(t_2-t_1)\left[\frac{1}{t_2-t_1}\int_{t_1}^{t_2}a\mathrm{d}t\right]^{2.5}$$

计算出人体头部的 HIC 值。其中，t_2-t_1 为时间间隔，取 15ms 时间间隔时，获得的结果为 HIC15，取 36ms 时获得的结果为 HIC36。a 为头部重心加速度，以重力加速度 g 的倍数表示。该案例中，计算所得的 HIC15 为 495.8。

4.9 小结

本章主要对基于 Pc-Crash 的事故再现技术进行了详细的介绍。首先从 Pc-Crash 事故再现的基本流程入手，明确事故再现基本流程主要由事故现场重建、事故参与者建模、碰撞仿真及结果分析与验证四部分组成，使读者对基于 Pc-Crash 的事故再现流程有一个初步的认识。随后就再现流程的各组成部分展开分析，详细介绍各部分的操作步骤并辅以相应的操作实例。其中对于事故现场重建，本章主要介绍了三种常用的方法，分别为拖入图片法、基于 Edit DXF Drawing 的二维现场图绘制法和基于 3D Road Object 的三维现场图绘制法。紧接着介绍各事故参与者建模，此部分作者依据事故参与者的类别，从事故车辆、行人 / 两轮车及其他事故参与者三个方面来详细地阐述建模过程。在此之后便是碰撞仿真过程的介绍，作者首先对 Pc-Crash 中车辆的控制方法进行说明，其次依据我国常见的交通事故类型，从车 - 车碰撞、车 - 车外多刚体碰撞（车 - 人、车 - 两轮车，由于二者仿真操作过程差异不大，此部分仅介绍车 - 人碰撞仿真过

程）两个方面阐述仿真过程。为使仿真过程更为完整，还对碰撞前各事故参与方的运动仿真过程进行了简要的介绍。最后的结果分析与验证部分，作者先对人体各主要部位的损伤指标及耐受极限进行介绍，随后通过实例向读者展示如何获取仿真中的运动学响应及损伤参数（人体抛距、HIC、碰撞力等）。

作者希望通过本章的内容能使读者切实地掌握基于 Pc-Crash 的事故再现技术，能自主完成实现简单事故过程的仿真。然而作为一款强大的事故再现软件，Pc-Crash 所具有的功能绝不仅限于本章所展示的内容（如本书第 7 章中展示了运用 Pc-Crash 实现车辆侧滑碰撞事故及多形态耦合碰撞的分步再现），本章仅作为入门教程供初学者参考学习。而关于 Pc-Crash 软件更多的功能则需要读者在掌握其基本操作的基础上更深入地进行研究、挖掘。

第5章 Chapter 5 基于MADYMO的事故再现技术

5.1 MADYMO简介

5.1.1 MADYMO软件特点

MADYMO（MAthematical DYnamic MOdel）是一款专业实用的多刚体动力学分析软件，是模拟物理系统动力学响应的计算程序，最初在1975年由荷兰的公路汽车研究学会（TNO）完成，目前已发展到7.5版。软件包含求解器、假人模型库、前后处理等工具，重点应用在车辆碰撞和乘员损伤分析，适用于研究汽车碰撞过程中乘员的响应，评价各种约束系统设计参数的影响，如座椅、安全带和安全气囊；也广泛用于分析其他交通工具的碰撞，如火车、飞机、摩托车、自行车。目前，MADYMO已被广泛应用于工业工程领域、设计部门、研究所和高校，其可靠性已经得到大量试验的证实。

MADYMO中还提供了对安全带和安全气囊等子系统的模拟。其工具软件可以进行气囊的折叠，以及气囊充气罐的试验分析。在MADYMO较新版本的气囊模块中，提供了Gasflow计算模式，使得气囊展开模拟过程更加接近实际，在乘员离位状态的展开模拟中具有重要的意义。

MADYMO具有如下特点。

（1）MADYMO具有灵活、高效的求解器

MADYMO完美地融合多体MB和有限元FE建模方法，满足不同开发阶段的建模需求，并通过SMP/MPP并行算法提高计算效率。在总布置阶段，利用简单总布置参数即可建立MADYMO多体MB约束系统模型，快速筛选出最优设计方案，为造型、总布置和安全系统配置等原则性开发方案提供科学的设计指导，避免重大的设计缺陷。在工程设计阶段，随着整车数模的不断细化，可以利用MADYMO有限元FE约束系统模型，提高预测精度，为约束系统工程设计决策提供建议。在试验验证阶段，MADYMO高效率求解器可以满足约束系统DOE优化的需求，深入分析零部件关键设计参数的容差范围，确保系统的稳健性。

MADYMO带有第三方软件耦合计算Coupling功能，可以与Ls-Dyna、Pam-Crash等经典车辆有限元分析软件进行耦合计算，为整车安全开发过程车体结构与约束系统匹配提供计算平

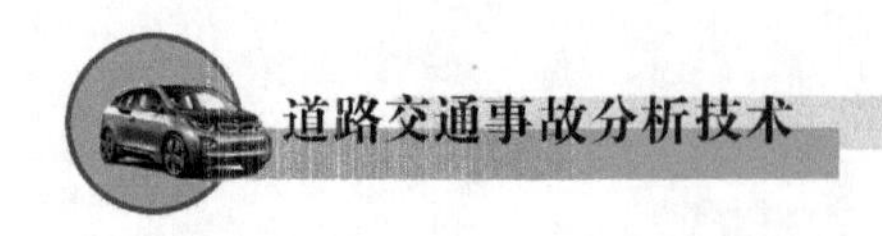

台；还可以为交通事故再现模拟过程提供人体损伤分析平台。

（2）MADYMO 包含全套高质量的假人模型

MADYMO 自带全套高质量的假人模型库，可用于各种碰撞载荷工况。例如：适用于 C-NCAP/E-NCAP 正面碰撞开发的 Hybrid Ⅲ 50% 假人；侧面碰撞开发所需的 ES-2 假人；行人保护 Headform 和 Legform 冲击锤；针对 US-NCAP 开发，MADYMO 提供 Hybrid Ⅲ 5% 和 SID-IIs 等模型。MADYMO 假人模型不仅满足基本的假人标定工况，更经过 TASS 各种真实碰撞载荷工况的标定，精度和数值稳定性高。

MADYMO 假人模型的组件、总成和全系统已使用丰富的测试数据库进行了验证。其验证级别和范围在质量报告中有全面的记录，其中还使用客观的评分标准对模型反应和假人物理反应进行了对比。MADYMO 的假人模型可与所有碰撞代码配合使用，这是 MADYMO 耦合计算的基本保障。

（3）MADYMO 具有完备的前后处理和 NCAP 评价工具

MADYMO 的前处理工具 XMADgic 支持 MADYMO XML 单元的编辑，可以图形化假人，并进行定位操作，还带有专业的安全带自动生成和定位工具。MADYMO 的后处理工具 MAD-Post，支持查看 KN3、HDF5、D3PLOT 和 AVI 格式的动画，支持查看 ISOMME 格式文件，方便对比仿真与试验曲线，还支持所有标准伤害值的计算。MADYMO 的 NCAP 评价工具 Protocol Rating，支持针对 C-NCAP、E-NCAP（2012）、US-NCAP 等法规工况中的假人得分计算和碰撞星级评价，还支持 Hybrid Ⅲ、ES-2 等假人的伤害指标和局部损伤风险曲线的查看。

5.1.2 MADYMO 界面操作简介

MADYMO 自带 9 个模块，分别为。其中为建模计算模块，可以打开和创建 .xml 格式的文件，常规的建模和计算均通过修改模块完成。为结果观察模块，可以读取结果文件（动画、曲线、伤害值等）。为假人伤害评价模块，可以计算假人伤害指标及各法规的评价得分（NCAP/ 法规标准 & 自定义标准）。为耦合计算模块，可以支持 MADYMO 和 Ls-Dyna 的耦合计算功能。为模型批处理模块，适用于对 MADYMO 熟悉度较高的技术人员，可以通过快速命令实现模型批处理的快速建模和求解。为模型转换模块，为评价结果对比模块，为许可证检测，这些模块在常规建模过程中应用较少，不作详细介绍。

MADYMO 建模计算模块的界面如图 5-1 所示，主要包含菜单栏、命令栏、操作窗口、求解过程显示窗口、模型可视化窗口、输入曲线可视化窗口、模型基本单元的单元调用窗口、模型基本单元的可调属性窗口几个部分。在命令栏中，单击打开模型可视化窗口，单击模型开始计算，单击检查操作窗口中是否有语句错误。模型可视化窗口中的几项用来调节窗口的显示坐标，用来测量模型上两点之间的距离和角度，用来显示和隐藏选中的体，显示体的轮廓、半透明和不透明状态。

MADYMO 结果观察模块的界面如图 5-2 所示，包括菜单栏、命令栏、打开文件显示区域、计算结果包括动图和数据线等的可视化窗口，以及结果显示调节区域几部分。在命令栏中单击可以调节结果可视化窗口的个数。在结果显示调节可以调节动画播放的快慢。

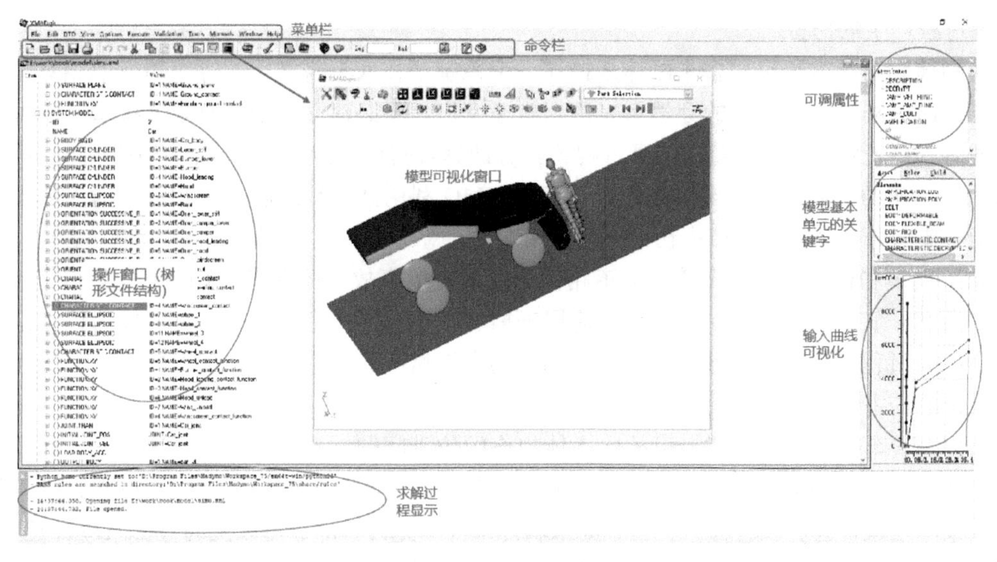

图 5-1　MADYMO 建模计算模块的界面

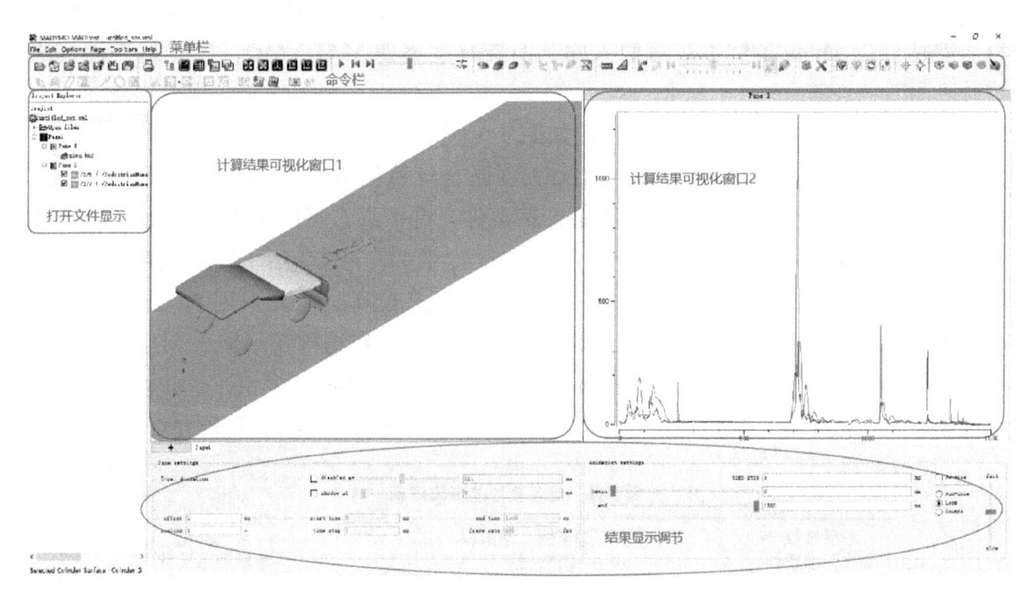

图 5-2　MADYMO 结果观察模块的界面

5.1.3　MADYMO 在事故再现中的应用

在交通事故中，道路交通参与者主要包括车辆、行人、两轮车等。采用 Pc-Crash 可以模拟交通参与者在事故发生时的碰撞位置和速度、在碰撞过程中的运动轨迹，以及碰撞后的最终位置等，但是无法获得碰撞过程中车辆的变形和人体的损伤。如果需要复现碰撞车辆的变形，可以采用有限元建模和分析软件建立详细的汽车有限元模型，模拟车辆在碰撞过程中发生的大变形，但是计算需要耗费大量的时间和资源，必要时不得不采用大规模的并行计算方法以提高仿真效率。如果需要复现人体在事故中的伤害情况，尤其是车辆与行人和两轮车等弱势道路使用者相撞，车辆变形相对较小，但是人体损伤严重，此时可以采用多刚体构建车辆模型，模拟人体碰撞过程产生的伤害。

多刚体动力学方法采用多个刚体来描述一个系统，在人车碰撞事故等车辆变形相对较小的情况下，通过刚体之间一定的穿透量来模拟碰撞变形而不必建立详细的有限元模型，既可达到较好的仿真再现效果，同时整个仿真过程还具有计算时间短、仿真效率高、结果易修正等优点，能够达到快速的交通事故再现研究作用。MADYMO 利用其丰富的假人库和强大的人体损伤分析功能，成了分析事故中人体损伤情况的常用软件。

除了汽车和行人、两轮车等弱势道路使用者的碰撞事故，还有车 - 车碰撞及单车碰撞类事故，包括车 - 车正面碰撞、侧面碰撞、追尾碰撞、车 - 护栏碰撞等，这一类事故的特点是车身结构在碰撞过程中发生非线性大变形，且结构的变形情况直接影响碰撞能量的吸收，进而影响车内乘员的伤害情况。

针对车 - 车碰撞或单车碰撞事故中人体损伤的仿真问题，一般有两种解决办法。在软件条件允许的前提下，可以直接利用 Pam-Crash 碰撞有限元分析软件或者 Ls-Dyna 有限元计算软件进行详细的建模计算，获得假人伤害；如果软件条件不允许，那么可以先通过 Ls-Dyna 建立车 - 车碰撞的有限元模型，再将车辆的加速度场和结构变形作为输入条件，利用 MADYMO 乘员约束系统模型进行假人伤害计算。第一种方法的软件成本和计算成本较高，比较适用于企业工程师和科研院所。Ls-Dyna 虽然也带有假人库，但普及度不如 MADYMO，因此第二种方法比较受高校科研团队的青睐。

利用 MADYMO 进行事故重建的原理如图 5-3 所示。针对车辆与弱势道路使用者的碰撞事故重建问题，可以采用 Pc-Crash 与 MADYMO 联合计算的方式模拟人体在事故中的伤害情况。针对车 - 车碰撞事故的重建问题，如果计算条件允许，那么可以采用 Pc-Crash 与 Ls-Dyna、Pam-Crash 等有限元分析软件进行计算，但是需要详细的车辆信息，包括车辆的三维模型和材料特性等。如果计算条件不允许，当对模拟精度要求较高时需要采用 Pc-Crash/Ls-Dyna 和 MADYMO 联合计算，将有限元计算得到的车辆碰撞加速度和结构变形带入 MADYMO 计算假人伤害。当对模拟精度要求低时，直接采用 MADYMO 的多体模型模拟车 - 车碰撞的动力学响应，但由于忽略了结构在碰撞过程的变形，所以最终计算结果与实际偏差较大。

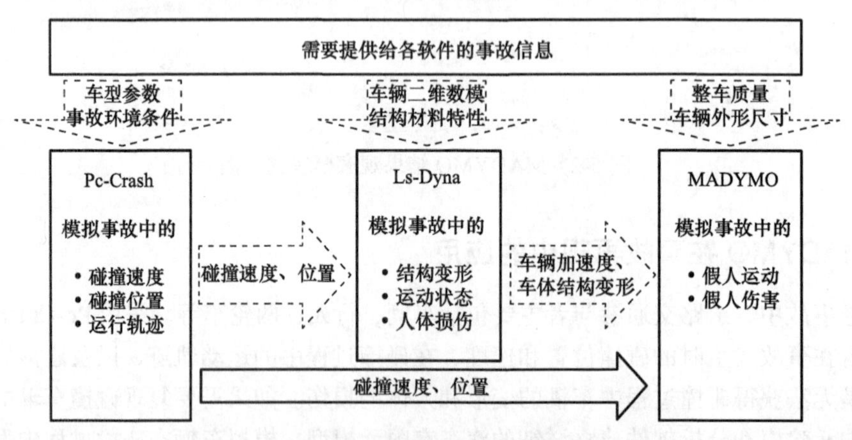

图 5-3　利用 MADYMO 进行事故重建的原理

本书介绍的基于 MADYMO 的事故再现技术主要应用在车辆与弱势道路交通使用者间的碰撞事故，而对于其他类型事故运用到的 MADYMO 重建技术，读者可自行搜索相关的文献了解。

利用 MDYMO 进行事故再现应该遵循一定的仿真流程。在交通事故仿真之前，需要了解事故发生的基本情况，例如车辆碰撞速度、碰撞角度和交通事故参与者的初始状态等，然后构建交通参与者模型并进行模拟计算，进而分析事故中人体的伤害情况。利用 MADYMO 进行事故分析的基本流程可以概括如下。

1）事故车辆建模，包括事故中的汽车和两轮车、滑板等，对于模拟车内乘员伤害情况的事故重建问题，还需要构建约束系统的有限元和多体模型。

2）调用相应的假人模型并按照碰撞前的姿态摆放。

3）设置模型表面之间的接触特性。

4）设置模型计算的控制单元和输出信息。

5）设置车辆的碰撞速度、加速度等信息。

6）仿真计算。

7）观察假人伤害情况，并与真实事故人体损伤情况对标。

5.2 MADYMO 理论基础

5.2.1 多体系统

1. 参考空间和系统结构

一个 MADYMO 计算文件由一个或多个系统模型和一个参考空间组成。在进行 MADYMO 建模时，需要先定义参考空间 SYSTEM.REF_SPACE 确定模型放置的环境，并在系统模型 SYSTEM.MODEL 中进行多体系统的建模。所有系统的运动都相对于参考空间坐标系（X，Y，Z），坐标系的原点和方向可以任意选择，通常默认选择 Z 轴正方向朝上，与重力场的方向相反。平面、椭球、约束以及有限元节点都可以依附在参考空间上。

由多个体组成的系统称为多体系统，系统中的体与体之间可以通过运动铰进行连接。多体系统可以分为树状多体系统和闭环系统。树状多体系统是指从任意的一个体 i 到任意另一个体 j 之间的路径是唯一的多体系统，如图 5-4 所示，所行路线称为体 i 到体 j 的路径。闭环系统是指从任意的一个体 i 到任意另一个体 j 之间存在另一条路径，则这两个路径之间的体形成了闭环，在 MADYMO 中可通过去掉适当的铰把闭环转变成一个树状结构，被取消的铰可看成“封闭”铰，如图 5-5 所示。

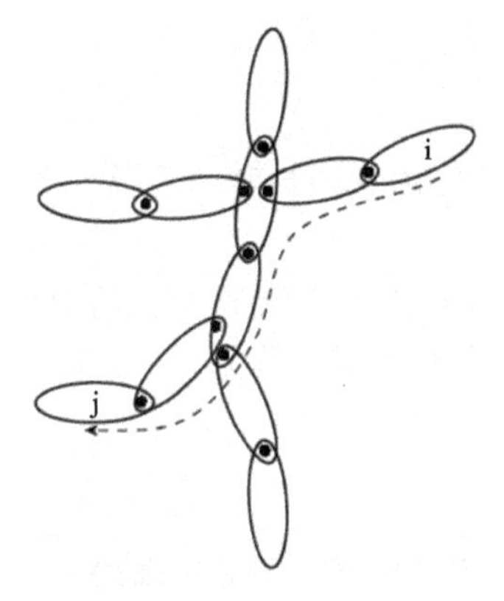

图 5-4　树状结构

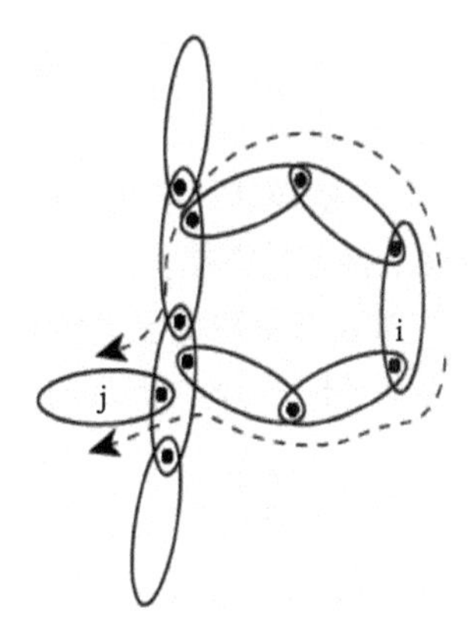

图 5-5　闭环系统

一个多体系统的相互连接关系取决于运动铰的定义。运动铰的定义包括铰所连接的两个体、铰的位置和方向。其中，第一个体称为父体，第二个体称为子体。运动铰还可以把体与参考空间链接，参考空间只能作为铰的父体。在多体系统和参考空间之间必须至少有一个运动铰连接。每个体至少一次作为子体（不包括参考空间，因为不把它看作一个体）。从建模的角度看，即便某个体并不必须是任何体的子体，也必须在这个体与另一个体或者参考空间之间添加一个铰以使其作为子体。

定义体的顺序时必须小心，一个体最好只作为一次子体，以保证系统的树状结构。当一个体作为子体的次数多于一次时，MADYMO 将把这个多体系统当作闭环系统进行分析，这将比等效树状结构系统分析更耗时。在 MADYMO 软件中定义一个多体系统主要包含体、运动铰和初始条件三部分：

① 体（Bodies）：质量、转动惯性特性、质心位置。

② 运动铰（Kinematic Joints）：铰连接的体、铰类型、位置及方向。

③ 初始条件（Initial Conditions）：铰的初始速度、初始状态，以及铰或者体的初始位置等。

2. 体的定义

体是由刚体（BODY.RIGID）和体的表面（SURFACE.xx）组成的。在 SYSTEM.MODEL 中，BODY.RIGID 定义了一个独一无二的刚体所需的信息，包括质量（MASS）、质心坐标（CENTRE_OF_GRAVITY）、体的惯性矩和惯性积（INERTIA），以及惯性坐标系的参考方向（ORIENT_INERTIA）。体的质心坐标必须在其局部坐标系下定义，并根据需要选取局部坐标系的原点和坐标方向。刚体的惯性矩和惯性积是相对于惯性坐标系的，惯性坐标系的原点与质心重合，方向可以根据需要定义，默认惯性坐标系方向与局部坐标系平行。

SURFACE.xx 定义了表面类型、位置、方向、形状、大小、接触特性及其所依附的刚体。表面类型包括平面（SURFACE.PLANE）、超椭球（SURFACE.ELLIPSOID）和超椭圆柱（SURFACE.CYLINDER）等，每个表面都可以附在任一系统的任一刚体上，也可以多个表面依附一个刚体，通过表面之间相互组合来代表刚体的表面，以设定不同的面之间的相互接触作用。

通过对各类表面参数的设置可以调节表面的形状、大小、位置和方向等信息。平面的大小和位置通过三个点的坐标确定，其中第 1、2 点是长方形一边的顶点，第 3 点位于长方形另一条边上。平面外法线方向决定了材料侧，平面外法线方向用右手螺旋来确定。

超椭球的表面参数设置根据所附着体的局部坐标系来定义。超椭球的方程为

$$\left(\frac{x}{a}\right)^n+\left(\frac{y}{b}\right)^n+\left(\frac{z}{c}\right)^n=1 \tag{5-1}$$

式中，a、b、c 为超椭球的半轴，n 为幂。当 n 等于 2 时，体的表面是椭球，当 n 逐渐增大时，体的表面也逐渐接近长方体。

超椭圆柱的表面参数设置参考超椭球。将局部坐标系的 x 轴作为超椭圆柱的中心轴，那么超椭圆柱与局部坐标系 yz 面平行的截面是超椭圆。超椭圆柱的截面方程为

$$\left(\frac{y}{b}\right)^n+\left(\frac{z}{c}\right)^n=1 \tag{5-2}$$

式中，b、c 为超椭圆的半轴，n 为幂。当 n 等于 2 时，截面是椭圆，当 n 逐渐增大时，截面也逐渐接近长方形。

3. 运动铰的定义

运动铰可限制所连接的两个体的相对运动，根据其对两个体相对运动的约束方式可对运动铰进行分类。铰所允许的相对运动使用自由度数描述，具体的自由度数目取决于铰的类型。在 MADYMO 软件中，常用的铰有固定铰（JOINT.BRAC）、自由铰（JOINT.FREE）、球铰（JOINT.SPHE）、滑移铰（移动铰，JOINT.TRAN）、转动铰（JOINT.REVO）、转动移动组合铰（JOINT.REVO_TRAN）、圆柱铰（JOINT.CYLI）、平面铰（JOINT.PLAN）及万向铰（JOINT.UNIV）等。

一个运动铰由铰接类型和铰坐标系（ξ_i，η_i，ζ_i）和（ξ_j，η_j，ζ_j）来定义，铰坐标系分别固定于铰所连接的两个体上（图 5-6）。铰坐标系的相对运动由铰的类型决定，并且初始条件确定了铰坐标系的相对位置和方向。铰坐标系原点的选取应尽可能使相对运动的数学表达简单，如球铰的原点选在体的连接中心，相对平移矢量等于 0。用同样方法可选取铰坐标系的方向，例如将转动铰的铰坐标系的 ξ 轴与其转动轴重合。

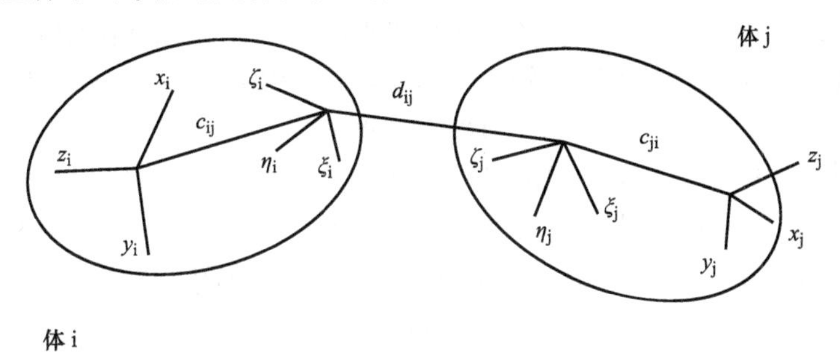

图 5-6　体 i 和体 j 的铰接坐标系

默认初始条件使得每个铰的坐标系一致。系统中，体的初始运动状态由铰的位置和速度自由度的初始值来定义，这样也定义了铰坐标系的初始相对运动。铰的位置和速度自由度的初始值分别在 INITIAL.JOINT_POS 和 INITIAL.JOINT_VEL 两个单元中设定。铰加速度自由度可在 MOTION.JOINT_ACC 中由许多离散时间点组成的曲线设定。铰坐标系相对于未变形体的局部坐标系的方向可在 ORIENTATION.SUCCESSIVE_ROT 中定义，当没有定义方向时，铰坐标系将默认为与局部坐标系平行。

一个运动铰只能连接两个体，不允许连接三个体，如图 5-7 所示。但是，类似的情况可以用两个铰进行处理，比如一个铰连接体 1 和体 2，而另一个铰连接体 1 和体 3，两个铰在体 1 上位置相同。

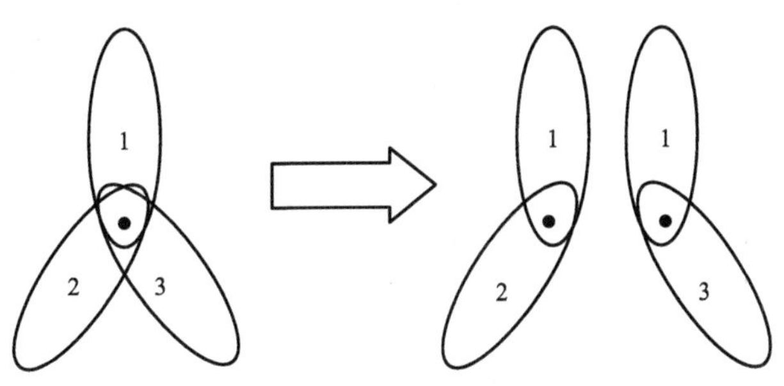

图 5-7　一点处三个体的连接处理

铰的状态可以在自由与锁定之间变化，这通过 STATE.JOINT 与 SWITCH.TIME 或者

SWITCH.SENSOR 的组合定义。铰在锁定状态下，其位置不变，但是不发生运动，铰的速度和加速度都为零，相当于固定铰。铰在自由状态下可以按照铰的类型和初始条件的设定运动，如果不特别设置，则默认铰处于自由状态。STATE.JOINT 与 SWITCH.TIME 的组合是将时间作为铰的状态切换的出发条件，即在 MADYMO 计算到设定的时间时，铰的状态切换。而 SWITCH.SENSOR 是与设定的传感器关联，通过传感器测得的信号判断铰的状态是否达到切换条件。SENSOR.JOINT 是设置铰的位置、速度、加速度自由度传感器。为了模拟体的断裂，可用两个体代替断裂产生的体，通过 STATE.JOINT_REMOVE 定义铰的失效，产生一个自由铰代替先前的铰接，同时得到两个互不相连的体。

5.2.2 约束

在 MADYMO 中，约束用来限制体与体或者与参考空间在系统中的相对运动。定义约束时需要选择其所依附的铰，即体与体或者参考空间之间通过铰连接，铰的运动特性受到约束的限制。常用的约束类型包括开尔文（Kelvin）约束（RESTRAINT.KELVIN）、麦克斯韦（Maxwell）约束（RESTRAINT.MAXWELL）、点约束（RESTRAINT.POINT）、铰约束（RESTRAINT.JOINT）、卡尔丹（Cardan）约束（RESTRAINT.CARDAN）和弯扭约束（RESTRAINT.FLEX_TORS）等。

Kelvin 约束可由一个弹簧并联一个阻尼模拟（图 5-8a），约束力由弹簧阻尼并联产生。Kelvin 约束没有弯曲和扭转刚度，可看成无质量的单轴单元，其两端点可与任意两物体上的任意点相连，并且所连接物体可属于同一系统，也可属于不同的系统。Kelvin 约束也可与参考空间相连，弹簧力和阻尼力通过其连接点作用于物体上。

Maxwell 约束的作用力可由弹簧和阻尼串联产生的力计算得到，如图 5-8b 所示。Maxwell 约束不考虑弯曲或扭转刚度，可看成一个无质量的单轴单元，其两端点可与任意两物体上的任意点相连，并且所连接物体可属于同一系统，也可属于不同的系统。Maxwell 约束也可与参考空间相连，弹簧力和阻尼力通过其连接点作用于物体上。

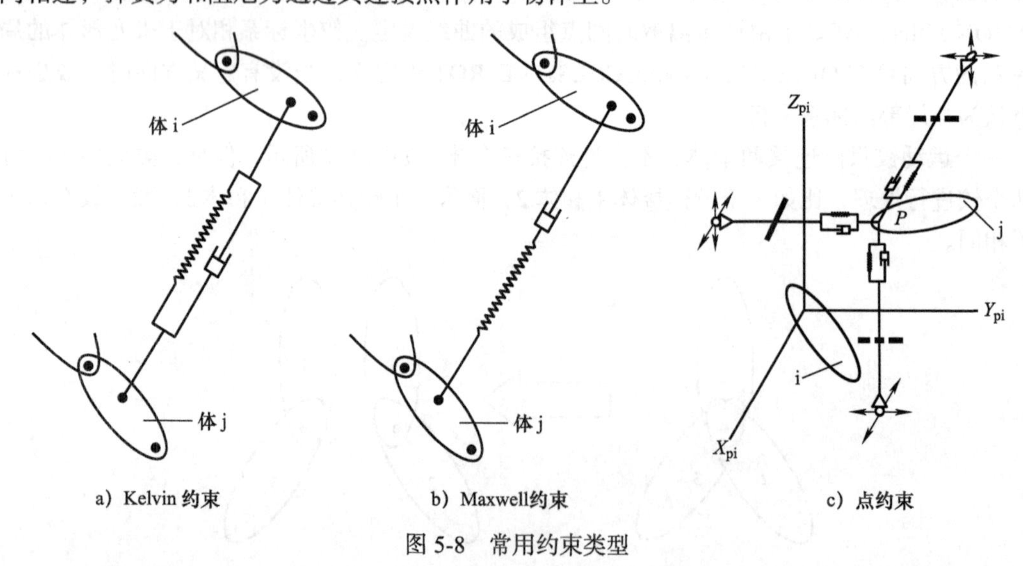

图 5-8　常用约束类型

Kelvin 约束和 Maxwell 约束是在一维坐标上设置约束，点约束可以在三维坐标上设置约束。点约束可计算连接于物体 j 上的固定点 P 处的弹性力或阻尼力，弹性力或阻尼力为其在点约束坐标系中相对位置的函数，同时可计算得到在物体 i 上的反作用力，如图 5-8c 所示。点约束由三个常阻尼系数且分别平行于点约束坐标系的坐标轴的正交 Kelvin 约束组成。Kelvin 约束一端连接点 P，另一端连接到平行于点约束坐标系的三个正交平面内的滑动铰接点，点约束坐标系可任意置于物体 i 或参考空间上。在汽车碰撞过程中，吸能式转向管柱的作用就是采用点约束设置的。

Kelvin 约束、Maxwell 约束和点约束均是通过弹簧阻尼系统定义约束的，而铰约束是通过运动铰连接的两个体的相对位移与载荷函数来定义约束的。铰约束使运动铰按照设定的位移 - 载荷曲线运动，也可以称为给运动铰设刚度。大多数类型的运动铰都有一个相应的铰约束，它们产生的弹性、阻尼以及摩擦力载荷由其所处的相对运动决定。除了球铰和自由铰之外，所有运动铰的约束载荷都是铰自由度的函数。载荷可为力或转矩，这取决于铰自由度为相对移动还是扭转。球铰和自由铰的约束需进行不同的处理，因为用来定义其相对方向的铰自由度（欧拉参数）不是与弹性、阻尼和摩擦力矩相关的量。针对球铰和自由铰，可用转动角来定义铰坐标系的相对方向。

Cardan 和弯扭约束可以通过铰连接的两个体之间相对坐标的旋转角度与弯矩 / 转矩的函数关系约束铰在某个方向的转动。可在连接的两个体上施加相反的转矩，转矩大小取决于用来定义约束坐标系相对方向的角度。

5.2.3 接触

接触作用可定义为一个主接触面（MASTER_SURFACE）与另一个从接触面（SLAVE_SURFACE）的相互作用。平面、（超）椭球体、（超）椭圆柱体以及有限元模型都可用于这些接触定义中。只有用户定义两个面的接触，才会计算这两个面之间可能的接触。在定义接触时，通常选择整体刚度大的体作为主面，相对刚度较小的体作为从面，例如，在人和车碰撞过程中，将车的表面设为主面，人体的表面设为从面。

MADYMO 中有两种接触模型：弹性（Elastic）和运动学（Kinematic）接触模型。弹性接触模型可用于所有可能的接触，并且接触面可相互穿透，相应的弹性接触力依赖于穿透量。依赖关系表现为“力 - 穿透”（Force-Penetration）特性、“应力 - 穿透”（Stress-Penetration）特性或者为一个惩罚因子（Penalty Factor）。运动学接触模型不允许接触面相互穿透，因此只能用于有限元模型的节点与椭球体、柱体及平面之间的接触，其接触力基于节点与接触面之间的非弹性碰撞。

CONTACT.MB_MB 定义多体与多体之间的接触特性，其中主接触面可以为平面、圆柱体和椭圆体，从接触面主要为椭圆体。CONTACT.MB_EF 定义多体表面（主接触面）与有限元表面（从接触面）的接触。CONTACT.FE_FE 定义有限元表面之间的接触。在设置表面间的接触时，需要先将多个表面组成群组 GROUP_MB（多体表面群组）或 GROUP_EF（有限元表面群组），作为接触的主、从面。

主面与从面之间的接触特性可以通过定义摩擦系数（FRIC_COEF）、接触阻尼系数（DAMP_COEF）和阻尼放大因子（DAMP_AMP_FUNC）等进行模拟。在这些接触定义中，从接触面为椭球，主接触面为平面、柱体和椭球，并且只能使用弹性接触模型。接触合力为一个点力，由弹力、阻尼力和摩擦力三部分组成，其中弹力取决于接触面的穿透量，阻尼力和摩擦力取决于接触面的相对速度。

穿透量（图 5-9 中的 λ）是指接触面与平行于接触面且在穿透侧与椭球相切的面之间的距

离，即两个接触面相切面之间的距离。图 5-9a 中是平面与椭球接触时穿透量的计算方式，P_1 是椭球上的切点，即椭球上的接触点；P_2 是 P_1 在接触面上的投影，即接触面上的接触点，椭球上的弹性力 F_e 垂直于接触面向内，等效作用于 P 点，同时接触面上会产生相反方向的反力。在平面与椭球接触时，边界接触区域在给定的平面边界往内外各延伸一个厚度作为边界接触区域。如果接触点位于边界接触区域以内，接触力要乘以一个修正因子。当平面上接触点位于边界接触区域以外时，接触力为 0。此外，在定义接触时需要设置初始穿透修正 INITIAL_TYPE，选择 CORRECT 修正，表示初始穿透从实际穿透中减去，即没有初始穿透力。如果不对接触面的初始穿透量进行修正，那么 MADYMO 在计算过程中很容易报错。

图 5-9b 中是椭球与椭球的接触，MADYMO 通过迭代的方式寻找两个椭球穿透部分相切的平面之间距离最小的一组距离为穿透量 λ。接触弹力垂直于切平面，接触力的作用点 P。图 5-9c 中是柱体与椭球的接触，两个体的切平面与轴线平行，切平面间的距离为穿透量 λ。如果一个椭球体穿透一个平面、柱体或者另一个椭球体，那么就会产生与（切）平面垂直的弹性接触力 F_e。弹性接触力的大小取决于穿透量和力 - 穿透特性，可以通过 CHARACTERISTIC.CONTACT 定义加载（LOAD_FUNC）和卸载（UNLOAD_FUNC）曲线模拟穿透量 - 接触力的关系，具体曲线的数据通过 FUNCTION.XY 的方式来定义。

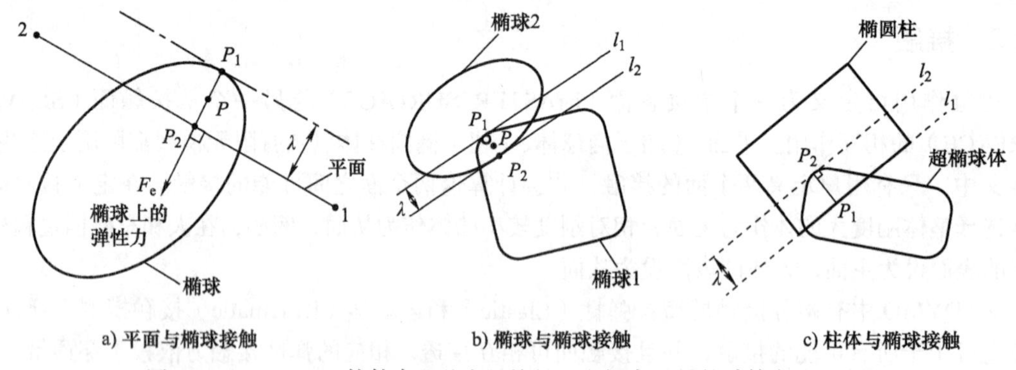

图 5-9　MADYMO 软件中几种常见接触面之间穿透量的计算方式示意图

在计算表面之间接触力的相互作用特性时需要设置 CONTACT_FORCE.CHAR，其中需要定义接触特性和作用点（CONTACT_TYPE）。如果是 CONTACT_TYPE=MASTER 主接触面特性，那么认为从接触面刚度无限大，代表接触点在从接触面上，主接触面发生变形。如果是 CONTACT_TYPE=SLAVE 从接触面特性，那么认为主接触面特性无限大，代表接触点在主接触面上，从接触面发生变形。如果是 CONTACT_TYPE=COMBINED 组合接触特性，那么代表接触点在主面和从面之间，两个面均发生变形。如果是在有限元与多体表面的接触特性 CONTACT.FE_MB 中，MB 只能作为 MASTER_SURFACE，而 FE 只能是 SLAVE_SURFACE。

5.2.4 迟滞模型

迟滞现象（Hysteresis）主要是指物理系统的状态，不仅与当下系统的输入有关，还与过去输入历程有关，即系统的状态取决于其本身的历史状态的一种性质。在 MADYMO 软件中，迟滞现象是指力学特性的变化同体与体之间的穿透量变化过程或者有限元的变形过程有关。对于铰、弹簧、接触、安全带以及约束的能量耗散，用迟滞特性来描述。

具有迟滞现象的系统是非线性的，通常很难被转换为一个数学模型，通常通过定义迟滞模型的类型（CONTACT_MODEL）、加载（LOAD_FUNC）、卸载曲线（UNLOAD_FUNC）、迟滞阻尼载荷 - 穿透量关系（DAMP_VEL_FUNC）、迟滞斜率的应力 - 应变关系（HYS_SLOPE）以及迟滞弹性极限（ELAS_LIMIT）等参数模拟迟滞现象。如果泊松比为零，代表不考虑材料的横向变形，则无须给定迟滞参数。用户必须给定最大斜率用于计算积分稳定的时间步长，选择较小的迟滞斜率，通常可以节省大量的计算时间。

MADYMO 软件自带三种类型的迟滞模型，如图 5-10 ~ 图 5-12 所示，其中迟滞模型 1 的加载和卸载曲线必须过原点，而迟滞模型 2 的加载、卸载曲线可以不过原点，但是两个模型的参数定义是相似的。在迟滞模型 1 和 2 中均包含迟滞斜率 *sl* 和弹性极限 *xe* 两个参数，在迟滞模型 2 中还包含最大变形 x_{max}。在迟滞模型 3 中，没有迟滞斜率，在卸载过程中按照过原点的卸载曲线平移到加载位置时的曲线完成卸载。在进行迟滞参数设置时需要注意，加载曲线 y_l（x）的末端斜率应小于迟滞斜率 *sl*，否则卸载过程将首先沿着加载曲线而不是沿着迟滞斜率进行，进而导致计算错误。如果使用迟滞模型 1 和 2 时加载和卸载曲线不能相交（除原点之外），那么计算过程会报错。

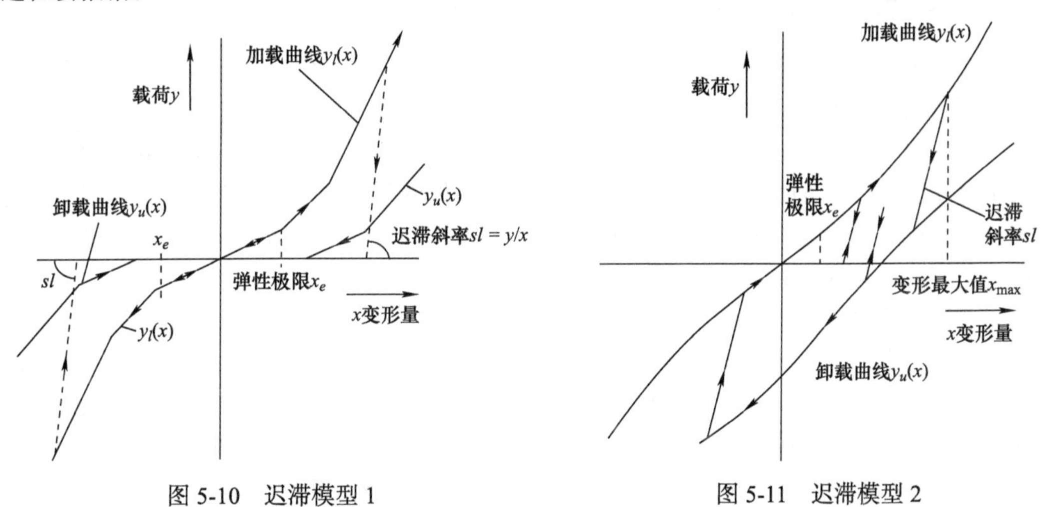

图 5-10　迟滞模型 1　　图 5-11　迟滞模型 2

图 5-12　迟滞模型 3

迟滞模型之间的主要不同点是加载和卸载特性以及重新加载的部分。

1）所有模型中，加载曲线必须经过原点。

2）对于迟滞模型 1 和 2，加载曲线仅定义在第一和第三象限，因此只能用于模型被动元素。

3）对于迟滞模型 3，加载曲线可定义在第二和第四象限，因此可以用于模型主动元素。

4）对于迟滞模型 1 和 3，卸载曲线必须经过原点，但是对迟滞模型 2 没有这样的要求。

5）迟滞模型 1 和 2 定义的是一个固定的迟滞斜率，而迟滞模型 3 的卸载曲线可进行平移和缩放，并没有使用迟滞斜率。

6）迟滞模型 1 和 3 的重新加载将沿着卸载曲线相反的方向进行，且加载至卸载曲线的起始点（迟滞模型 1）或离开加载曲线上的点，而迟滞模型 2 的重新加载过程将沿迟滞斜率至与加载曲线重合点。在三个迟滞模型中，迟滞模型 1 是最常应用在建模过程中的。

5.3 事故参与者多体系统建模

5.3.1 车辆 - 行人碰撞系统建模

MADYMO 主要用来模拟碰撞事故中的人体损伤。在碰撞过程中，车体结构相对于人体变形较小，可以视作刚体，在建模时基本采用多体系统模拟车辆外形，通过计算车体外形与人体接触时的相互作用力和位移关系获得人体的运动响应和伤害情况。理论上，车辆的多体模型在外形和质量分布上应尽可能模拟原车。但是由于多体系统的刚体特性，在实际建模时不需要构建整车模型，只需构建与人体有交互作用的部分车辆模型即可满足计算需求。整车质量可以通过车辆质心位置的 Rigid body 来定义。

汽车碰撞事故中，根据碰撞方向和碰撞位置的不同可以分为正面碰撞、偏置碰撞、侧面碰撞、后面碰撞等事故类型。针对不同的事故类型，车辆在碰撞过程中与参与交互作用的车体结构是不同的。因此，在建模之前需要先确定事故类型，分析在碰撞过程中与碰撞对象发生接触的车体结构，采用一个多体或者多个多体组合的方式模拟结构的外形。例如，在车辆与行人的正面碰撞过程中，主要是汽车保险杠、发动机舱罩、前风窗玻璃、车顶等车头结构与行人接触，进而发生力的交互作用，那么在车辆建模过程中可以将车头结构用多体建模，将汽车侧围、后部等结构忽略，这样能减少建模过程的时间和精力成本。

体的表面以超椭球和超椭圆柱为主，这是因为相较于平面，这两类表面的穿透量计算方式更稳定。超椭球和超椭圆柱的尺寸、方向、位置等参数需要与铰的参数配合设置，以达到贴近原车表面的目的。需要注意的是，如果车辆的表面形状复杂，那么可以选择将多个超椭球表面附在一个 Rigid body 上来模拟复杂表面的几何形状。例如，汽车转向盘的外缘是环形，在建模时可以利用多个椭球组合成环形表面，如图 5-13 所示。

分析模型中各部分之间的连接关系以构建各体之间的架构，确定体与体之间铰链接的逻辑关系，选择合适类型的铰，设置铰的方向、位置和约束等参数。对于刚体系统来说，可以建立质心的 Rigid body，再利用自由铰将 Rigid body 与参考空间链接，并用多个体的表面模拟刚体系统的表面。这是目前构建车辆模型最简单的思路。

碰撞系统建模的假人部分是从 MADYMO 假人库中调用的，不需要自己建模。MADYMO 假人库中包含车辆正面碰撞假人、侧面碰撞假人、事故用假人等几部分，假人尺寸涵盖了儿童假人、5 百分位、50 百分位和 95 百分位的男 / 女性假人。在调用假人时需要新建一个 SYSTEM.MODEL，在其中采用 INCLUDE 单元调用需要的假人类型，并通过 INITIAL.JOINT_POS、ORIENTATION.SUCCESSIVE_ROT 设置各铰的初始位置和方向来调整假人碰撞前的姿态，通过 INITIAL.JOINT_VEL 设置假人的初始速度。

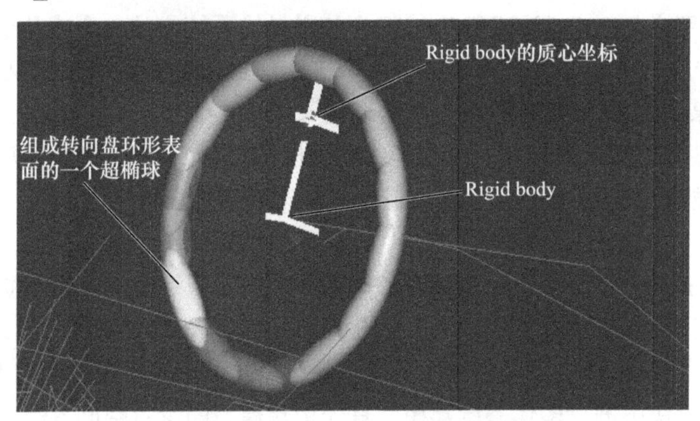

图 5-13　汽车转向盘多体模型

总体来说，车辆 - 行人碰撞系统的建模过程可以概括为以下几个步骤。

1）碰撞系统分析，确定需要构建多体模型的车辆部分，以及各部分之间铰的连接关系，明确系统的建模架构。

2）在 MADYMO 中建立参考空间 SYSTEM.REF.SPACE。SYSTEM.REF.SPACE 内可以建立平面来模拟地面的效果，也可以是空的参考空间（SYSTEM.REF.SPACE 内不定义任何单元），但不可以取消 SYSTEM.REF.SPACE。

3）定义系统的初始 Rigid body 或者刚体系统的质心。设置质心位置、质量、转动惯量和方向（可不设置）几个参数。以参考空间为父体，以质心为子体建立自由铰，铰的位置和方向根据需要进行设定。

4）根据系统的建模架构，利用铰和刚体逐步构建系统模型，并给需要表面的 Rigid body 附上合适的表面。根据建模需要，设置铰和 Rigid body 的位置和方向 ORIENTATION.SUCCESSIVE_ROT。给在碰撞过程中有相对运动需求的两个刚体之间的铰设置响应类型的约束，一般以铰约束 RESTRAINT.JOINT 为主。

5）根据建模需要给车辆表面设置接触特性。如果是多体与多体之间的接触 CONTACT.MB_MB，接触类型选择 FORCE 弹性接触，并设置相应的穿透量 - 弹性力函数 / 曲线 FUNCTION.XY。

6）调用假人。从 MADYMO 假人库中调用站姿假人，并按照需求摆放假人的位置和姿态。用于事故分析模拟碰撞中行人的站姿假人的位置为软件安装路径下的 .xml 文件 madymo_75\share\dbs\human\3d\h_ped05el_inc.xml，文件名中的 05 代表 5 百分位假人，在事故用假人库中还有 50 百分位和 95 百分位的假人。根据建模需要调整假人站姿，并设置初始速度。

7）设置车辆与假人的接触特性。分析假人和车体有可能接触的部分，设置假人与车体的接触特性 CONTACT.MB_MB，一般车体的表面做接触的主面，假人的表面做接触的从面。需要注意的是，不要选择假人和车体各自组成一个 GROUP.MB_MB，再利用一个 CONTACT.MB_MB 定义车体和假人所有接触面的方式设置接触，这样容易报错。在设置接触时，应该根据假人各部位与车体可能接触的部分做局部接触，例如人体头部与发动机舱罩和风窗玻璃设置一个接触、假人胸部与发动机舱罩设置一个接触、假人小腿与保险杠设置一个接触等。

8）设置系统的运动场环境。系统中的所有模型都受到重力的作用，重力可以通过给整个系统或者系统内的所有质点施加沿 *Z* 轴负方向的重力加速度的方式定义。如果是对整个系统施加加速度，则可以定义 LOAD.SYSTEM_ACC；如果是给系统内的一个或几个质点施加加速度，则可以定义 LOAD.BODY_ACC；如果是给某个铰施加加速度，则可以定义 MOTION.JOINT_ACC；如果是对某个铰施加初始速度，则可以定义 INITIAL.JOINT_VEL。通常模拟人 - 车碰撞选择给车辆附初始速度，模拟车 - 两轮车碰撞可以选择任意一方或者两方一起附初始速度，模拟车内乘员在碰撞时的伤害情况选择给连接车辆与参考空间的自由铰附碰撞减速度（碰撞波形）。

【练习 5.1】模拟汽车 - 行人正面碰撞时的车体部分多体系统建模。整车质量为 1 632kg。通过 Pc-Crash 模拟获得事故发生时的车辆速度约为 21km/h，车辆在制动时与地面的摩擦系数取 0.75，行人速度约为 1.58m/s，行人在碰撞时在车辆正前方。具体建模过程如下。

在 XMADgic 模块中进行多体系统建模，首先构建模型的参考空间 SYSTEM.REF_PLANE，如图 5-14 所示，在参考空间中设置一个平面 SURFACE.PLANE 作为地面，在参考空间中定义的平面不需要附在 Rigid body 上。SURFACE.PLANE 通过三个点定义一个平面，在 POINT_1 输入［−20，−2，0］，在 POINT_2 输入［4，−2，0］，在 POINT_3 输入［4，2，0］，获得图 5-14 中的平面（可视化窗口显示 *YX* 面视角）。定义地面的接触特性 CHARACTERISTIC.CONTACT，命名为 Ground_contact，并通过 SURFACE.PLANE 中的 CHAR 单元将接触特性附给平面。CONTACT_MODEL 接触模型选择 FORCE 弹性接触，弹性接触力计算方式参考 LOAD_FUNC 加载函数定义穿透量 - 弹性力的关系曲线，具体曲线采用在 FUNCTION.XY 中 TABLE 内输入 XY 两列数据的方式获得，数据如图 5-14 所示。接触过程中的迟滞模型 HYS_MODEL 的类型选择 1，迟滞斜率 HYS_SLOPE 为 2.0E+6，迟滞弹性极限 ELAS_LIMIT 为 0。设置完成的地面接触特性曲线如图 5-15 所示，加载过程穿透量逐渐增大，弹性载荷按照加载曲线变化（图中的深色线），卸载过程穿透量逐渐减小，弹性载荷按照迟滞斜率变化（图中的浅色线）。

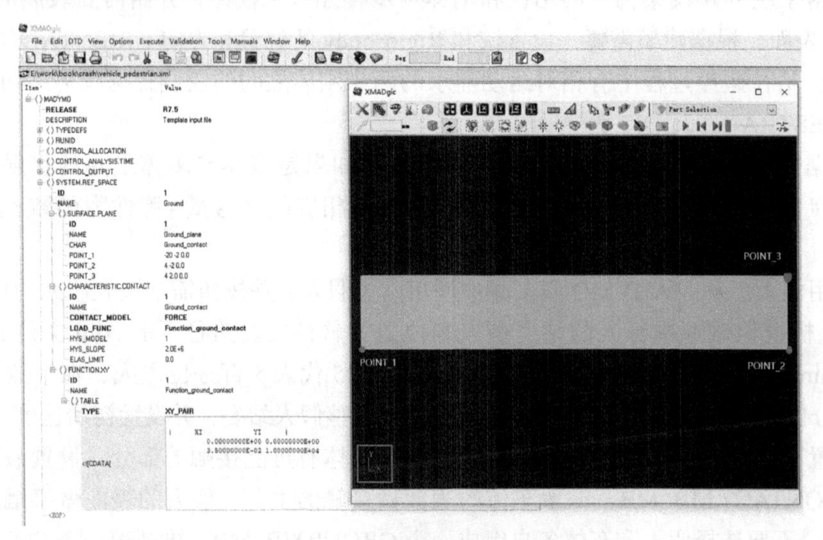

图 5-14　初始空间定义

结合 Pc-Crash 的车辆与行人碰撞的运动轨迹分析，发现在碰撞过程中主要与行人接触的车身结构为保险杠、发动机舱罩、风窗玻璃和车顶几部分。在建模时车辆质心定义为 BODY.RIGID，将车身表面和车轮以表面附给质心，考虑表面形状特点及各表面可能与人体和地面发生的接触，建立模型架构如图 5-16 所示。

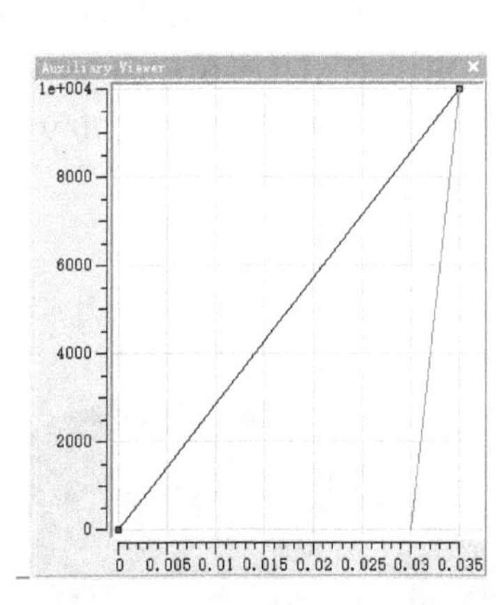

图 5-15 地面接触特性曲线

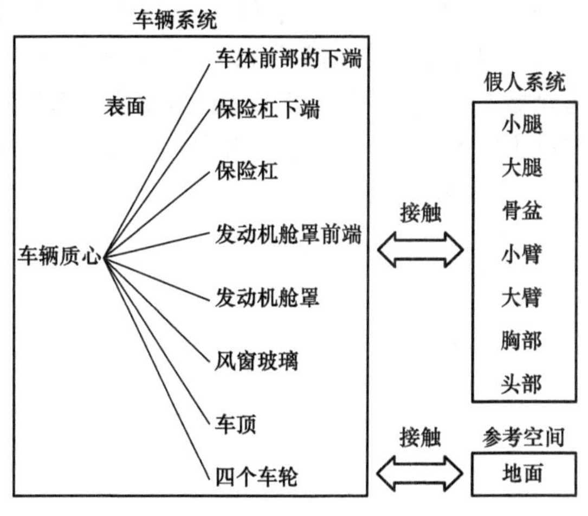

图 5-16 建立模型架构

根据图 5-16 所示的建模架构建立车辆多体系统模型 SYSTEM.MODEL，并命名为 vehicle，车辆的质心、表面、车轮及表面特性的定义均在 SYSYTEM.MODEL 中完成。首先建立车辆质心（BODY.RIGID），在其中设置整车质量（MASS）为 1 632kg。根据车辆的轴距和轴荷计算质心位置，假设汽车为长方体，则可计算得到车辆的惯性特性。车辆在碰撞过程中沿着路面直线减速，假设沿着 x 轴方向为行驶方向，则可以选择移动铰（JOINT.TRAN）连接车辆质心和参考空间，其中参考空间为父体，车辆质心为子体，如图 5-17 所示。铰连接的两个体分别通过 CRDSYS_OBJECT_1.MB（父体）和 CRDSYS_OBJECT_2.MB（子体）定义，当父体为参考空间时，可以不用选择 BODY。

在选择铰的父体和子体时需要设置响应的位置（POS），该模型中参考空间与汽车质心在通过移动铰连接时需要设置三个坐标，分别为父体对应坐标 POS-1、子体对应坐标 POS-2 和车辆质心坐标 POS-3，具体坐标值如图 5-17 所示。三个 POS 的关系为：POS-1 代表父体的位置，这里父体是参考空间，POS-1 为原点坐标［0 0 0］；POS-2 代表子体原点坐标在父体坐标上的位置，当位置为［0 0 0］时，代表子体与父体坐标原点重叠，该坐标也是后续汽车多体模型局部坐标（简称车身坐标系）的原点；POS-3 为子体的质心坐标，代表 BODY 的质心位置，是在子体坐标上的空间位置，根据车身坐标系的定义（图 5-18），汽车质心坐标 CENTRE_OF_GRAVITY 应为［1.2 0.0 0.5］，坐标单位为 m，车辆的惯性矩和惯性积 INERTIA 为［2000 2000 2000 0.0 0.0 0.0］。

在确定了车辆局部坐标原点之后，需要根据车身表面的尺寸参数分析可以用于模拟车身各部分外形的表面类型。为了降低模型的复杂程度，假设车身外形沿 Y 轴为直线，只考虑车身外形轮廓在 XZ 平面上的变化。根据图 5-16 所示的建模架构，先建立车体前部下端的表面，采用超椭圆柱表面（SURFACE.CYLINDER）模拟车体前端下部的外形，整车宽度为 1.5m，考虑超椭圆柱的表面弧线需要与原车贴近，经多次尝试设置超椭圆柱的三个半轴 SEMI_AXIS

为［0.75 0.1 0.04］、椭圆横截面的阶数（DEGREE）为 2，并通过 CRDSYS_OBJECT_1.MB 将表面附给车身 BODY。CRDSYS_OBJECT_1.MB 代表依附于 BODY 表面的局部坐标系，其中 POS 定义了相对于所依附的体的局部坐标系下该表面的坐标原点，在该模型中为汽车前部下端的椭圆柱表面相对于车身坐标系的坐标原点位置，经多次尝试，POS 设为［1.559119×10^{-1} 0.0 1.269407×10^{-1}］。默认超椭圆柱的轴线沿着局部坐标的 X 方向，在该模型中为车身坐标系的 X 方向，因此需要将超椭圆柱的局部坐标系绕车身坐标系 Z 轴旋转 90°，使超椭圆柱的轴线与车身坐标系的 Y 轴平行。定义表面局部坐标系的旋转方向（ORIENTATION.SUCCESSIVE_ROT），局部坐标系需要一次转动，设置第一转动轴（AXIS_1）为 Z 轴，转动弧度为 1.570 9（对应 90° 角），设置参数如图 5-19 所示。

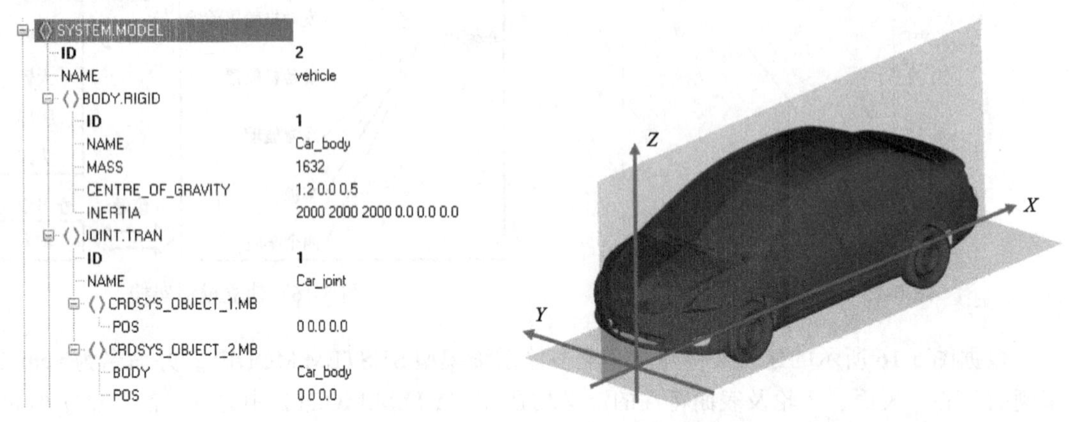

图 5-17　汽车质心坐标　　　　图 5-18　车身坐标系

在模型中可能与其他表面发生接触作用的表面都需要设置接触特性，设置方法为在表面中通过 CHAR 调用名字相同的接触特性（CHARACTERISTIC.CONTACT）。在该模型中车身结构的变形具有迟滞现象，接触特性（CHARACTERISTIC.CONTACT）中的几个参数设置原理参考地面接触特性的定义，具体数据如图 5-20 所示。

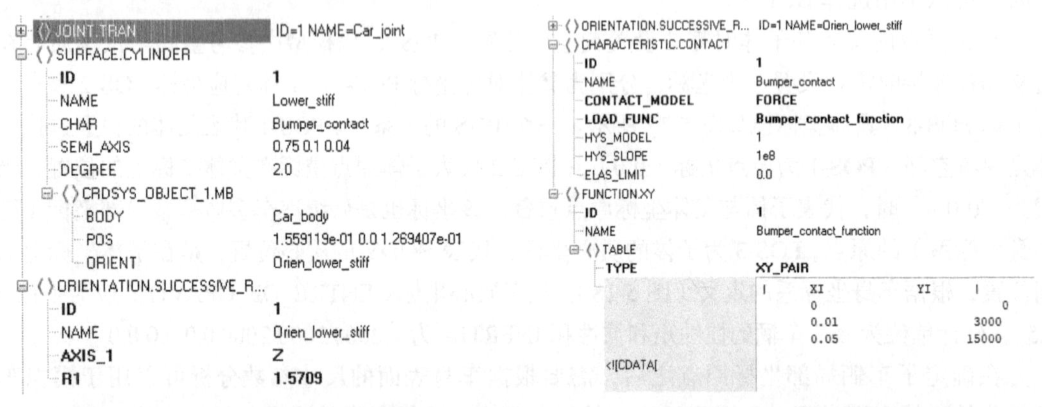

图 5-19　汽车前部下端表面建模　　　　图 5-20　表面接触特性

图 5-16 所示建模架构中的保险杠下端、保险杠、发动机舱罩前端、发动机舱罩四部分均可以采用超椭圆柱模拟表面轮廓，四部分建模原理相同，只是具体数据不同，不再赘述。其中，保险杠下端、保险杠与汽车前端下部三个部分的材料相同，表面接触特性也相同。发动机舱罩

前端与发动机舱罩两部分表面的接触特性相同。而风窗玻璃和车辆两部分可以近似看成大斜面，忽略表面的曲率，可以将超椭球体（SURFACE.ELLIPSOID）的阶数（DEGREE）设置一个较大的值，利用长方体模拟表面。车顶的接触特性与发动机舱罩相同。各部分表面的坐标位置和方向，以及表面尺寸具体如图 5-21 所示。

图 5-21　车身建模

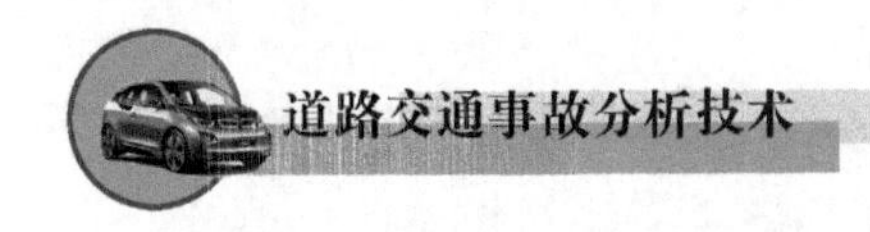

车轮部分的建模采用超椭球体（SURFACE.ELLIPSOID）模拟，三个半轴的长度（SEMI_AXIS）为［0.3 0.05 0.3］，阶数为 2，四个车轮的坐标位置如图 5-22 所示，坐标轴不需要旋转。建成的车辆多体模型如图 5-23 所示。

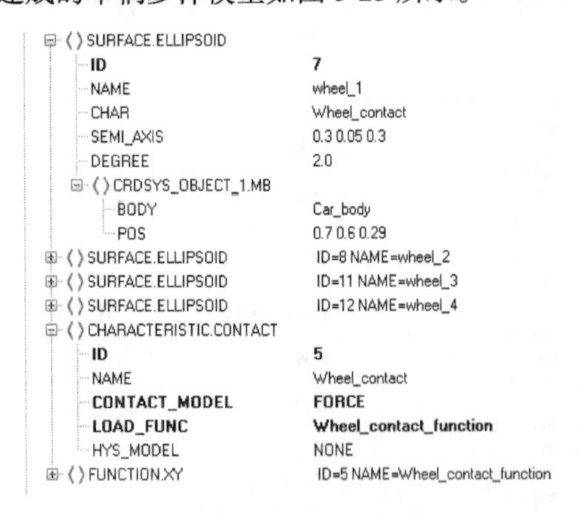

图 5-22　车轮建模

图 5-23　车辆多体模型

新建一个系统模型（SYSTEM.MODEL），并命名为 Pedestrian，将需要调用的假人模型 h_ped05el_inc.xml 复制到 vehicle.xml 文件的目录下，将文件名复制到 INCLUDE 中即可调用假人模型。在 h_ped05el_inc.xml 模型中，假人面朝局部坐标系的 X 轴正方向，假人骨盆位置的 BODY.RIGID 作为子体通过自由铰（JOINT.FREE）与假人局部参考空间（在该模型中命名为 Human_Attachment）连接，假人的局部参考空间默认与初始参考空间重合，因此需要通过 CRDSYS_OBJECT.MB 设置假人局部坐标系的位置（POS）和方向（ORIENT），再调节假人四肢的位置，使其符合事故中行人碰撞前的姿态。经测试假人局部参考空间的位置（POS）应为［−0.25 0.4 0.793］，局部参考空间绕 Z 轴旋转 −90°，通过 ORIENT 调用 ORIENTATION.SUCCESSIVE_ROT，设置第一转动轴（AXIS_1）为 Z 轴，转动弧度为 −1.570 9，具体设置过程如图 5-24 所示。碰撞前假人姿态的调整是利用铰的初始位置（INITIAL.JOINT_POS）来实现。假人姿态调节从头部开始，从上至下逐个调节铰的位置和方向，图 5-25 中包含了 h_ped05el_inc.xml 假人行走姿态需要调整的铰的初始位置和方向。

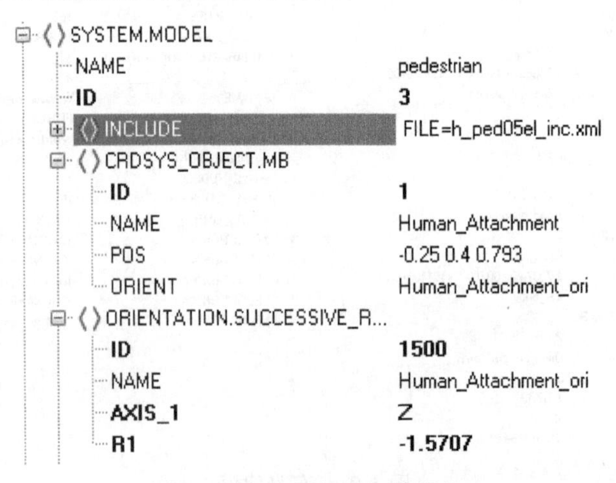

图 5-24　假人局部坐标系的建立

```
⊞ 〈〉INITIAL.JOINT_POS              JOINT=Human_jnt
⊞ 〈〉INITIAL.JOINT_POS              JOINT=LumbarLow-LumbarUp_jnt
⊞ 〈〉INITIAL.JOINT_POS              JOINT=LumbarUp-TorsoUp_jnt
⊞ 〈〉INITIAL.JOINT_POS              JOINT=TorsoUp-NeckLow_jnt
⊞ 〈〉INITIAL.JOINT_POS              JOINT=NeckLow-NeckUp_jnt
⊞ 〈〉INITIAL.JOINT_POS              JOINT=NeckUp-Head_jnt
⊞ 〈〉INITIAL.JOINT_POS              JOINT=ShoulderL_jnt
⊞ 〈〉INITIAL.JOINT_POS              JOINT=ShoulderR_jnt
⊞ 〈〉INITIAL.JOINT_POS              JOINT=ElbowL_jnt
⊞ 〈〉INITIAL.JOINT_POS              JOINT=ElbowR_jnt
⊞ 〈〉INITIAL.JOINT_POS              JOINT=WristL_jnt
⊞ 〈〉INITIAL.JOINT_POS              JOINT=WristR_jnt
⊞ 〈〉INITIAL.JOINT_POS              JOINT=HipL_jnt
⊞ 〈〉INITIAL.JOINT_POS              JOINT=HipR_jnt
⊞ 〈〉INITIAL.JOINT_POS              JOINT=KneeL_jnt
⊞ 〈〉INITIAL.JOINT_POS              JOINT=KneeR_jnt
⊞ 〈〉INITIAL.JOINT_POS              JOINT=AnkleL_jnt
⊞ 〈〉INITIAL.JOINT_POS              JOINT=AnkleR_jnt
⊞ 〈〉ORIENTATION.SUCCESSIVE_R...    ID=120 NAME=Human_ori
⊞ 〈〉ORIENTATION.SUCCESSIVE_R...    ID=121 NAME=LumbarLow-LumbarUp_ori
⊞ 〈〉ORIENTATION.SUCCESSIVE_R...    ID=122 NAME=LumbarUp-TorsoUp_ori
⊞ 〈〉ORIENTATION.SUCCESSIVE_R...    ID=123 NAME=NeckLow-NeckUp_ori
⊞ 〈〉ORIENTATION.SUCCESSIVE_R...    ID=124 NAME=NeckUp-Head_ori
⊞ 〈〉ORIENTATION.SUCCESSIVE_R...    ID=125 NAME=HipL_ori
⊞ 〈〉ORIENTATION.SUCCESSIVE_R...    ID=126 NAME=HipR_ori
⊞ 〈〉ORIENTATION.SUCCESSIVE_R...    ID=127 NAME=KneeL_ori
⊞ 〈〉ORIENTATION.SUCCESSIVE_R...    ID=128 NAME=KneeR_ori
⊞ 〈〉ORIENTATION.SUCCESSIVE_R...    ID=129 NAME=AnkleL_ori
⊞ 〈〉ORIENTATION.SUCCESSIVE_R...    ID=130 NAME=AnkleR_ori
```

图 5-25　假人行走姿态需要调整的铰的初始位置和方向

需要注意的是，行人在与车辆碰撞之前是在路上行走的，那么在碰撞的瞬间行人有一个继续向前迈步的过程。在迈步过程中，行人的大腿、小腿和脚踝等位置受到了不同程度的力和力矩的作用，并且是大腿带小腿、小腿带脚踝的运动过程。为了更好地模拟这个过程，可以采用在假人的 SYSEM.MODEL 中定义腿部几个铰的状态（STATE.JOINT）切换来模拟行人迈步。铰的状态切换是通过各铰的受力 / 力矩来触发的，例如当大腿铰的力 / 力矩超出设定的范围时，通过开关（SWITCH）触发铰状态切换使小腿铰的运动自由度打开。行人腿部铰的状态（STATE.JOINT）与开关（SWITCH）的选择如图 5-26 所示。此外，还需要在 CONTROL_ANALYSIS.TIME 中定义腿部各关节在迈步过程中可承受的力 / 力矩的上限和下限，通过定义（DEFINE）变量名字（VAR_NAM）和变量值（VALUE）的方式设置，具体的变量名字（与调用的假人模型相匹配）和变量值如图 5-27 所示。设置好的车辆和假人模型的相对位置如图 5-28 所示。

根据图 5-16 所示的建模架构设置接触特性，将车顶和风窗玻璃表面、保险杠下端和汽车前端的下部表面、四个车轮表面，两个一组分别放在一个组里（GROUP.MB），其他车辆表面各在一个组里；将假人头部、胸部、左 / 右大臂、左 / 右小臂、左 / 右大腿、左 / 右小腿的各部分表面分别放在一个组里；将地面放在一个组里。根据接触面中刚度较大的表面做主面的原则，在设置人体各部位表面组和车辆各表面组之间的接触（CONTACT.MB_MB）时，将车辆表面组选作主面（MASTER_SURFACE），将人体各部位表面组设为从面（SLAVE_SURFACE）。在设置地面与车轮表面组之间的接触时，地面为主面、车轮为从面。在设置地面与人体各部分表面组之间的接触时，地面为主面，人体为从面。当表面组与地面接触，摩擦系数（FRIC_COEF）取 0.6，当人体与车身表面组接触，摩擦系数（FRIC_COEF）取 0.3。调用接触特性（CONTACT_FORCE.CHAR），并设置接触类型（CONTACT_TYPE）。人体头部在碰撞过程中几乎不发生变形，在设置有关头部的接触类型时，选择主面特性（MASTER）；人体其他部位与车身接触时，接触类型选择混合特性（COMBINED）；不管是车辆还是人体，在与地面接触时接触类型选择从面特性（SLAVE）。以车顶和风窗玻璃表面组与假人头部表面组为例设置接触，如图 5-29 所示。

ORIENTATION.SUCCESSIVE_R...	ID=130 NAME=AnkleR_ori
STATE.JOINT	
JOINT_LIST	LegUp3LCL_jnt
SWITCH	1
STATE.JOINT	
JOINT_LIST	LegUp3LCR_jnt
SWITCH	2
STATE.JOINT	
JOINT_LIST	LegLow2LCL_jnt
SWITCH	3
STATE.JOINT	
JOINT_LIST	LegLow2LCR_jnt
SWITCH	4
STATE.JOINT	
JOINT_LIST	LegLow3LCL_jnt
SWITCH	5
STATE.JOINT	
JOINT_LIST	LegLow3LCR_jnt
SWITCH	6
STATE.JOINT	
JOINT_LIST	LegLow4LCL_jnt
SWITCH	7
STATE.JOINT	
JOINT_LIST	LegLow4LCR_jnt
SWITCH	8

图 5-26 腿部铰的状态

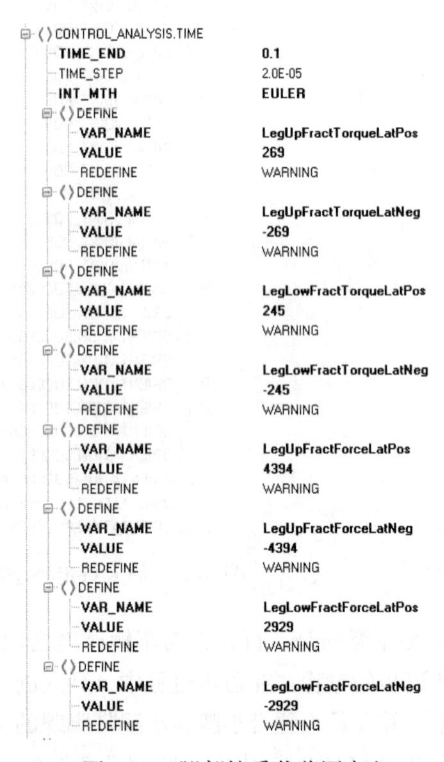

图 5-27 腿部铰受载范围定义

图 5-28 车辆和假人模型的相对位置

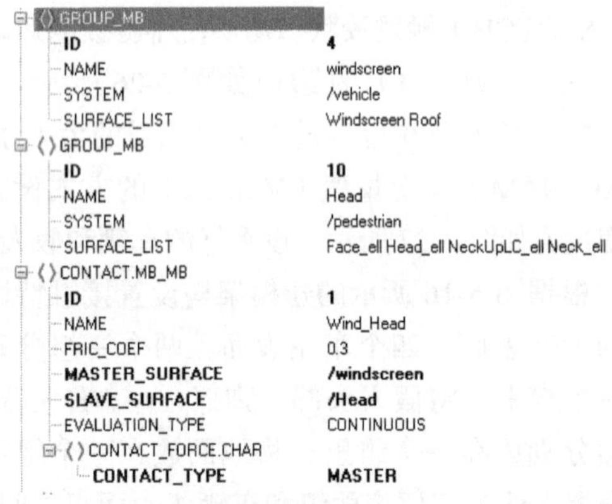

图 5-29 车顶、风窗玻璃与假人头部的接触

在车辆与行人碰撞事故中的运动场包括重力加速度、车辆的初速度和减速度、行人的初速度三部分，其中车辆的减速度取重力加速度乘以系数 0.75，重力加速度取 9.8m/s^2。车辆和行人的初速度分别通过 INITIAL.JOINT_VEL 设置，在 X 轴的速度 V1 的单位为 m/s。重力加速度通过 LOAD.BODY_ACC 设置。假人因为有多个 BODY.RIGID，需要把 LOAD.BODY_ACC 设在

假人的 SYSTEM.MODEL 下，其中 BODY_LIST 选择 ALL，意为系统内的所有质点均在加速度场内。车辆和行人的运动场设置如图 5-30 和图 5-31 所示。

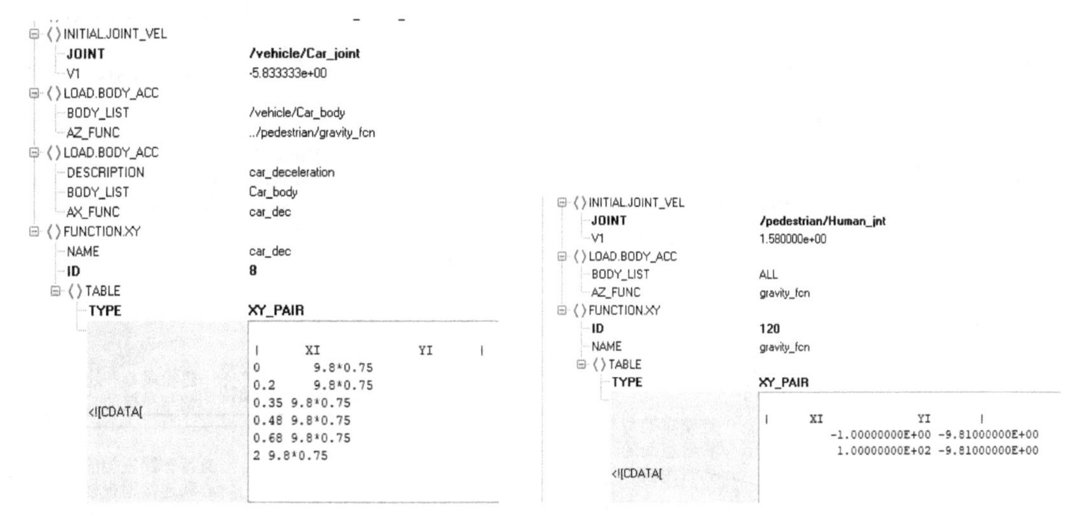

图 5-30　车辆运动场　　　　图 5-31　行人运动场

以上是车辆和行人多体系统的建模过程。在建模过程中需要随时单击，检查是否有语句错误。多体系统建模完成后需要设置输出信息和计算控制卡片，详见 5.4.1 节。

5.3.2　车辆 - 两轮车碰撞系统建模

车辆与两轮车碰撞过程的动力学问题相较于车辆与行人碰撞更复杂，是近期交通安全领域的热点问题。车辆与两轮车的碰撞系统包含三个部分，汽车、两轮车和假人，其中汽车的建模方法和原理，以及假人的调用已经在 5.3.1 节介绍过了，本节重点关注两轮车的多体系统建模原理和过程。

两轮车的多体系统建模原理与车辆是类似的，首先是建立两轮车的建模架构，获得多体系统各质点、铰和表面之间的连接关系；再结合两轮车自身尺寸参数确定表面和铰的位置和方向；最后给表面附上接触特性即可。但是与汽车不同的是，两轮车的独立运动自由度比较多，例如车轮、车把与车架三部分各有自己的自由度，因此其建模架构中包含多个质点和相互连接的铰。

下面以自行车为例，介绍其建模原理。自行车的多体系统模型和建模架构如图 5-32 所示。在自行车的多体系统中先定义车架的局部坐标并通过自由铰与参考空间相连，与车架有关的表面附在车架（BODY.RIGID）上。相对于自行车局部坐标，前叉绕 Z 轴转动、前 / 后车轮绕 Y 轴转动、踏板轴绕 X 轴转动。因此，需要分别设置前叉、前车轮、后车轮和踏板轴的 BODY.RIGID，并分别以这些 BODY.RIGID 为子体，以车架为父体，分别建立转动铰（JOINT.REVO），铰的位置（POS）和方向（ORIENTATION.SUCCESSIVE_ROT）的设置需要符合自行车的实际情况。最后将各部分的表面附在相关的 BODY.RIGID 上，各表面还需要设置接触特性（CHARACTERISTIC.CONTACT），设置方法与汽车相同。

自行车的多体系统建模完成后可以保存为 Bicycle.xml，这样在后续可以直接调用自行车的多体模型。调用假人模型，调整假人的姿态使其在自行车上保持骑行状态，如图 5-33 所示，再分别设置假人与自行车的接触特性、自行车与汽车的接触特性、自行车与地面的接触特性。

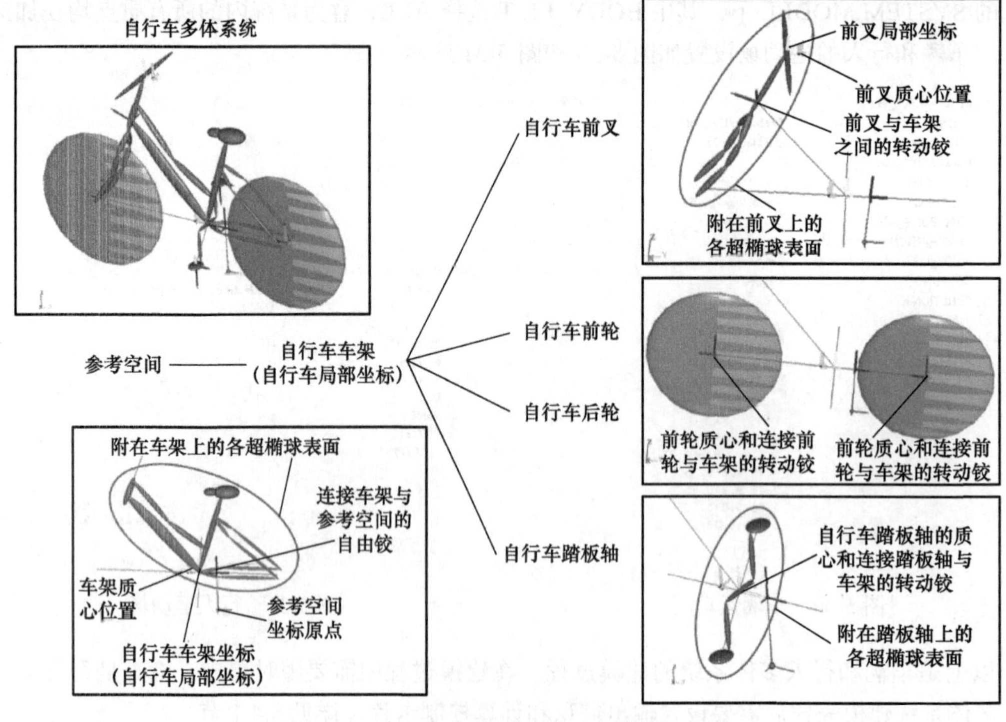

图 5-32　自行车多体系统模型和建模架构图

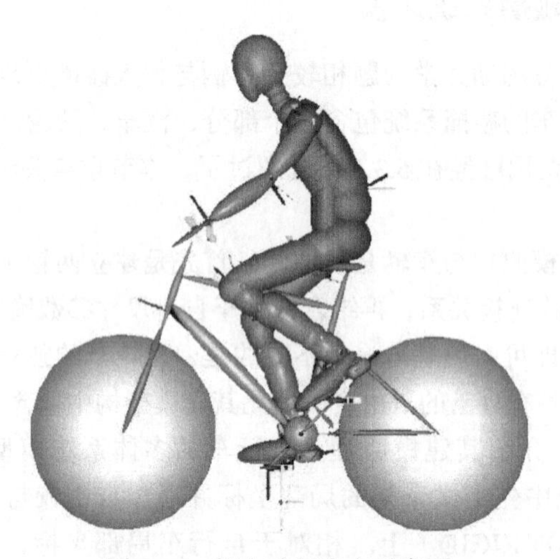

图 5-33　假人骑行姿态示意图

5.4　MADYMO 仿真分析与结果读取

5.4.1　设置模型控制卡片和输出

MADYMO 软件计算控制卡片在新建系统模型 .xml 文件时自带一部分，其中 TYPEDEFS 为单元的类型定义，选择默认即可，不需要修改；RUNID 描述文件模型，可以是模型中的车型和假人类型，也可以是计算工况，没有具体要求。

CONTROL_ALLOCATION 用来定义 MADYMO 在求解计算过程中使用的处理器个数 NR_PROC，一般选择 1 即可，如果模型比较复杂且计算机系统支持，那么也可以大于 1。它还定义了 MADYMO 分配给整数、实数和字符的内存大小，常用的设置为：<I_SIZE = “1000000”; R_SIZE = “2000000”; C_SIZE = “100000” >。REPEATABILITY 代表了 SMP 结算和接触的重复性开关，一般设置为开关打开状态“ON”，此时代码并行部分的运算顺序总是相同的，计算效率约降低 20%。

CONTROL_ANALYSIS.TIME 是控制多体求解器的输入单元，可以数据计算模型在时间域的分析数据。其中，常用的设置单元包括模拟的开始时间（TIME_START）和结束时间（TIME_END），时间单位为 s。对于多体积分的时间步长（TIME_STEP），模拟总时间小于 1s 的模型计算步长可以设为 1.0E-05，模拟总时间大于 1s 的模型计算步长可以设为 2.0E-05。模拟的分析类型（ANALYSIS_TYPE=DYNAMIC），代表多体运动分析，确定模型的时间历程响应。多体运动的积分方法（INT_MTH=EULER），代表在计算时使用固定时间步长计算的显式 - 隐式 Euler 积分方法。模型 CONTACT.FE_FE 中附加接触力的计算容差标准 CONTACT_TOL=1.0E-09，当模型中有有限元的表面接触时用这个时间步长。RAMP 用于定义铰与六个约束自由度之间的摩擦载荷的斜坡函数，是一组速度，单位为 m/s，常设置为［0.0 0.5］。RACO 用于定义摩擦接触力的斜坡函数，也是一组速度，单位为 m/s，常设置为［0.01 0.1］。在 CONTROL_ANALYSIS.TIME 中还可以通过 DFINE 单元定义某个参数的变量，包括变量名字（VAR_NAME）和变量值（VALUE）。这种定义变量的方式便于后续模型中参数的修改。

CONTROL_OUTPUT 定义模型的输出，指定计算过程中哪些输出数据和频率被写入文件，以及写入输出数据的步长。常用的设置单元包括忽略输出过滤（FILTER_IGNORE=OFF），否定时间历程输出的滤波器定义，即不对输出结果做滤波处理。过滤的前事件和后事件的时间间隔（PADDING_TIME），通常取默认值 0.01s。TIME_STEP 写入输出到时间历程文件的时间间隔，即输出数据的步长，计算时间小于 1s 的输出步长通常设为 1.0E-04，计算时间大于 1s 的输出步长可以设为 1.0E-03。TIME_STEP_ANI 定义输出动画的步长，通常设置为 1.0E-03。WRITE_DEBUG=NONE 创建输出 DEBUG 文件，通常选择 NONE，即不需要输出 DEBUG 文件。

在 CONTROL_OUTPUT 中，还需要通过调用单元设置具体的模型接触、多体运动、损伤指标等输出项。其中，TIME_HISTORY_CONTACT 激活时间历程下的接触特性输出，已输出的接触列表为 CONTACT_OUTPUT_LIST=ALL。TIME_HISTORY_MB 激活某个多体系统的时间历程输出，包含需要激活的多体系统（SYSTEM），以及系统中的体输出清单（BODY_OUTPUT_LIST）、体的相对输出清单（BODY_REL_OUTPUT_LIST）、铰的约束输出清单（JOINT_CONSTRAINT_OUTPUT_LIST）、铰自由度输出清单（JOINT_DOF_OUTPUT_LIST）、约束输出清单（RESTRAINT_OUTPUT_LIST）、传感器输出清单（SENSOR_OUTPUT_LIST）和开关输出清单（SWITCH_OUTPUT_LIST）等，在设置时清单内容均选择 ALL 即可。TIME_HISTORY_INJURY 激活时间历程下的损伤指标输出项，TIME_DURATION_INJURY 激活时间持续条件的损伤信号，前者代表随时间历程输出的损伤指标，后者代表随时间累积损伤指标，损伤指标清单（INJURY_LIST）均选择 ALL。此外，还有 TIME_HISTORY_FE 激活某个有限元模型的时间历程输出、TIME_HISTORY_ENERGY 激活能量时间历程输出等，可根据需要设置。ANIMATION 激活动画文件的输出，EXTENDED=ON 代表在输出动画的同时体的局部位置和方向、运动铰、点约束和加速度坐标系都将在 MAD 格式的文件中输出。

在 CONTROL_OUTPUT 中设置输出项的激活清单，具体输出项需要在建模时通过 OUTPUT_xx 设置。在 MADYMO 中可设置各种类型的输出单元，例如与体的运动响应、相对运动响应、能量、载荷等有关的输出设置，与铰的约束、运动响应、载荷等有关的输出，与有限元或者多体系统能量有关的输出，与有限元系统有关的各单元信息的输出，与假人损伤指标有关的输出以及与安全气囊和安全带参数有关的输出等。下面以【练习 5.1】中的车辆 - 行人碰撞事故为例设置其输出项。

【练习 5.2】车辆 - 行人碰撞事故的输出设置。在车辆 - 行人碰撞系统中，输出项包含车辆动力学响应、行人损伤指标、行人动力学响应、行人与地面接触特性输出、车辆与行人接触特性输出几部分。车辆在碰撞过程中经历了减速，因此需要在计算时输出其速度和位移曲线，可以通过 OUTPUT_BODY 设置，具体如图 5-34 所示。信号类型（SIGNAL_TYPE）分别选择速度（LIN_VEL）和位移（LIN_DISP）。FILTER 选择 CFC180。输出量的相对坐标（CRDSYS）选择参考空间（REF_SPACE），代表输出的数据都是相对参考空间的结果。扩展采样 EXTENDED_SAMPLING=ON。最后，通过 CRDSYS_OBJECT_1.MB 选择输出的体（BODY）。

通常假人损伤指标的输出项在调用假人模型时已经有定义，假人损伤指标有自己的计算方式，因此如果没有特殊需求，则不需要再设置。针对本案例调用的行人模型，在颈部损伤方面没有 Nij 的输出。补充颈部 Nij 损伤指标输出，如图 5-35 所示，铰约束力输出参考 OUTPUT_FORCE，铰约束力矩输出参考 OUTPUT_MOMENT，颈部损伤类型为 NIJ_TYPE=NTE，临界轴向力为 AXIAL_FORCE=4287，临界弯矩为 BENDING_TORQUE=67，上颈测压元件和枕骨之间的距离为 ECCENTRICITY=0.0178。

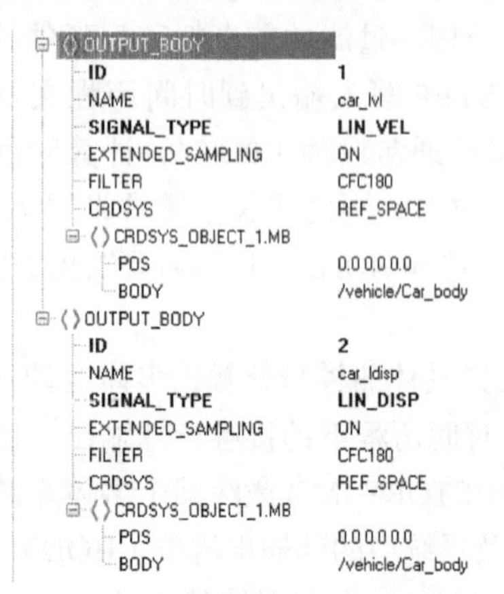

图 5-34　车辆速度和位移输出

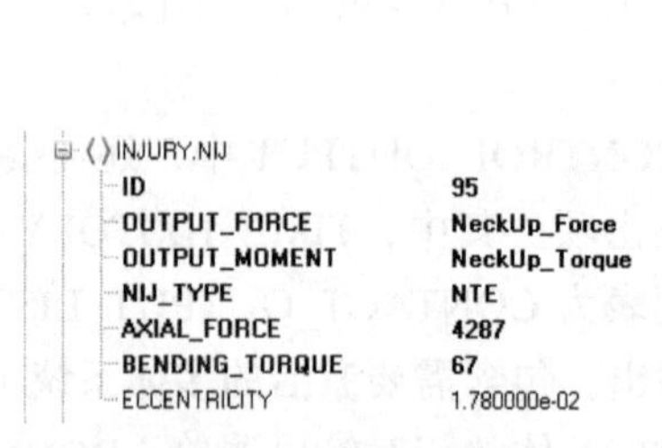

图 5-35　颈部损伤 Nij 损伤输出

在膝部损伤方面缺少膝部受力、力矩和相对位置的输出，膝部受力和力矩的输出可以采用 OUTPUT_JOINT_CONSTRAINT 单元设置，如图 5-36 所示，信号类型（SIGNAL_TYPE）分别选择力（FORCE）和力矩（TORQUE），通过 JOINT 选择要输出的铰。膝部约束输出如图 5-37 所示，RESTRAINT_LIST 选择输出的约束。膝部两点相对位置的输出如图 5-38 所示，SIGNAL_TYPE 选择相对位置（REL_POS），再调用需要测量的两个 BODY。

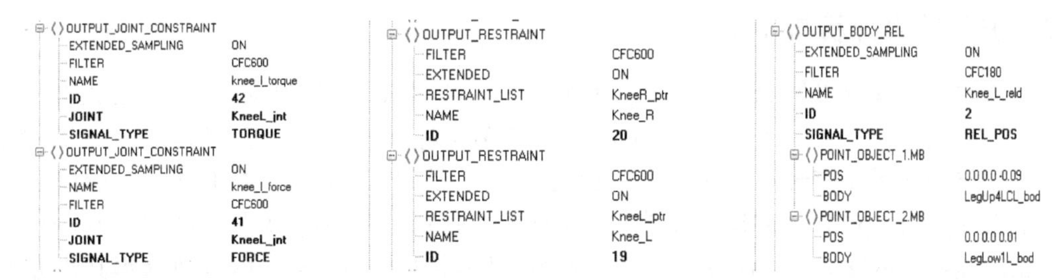

图 5-36　膝部受力和力矩输出　　图 5-37　膝部约束输出　　图 5-38　膝部两点相对位置的输出

针对头部损伤方面缺少头部角加速度和角速度的输出，用 OUTPUT_BODY 设置，如图 5-39 所示，其中信号类型（SIGNAL_TYPE）分别选择角加速度（ANG_ACC）和角速度（ANG_VEL）。输出量的相对坐标（CRDSYS=OBJECT_1）代表选择头部（BODY.RIGID）由 CRDSYS_OBJECT_1 或 CRDSYS_REF_1 定义的坐标系，即与头部相连的父体的坐标系。

在车辆与行人的碰撞事故中，行人先与车辆接触，之后落地与地面接触造成二次伤害，因此需要设置行人骨盆与车辆的接触力，以及行人头部、骨盆与地面的接触力的输出，具体如图 5-40 所示。

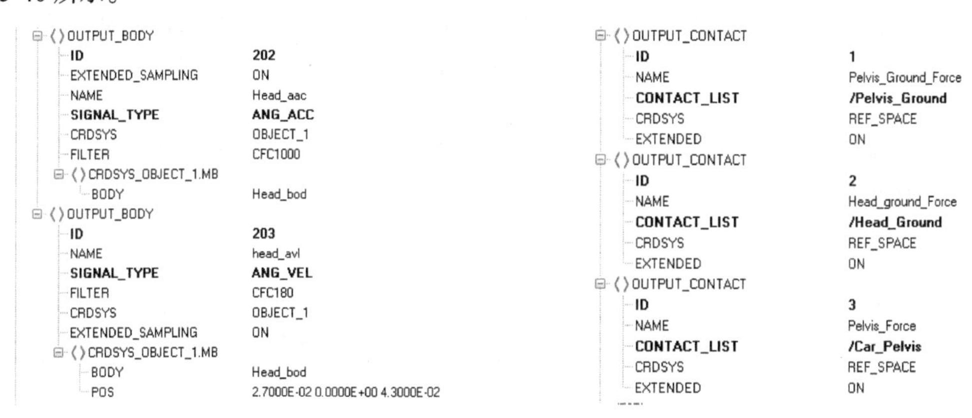

图 5-39　头部角加速度和角速度的输出　　图 5-40　车辆与行人和地面接触力的输出

输出设置完成后单击 ✔ 检查是否有语句错误，若检查结果正确，则单击进行模拟计算，计算进程如图 5-41 所示，代表计算顺利完成，如果计算进度不是 100%，代表程序计算过程报错，MADYMO 会给出报错位置，需要仔细检查。

```
Expiry date less than fourteen days.
  done      now     user    system  wallclock       left       left   finished
     %    [hms]      [s]       [s]        [s]        [s]      [hms]      [hms]
-------------------------------------------------------------------------------
   0.0  9:52:10      0.2       0.4        2.3
   1.0  9:52:10      0.2       0.4        2.4          5    0:00:05    9:52:14
  10.0  9:52:10      0.4       0.6        2.8          4    0:00:04    9:52:14
  20.0  9:52:11      0.7       0.9        3.3          5    0:00:05    9:52:15
  30.0  9:52:11      1.1       1.1        3.9          5    0:00:05    9:52:16
  40.0  9:52:12      1.5       1.3        4.6          4    0:00:04    9:52:15
  50.0  9:52:13      2.0       1.5        5.3          3    0:00:03    9:52:15
  60.0  9:52:13      2.6       1.7        6.0          3    0:00:03    9:52:16
  70.0  9:52:14      3.0       1.9        6.7          2    0:00:02    9:52:15
  80.0  9:52:15      3.5       2.1        7.3          1    0:00:01    9:52:15
  90.0  9:52:15      3.8       2.3        7.8          0    0:00:00    9:52:15
 100.0  9:52:17      4.2       3.3        9.2
 Timing information:
```

图 5-41　计算进程

5.4.2 仿真结果分析与验证

MADYMO 计算输出的 .kn3 和 .h5（动画文件），以及 .lac（加速度）、.lds（相对位移）、.frc（力）、.lvl（速度）、.lps（位置）、.injury（伤害值）等数据文件均可以用打开，在播放动画时可以同步显示对应时间节点数据的变化。此外，动画文件还支持用 hyperview 打开，数据还支持用 hypergraph 处理曲线。此外，如果建模中使用的是 Hybrid Ⅲ 50th、Hybrid Ⅲ 5th、ES-2、SID-Ⅱs、BioRID Ⅱ几款假人，可以直接通过模块支持打开 .pkx 文件获得其伤害值。也可以利用 MADYMO 输出的假人动力学响应曲线计算伤害指标。例如，对于假人 HIC 的计算可先在 CONTROL_OUTPUT 下添加 TIME_HISTORY_MB 卡片，然后在 BODY_OUTPUT_LIST 下选择 HeadCG_acc，在 WRITE_FORMAT 下选择 csv 形式，这些操作是将假人的头部线性加速度以 Excel 表的形式输出。然后将此数据导入 Matlab 中，运用参考相关计算公式［式（4-1）］所编好的程序求解 HIC，操作步骤与利用 Pc-Crash 再现时求解 HIC 的操作步骤类似。

MADYMO 计算结果的动态演示可以模拟人体在碰撞过程的运动情况，也是事故重建验证的主要依据。结合碰撞过程的动态演示与假人各部位的动力学响应曲线和损伤峰值，可以分析人体在碰撞过程中的伤害情况和伤害机理。下面以车辆 - 行人碰撞事故为例简要分析假人伤害情况。

【练习 5.3】车辆 - 行人碰撞事故仿真动画演示如图 5-42 所示，发现行人在碰撞过程中下肢先与车辆接触，之后上肢和头部与车体接触、下肢脱离车体，在 300ms 时假人几乎完全脱离车体，在 800ms 到 1 000ms 行人落地受到二次伤害，假人落地后会有一个反弹作用使假人身体轻微抬起，并向后弹开一段距离落地造成第三次伤害。整个过程车辆与行人先接近再远离，车辆自身有一个制动减速的过程。

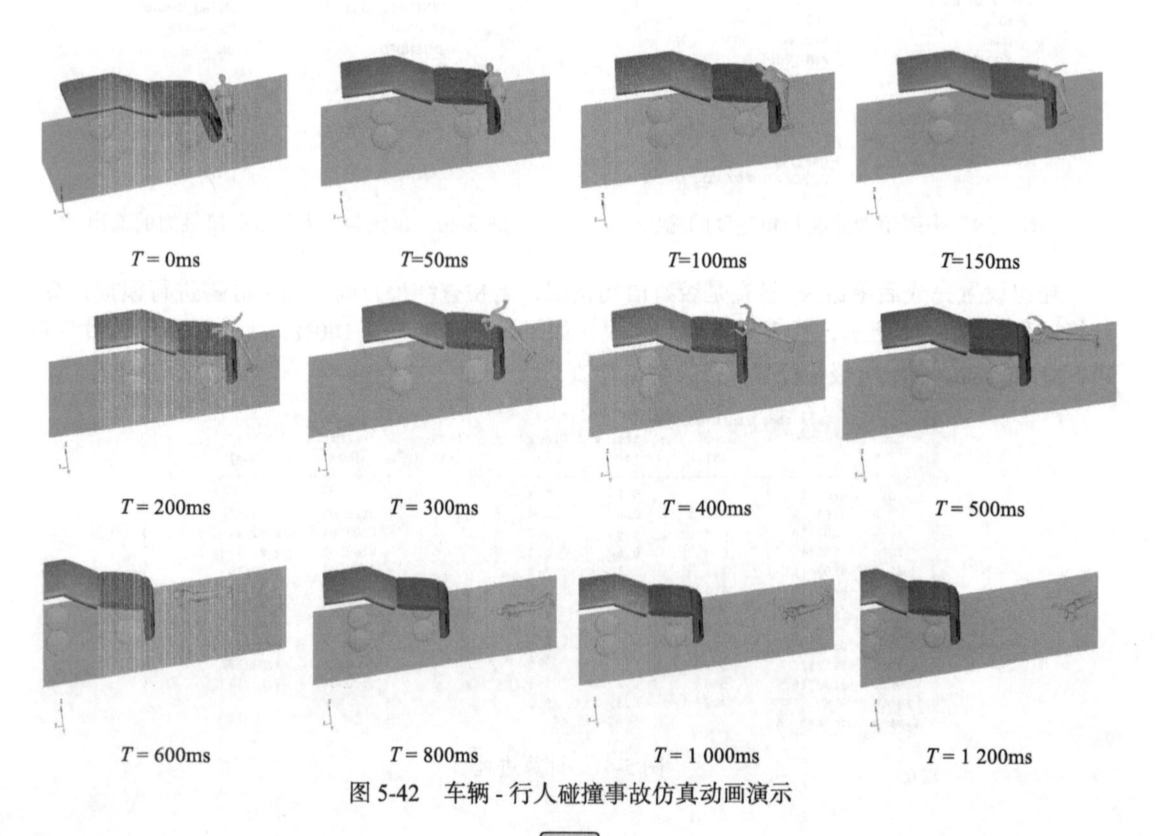

图 5-42 车辆 - 行人碰撞事故仿真动画演示

在车辆 - 行人碰撞事故中，行人主要损伤部位为头部和下肢。在 MADYMO 的输出文件中包含假人各部位的加速度、速度、力和位移，其头部加速度曲线和膝部受力曲线如图 5-43 所示。从图中可以清晰地看到，不论是头部加速度还是膝部受力，在时间域的曲线上均有 3 个峰值。经与计算结果的动态演示比对，第一个峰值是由于假人与车辆发生碰撞，车身与腿部接触先于上肢和头部，因此膝部力先达到峰值；第二个峰值是假人第一次落地的瞬间，头部与地面发生刚性接触导致加速度瞬间增大，膝部与地面接触虽然也达到碰撞力的峰值，但没有与车身接触时峰值大；第三个峰值出现于假人落地后的弹起再落地过程，头部加速度和膝部受力峰值均没有前两次伤害时高。利用头部线性合成加速度曲线参考公式（4-1），运用 Matlab 编程求得头部 HIC15 值为 685.59，左膝受力峰值约为 1.807kN，右膝受力峰值约为 1.098kN。经过分析，发现该事故中头部损伤主要来源于行人落地时的二次伤害，膝部损伤主要来源于膝部与车身结构的碰撞。

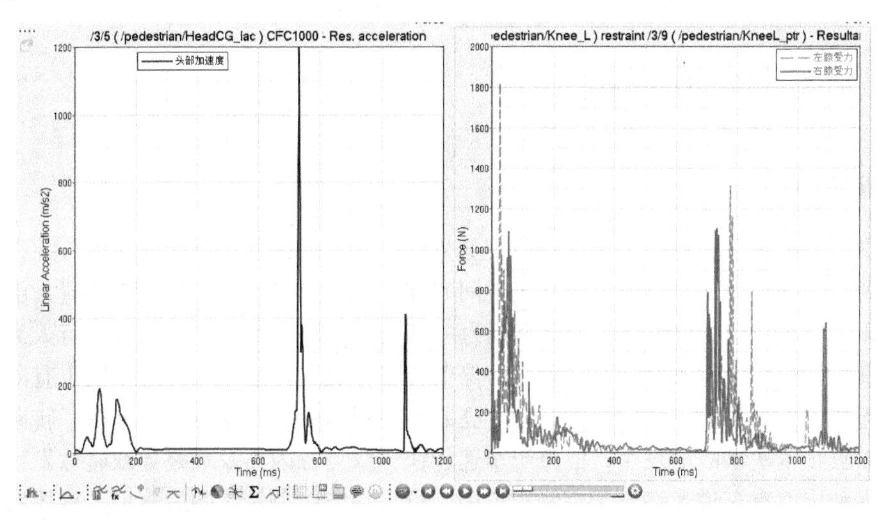

图 5-43　行人头部加速度曲线（左）和膝部受力曲线（右）

5.5　小结

总的来说，在 MADYMO 软件的建模过程中，建模逻辑非常重要，即使同一辆车对应不同的事故，其多体模型也是不相同的，需要具体问题具体分析。这一点与有限元模型不同，通常有限元模型的建模是固定的操作，且越精细越好，而多体建模则要采用合适的建模架构，以利用最简单的模型满足问题需求。

利用 MADYMO 进行事故重建的特点就是可以利用较少的参数、较简单的动力学模型复现碰撞过程中人的复杂运动状态、动力学响应和损伤指标，是当前车辆与弱势道路使用者事故重建的重要手段。基于 MADYMO 软件的人车碰撞事故再现技术，可以仿真出现实环境下人车碰撞事故场景，为人车碰撞事故过程提供参考，为事故调查和事故仲裁提供理论指导和依据，为汽车安全设计提供重要依据。

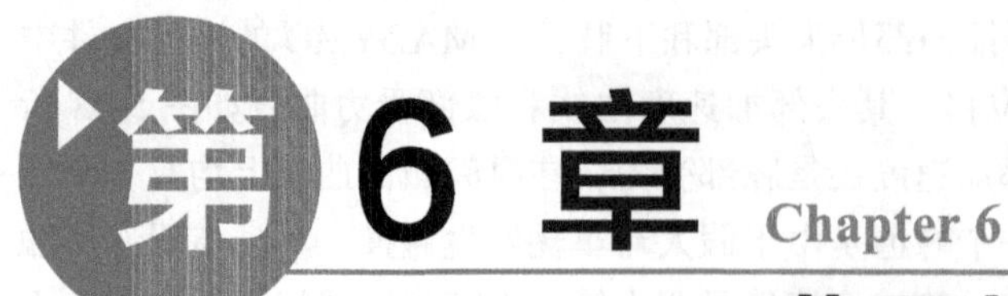

第6章 Chapter 6 典型交通事故再现

事故再现的关键技术已在本书的第4章和第5章进行了详细的介绍。本章则承接上述两章，采用前面介绍的事故再现技术对几种典型的交通事故进行再现，一方面使读者加深对事故再现技术的印象，另一方面使读者对各典型交通事故的再现过程有一个初步的认识。

6.1 车–人碰撞事故再现

6.1.1 事故简介

由城市道路上方监控设备拍摄的一段视频显示，在某城区的一个交叉路口，一行人没有遵守交通规则，无视交通信号灯行至斑马线中间时受到车辆撞击，据新闻报道，行人由于头部受到重创而死亡。从视频中可看到，肇事车辆为一辆没有悬挂牌照的白色SUV，行人为一名中年女性。在事故发生前，行人发现车辆后立即停下脚步并做出躲避动作，且车辆也有向左转弯躲避行人的趋势，碰撞之前车辆后方的制动灯亮起，表明驾驶人发现行人并采取了转向及制动等应急措施想阻止本次事故的发生，但由于车速较快，双方躲闪不及最终导致碰撞发生。事故发生后，车辆驶出原有车道最终停于左侧车道内，行人在空中翻转1圈后落地。事故发生时为白天，天气晴朗，能见度佳，路面平坦、干燥。图6-1所示为碰撞瞬间人车相对位置。

图6-1 碰撞瞬间人车相对位置

6.1.2 事故现场重建

该案例主要根据视频重建事故现场，观看视频发现，全程仅有车辆、行人与路面三个对象参与到事故中，不涉及道路旁边的护栏等其余对象，因此利用Pc-Crash仿真软件内的“道路生成模块”生成一条4车道道路，每车道宽度约为3m。

6.1.3　模型建立

首先建立车辆模型，由于视频中无法清晰地看出车辆品牌标志，所以通过网络搜索一辆外观、大小与之匹配的 SUV，并利用 Pc-Crash 仿真软件内的测量工具对车身的长度、宽度、高度、轴距、轮距以及车头各参数进行测量，此处着重测量车头各参数，因为在人 - 车碰撞事故中对行人运动学响应影响最大的便是车头参数。本案例中事故车辆外形轮廓参数如图 6-2 所示。

行人模型通过 Pc-Crash 仿真软件内自带的假人模型获得。将合适的假人模型输入软件界面后，还需要依照实际情况对其身高、体重等参数值进行修改。通过观察视频并依据中国人体实际参数可将本案例中的行人身高设置为 170cm，体重设置为 60kg。修改完行人尺寸参数后，还需对其碰撞瞬间的姿态进行调整，使其尽可能与实际情况中的形态一致。行人碰撞瞬间的姿态通过反复与视频对比，最终将行人的侧视图调整为图 6-3 中的姿态。

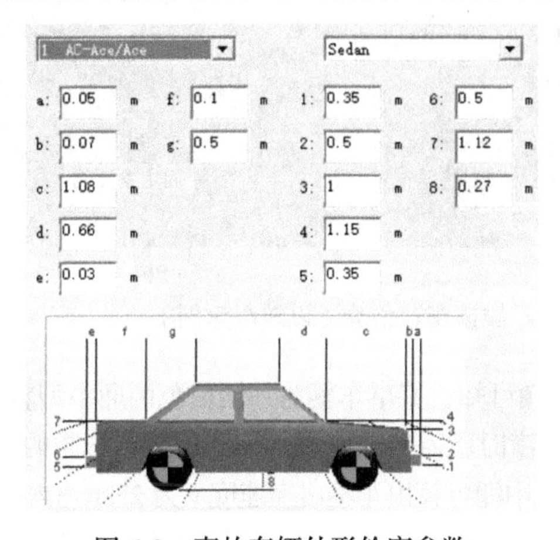

图 6-2　事故车辆外形轮廓参数

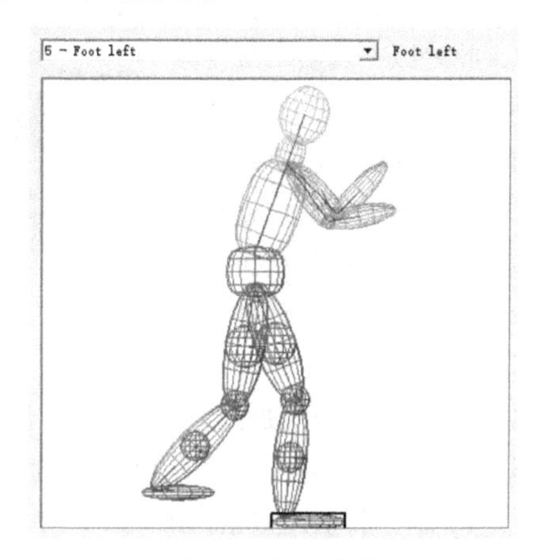

图 6-3　行人姿态

碰撞速度是事故再现过程中必不可少的一项参数，对于视频案例常用的碰撞速度的提取方法为逐帧分析法，现具体说明如下。

首先在视频中选取一个适宜的固定参照点，使用带有逐帧播放功能的视频播放软件对事故视频进行逐帧回放，记录车辆相对于该固定参照物行驶一定车位数时所使用的帧数，此时通过车位数及车身长度便能确定车辆行驶的总路程，再通过帧数以及视频帧率信息便可以确定车辆驶过该总路程所使用的时间，最终估算得出车辆在与行人发生碰撞前的车速。

车辆行驶总路程的计算公式为

$$S = LN \tag{6-1}$$

式中，S 为车辆行驶的总路程，单位为 m；L 为车身的长度，单位为 m；N 为车辆行驶的车位数。

行驶时间的计算公式为

$$T = n \times 1/n_e \tag{6-2}$$

式中，T 为车辆驶过距离 S 所需的时间，单位为 s；n 为车辆驶过距离 S 需要的帧数；n_e 为视频里 1s 需要的帧数（视频格式不同，其 1s 所需帧数也不同）。

最终车速的计算公式为

$$v = S/T \times 3.6 \tag{6-3}$$

式中，v 为碰撞速度，单位为 km/h；S 为车辆行驶总路程，单位为 m；T 为车辆行驶总时间，单

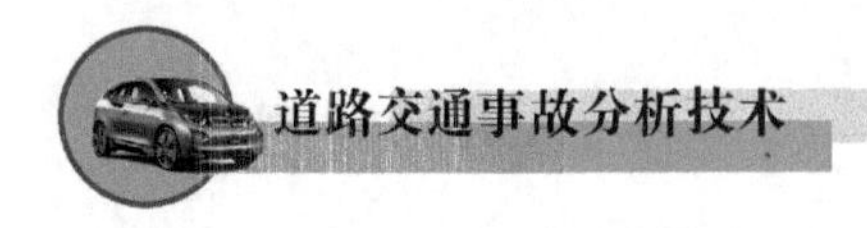

位为 s。

视频监控一般分为两种类型：一种是通过行车记录仪拍摄的随车辆运动的车载视频；另一种是固定在道路上各个路口的监控探头所拍摄的视频。车载视频一般可以直接记录车辆行驶速度以及车辆前方道路的细节方面，其内容较为微观；而后者由于固定在路口高处，可以记录某一片区域所有车辆的行驶状态以及道路交通情况，其视频内容更为宏观。当利用固定探头所拍摄的视频或者是肇事车辆以外第三方行车记录仪所拍摄的视频来估算肇事车辆的车速时，其中车位数涉及肇事车辆的车身长度。而肇事车辆的车型可以直接通过视频图像得知，几种常见车型的车身长度：小型轿车 3.65m、中型轿车 4.0m、大型轿车 4.8m、小型 SUV4.2m、中型 SUV4.6m、全尺寸 SUV5.0m。

为使读者对视频案例的碰撞速度提取方法有一个更为清晰的认识，此处以一真实事故视频为例演示车辆碰撞速度估算过程。如图 6-4 所示，在视频中选取一个较明显的物体或位置作为固定参照点，车辆在其车头到达固定参照物时开始对帧数计数，直至车身恰好驶离固定参照点时记录总的帧数，车辆行驶距离即一个车身长度。由视频可知，肇事车辆为一辆白色两厢中型轿车，则其车身长度 S 约为 4m，车辆行驶距离为一个车身长度时所需的总帧数 n=14，查看该视频的帧率信息可知 n_e=24，将上述数据代入式（7-1）~ 式（7-3）中即可算出车辆碰撞速度 v 为 25km/h。

$T=0$帧

$T=9$帧

图 6-4 碰撞车速估算（以轿车为例）

本次人 - 车事故视频案例采用逐帧分析法估算出车辆在事故发生前的行驶速度为 50km/h，由于在视频中可以明显观察到行人在事故发生前觉察到碰撞车辆，受到惊吓，处于迅速停止运动的应急姿态，因此行人的速度可以确定为 0km/h。

6.1.4 再现仿真

当各项参数都初步确定后，便可开始进行事故再现仿真。开始仿真时会发现仿真过程与实际情况非常不符，需要根据相差较大的地方调整对应的参数。例如，车辆制动距离相差较大，则需要调整车速及制动力等，行人碰撞后运动方向不一致，则需要调整人车初始相对位置等。此阶段需要反复多次地对人车初始相对位置、车辆的速度、行人的姿态以及制动过程等参数进行微调，以使得车辆运动过程及行人运动学响应与视频相吻合，同时保证车辆与行人最终停止位置尽可能与视频中一致。最终对仿真过程进行反复迭代优化后，当取车辆车速 50km/h，行人行走速度 0km/h，车辆制动系统协调时间 0.2s 时，所得仿真信息与视频中最吻合。图 6-5~ 图 6-8 给出了

图 6-5 仿真 0 时刻人车相对位置

视频与仿真过程中不同时刻的人车相对位置对比图，图 6-9 给出了车辆和行人的最终停止位置信息。

图 6-6　仿真 0.3s 时刻人车相对位置

图 6-7　仿真 0.89s 时刻人车相对位置

图 6-8　仿真 1.25s 时刻人车相对位置

图 6-9　仿真 2s 时刻人车相对位置

6.1.5 结果验证

从上述各时刻人车相对位置对比图可看出，仿真中的车辆行驶轨迹、行人运动姿态、行人空中翻转圈数、行人第一落地点、车辆及行人最终停止位置等都与视频中基本一致，表明该仿真较为成功。在保证事故痕迹在仿真中得以合理解释的同时，还需要对人体损伤进一步进行分析验证。

首先使用软件中的 Diagram 模块导出行人的头部加速度曲线，通过 MATLAB 软件编程对头部加速度曲线进行转换，得到 HIC15 曲线（图 6-10）。在 0.095s 时刻头部加速度为 1 456.53 m/s^2，HIC15 值为 1 399，所受碰撞力为 6 114.19N，在这一时刻，行人头部与车辆撞击，此为行人头部在整个事故过程中受到的最大冲击力，意味着行人头部伤害主要来源于与车辆的撞击；当时间为 0.12s 时，头部加速度达到 789.94 m/s^2，HIC15 值为 378.9，受到的碰撞力为 3 106.22N，此时为行人与地面撞击的时刻。从上述分析可知，行人是在与车辆碰撞过程中，头部损伤超过其耐受极限最终导致死亡，与新闻报道中的情况相符，说明重建成功。

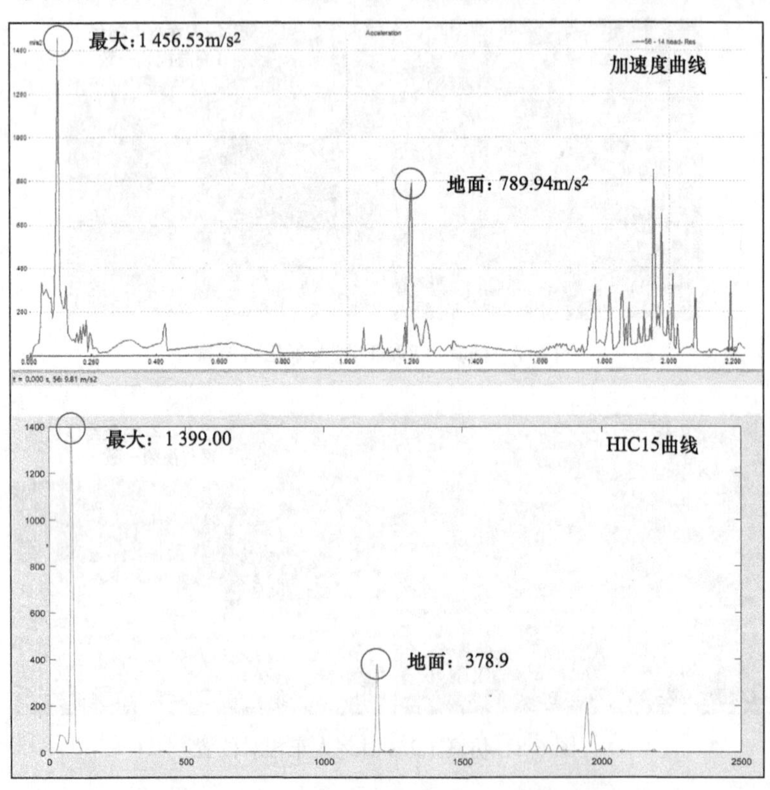

图 6-10 头部加速度曲线及 HIC15 值曲线

6.2 车 – 车碰撞事故再现

6.2.1 事故简介

2011 年某日晚上 23:30 左右，一辆在高速公路上行驶的出租车（2004 Jetta，后称其为甲车）由北向南行驶穿过道路间的隔离带欲进行掉头，被一辆由西向东行驶的奔驰车（2010 Mercedes-

Benz S65 AMG，后称其为乙车）撞击其右侧中后部位。碰撞发生后，甲车发生顺时针旋转并向东滑移，并且在滑移的过程中与道路南面的护栏发生了三次碰撞，与北侧的护栏发生了一次碰撞，最后停在离两车碰撞位置 48.7m 远的地方。乙车在与甲车碰撞后继续向东运动，也与南侧护栏发生了一次碰撞，最后停在甲车东侧 21.6m 远的地方。事故发生路段为干燥且平坦的直路，没有路灯，其事故现场图如图 6-11 所示。甲车产生严重变形，其受损情况如图 6-12 所示；乙车头部产生变形，其受损情况如图 6-13 所示。

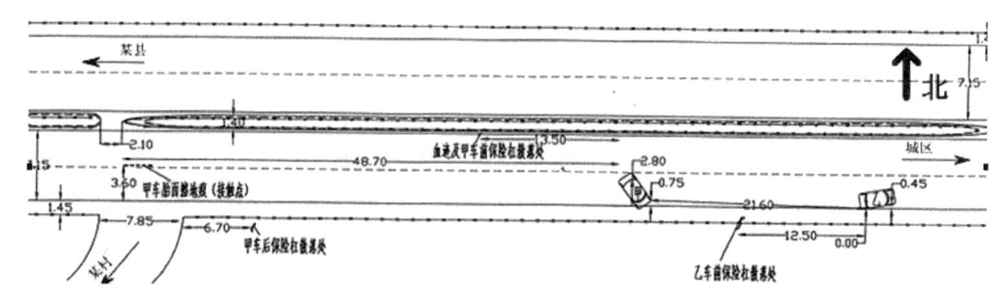

图 6-11　事故现场图

a）右侧受损情况

b）左侧受损情况

图 6-12　甲车受损情况

a）车头受损概况

b）车头受损细节

图 6-13　乙车受损情况

6.2.2　事故现场重建

警方在事故勘查中已对该事故绘制了事故现场草图，因此可以利用绘图软件按照事故现场草图对该事故现场图进行绘制，绘制完成后将图片按照相应的比例导入 Pc-Crash 软件中，然后利用 Pc-Crash 软件绘制护栏等立体环境。重建后的事故现场（二维视图）如图 6-14 所示。

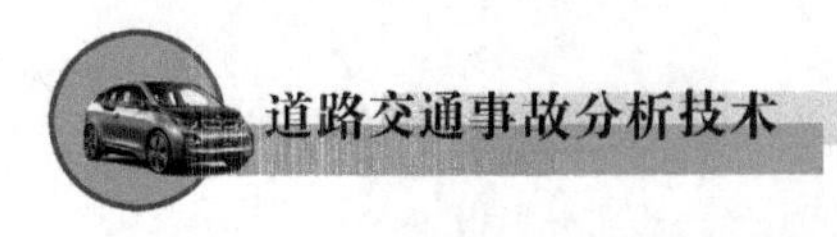

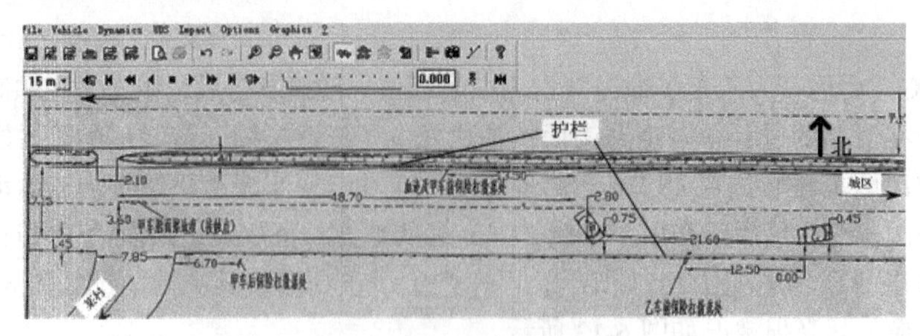

图 6-14　重建后的事故现场（二维视图）

6.2.3　车辆仿真模型创建

由于该事故案例的事故车辆在 Pc-Crash 软件的车辆数据库中都能找到，所以直接将车辆调入即可，同时还可以调入车辆的 DXF 模型使得仿真的三维效果更为逼真。事故车辆模型及事故现场的三维效果如图 6-15 所示。

图 6-15　事故车辆模型及事故现场的三维视图

6.2.4　再现仿真

首先仿真两车的碰撞，根据图 6-12 和图 6-13 所示的两车损坏痕迹，结合路面痕迹等有效信息将两车摆放在相应的碰撞位置，并调整成合理的接触方向和接触位置（图 6-15），定义此刻为仿真的 0 时刻。根据事故现场勘查所采集的信息输入合适的仿真参数，根据道路痕迹定义仿真车辆碰撞后的驾驶路径，然后开始进行碰撞仿真，并且利用 Pc-Crash 软件的优化计算器进行优化计算。当仿真的车辆碰撞及碰撞后的运动状态与实际情况相吻合时，则认为这个碰撞仿真成功了，若不吻合，则重新开始，不断地调整车辆的位置、碰撞位置、碰撞速度等仿真参数，直至仿真结果与实际情况吻合。在车辆碰撞的仿真完成后，对车辆碰撞前的运动进行仿真。先锁定之前的碰撞仿真回到 0 时刻，然后采用运动学仿真的方法将两车的运动状态从 0 时刻往前推 1~2s 则可获得碰撞前的运动，至此两车碰撞事故仿真完毕，其结果（二维视图）如图 6-16 所示。

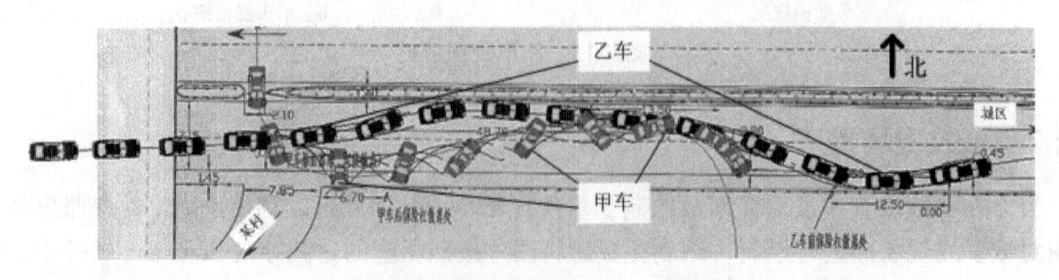

图 6-16　完整事故仿真结果（二维视图）

6.2.5 仿真结果分析与验证

当仿真结果与现场信息有效地吻合之后，得到仿真中甲车的碰撞速度为 15km/h，乙车的碰撞速度为 110km/h，甲车的 EES（Equivalent Energy Speed，能量等效速度，在 Pc-Crash 中表示能量损失）值为 54.72km/h，乙车的 EES 值为 40.78km/h。根据甲车的 EES 值，在 EES 数据库中找到 EES 值与之相近的损坏车辆（图 6-17），该车的损坏情况与甲车的实际损坏情况十分接近；根据乙车的 EES 值，在 EES 数据库中找到 EES 值与之相近的损坏车辆（图 6-18），该车的损坏情况与乙车的实际损坏情况十分接近。仿真中，甲车与南侧护栏发生了三次碰撞，其碰撞位置与现场痕迹十分吻合，在三次碰撞中，有两次是车尾与护栏接触，这与事故现场甲车后保险杠掉落位置相符；甲车在南侧碰撞完后往道路北侧驶去，并与北侧护栏发生一次碰撞，其碰撞位置与前保险杠掉落位置接近。综上分析，可以认为此次仿真是成功的，两车碰撞事故的再现结果是客观、可靠的。

图 6-17 正碰车辆 EES 情况（Mercedes）

图 6-18 侧碰车辆 EES 情况（Jetta）

6.3 车－两轮车事故再现

6.3.1 事故简介

一辆载有甲乙两人的无牌摩托车自南向北行驶，途经某十字路口时因违反交通信号指示灯与一辆由东往西正常行驶的面包车相撞，造成摩托车上甲乙两人一死一伤及车辆受损的交通事故。在对事故现场勘查后发现，肇事面包车的前保险杠已经脱落，左侧车门有刮擦痕迹，驾驶人前部的 A 柱已经严重变形且留有血迹，风窗玻璃及左侧前照灯已经破裂，对面包车驾驶人进行酒精测试后发现其醉酒驾驶。事故摩托车上两人均未佩戴安全头盔。尸检报告结果显示，死者主要是因为头部受到车辆撞击而导致的颅脑损伤并失血性休克死亡，其右侧下肢已经完全骨折，伤者身体表面则多处擦伤。

6.3.2 事故现场重建

由于事故发生在十字路口且路面平整，可将事故现场图直接导入软件，依据真实的道路及车辆尺寸对其进行缩放即可重建事故现场，如图 6-19 所示。

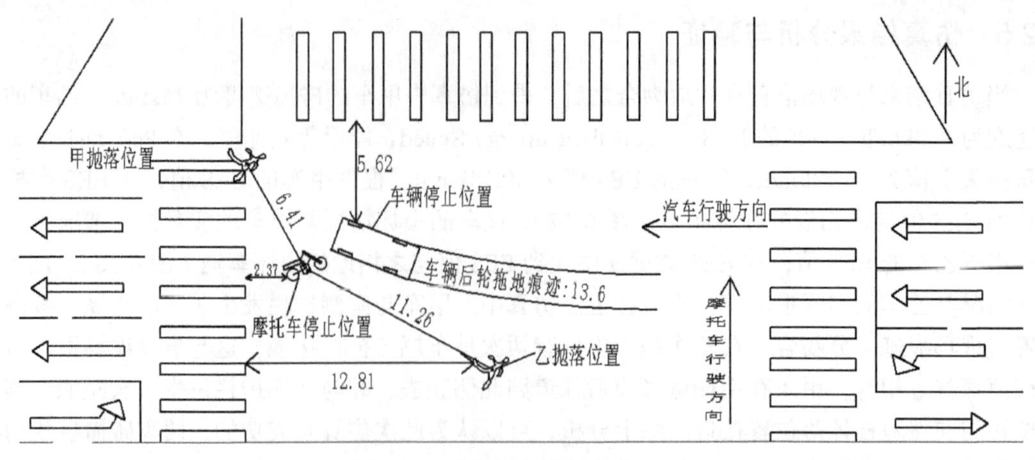

图 6-19　事故现场图（单位：m）

6.3.3　面包车和摩托车 - 骑乘人员模型重建

从 Pc-Crash 中调用多刚体摩托车及骑乘人员和车辆模型，根据当事人甲乙的体型特征和事故摩托车的外形尺寸及车重，对其相关参数适当地进行调整，骑乘人员的身高和体重分别为 168cm 和 69kg；摩托车的长、宽、高和质量分别为 2 055mm、730mm、1 050mm 和 130kg；调取厢式车经适当缩放后模拟本案例中的肇事面包车，其长、宽、高和车重分别设置为 4 500mm、1 615mm、1 900mm 和 1 370kg。

6.3.4　仿真结果

设定好上述相关参数后，通过反复地调整两车的碰撞速度、相对位置、制动减速度，最终发现当肇事面包车碰撞速度为 47km/h、摩托车行驶速度为 18km/h 且面包车左前端碰撞摩托车右侧车体时，仿真中的各类痕迹及事故参与者的停止位置与真实事故中的遗留信息最为吻合，仿真结果如图 6-20 所示。

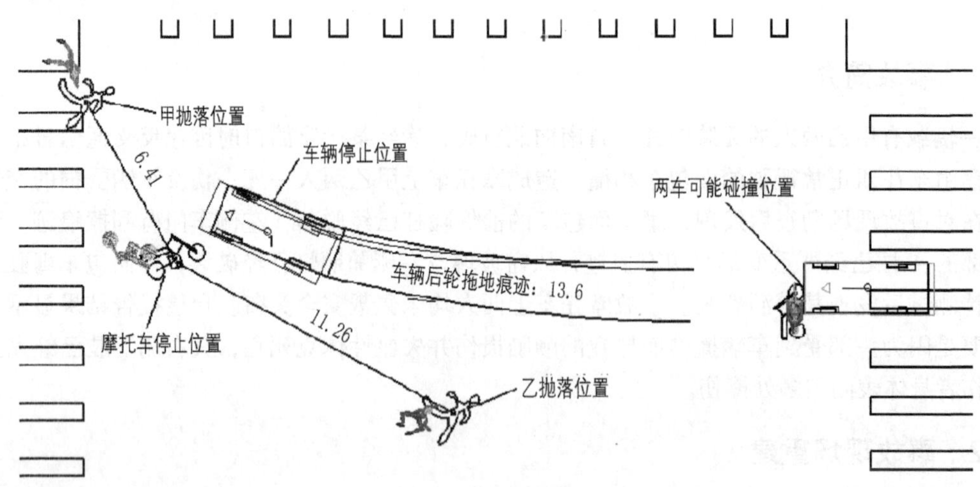

图 6-20　Pc-Crash 仿真结果（单位：m）

6.3.5 结果的有效性分析及验证

表 6-1 给出了摩托车及骑乘人员抛距的仿真结果与实际情况的对比，摩托车及骑乘人员抛距的仿真结果与实际距离误差为 5% ~ 9%，故可认为该仿真结果能够较好地反映真实事故的情况。

表 6-1 摩托车及骑乘人员抛距的仿真结果与实际情况的对比 （单位：m）

参数	骑车人抛距	后座乘员抛距	摩托车抛距
实际距离	27.42	13.53	23.32
仿真结果	28.82	14.35	25.21
误差	5.11%	6.06%	8.10%

图 6-21 所示为仿真中骑车人和后座乘员的头部合成加速度随着时间的变化曲线。如图 6-21 所示，约在 t = 75ms 时，骑车人头部合成加速度达到峰值，其最大值约为 748.62m/s²，输出的头部 HIC15 值为 1 071.84，已经超出了头部损伤的安全界限 HIC15 = 700；在 t = 105ms 时，摩托车后座乘员的头部加速度达到峰值，其最大值约为 465.2m/s²，此时后座乘员输出的头部 HIC15 值为 652.13，其值低于头部损伤的安全界限 HIC15 = 700。

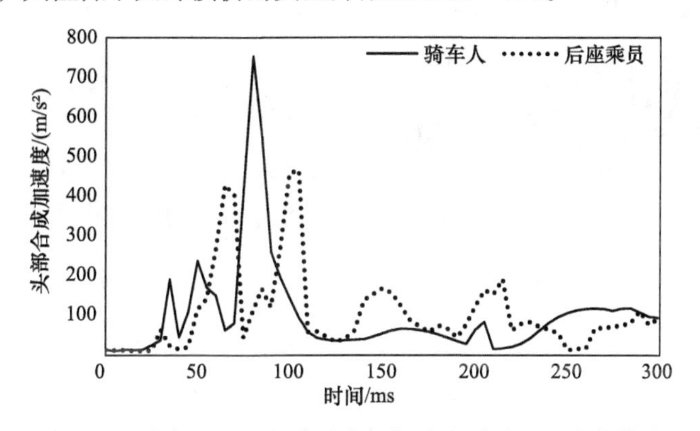

图 6-21 骑车人和后座乘员头部加速度随时间的变化曲线

图 6-22 分别给出了 t = 75ms 和 t = 105ms 时仿真的三维视图与车辆实际受损情况的对比。如图 6-22a 所示，在 t = 75ms 时，由于摩托车骑车人的头部直接与车辆前风窗玻璃靠近左侧 A 柱发生碰撞，导致骑车人遭受严重的头部损伤（HIC15 = 1 071.84）及风窗玻璃破裂和 A 柱的变形（图 6-22b）；如图 6-22c 所示，t = 105ms 时，后座乘员的头部并未直接与车辆前风窗玻璃及 A 柱发生碰撞，而是与车辆驾驶人侧车门发生刮擦，所以并未造成致命的头部伤害。此外，与后座乘员相比，由于骑车人撞击侧下肢在碰撞时受到车辆前端和摩托车右侧车体之间的相互挤压，导致其右下肢股骨和胫骨骨折，而后座乘员下肢并未受到严重伤害。

表 6-2 给出了骑乘人员各主要部位损伤参数的仿真结果及损伤推断，仿真结果显示，摩托车骑乘人员的损伤情况因在碰撞时相对位置的不同而存在较大的差异，骑车人因受到车辆的正面冲击导致头部等主要部位的损伤均已超过其安全界限，后座乘员在事故中由于与车辆侧面接触导致其身体表面多处擦伤，但并未超过其安全界限。

a）$t = 75$ms，骑车人头部和车辆碰撞

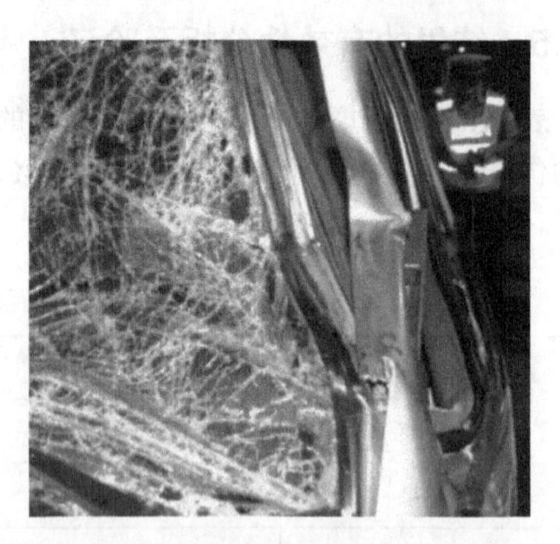

b) 车辆风窗玻璃及 A 柱实际受损情况

c）$t = 105$ms，后座乘员头部和车辆接触

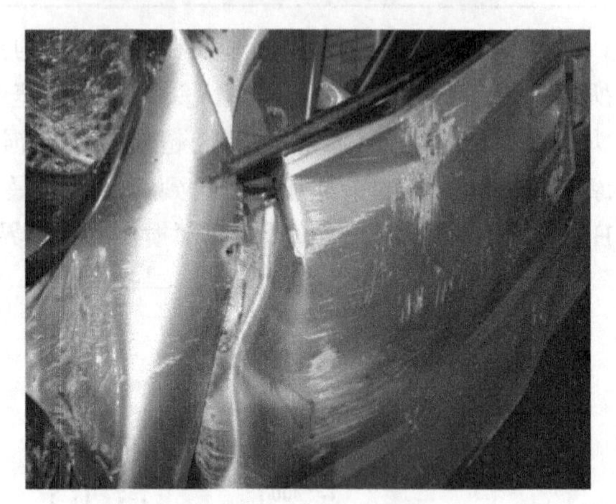

d）车辆驾驶人侧车门刮擦痕迹

图 6-22　骑乘人员头部分别与车辆接触时的仿真动画与车辆实际受损情况的对比

表 6-2　仿真结果及损伤推断

损伤部位	仿真结果		安全界限	损伤推断
头部	骑车人	1 071.84	HIC15 ≤ 700	骑车人头部受到致命伤害；乘员头部未受致命伤害
	后座乘员	652.13		
胸部	骑车人	63.29	胸部 3ms 合成加速度≤ $60g$	骑车人胸部受到严重伤害；乘员胸部未受严重伤害
	后座乘员	31.27		
撞击侧大腿	骑车人	7 831.50	股骨耐受极限 6.3kN	骑车人撞击侧大腿股骨骨折；乘员撞击侧股骨未骨折
	后座乘员	3 582.64		
撞击侧小腿	骑车人	6 522.12	胫骨耐受极限 4kN	骑车人撞击侧小腿胫骨骨折；乘员撞击侧胫骨未骨折
	后座乘员	2 335.72		

由上可知，事故中的人体损伤、人车停止位置、路面及车辆相关痕迹等在仿真中均能得到合理的解释，说明该事故再现成功。

6.4 单车事故再现

6.4.1 事故简介

在奥地利某座城市的一个傍晚，有一辆雷诺车因驾驶人操作失误而发生侧滑，在侧滑到对向车道上时，与奥迪车发生碰撞，导致人员伤亡和财产损失的事故。事故发生地点是一段平坦、干燥的道路且近似为直路，图 6-23 给出了该案例的事故现场示意图，而在该案例中事故参与者等相关照片可参阅图 6-24 和图 6-25。图 6-23 中的标记信息如下，PP7 处所做的标记“×”至另外一个标记“B25”中“B”处的距离为 22m，事故后两车的变形如图 6-26、图 6-27 所示。

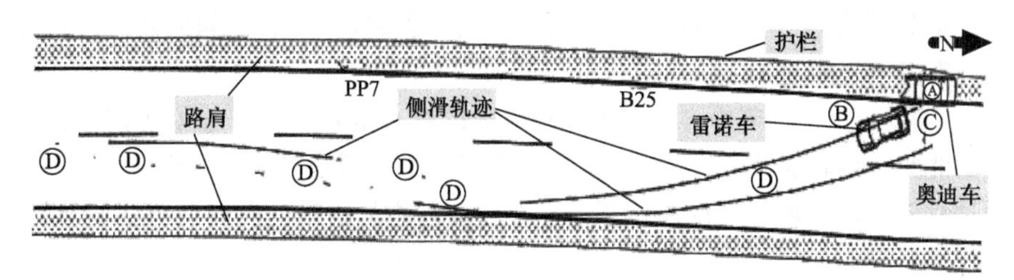

图 6-23 事故现场示意图

图 6-24 事故现场概览

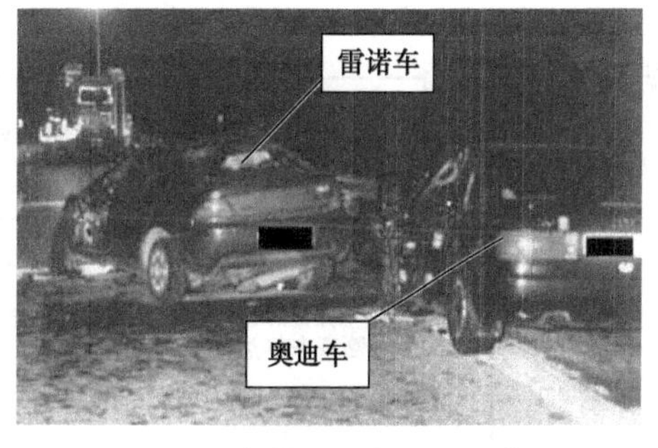

图 6-25 事故后两车的相对位置

图 6-26 奥迪车变形情况

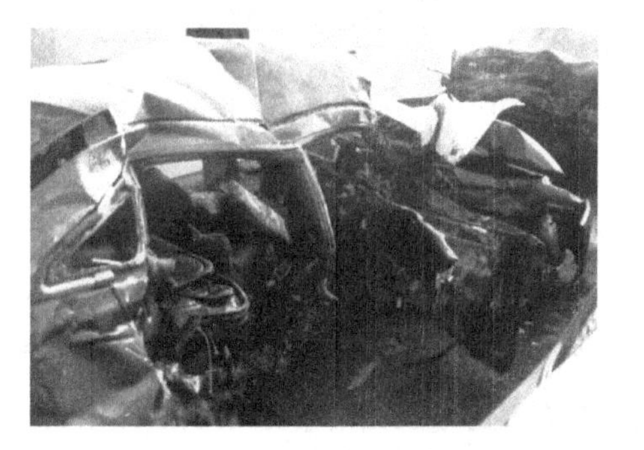

图 6-27 雷诺车变形情况

6.4.2 单车事故再现流程

就目前而言，为仿真车辆侧滑事故，常规的方法是，从事故发生开始时刻再现，即通过

Pc-Crash 软件内的 Sequences 菜单设置车辆不同运动时刻的制动、转向等参数，并选择让软件自动判断碰撞，然后大量、反复地仿真，直到仿真结果与实际事故中的痕迹尽可能吻合为止。

这一做法自然是可行的，但其存在两个方面的缺陷：其一，在对这一过程进行仿真时，需要同时控制所有事故参与者的碰撞位置、速度、角度、转向以及能力损失（Pc-Crash 内可用 EES 表示）等参数，可想而知难度是巨大的，需要花费大量的人力、物力才有可能找到一个与实际情况相互吻合的仿真；其二，在碰撞事故中，事故参与者的变形对于判断事故中事故参与者的能力损失以及在碰撞过程中事故参与者之间的相对位置具有巨大的价值，而在此种方法中，这一重要的信息很难得到全面、客观的利用。

注意到 Pc-Crash 软件提供了一个"重新定义新仿真"的命令，完全可以考虑分步对事故进行再现分析，即先仿真事故车辆的侧滑过程，然后再对事故参与者之间的碰撞过程进行仿真，具体的分步再现流程图如图 6-28 所示。

由图 6-28 可以看出，本节中再现车辆侧滑事故的核心是分步。即先再现车辆侧滑阶段事故参与者的运动情况，然后定义新仿真，接着再现车辆与其他事故参与者的碰撞。需要说明的是，这样的一个过程至少需要循环几次才能获得一个较为理想的结果，而非在仿真前就能获得理想的再现结果。

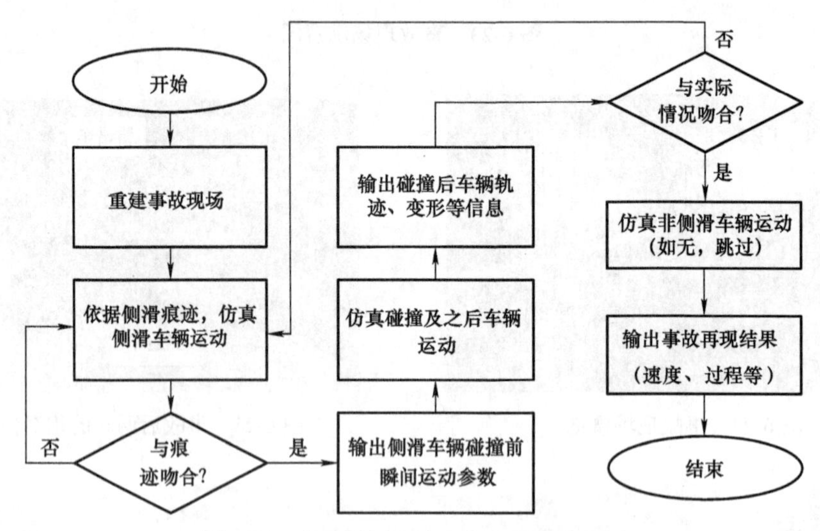

图 6-28　车辆侧滑事故的分步再现流程图

6.4.3　事故分析

根据车辆侧滑事故再现流程图 6-28，为了能够顺利再现本节中的车辆侧滑事故案例，需要先再现事故现场，再对雷诺车的侧滑运动进行再现，然后则是再现雷诺车与奥迪车的碰撞过程，最后补充奥迪车在雷诺车侧滑时间段内的运动过程。

6.4.4　事故现场重建

本案例事故发生路段为平坦、干燥的道路，且事故现场道路主体为直路，因而仅需在 Pc-Crash 中建立一条平坦的道路即可满足仿真的需要。通过将事故现场示意图（图 6-23）直接导入到 Pc-Crash 中，然后根据该图中两点间的实际距离 22m 对事故现场示意图进行缩放，则可以非常简单地建立起二维的事故现场。注意到本案例中护栏也为事故参与者，因而在建立事故现场过程中需要建立护栏模型，则可在Pc-Crash中调入“墙”的模型后按照护栏的参数进行修改，就能建立事故中所需的护栏模型；考虑到视觉效果，在护栏周边建立行道树模型。至此，一个美观的三维事故现场建立完毕，如图6-29所示。为产生更好的视觉效果，再在图6-29基础上通过Pc-Crash自带“Edit DXF Drawing”工具即能建立平坦道路路面模型，其效果图如图6-30所示。最后需要制定路面的摩擦系数，注意到事故现场干燥，将车路间摩擦系数的值设为0.8，至此，满足实际需要的事故现场再现完毕。

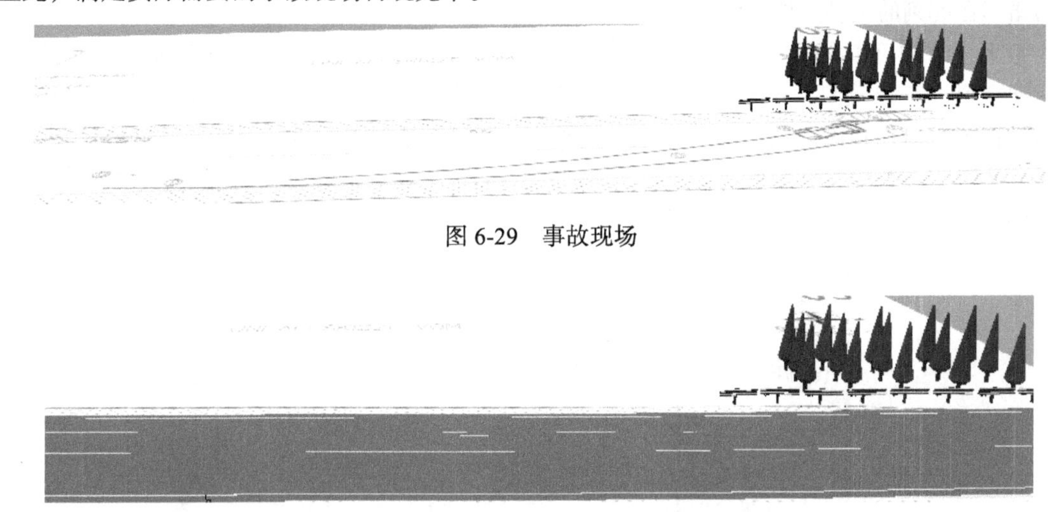

图6-29　事故现场

图6-30　平坦道路路面模型的效果图

6.4.5　再现车辆侧滑运动

在获得客观的事故现场后，即可以开始对雷诺车的侧滑运动进行再现。借助Pc-Crash软件，选择与事故车辆相近的车，然后对相关参数进行修改后，即能建立事故车即雷诺车的模型，接着利用驾驶模型控制雷诺车的运动轨迹，选择动力学仿真模式，在通过反复调整雷诺车的车速以及其指定运动轨迹后，直至获得与实际轨迹尽可能吻合的轨迹位置。在该案例中，最终发现，当雷诺车的车速为101km/h，且运动轨迹如图6-31所示时，仿真中所遗留的痕迹与实际情况最为吻合。在图6-31中，仿真时间为2.88s，通过该图可以发现，此仿真是能够客观反映实际情况的，所得的结果是客观与可信的。

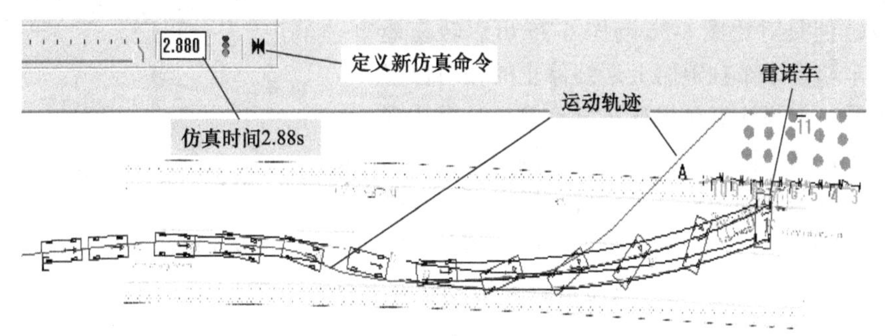

图6-31　仿真过程中雷诺车的运动轨迹

6.4.6 再现车 - 车碰撞过程

当雷诺车的侧滑运动被成功仿真后，接下来要做的主要工作就是对雷诺车与奥迪车的碰撞过程及碰撞后两车的运动情况进行仿真。

该案例中，发现当仿真时间为 2.88s 时，侧滑的雷诺车能够运动到碰撞区域，此刻雷诺车的运动状态参数在图 6-32 中给出，图中 C.G.Location 表示雷诺车此刻的重心位置，而 Velocity 则表示雷诺车此刻行驶的速度与方向，Heading 则表示该车车头的朝向，至于 Ang.Velocity 则表示雷诺车在此刻的运动角加速度。

接下来，则可以利用软件 Pc-Crash 中自带的一个命令“定义新仿真”重新定义一个仿真，然后建立奥迪车的模型，并根据奥迪车与雷诺车车辆变形之间存在的宏观关系，通过对奥迪车的碰撞位置、碰撞角度以及相关的碰撞摩擦系数、恢复系数等参数进行微调（此处要特别强调的是，此时雷诺车的所有参数均不能有任何形式的改动），将它们的位置调整到最符合碰撞发生时刻的位置。

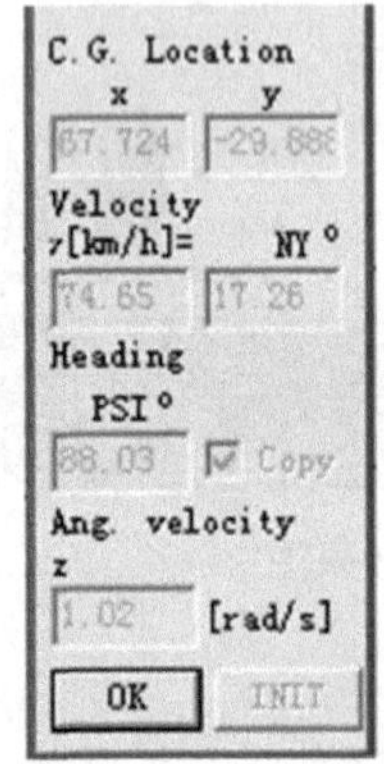

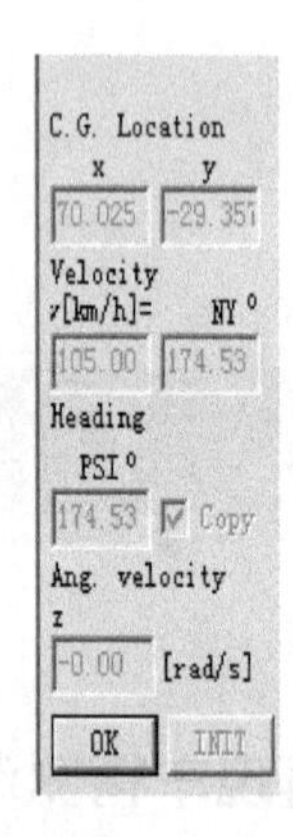

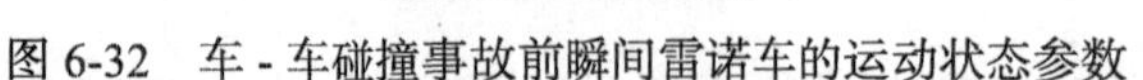

图 6-32 车 - 车碰撞事故前瞬间雷诺车的运动状态参数

图 6-33 奥迪车的运动状态参数

在该案例中，发现当选取奥迪车运动状态相关参数如图 6-33 所示的时候，所得的结果与实际情况最为吻合。再现仿真中，雷诺车与奥迪车相撞瞬间的相对位置如图 6-34 所示。碰撞后两车的停车位置通过图 6-35 与图 6-36 给出，其中图 6-35 为二维视图，图 6-36 为三维视图。通过这两个图发现，图 6-35 中雷诺车并没有完全停止于事故现场图中所给出的停车位置，但是对比图 6-36 与图 6-25 可以轻易地发现，奥迪车与雷诺车在道路上最终停止的相对位置是非常接近的，如果注意到奥迪车准确停止于事故现场图中的停止位置，则有理由相信此案例中两车都停止于与实际情况非常吻合的停车位置。最后再来看碰撞过程中的 EES 值，仿真中雷诺车的 EES 值是 73.76km/h，而奥迪车的 EES 值是 69.63km/h，并借助奥地利 DSD 公司（即开发事故再现仿真软件 Pc-Crash 的公司）所提供的 EES 数据库中类似的车辆变形图片进行对比（图 6-37 与图 6-38），可以说，仿真中的 EES 值是能导致图 6-26 与图 6-27 那样的车辆变形情况的。

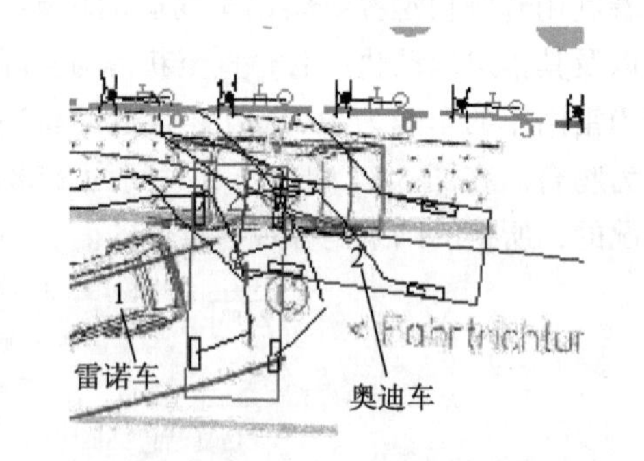

图 6-34 碰撞前奥迪车与雷诺车的相对位置

至此可以得出结论，关于车 - 车碰撞事故的仿真是成功的，仿真结果能够反映真实事故发生的情况。

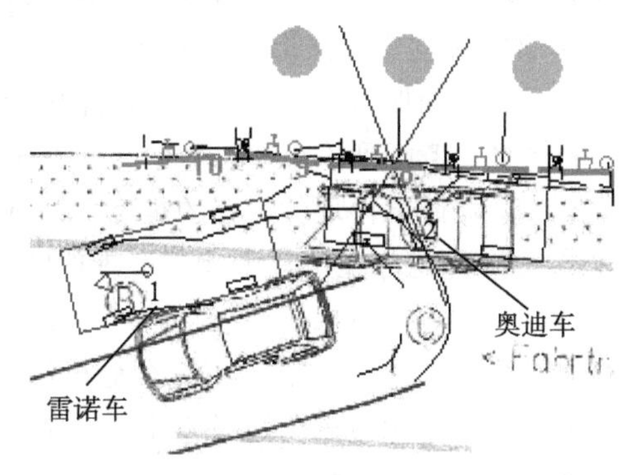

图 6-35　奥迪车与雷诺车的最终位置（二维视图）

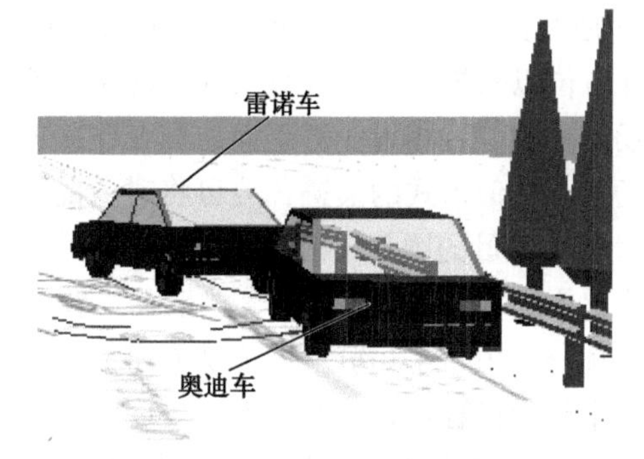

图 6-36　奥迪车与雷诺车的最终停止位置（三维视图）

图 6-37　当 EES 值为 63.67km/h 时的车辆变形图（雷诺车，侧面碰撞）

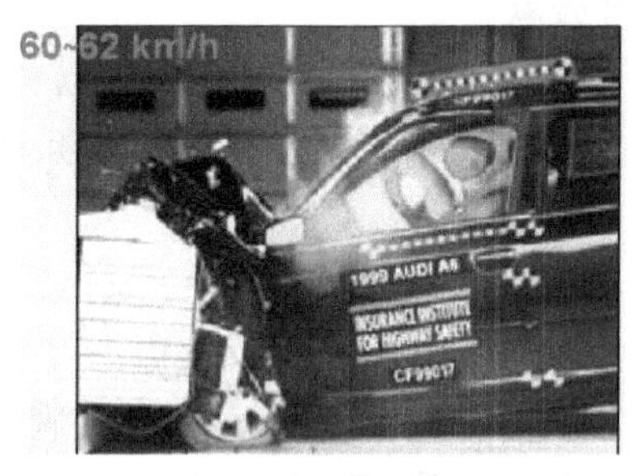

图 6-38　当 EES 值为 60~62km/h 时的车辆变形图（奥迪车，正面碰撞）

6.4.7　再现奥迪车碰撞前的运动过程

在图 6-33 中给出了奥迪车碰撞前一瞬间的相关运动参数，借助这些参数以及 Pc-Crash 软件内所提供的驾驶模型，采取运动学的仿真再现方法，则能够顺利地完成对于奥迪车碰撞前运动过程的再现。考虑到在碰撞前雷诺车也运动了 2.88s，为了能够获得同一时刻的仿真再现结果，则需要将奥迪车在碰撞前的运动时间也设置为 2.88s，此刻奥迪车的位置在图 6-34 中给出。

在该案例中，注意到事故现场图中并未给出奥迪车在道路上留下的任何痕迹，故使得仿真变得更为简单，仅需将其车速设定为恒定的 105km/h 即可，碰撞前两车的运动过程如图 6-39 所示。在这一部分仿真中，还可以进一步结合道路的线性以及奥迪车的运动轨迹，对路段的交通安全进行深入的分析与研究；也可以将碰撞前雷诺车的侧滑运动以及奥迪车的行驶过程和车辆碰撞过程与碰撞后两车运动的仿真再现情况合并成一个视频，以形成良好的交通安全教育素材。但是这两个部分均非本章的主要研究内容，故此处省略。

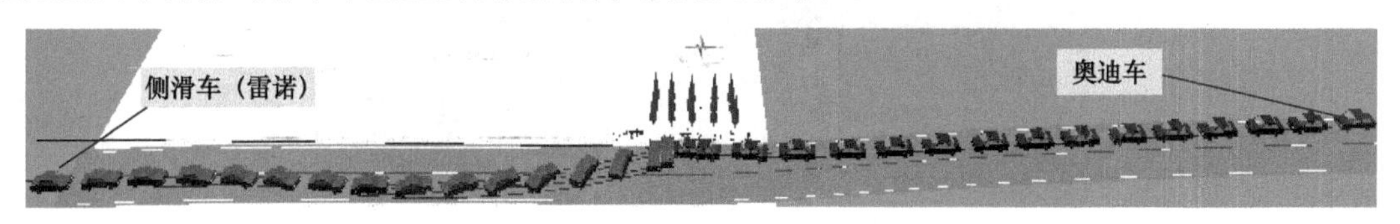

图 6-39　事故发生瞬间两车相对位置

6.4.8 结果分析

分析上述事故再现过程可以发现，借助分步的方法对该案例进行再现，可以容易地使得雷诺车的侧滑运动轨迹与现场图中的痕迹吻合；在车 - 车碰撞过程中，又保证了两车碰撞位置、碰撞方位以及能量损失等与实际情况尽可能一致；最后还能够确保再现仿真中两车停止位置与现场图中的位置相近。对于奥迪车在碰撞前运动过程的仿真，考虑到该车在碰撞前并未在事故现场留下任何形式的痕迹，故可将碰撞前车速设为恒定，这降低了再现此过程的难度。仿真完成后通过大量的图片、痕迹比对，认为实际事故中的各类痕迹均能在仿真中找到合理的解释，说明此仿真能够反映真实的事故情况，事故再现结果的客观性与可信性是有保障的。

此外，由于采用分步的方法对事故进行再现，故与传统再现方式相比，再现过程中不需要对整个仿真过程进行控制，不需要同时调整多个事故参与方的碰撞参数（如碰撞速度、碰撞角度等）；仅需控制各分步过程（单车侧滑过程、车 - 车碰撞过程）中事故参与方的痕迹与现场痕迹的吻合程度即可。这在保证再现结果可靠性的前提下，大大降低了再现结果的难度，提高事故再现的效率。

6.5 复杂多形态耦合案件再现

6.5.1 事故简介

2020 年某日傍晚时分，一辆哈弗牌小轿车（型号为 CC6450UM09）沿某条道路自西向东行驶的过程中，车辆前部与前方同向行驶的电动自行车尾部发生碰撞，随后电动自行车又先后与路上同向行驶的自行车、停驶共享单车相撞。事故造成电动自行车骑车人（女）全身多处骨折，颅脑严重损伤当场死亡；自行车骑车人（男）受轻伤，车辆变形损坏。事后，据估计汽车在事发前的行驶速度为 100km/h，事发路段为平坦、干燥的道路，道路右侧有一高出地面 0.3m 的人行道（图 6-40）。各事故参与方的详细信息见表 6-3。

图 6-40 事故现场概况

表 6-3 事故参与方详细信息

项目	事故参与方	详细信息
外廓尺寸（长 × 宽 × 高）/mm	汽车	4 549 × 1 835 × 1 700
	电动自行车	1 623 × 625 × 1 000
	自行车	1 750 × 700 × 970
	共享单车	1 600 × 600 × 1 000
	电动自行车骑车人	1 660（身高）
	自行车骑车人	1 780（身高）
质量 /kg	汽车	1 650
	电动自行车	41.6
	自行车	15
	共享单车	12
	电动自行车骑车人	60（体重）
	自行车骑车人	60（体重）
最终停止位置与碰撞位置间距离 /m	汽车	90.5
	电动自行车骑车人	61
	电动自行车	36
	自行车骑车人	4.2
	自行车	10
损伤记录	电动自行车骑车人	胸部多根肋骨骨折；左、右下肢多处骨折；颅脑严重损伤，当场死亡
	自行车骑车人	左大腿有淤青，右肩、右大腿及背部出现擦伤

6.5.2 复杂多形态耦合事故重建流程

复杂多形态耦合碰撞事故是多事故参与方、多碰撞过程以及多碰撞次数类型事故的统称。相比于单车、车 - 人、车 - 两轮车等单一碰撞过程事故，复杂多形态耦合事故所涉及的碰撞次数及事故参与方均更多，碰撞过程及现场各类事故痕迹极其复杂。若采用传统的重建方法再现此类事故，则需要从碰撞初始位置开始一次性重建整个事故过程，难度极大，原因有三：其一，人体等多刚体模型会因重力作用而实时改变其姿态，当车运行到第二个及之后的多刚体时，其相应的姿态已经发生较大的改变，故无法准确甚至不能仿真车 - 多刚体碰撞；其二，需同时调整各事故参与方的初始参数（碰撞速度、碰撞角度、方位等），耗时耗力且效果不佳；其三，过多的多刚体模型不仅会减慢仿真速度，还会显著增加仿真出错的概率。

鉴于此，为降低再现难度并保证再现结果的可靠性，提出了基于 Pc-Crash 的复杂多形态耦合事故分步再现方法，即先将多形态耦合碰撞事故划分为多个仅包含两个事故参与方的单一碰撞过程，再按照碰撞的先后顺序依次对事故进行单刚体和多刚体仿真重建，保证仿真与现场痕迹一致后，再验证事故中的人体损伤来确保仿真结果的可靠性。复杂多形态耦合事故再现流程如图 6-41 所示。

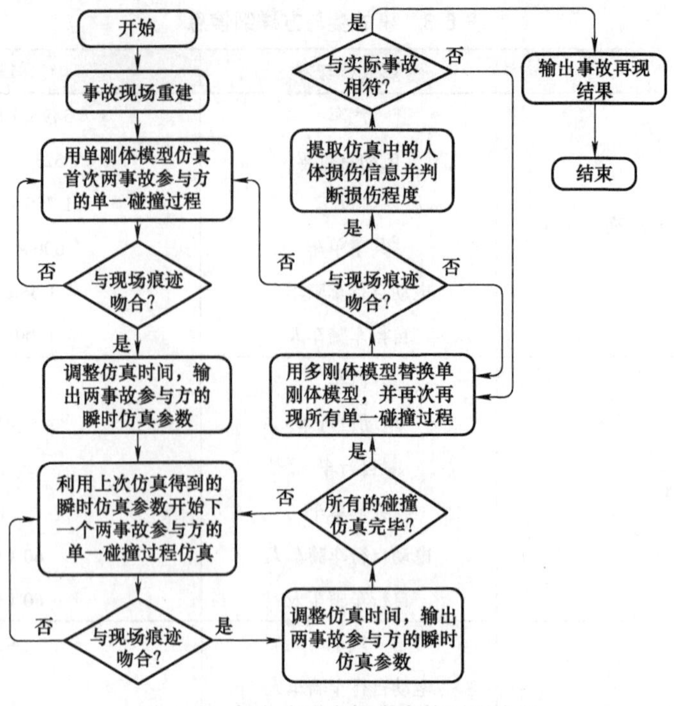

图 6-41　复杂多形态耦合事故再现流程

6.5.3　事故现场重建

因事故发生在平坦的道路上，加之有绘制好的事故现场图（图 6-42a），故采用拖入图片法重建事故现场，即将现场图拖入工作区中，按照图中所标注的尺寸缩放比例即可。而对于道路右侧的人行道，用 Pc-Crash 的 Edit DXF Drawing 模块中的 Triangulate Selected 工具来重建。需注意的是，图 6-42b 中同时导入多个事故参与方单刚体模型的目的是未来还原三维事故现场，与仿真过程无关，后续继续按图 6-41 的流程来重建事故现场。

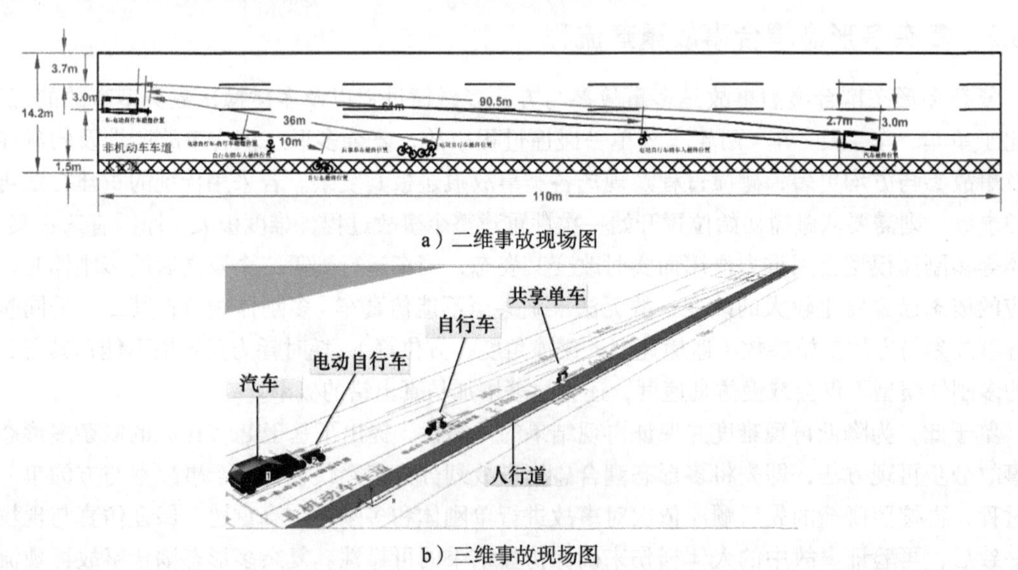

a）二维事故现场图

b）三维事故现场图

图 6-42　事故现场图

6.5.4 事故分析及解耦

综合案情简介和事故现场图所提供的信息，认为事故中汽车先与电动自行车发生追尾碰撞，巨大的撞击力使电动自行车在向前运动的过程中又先后与道路上同向行驶的自行车和停驶的共享单车发生碰撞。采用分步再现的方法，需将此事故过程划分为车 - 电动自行车碰撞、电动自行车 - 自行车碰撞和电动自行车 - 共享单车碰撞三个过程；前两个过程采用单刚体模型再现后，需再利用相应的多刚体模型对电动自行车和自行车单刚体模型进行替换来获得仿真中骑车人的损伤信息，并与实际情况进行对比来验证仿真结果的可靠性，而电动自行车 - 共享单车碰撞阶段无骑车人参与，不需替换操作。

6.5.5 车 - 电动自行车碰撞过程单刚体模型再现

导入汽车和电动自行车单刚体模型并据表 6-3 修改相应的模型参数，对于汽车，需依据其品牌型号查询事故车辆的外观侧视图并测量其详细的外观尺寸，再在 Vehicle Shape 界面内修改相应的参数使仿真车辆外形与实际车辆外形一致（图 6-43）。因首次碰撞后电动自行车会继续与自行车和共享单车发生碰撞，这显著影响了电动自行车的运动轨迹，而此处暂未导入自行车及共享单车的单刚体模型，故该次碰撞仿真中电动自行车的停止位置与现场图不符是正常的。汽车在整个事故过程中只与电动自行车发生碰撞，故首次碰撞重建结果以汽车的最终停止位置为标准，对于电动自行车保证碰撞后的运动方向正确即可。将汽车与电动自行车移动到现场图中的碰撞位置（图 6-44a），在 Position & Velocity 界面下设置碰撞速度，在 Sequences 界面下设置减速度及减速时间，在 Crash Simulation 界面下调整碰撞点与碰撞面的位置和角度，然后开始仿真并在上述三个界面内不断调试汽车和电动自行车的碰撞初始参数。当汽车和电动自行车的碰撞速度分别为 108km/h 和 20km/h，制动减速度分别为 $6.75m/s^2$ 和 $3.48m/s^2$ 且汽车在碰撞后 0.9s 开始制动时，汽车停止位置与现场图中一致（图 6-44b），碰撞位置与最终停止位置间距离为 90.1m，对比表 6-3 的数据，误差仅为 0.4%，说明重建成功。

图 6-43　汽车真实外形与仿真外形对比

a）车 - 电动自行车碰撞位置

b）汽车停止位置

图 6-44　车 - 电动自行车碰撞单刚体再现结果

6.5.6 电动自行车 - 自行车碰撞过程单刚体模型再现

在上一碰撞过程仿真的基础上，调整仿真时间至 0.57s，使电动自行车与汽车碰撞后运动到与自行车的碰撞位置上。单击 ⏮ 按钮定义一个新的仿真，此时工作区中各事故参与方的位置即仿真初始位置。导入自行车单刚体模型并据表 6-3 修改相应的参数后将其移动到现场图中的碰撞位置处（图 6-45a），设置其碰撞速度、碰撞角度及减速度等初始参数并在仿真中不断进行迭代优化。与上一碰撞过程的仿真类似，仿真结果以自行车最终停止位置为标准，保证电动自行车运动方向正确即可。当自行车碰撞速度为 4.8km/h 且制动减速度为 2.5m/s^2 时，自行车最终停止位置与现场图中所标注的位置吻合（图 6-45b），与现场照片相近（图 6-45c），都运动到了人行横道上，碰撞位置与最终停止位置间的距离为 10.8m，对比表 6-3 中的数据，二者差距不大，说明重建成功。需注意的是，仿真中只能对自行车的初始参数进行调试，这是因为电动自行车的碰撞参数为上一碰撞过程仿真中时间为 0.57s 的瞬时运动参数（图 6-46），擅自修改会破坏仿真的连续性。若一直无法调试出合适的初始参数使自行车停止位置与现场图相符，则需重新调整车 - 电动自行车碰撞过程的仿真。

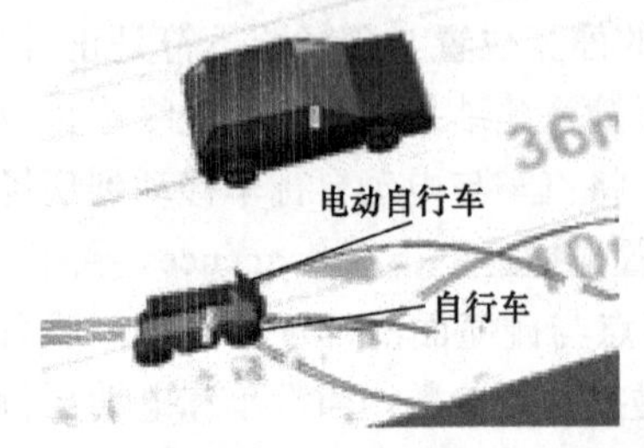

a）电动自行车 - 自行车碰撞位置

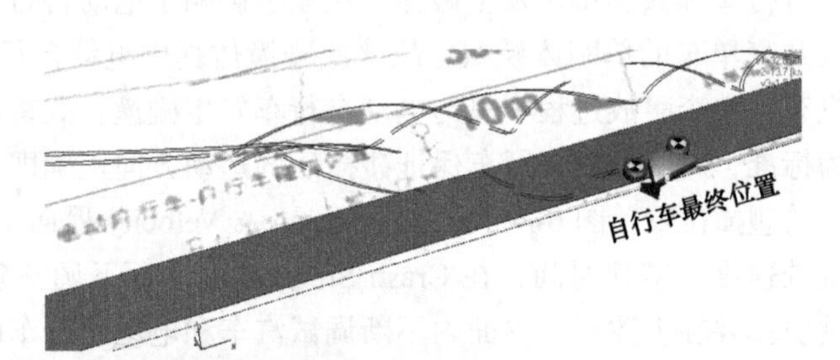

b）自行车停止位置

c）自行车停止位置现场照片

图 6-45 电动自行车 - 自行车碰撞单刚体再现结果

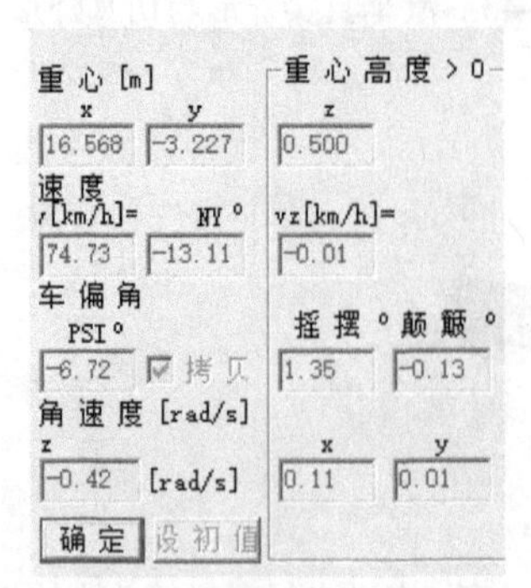

图 6-46 0.57s 时电动自行车瞬时运动参数

6.5.7 电动自行车 - 共享单车单刚体仿真

在上一碰撞过程仿真的基础上调整仿真时间并定义新的仿真（因现场图中并未标出二者的碰撞位置，故需不断调试仿真时间以找到合适的碰撞位置），导入共享单车单刚体模型并据表 6-3 修改相应的参数，因共享单车处于停驶状态，故无骑车人也无速度，但停驶的共享单车一般处于锁定状态，所以具有一定的减速度，同样对初始参数的调试只针对共享单车。当调整上一碰撞过程的仿真时间为 1.165s 且共享单车制动减速度为 6.41m/s^2 时，得到电动自行车和共享单车的碰撞位置（图 6-47a）及二者的最终停止位置（图 6-47b）。最终停止位置与现场图中的相吻合，与现场照片相近（图 6-47c），说明再现成功。若一直无法调试出合适的仿真时间或共享单车初始参数，则需重新调整电动自行车 - 自行车碰撞过程的仿真。

a）电动自行车 - 共享单车碰撞位置

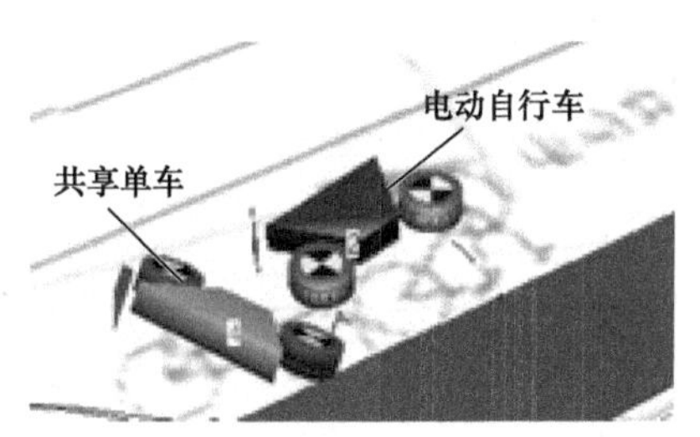

b）电动自行车与共享单车停止位置

c）电动自行车 - 共享单车碰撞单刚体重建结果

图 6-47 电动自行车 - 共享单车碰撞单刚体再现结果

6.5.8 车 - 电动自行车多刚体模型再现及损伤验证

在 6.5.6 节基础上导入骑车人 + 电动自行车的多刚体模型（Maxi+Driver 010910），据表 6-3 修改相应的参数（骑车人体重、身高、电动自行车外形尺寸等）并将速度、位置等碰撞初始参数设置成与单刚体模型一致，再将电动自行车单刚体模型拖离仿真区域。由于多刚体模型的外形与单刚体模型有所不同，首次仿真的结果与现场图有差距，此时对多刚体模型的碰撞速度进行微调，对骑车人的姿态进行调试并迭代优化（碰撞位置、角度等初始参数与单刚体模型保持一致）；需强调的是，此处对碰撞速度的调试只能是微调（误差在 10% 以内），若一直无法找到合适的碰撞速度使仿真结果与现场痕迹吻合，则需重新调整 6.5.6 节的仿真，再进行替换操作。当车 - 电动自行车的碰撞位置如图 6-48a 所示，骑车人姿态如图 6-48b 所示，电动自行车碰撞速度为 21.5km/h 时（单刚体模型重建的碰撞速度为 20km/h，二者的误差为 7%，认为此速度合理），骑车人与汽车的最终停止位置与现场图吻合（图 6-48c、图 6-48d），骑车人及汽车最终停止位置与碰撞位置间的距离分别为 61.5m 和 89.7m，对比表 6-3 中的对应数据，区别不大（二者的误差分别为 0.82% 和 0.88%），碰撞后电动自行车也运动到下一个碰撞位置（图 6-48e）。因此认为此仿真能反映事故的真实情况。

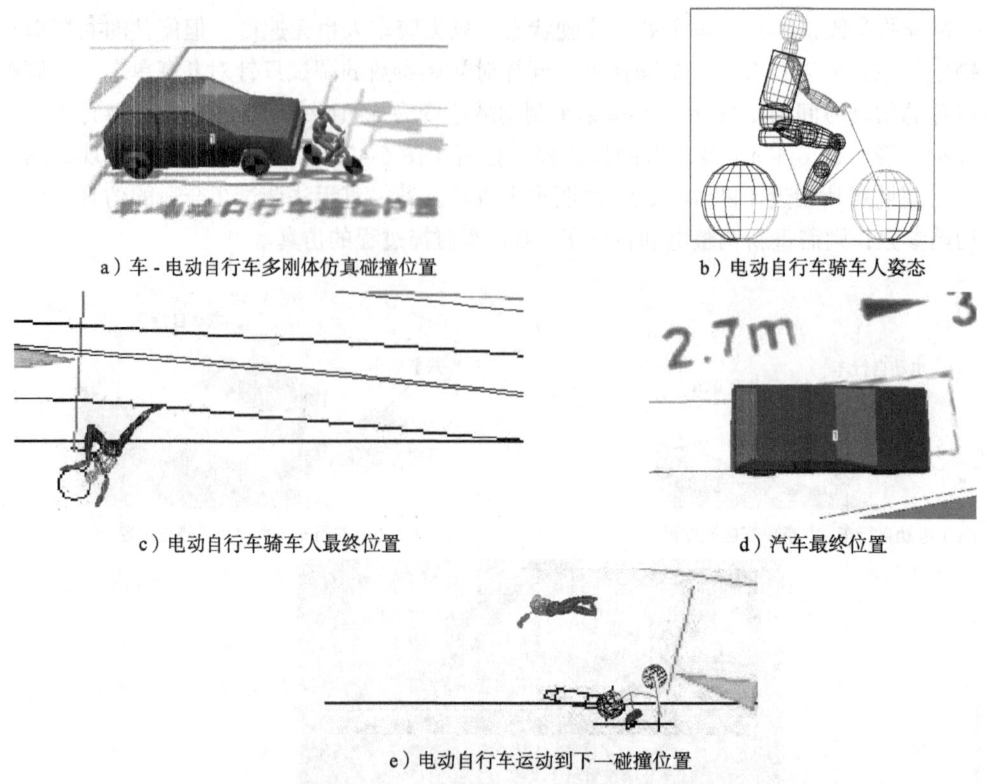

a）车 - 电动自行车多刚体仿真碰撞位置　b）电动自行车骑车人姿态

c）电动自行车骑车人最终位置　d）汽车最终位置

e）电动自行车运动到下一碰撞位置

图 6-48　车 - 电动自行车碰撞多刚体模型再现结果

利用图表模块获得仿真中骑车人各身体部位的损伤信息，以骑车人头部线性加速度为例，如图 6-49 所示，结合 4.8 节中关于人体各部位损伤评价指标和安全界限对仿真中骑车人的损伤情况进行判断（表 6-4）。结果显示，电动自行车骑车人的头部、胸部均受到严重损伤，下肢均骨折；这与表 6-3 中损伤记录所描述的情况相符，说明仿真结果可靠。

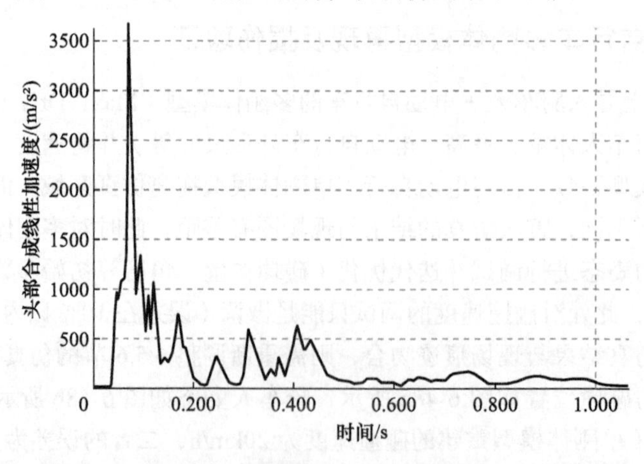

图 6-49　电动自行车骑车人头部线性加速度 - 时间曲线

表 6-4 电动自行车骑车人损伤判断

损伤部位		仿真结果	评价指标与安全界限	损伤判断
头部		6 342.8	HIC15 ≤ 700	头部受致命损伤
胸部		67g	胸部 3ms 合成加速度≤ 60 g	胸部受致命损伤
大腿	左侧	10.9kN	股骨峰值接触力≤ 6.3kN	左侧大腿骨折
	右侧	9.3kN		右侧大腿骨折
小腿	左侧	8.4kN	胫骨峰值接触力：男≤ 4.7kN，女≤ 4.1kN	左小腿骨折
	右侧	8.4kN		右小腿骨折

6.5.9 电动自行车 - 自行车多刚体模型再现及损伤验证

在 6.5.6 节基础上导入自行车 + 骑车人的多刚体模型（Bicycle1+Driver010910），据表 6-3 修改相应的参数后设置速度、位置等初始碰撞参数与自行车单刚体模型一致，再将单刚体模型拖离仿真区域。同 6.5.8 节一样，仿真中需对多刚体模型的碰撞速度进行微调，对骑车人姿势进行调试并迭代优化（碰撞角度、位置等初始参数与单刚体模型保持一致）；同样若一直无法找到合适的碰撞速度使仿真结果与现场痕迹吻合，则需重新调整 6.5.6 节的仿真，再进行替换操作。当电动自行车 - 自行车碰撞位置如图 6-50a 所示，骑车人姿态如图 6-50b 所示，且自行车碰撞速度为 5km/h 时（单刚体模型的碰撞速度为 4.8km/h，误差为 4%，此速度合理），自行车骑车人及自行车的最终位置与现场图相符（图 6-50c），骑车人及自行车最终停止位置与碰撞位置间的距离为 3.9m 和 10.2m，对比表 6-3 中相应的数据，区别不大（二者的误差为 7% 和 2%）。说明此仿真可反映事故的真实情况。

a）电动自行车 - 自行车多刚体仿真碰撞位置

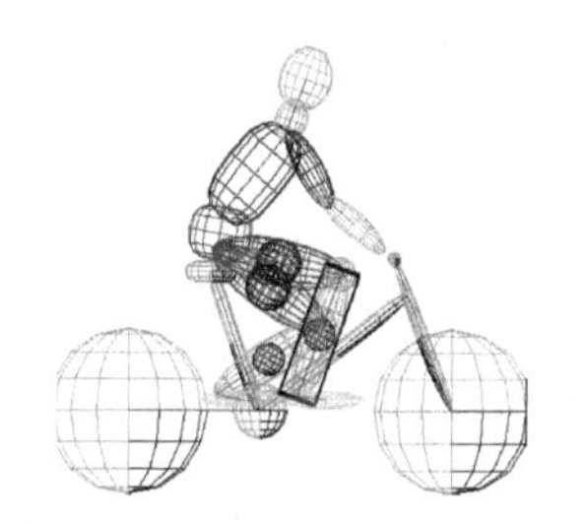

b）自行车骑车人姿态

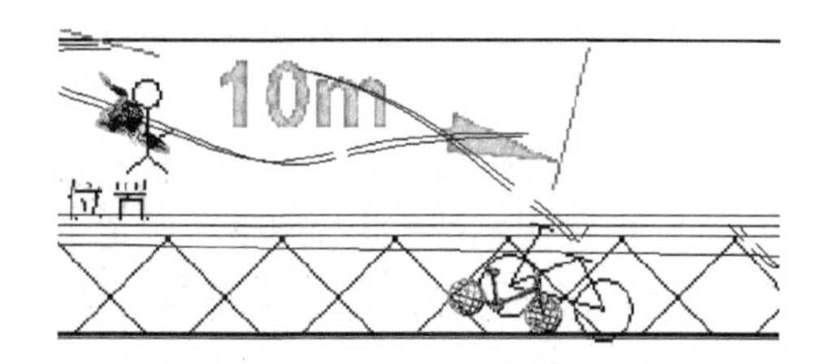

c）自行车骑车人及自行车最终停止位置

图 6-50 电动自行车 - 自行车碰撞多刚体模型再现结果

同 6.5.8 节一样，利用图表模块获得骑车人的损伤信息，以头部线性加速度为例，如图 6-51 所示，再结合损伤评价指标和安全界限判断自行车骑车人损伤情况（表 6-5）。结果表明各身体部位的损伤指标均未超过相应的安全界限，即仿真中自行车骑车人未受伤或仅受轻伤，这与表 6-3 损伤记录中所描述的情况相符，说明仿真结果可靠。

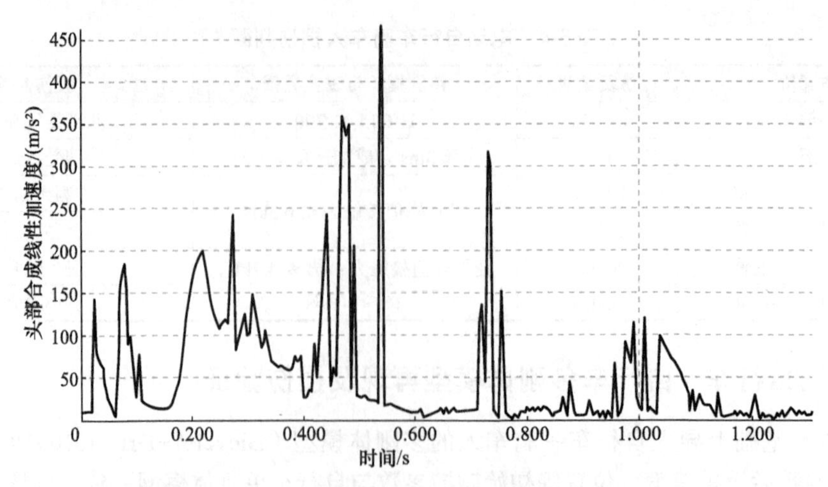

图 6-51　自行车骑车人头部线性加速度 - 时间曲线

表 6-5　自行车骑车人损伤判断

损伤部位		仿真结果	评价指标与安全界限	损伤判断
头部		94.6	HIC15 ≤ 700	头部未受致命损伤
胸部		16.5 g	胸部 3ms 合成加速度≤ 60g	胸部未受致命损伤
大腿	左侧	1.9kN	股骨峰值接触力≤ 6.3kN	左侧大腿无骨折
	右侧	2.1kN		右侧大腿无骨折
小腿	左侧	3.3kN	胫骨峰值接触力：男≤ 4.7kN，女≤ 4.1kN	左小腿无骨折
	右侧	0.7kN		右小腿无骨折

6.5.10　结果分析

以复杂多形态耦合碰撞事故为研究对象，在保证重建结果可靠的前提下，以降低此类事故重建难度为目的，提出基于 Pc-Crash 的复杂多形态耦合碰撞事故分步重建方法并重建一例真实事故来演示并验证此方法，分析重建过程可知：

1）利用此方法将复杂多形态耦合碰撞事故的重建划分为重建多个两事故参与方的单一碰撞过程的组合，故仿真中只需对各单一碰撞过程进行调整，避免了因单个碰撞参数变化而干扰整个仿真过程的现象，能更好地控制仿真过程，提高仿真效率，降低重建难度。

2）此方法可解决传统方法中多刚体模型因重力实时改变姿态而导致无法准确或不能仿真车 - 多刚体碰撞的问题。对于涉及人体损伤的碰撞过程，先采用单刚体模型重建后多刚体模型替换的操作，不仅可获得人体损伤信息，也可避免传统重建方法中因导入过多的多刚体模型而使仿真速度缓慢、错误率增高的现象。

3）基于 Pc-Crash 的复杂多形态耦合碰撞事故分步重建方法能有效地降低重建此类事故的难度，但重建过程依旧有较大的工作量，且此领域的相关研究还较少，有待开展更深入的研究工作。

6.6 基于 MADYMO 的车 - 自行车事故再现

MADYMO 与 Pc-Crash 一样，也是事故再现领域认可度极高的一款多刚体仿真再现软件。本书在 6.1~6.5 节中已对运用 Pc-Crash 进行各类型事故的再现过程进行了介绍，使读者对于采用 Pc-Crash 进行各类型事故的重建有一个初步的认识。但这还不够，有相当一部分学者倾向于使用 MADYMO 软件进行事故再现，故为使读者对事故再现过程有一个更为全面的认识，本节将介绍采用 MADYMO 软件对车 - 自行车事故的再现过程。

6.6.1 事故简介

事故过程示意图如图 6-52 所示。事发前，汽车和自行车在公路上由东向西行驶，行驶至事发路段时，自行车往左前方斜向驶入机动车道，汽车驾驶人发现前方的自行车后向左打方向进行规避，但转向过程中车头依旧与自行车左后侧及骑车人发生碰撞。事故造成骑车人颅脑损伤当场死亡，汽车车头及自行车损坏。事发后，初步估计轿车碰撞速度为 40.3km/h，事发路段为沥青路面且平坦、干燥，骑车人最终位置在汽车左前方约 4.6m 处，自行车在骑车人左前方约 4.6m 处。

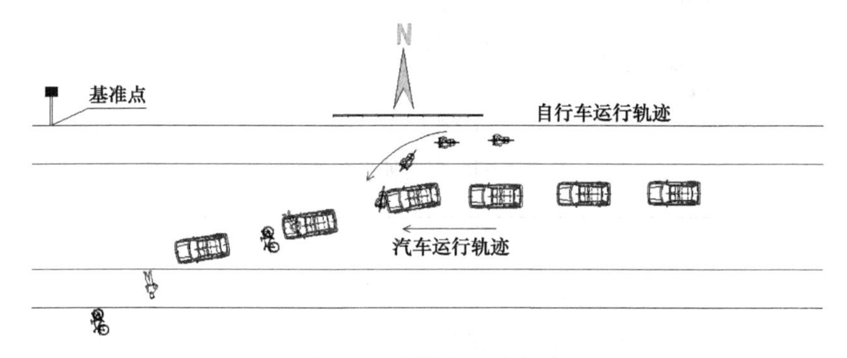

图 6-52 事故过程示意图

6.6.2 事故参与者建模

利用 MADYMO 结合事故中汽车、自行车和骑车人的相关参数（表 6-6~ 表 6-8）搭建多刚体模型。此处与 Pc-Crash 中直接导入车辆数据库中的车辆模型不同，MADYMO 中对于除人体外的事故参与方均由操作者采用多刚体 / 有限元模型自行搭建，故在 MADYMO 中对事故参与方的建模操作相比 Pc-Crash 会比较繁琐，但其操作自由性及适应性好。例如，可通过修改已搭建好的汽车多刚体模型中各刚体的大小、位置、角度等参数来改变汽车多刚体模型的仿真外形以适应不同事故中事故车辆外形的需求。本次仿真中，汽车及自行车模型均是作者依据真实的事故汽车 / 自行车外形自行搭建的多刚体模型。因汽车碰撞部位集中在车头，为减少再现过程的工作量，仿真仅需对其车头部分重建即可。重建的多刚体模型与真实事故中的汽车及自行车外形对比如图 6-53 和图 6-54 所示。仿真中汽车车头各部件的刚度曲线参考相关文献获得（图 6-55）。骑车人模型则通过软件自带的缩放程序，以 50th 男性多刚体人体模型为基础（身高为 1.75m，体重为 78kg），按表 6-7 中的数据缩放获得，随后调整骑车人姿态，使其处于正常骑行自行车的状态。仿真中车 - 自行车 - 骑车人间的摩擦系数见表 6-9。

表 6-6 涉事汽车相关参数

车型	型号	质量 /kg	外形尺寸 /mm
SUV	北汽幻速 S3	1 335	4 380 × 1 730 × 1 760

表 6-7 事故骑车人相关参数

性别	身高 /cm	体重 /kg	年龄	损伤程度
男	170	65	67	AIS6

表 6-8 事故自行车相关参数

质量 /kg	车轮半径 /mm	轮距 /mm	座高 /mm
18.5	290	950	830

表 6-9 车 - 自行车 - 骑车人间的摩擦系数

汽车 - 地面	自行车 - 地面	骑车人 - 地面	汽车 - 自行车	汽车 - 骑车人	骑车人 - 自行车
0.5~0.8	0.5~0.8	0.5~0.7	0.3~0.5	0.3~0.5	0.4~0.5

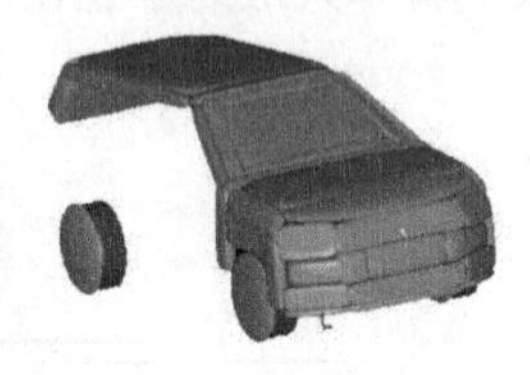

图 6-53 事故车辆的真实外形与仿真外形对比

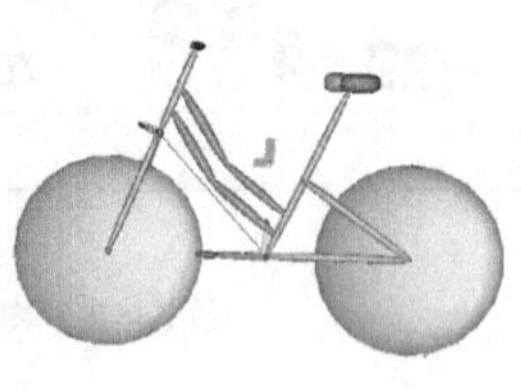

图 6-54 事故自行车的真实外形与仿真外形对比

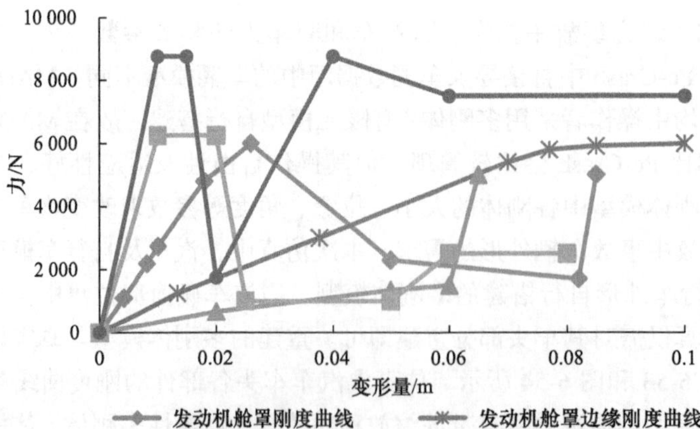

图 6-55 汽车车头各部件刚度曲线

6.6.3 事故再现结果验证

按6.6.1节对事故过程的描述及图6-52中碰撞时刻车、自行车的相对位置，初步确定车-自行车的碰撞形态为侧面斜角碰撞，汽车车头右侧与自行车后轮左侧发生碰撞。在此基础上对各碰撞参数（如碰撞速度、骑车人姿态、碰撞位置、碰撞角度等）进行调试并迭代优化，最终在汽车、自行车及骑车人的初始碰撞位置如图6-56所示，自行车骑车人骑行姿态如图6-57所示，汽车碰撞速度为43.2km/h（估算的车速为40.3km/h，误差为7.2%，认为此速度合理），自行车碰撞速度为3.5km/h时，骑车人及自行车的最终位置与实际情况相近（图6-58），其中骑车人最终落地位置在汽车左前方4.38m（案情简介中为4.6m，误差为4.8%），自行车在骑车人左前方4.28m（案情简介中为4.6m，误差7.0%）。再将汽车车头实际变形位置与仿真中自行车及骑车人与汽车碰撞位置进行比对，分析发现二者的位置基本相符；进一步分析发现，汽车前保险杠右下方蒙皮破损的原因是与自行车后轮及轮轴发生碰撞，汽车发动机舱罩前缘凹陷则是由于骑车人臀部与其发生碰撞，而发动机舱罩后部凹陷是与骑车人头部碰撞所致（图6-59）。此外，计算仿真中骑车人头部与汽车碰撞所致的HIC为2 047.9，对应的损伤等级为AIS6级，对应损伤程度为死亡或无法抢救，这与事故简介中所描述的一致。

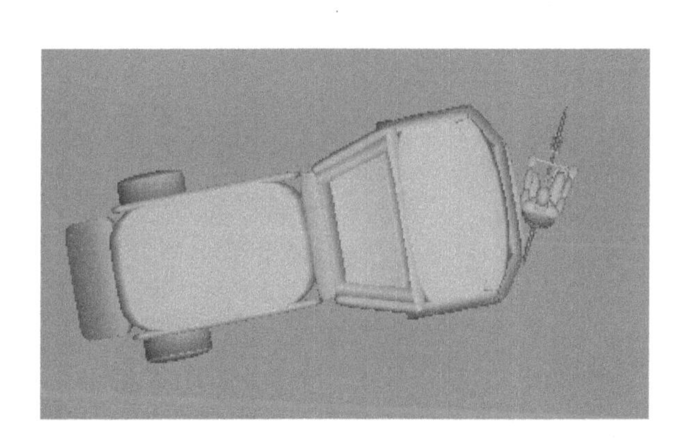

图6-56 车-自行车初始碰撞位置

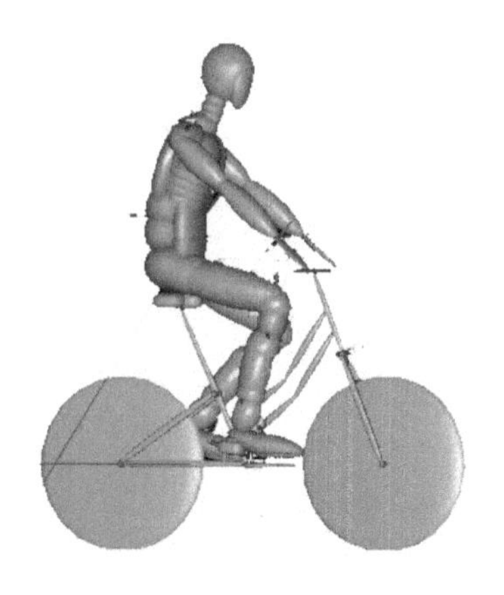

图6-57 仿真中的骑车人姿态

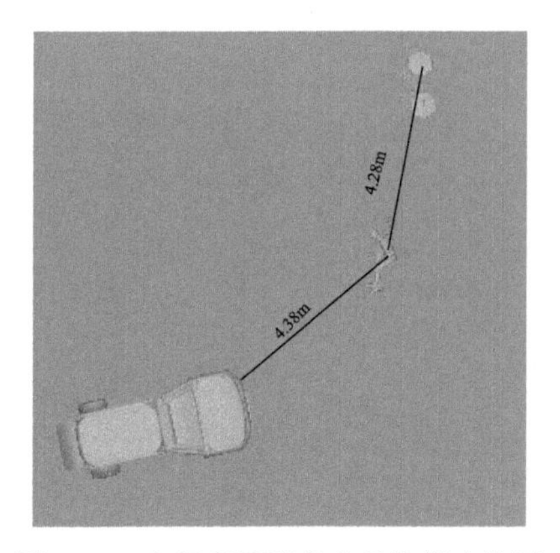

图6-58 自行车及骑车人最终停止位置

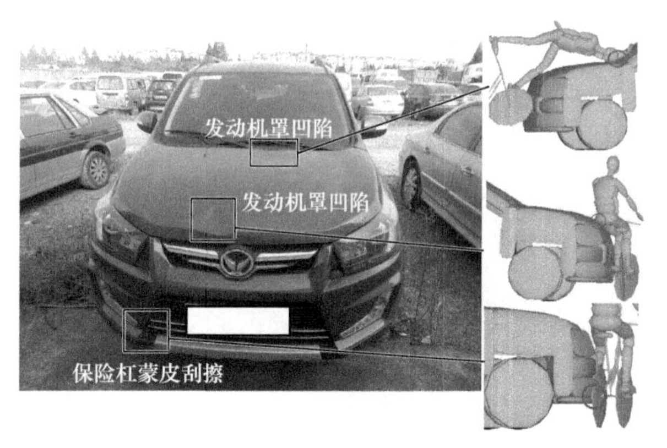

图6-59 车头实际变形位置与仿真碰撞位置的对应关系

综上分析可知，仿真结果与实际事故情况相吻合，各事故现场痕迹、车辆损坏及人体损伤情况等信息均能得到合理的解释，说明事故再现成功，所得结果可靠。

6.7 小结

本章主要对各典型交通事故的再现流程进行了介绍，各典型交通事故的再现主要依靠 Pc-Crash 和 MADYMO 两款常见的多刚体仿真软件。本章承接第 4 章和第 5 章的内容，借助上述各典型交通事故的再现过程，使读者切实地掌握基于 Pc-Crash 和 MADYMO 的事故再现技术。此外，通过各典型交通事故的再现也验证了这两款软件的可靠性，说明利用这两款软件搭建仿真平台并开展仿真试验是可行的，所得结果是可靠的，这为后续第 8 章中大量仿真试验结果的可信度提供了保证。

第 7 章 Chapter 7
事故再现中的不确定性问题

7.1 事故再现不确定性

依据上述章节对事故再现的定义以及相关再现技术的描述，学者们将事故再现过程凝练为一个数学模型，即

$$y=f(x), x=(x_1,\cdots,x_s) \tag{7-1}$$

式中，y 为再现结果，通常表示碰撞速度、碰撞位置等；s 为输入参数的个数；x 为输入的参数，通常为事故现场的遗留痕迹，如人体抛距、车辆制动距离、散落物抛距、人车最终停止位置等。

因此，系统地看待事故再现便是将各类现场遗留痕迹输入再现模型，通过计算获得再现结果的过程。而事故再现的不确定性便是指再现过程中存在的各种不确定性问题的统称。一般而言，事故再现中所包含的不确定性主要分为三大类，分别为输入痕迹不确定性、再现模型不确定性和计算不确定性，下面对其详细展开介绍。

7.1.1 痕迹不确定性

痕迹不确定性是指现场测量再现痕迹阶段时，受到测量工具、测量技术、恶劣天气、人为干扰等因素的影响导致最终所获得的痕迹信息中包含不确定性。为消除痕迹不确定性，相关学者在进行大量研究的基础上提出一系列措施，如：在现场勘查中采用更高精度的测量仪器（如激光测距仪、三维扫描仪、无人机等）；引进新的测量技术（如摄影测量）；建立更快速的事故响应机制等。这些措施在降低痕迹不确定性上确实起到了很大的作用，但无法彻底消除痕迹不确定性。这是因为痕迹不确定性产生的主要原因在于痕迹受天气状况、周围环境及人为因素等的影响而逐渐消逝，而事发时的天气、环境等因素均是不可控的，所以痕迹不确定性问题很难避免。例如：过往的车辆及行人对现场痕迹的破坏；雨雪天气中，事故痕迹因雨水的冲刷或积雪的掩埋而消失。

事故中的不确定性痕迹主要分为两种，分别是区间痕迹和概率痕迹。其中区间痕迹较为普遍，是指将由于雨雪天气、灰尘、过往车辆及行人等因素的影响导致测量不准确或消失的痕迹采用数值区间形式来表示，如车辆制动距离、行人抛距等。区间里的数值为此类痕迹的所有可能取值，在实际使用中，区间痕迹往往视作服从均匀分布。根据实际测量情况，区间痕迹又可分为两类：一类是测量人员仅给出区间上、下界的二元区间痕迹；另一类是测量人员在给出痕迹区间上、下界的同时，还进一步地依据其经验给出了一个此痕迹最可能值的三元区间痕迹。

7.1.2 模型不确定性

模型不确定性是指由于再现模型不能完全反映真实交通事故场景中的实际物理联系而具有的不确定性，具体表现在依据不同学者所建模型而获得的再现结果不同。在前人对事故再现领域不断探索及再现技术不断发展的基础上，现阶段已有众多经过实践检验的、成熟的事故再现模型可供使用。事故再现中比较常用的模型至少有以下五种。

1）基于理论和经验公式模型。基于理论和经验公式模型指的是事故调查人员为探究车速、制动距离、人体抛距等事故痕迹的内在联系，在大量真实事故数据及试验数据的基础上推导出的相应的经验公式。例如，若能准确地获得车轮与路面之间的摩擦系数及车辆在道路上的制动距离，则可根据动能转化为摩擦势能的基本原理，建立起相应的“车辆制动距离”模型。如果能将行人视为质点，将碰撞后人体的运动视为平抛运动，则可通过理论推导或根据案例数据或仿真试验回归获得“行人抛距”模型。这两类模型的最大劣势在于其所依据的痕迹易受外界影响而消逝、甚至测不到。

受制于车辆制动距离与行人抛距的固有缺陷，学者们开始关注基于车辆变形与行人损伤的事故再现方法。注意到动能与变形能之间的转化关系，发生碰撞事故后可以依据车辆的变形而计算出车速。在碰撞事故中，风窗玻璃具有非常明显的变形特征，故而学者们提出了基于风窗玻璃变形的“车体变形”模型；与此同时，学者们结合人体损伤生物力学知识，建立起基于“人体损伤”的事故再现模型。人体损伤与车体变形两类模型的优势是其所依据的痕迹稳定性较高、不易消逝，缺陷在于常需借助仿真等技术手段耗时较多后才能充分利用好相关的痕迹。

2）“仿真”模型。人们基于基本的力学定律（如动量守恒、能量守恒）开发了相应的事故再现软件，如 Pc-Crash、MADYMO 等，借助这些事故仿真软件在“制动距离”“人体抛距”等单一痕迹模型的基础上发展产生了“仿真”模型。虽在 GB/T 33195—2016《道路交通事故车辆速度鉴定》中认同仿真模型在事故再现中的价值，但仿真模型本身及仿真人员的可靠性依然制约着该类模型的应用。

3）实车测试模型。实车测试模型指的是在某些情况下，为更全面地了解事故，依据事故现场勘查所获得的信息，采用真实车辆进行模拟事故试验，以此获得事故中的关键信息或再现事故。进行实车测试前通常需要进行大量的准备工作，费时费力，且相比“仿真”模型，其可重复性差，因此在实际操作中较少采用此模型。

4）基于事故视频的再现模型。基于事故视频的再现模型指的是利用公共道路交通监控所拍摄的事故视频来分析事发原因、计算事故车速、提取事故特征参数等事故再现关键信息。随着“天网”系统的不断建设和完善，现阶段各城市中的交通主干道、交叉路口等都装备了高清视频监控设备，利用此设备可将道路的使用情况完整地记录下来。若某次交通事故发生在公共道路交通事故监控下，则可以依法调用相关交通视频进行事故调查。GA/T 1133—2014《基于视频图像的车辆行驶速度鉴定》则对利用视频计算车速的方法进行了规范。其主要方法是在视频图像上设定便于测距的参考点，通常与车辆的行驶方向平行，通过计算汽车通过参照点所用的视频帧数计算车速，此方法在本书 6.1 节中也有相关的表述。但此模型受监控画面清晰度以及监控设备与车辆间的相对位置影响较大，一般在车辆直线行驶时准确度较高，转弯时则只能估算速度区间，这使得该模型的适用受到一定的限制。

5）汽车数据记录工具模型。汽车数据记录工具指的是如时间数据记录器（EDR）、黑匣子、GPS、行车记录仪等能实时监测车辆运行状态的车载设备。而汽车数据记录工具模型则是指在事发后通过读取数据记录工具中所存储的数据信息来对事故进行再现。数据信息包括碰撞前的车速、纵向加速度、制动踏板状态等多项反映事发前车辆运行状态的数据，这些数据可为交通事故的准确重建提供重要依据。但交通事故的发生过程十分复杂，事故中车辆的运动状态受多种因素影响且各事故的严重程度也不尽相同（如在某些事故中，车辆严重变形，车载数据记录工具也被破坏，无法读取数据），加之现阶段并非所有车辆都安装有车载数据记录工具。因此，单纯地依靠车载记录工具所记录的汽车运行数据并不能完全准确地反映出事发时的车辆状态。

综上，现阶段研究者们虽已提出了很多经过实践检验的成熟模型，使再现人员在任何情况下都有多种模型可选，但所有模型均无法保证其所得再现结果绝对正确。

7.1.3 计算不确定性

计算不确定性是指当痕迹不确定性不可消除时，在不确定痕迹下再现结果的不确定性；即依据不确定痕迹分析再现结果的不确定性，在此过程中不考虑模型选择的不确定性。简而言之，计算不确定性就是误差的传递，是由事故痕迹测量数据误差或间接数据误差，如驾驶人反应时间、摩擦系数、车辆制动响应等，而导致最终计算结果存在误差。若单纯地从数学角度进行分析，则计算不确定性显然是一个由已知定义域求解值域的问题；若将事故再现中的不确定性问题放在一个系统中去分析，则计算不确定性是一个根据输入与模型对系统响应进行求解的问题。

总之，事故再现过程中存在很多的不确定性，虽然通过测量技术、测量仪器、再现技术等方面的提升可有效降低再现过程中的不确定性，但无法彻底消除不确定性。在此种情况下，将不确定性反映至再现结果中去，是尊重客观事实的表现。此外，研究再现过程中的不确定性问题，揭露导致不确定性的原因并提出相应的举措，这也是提高再现结果可靠性的一种有效的途径。

7.2 面向案例的不确定性分析方法

依据7.1节中对事故再现不确定性问题的描述，学者们将式（7-1）完善为式（7-2），以此来表示所有的事故再现模型。

$$y = f(X) = f(X_I, \cdots, X_P),\ X_I = (x_{I1}, \cdots, x_{Is})^{\mathrm{T}},\ X_P = (x_{P1}, \cdots, x_{Pn})^{\mathrm{T}} \tag{7-2}$$

式中，X_I是区间痕迹；X_P是概率痕迹；y是事故再现结果。在大多数情况下，y表示车辆速度或碰撞发生位置，s表示区间痕迹的数量，而n表示概率痕迹的数量。在分析事故再现结果的不确定性时，主要目的是基于X的不确定性来分析y的不确定性。

当$s = n = 0$时，则表示所有痕迹信息是确定的。当$n = 0$且$s \neq 0$时，则表示所有痕迹均为区间痕迹信息，这种情况是交通事故再现中最常见的一类情形。当$n \neq 0$且$s = 0$时，则表示所有痕迹信息为概率痕迹信息。当$n \neq 0$且$s \neq 0$时，这意味着在一次事故中区间痕迹信息和概率痕迹信息均存在。

依据事故中所包含的痕迹信息的不同，对再现过程的不确定性分析方法也有所不同。当事故中的痕迹均为区间痕迹时，可借助上下界法、差分法、区间理论法等计算再现结果的取值区间（再现结果一般为车速），即获得区间结果。当事故中的痕迹均为概率痕迹时，可借助蒙特卡洛法、贝叶斯法、不确定度评定理论等方法获得车速的概率分布，即获得概率结果。而当事故中既有区间痕迹又有概率痕迹时的分析方法是将其中一种痕迹改变属性，如果操作者熟悉区间分析方法，则可将所有概率痕迹信息转换为区间痕迹信息，并且所有区间痕迹信息都被认为服从均匀分布。相反，如果操作者熟悉概率分析方法，则可将所有区间痕迹信息变换为概率痕迹信息。

总的来说，虽然交通事故中的痕迹（包括混合痕迹）很复杂，但仍可以使用大量的方法来处理不同的情况。同时，可供选择的方法太多，对专注于事故再现的学者或想开发分析事故再现结果不确定性软件的工程师来说，选择合适的方法是非常不方便的。故而，找到一种人们只需要输入不确定痕迹和事故再现模型就能产生包含所有痕迹不确定性信息的再现结果方法是当下事故再现领域的迫切需求，是有意义的、可行的，但同时也是很难的。图 7-1 给出了运用此方法的事故再现过程基本概念框架。在图 7-1 所示的黑匣子中，我们希望找到一种能够适合所有交通事故情形的方法。

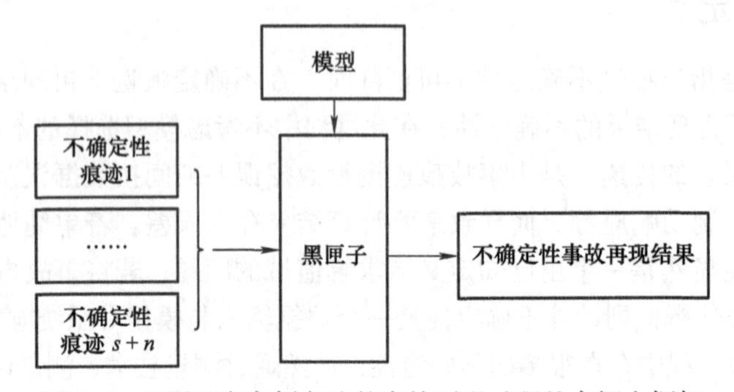

图 7-1　运用面向案例方法的事故再现过程基本概念框架

如果图 7-1 所显示的方法能得到验证，那么人们只需要关注事故案例情形以获得更精确的痕迹，据此则能获得合理的不确定再现结果。因此，这种方法被称为面向案例的方法。

7.2.1　证据理论简介

显然，要想从现有的交通事故再现结果不确定性分析方法中找到一种方法来取代图 7-1 中的黑匣子并不容易，因此，应在该领域引入新的理论或技术。深入研究后发现，运用证据理论可有效解决上述问题，将所有的痕迹信息都视为证据，则整个不确定性分析过程就转变为依据这些证据所提供的所有信息去计算获得一个客观、可靠的不确定结果。

证据理论的基础是辨识框架，对于一个问题，所有可能结果都可形成辨识框架，可被视为一个非空集合 Θ。所有可能子集可构成一个幂集，并被记为 2^{Θ}。一个辨识框架 $\Theta=\{A, B, C\}$，可表示为

$$2^{\Theta}=\{\phi, \{A\}, \{B\}, \{C\}, \{A, B\}, \{A, C\}, \{B, C\}, \{A, B, C\}\} \tag{7-3}$$

证据理论中的另一个重要概念是基本概率分配（BPA），它可以用符号 $m(A)$ 表示，其数学表达形式为

$$\begin{aligned} &m(A)\geqslant 0,\ A\in 2^{\Theta} \\ &m(\phi)=0 \\ &\sum_{A\subseteq 2^{\Theta}} m(A)=1 \end{aligned} \tag{7-4}$$

式中，如果 $m(A) \neq 0$，则 A 被称为焦元。

在证据理论中，从事件中获得的所有信息都可以被视为证据。所有证据都可以根据证据融合规则进行融合。最为经典的融合规则是 Dempster 在 1967 年提出的，被称为 Dempster 融合规则。假设 m_1，m_2，⋯，m_n 是在 Θ 中的 n 个 BPA，并且有 n 个焦元 A_i（$i=1$，2，...，n），则有

$$m(A)=\begin{cases}0, A=\phi, \\ \dfrac{\sum\limits_{A_i \cap B_j=A} m_1(A_i)m_2(B_j)}{1-K}, A\neq\phi.\end{cases} \tag{7-5}$$

其中，K 的计算规则为

$$K=\sum_{A_i \cap A_j \cap A_K \cap \cdots=\varnothing} m_1(A_i)m_2(A_j)m_3(A_K)\cdots<1 \tag{7-6}$$

式中，K 表示冲突系数。K 越大，证据之间的冲突越大；反之，K 越小，证据之间的冲突越小。当 K 为 0 时，表示证据之间无冲突；当 $K \to 1$ 时，证据之间高度冲突，式（7-6）失效。此时有很多改进方法可供选择，本文无意研究这些方法的优劣，仅给出一种易于操作的办法以应对高冲突证据。对于一个有 m 焦元的问题，将它们的 BPA 修改为

$$m(A_i)=\begin{cases}10^{m(A_i)-1/m} & m(A_i)<\dfrac{1}{m} \\ 10^{m(A_i)+1/m} & m(A_i)\geqslant\dfrac{1}{m}\end{cases} \tag{7-7}$$

并用下式进行归一化整理：

$$m(A_i)=\frac{m(A_i)}{\sum\limits_{i=1}^{m} m(A_i)} \tag{7-8}$$

如此，则式（7-5）依然可用。

要获得有关焦元 A 的所有信息并不容易。在这种情况下，将结果表示为区间而不是唯一的单个数字显得更为合理。对于焦元 A，信任程度可用区间数 [Bel(A)、Pl(A)] 来表示，其中 Bel 是信任函数，Pl 是似然函数。二者可通过以下式子计算获得。

$$\mathrm{Bel}(A)=\sum_{B \subseteq A} m(B) \tag{7-9}$$

$$\mathrm{Pl}(A)=\sum_{B \cap A \neq \phi} m(B) \tag{7-10}$$

对于任何一个事件 A，信任函数 Bel(A) 可被认为是事件 A 发生的下界概率的测度，而似然函数 Pl(A) 则可被认为事件 A 发生的上界概率的测度，事件 A 实际发生的概率 $P(A)$ 介于这两者之间，即 $\mathrm{Bel}(A) \leqslant P(A) \leqslant \mathrm{Pl}(A)$。

7.2.2 面向案例方法简介

据前所述，面向案例的方法本质上便是采用证据理论来代替图 7-1 中的黑匣子，替代后的事故再现基本框图如图 7-2 所示。

该方法的步骤如下。

步骤 1：将式（7-1）中的所有不确定信息都转化为其相应的证据形式。根据痕迹的性质，在第 i 个痕迹中将有 J_i 个焦元。对于概率痕迹信息，如果一个参数 x 的概率密度函数是 PDF（x），

那么 x 的区间范围为［a，b］。为了获得 x 的证据形式，则区间［a，b］应被分为 k 个子区间，可用符号表示为 $\Omega=\{c_i=[a_i, b_i], i=1,\cdots,k\}$，然后将每个子区间视为一个焦元，计算其相应的 BPA 如下。

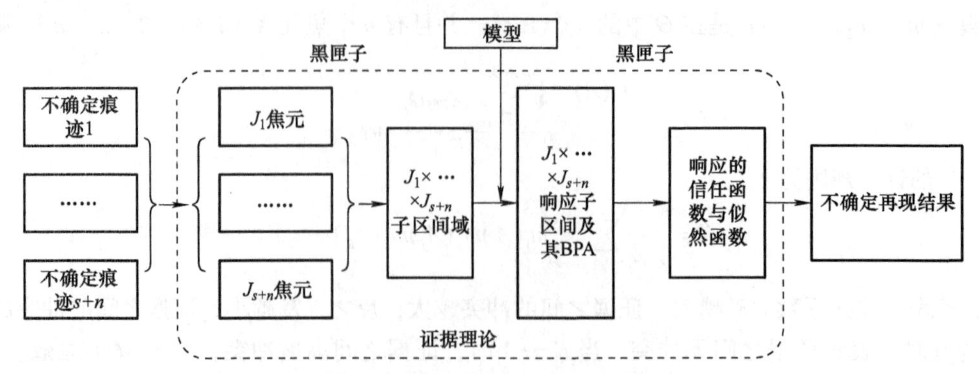

图 7-2　证据理论下的事故再现基本框图

$$m(A_i)=\int_{x\in c_i}\mathrm{PDF}(x)\mathrm{d}x=\int_{a_i}^{b_i}\mathrm{PDF}(x)\mathrm{d}x \tag{7-11}$$

例如，一个参数 x_i 服从正态分布，$x_i \sim N$（3，1），x 的区间为［1，5］。然后，在表 7-1 中列出 x_i 的证据形式，其中 $k=4$。

表 7-1　x_i 的焦元及其 BPA

序号	A	m（A）
1	［1，2］	0.135 9
2	［2，3］	0.341 3
3	［3，4］	0.341 3
4	［4，5］	0.135 9

如果 x 的区间未知，则可以给出一个估计的区间 $I_x=[a, b], -\infty<a<b<\infty$，但其存在 $P(x\in I_x)\geqslant 1-\delta$ 的要求，其中 δ 是用户给定的限制值。例如，如果一个参数 x 服从正态分布，其平均值为 3，标准偏差为 1，则其区间可以为［0，6］，并且 δ=0.003。对于区间痕迹，在绝大多数情况下，只给出一个痕迹区间，因此给定的区间是焦元 A，且 m（A）=1。如果在某些特殊情况下，不同的专家给出不同的痕迹区间，则可以通过证据融合规则来获得参数及其所对应焦元的 BPA。

步骤 2：计算 y_i 的区间及所对应的 BPA。

$$y_i=f(A_i), A_i\in\Theta_X \tag{7-12}$$

其中，Θ_X 是 X 的辨识框架，y_i 是 y 中的第 i 个焦元。

$$\Theta_X=\Theta_1\times\Theta_2\times\cdots\Theta_{s+n} \tag{7-13}$$

其中，Θ_i 是 x_i 的辨识框架。然后，y_i 的 BPA 可通过如下公式进行计算。

$$m(y_i)=m(A_i)=\prod_{i=1}^{i=s+n}m(B_{N_i}) \tag{7-14}$$

其中，B_{Ni} 是第 i 个参数的第 N 个焦元，并且 $A_i=\{B_{N1}\times\cdots\times B_{N(s+n)}\}$。

步骤 3：运用式（7-9）和式（7-10）计算 y 的信任函数和似然函数值。

通过以上表述，使读者对面向案例的不确定性分析方法的理论基础和操作步骤有一个初步的认识。但对于此方法在事故再现领域是否真能很好地发挥作用及此方法的局限性所在还未能说明。因此，作者将选择三种事故情形对此方法进行验证并探究此方法的局限性。三种事故情形分别为区间痕迹、概率痕迹及区间和概率混合痕迹的事故案例。

7.3 区间痕迹下不确定再现结果描述

如 7.2 节所述，区间痕迹普遍存在于事故案例中，一般情况下每个痕迹只有一个区间，但也存在由于不同事故调查机构对同一痕迹分析后给出不同的区间。因此，本节将从两个方面来阐述面向案例的不确定性分析方法在区间痕迹事故案例中的运用。

7.3.1 一般区间痕迹不确定性再现结果描述

一般区间痕迹即指每个痕迹只有一个区间，按照图 7-2 给出的面向案例的不确定性方法，其具体操作步骤如下。

步骤 1：每个区间均被认为是相应痕迹的焦元，其 BAP 等于 1。

步骤 2：在所有焦元所定义的空间域内计算事故再现结果 y 的区间，显然 y 的 BPA 为 1。

步骤 3：因为每个输入参数（或痕迹）只有一个焦元，所以计算信任函数 Bel（y）和似然函数 Pl（y）是毫无意义的。换句话说，从步骤 2 所得到的 y 的区间就是最终的结果，其 BPA 等于 1。

显然步骤 2 是该方法中最难的部分，但幸运的是已有许多方法被提了出来。为此可以采用所有可用于分析具有区间痕迹的事故再现结果的不确定性分析方法来获得 y 的区间。这些方法通常可分为两类: 第一类是数值方法，第二类是理论方法。现简要介绍如下。

1. 数值方法

典型的数值方法包括上下界法（ULM）、差分法（DM）和蒙特卡洛方法（MCM）。这些方法各有其优缺点，在这里将给出一些简单的数值算例来展示这些方法的相关优缺点。如使用 ULM 来计算式（7-15）的区间时，f 的真实区间为［2，7］；而当使用 ULM 计算式（7-16）的区间时，计算出的 f 的区间为［2, 2］。此结果与真实区间值［0，2］相去甚远。

$$f(x,y)=x^2+y,\ x\in[1,2],\ y\in[1,3] \tag{7-15}$$

$$f(x,y)=x^2+y^2,\ x\in[-1,1],\ y\in[-1,-1] \tag{7-16}$$

进一步分析发现，若模型在定义域空间内为单调，则使用 ULM 可计算出其真实取值区间；反之，所计算出来的结果便会失真。

若使用 DM 计算式（7-15）的算例，所得的计算结果为 {4.25，3.25，5.25，3，6}，f 的取值区间为［3，6］；计算式（7-16）的算例，所得的计算结果为 {0，1，1，1，1}，则 f 的取值区间为［0，1］。对于上述两个算例，DM 都能得到一个结果区间，但所得区间与真实区间均存在差距。研究表明，DM 是一种极为普遍的方法，可适用于几乎所有的情形，但几乎所有的情形下都算不出真值。

运用 MCM 取 10^7 个样本点，当计算式（7-15）算例时，得到 f 的区间为［2，7］；而当计算式（7-16）的算例时，得到f的区间为［0，2］。两个算例的计算结果与真值是一致的，表明MCM可以在各种情况下均能很好地工作。

回到不确定性分析的本质，其主要任务是确定响应在定义域内的上界和下界。很容易理解，采用更多的样本点可得到更精确的结果。然而，采用更多的样本点需要更多的计算时间。一个简单而合理的想法是通过引入一些新技术而减少采样点，比如遗传算法（GA）。下面将通过一个数值算例来比较GA与MCM两种方法的计算精度与效率，该数值算例的模型为

$$f(x)=\sin(x), x\in[0,7] \tag{7-17}$$

将该模型与式（7-15）和式（7-16）相结合，分别采用GA与MCM两种方法计算这三个模型在定义域空间内的值域，所得的结果见表7-2。

表7-2　MCM方法和GA方法的结果

算例	真实区间	MCM	t_{MC}/s	GA	t_{GA}/s
式（7-15）	［2，7］	［2.0，7.0］	0.370 44	［2.0，7.0］	0.108 93
式（7-16）	［0，2］	［0.0，2.0］	0.396 28	［0.0，2.0］	0.108 42
式（7-17）	［−1，1］	［−1，1］	0.550 85	［−1，1］	0.046 4

从表7-2中可以很容易地得出，GA的计算时间比MCM短，但结果与MCM相同，且两者所得区间均与真实区间一致。

通过上面的分析，可以得到如下结论：为获得更精确的结果，应该在定义域空间内生成更多的样本点；而为了加快计算速度以减少计算时间，需引入类似GA等的优化算法。

2. *理论方法*

典型的理论方法包括区间理论（IT）、灰色理论（GT）和仿射理论（AT）。之所以将其命名为理论方法，是因为所有这些方法都建立在严格而精确的数学基础上且均有成熟的四则运算法则。下面同样通过一些数值算例来验证上述理论方法的优缺点。如采用IT来计算式（7-18），可得出f的区间为［0.14，0.5］，与其真实区间［0.17，0.4］不同。但若将式（7-18）变形为式（7-19），再用IT来计算，则可得出f的真实区间。

$$f(x,y)=\frac{x}{x+y}, x\in[1,2], y\in[3,5] \tag{7-18}$$

$$f(x,y)=\frac{1}{1+y/x}, x\in[1,2], y\in[3,5] \tag{7-19}$$

分析发现，造成上述现象的原因是IT方法的精度会随模型中不确定性参数出现次数的改变而改变，存在区间扩张问题。

如果使用GT计算式（7-18）和式（7-19）的区间，则将区间数转化为泛灰数，再采用相应的运算法则，可以获得相同的区间［0.25，0.29］。这是GT的优良特性，通过该方法所获得的结果不会根据模型表达式的改变而改变，但计算式（7-18）与式（7-19）时所得结果与真值相比差别较大。若采用GT计算式（7-20），则可获得真值区间为［4，32］，这说明并不是在任何情况下GT所得结果均是不好的，在一些情况下可以获得模型在定义域空间内的真值。

$$f(x,y)=xy^2, x\in[1,2], y\in[2,4] \tag{7-20}$$

若使用 AT 来计算模型式（7-16）的区间，则可以得到真值区间，但用该方法计算式（7-18）和式（7-19）的区间，则得到的区间为［0.14，0.41］和［−3.5，32］，这与真值的差距很大。

通过上述分析，显然很难判定哪种方法是更好的方法，它们均在一些情况下可以获得真值，但在另外一些情况下获得的则几乎是错误的结论。那么，是否有其他技术可用于提高这些方法的准确度呢？当然是有的，可以采用子区间技术。理论上，如果在定义域空间内生成足够多的子区间域，则可以在获得这些子区间域内模型的值域的基础上获得模型在整个定义域空间内的真实值域。以式（7-18）作为示例，将上述三种方法应用到分析该模型在定义域空间的值域，所得结果见表 7-3、表 7-4 和表 7-5。表中的误差用下式计算。

$$\text{Error}=\sqrt{(a-a_0)^2/2+(b-b_0)^2/2} \tag{7-21}$$

式中，［a，b］是任意的一个区间，其真值为［a_0，b_0］。

表 7-3　IT 的计算结果

子区间数	真实区间	计算区间	误差（%）
1	［0.17，0.4］	［0.14，0.5］	7.27
10	［0.17，0.4］	［0.16，0.41］	0.61
50	［0.17，0.4］	［0.17，0.40］	0.12
100	［0.17，0.4］	［0.17，0.40］	0.06

表 7-4　GT 的计算结果

子区间数	真实区间	计算区间	误差（%）
1	［0.17，0.4］	［0.25，0.29］	10
10	［0.17，0.4］	［0.17，0.39］	0.96
50	［0.17，0.4］	［0.17，0.40］	0.19
100	［0.17，0.4］	［0.17，0.40］	0.09

表 7-5　AT 的计算结果

子区间数	真实区间	计算区间	误差（%）
1	［0.17，0.4］	［0.14，0.41］	2.16
10	［0.17，0.4］	［0.17，0.40］	0.02
20	［0.17，0.4］	［0.17，0.40］	0.01

从表 7-3~ 表 7-5 可以得出如下结论：其一，如果有足够的子区间，则可以获得准确的响应区间；其二，随着子区间数量的增加，计算区间的误差会减小。

7.3.2　特殊区间痕迹不确定性再现结果描述

特殊区间痕迹指的是同一痕迹具有不同的区间。例如，在一起交通事故案例中，根据警方报告，车辆的制动距离为［16，18］m；但根据某交通事故研究机构提供的另一份报告，其为［17，19］m。在绝大多数情况下，这种情况是不会公开的，但如果它公开了，则需要适当的方法进行处理。下面给出该方法的步骤。

步骤 1：融合来自输入参数所得的不同区间。

为了防止混淆，假设证据是逐一融合的，故这里仅讨论输入参数仅有两个区间的情况。对于输入参数（如制动距离），从两个不同的组织获取了两个不同的区间，为 d_1=［a_1，b_1］和 d_2=［a_2，b_2］。则这两个区间存在如图 7-3 所示的六种情形。

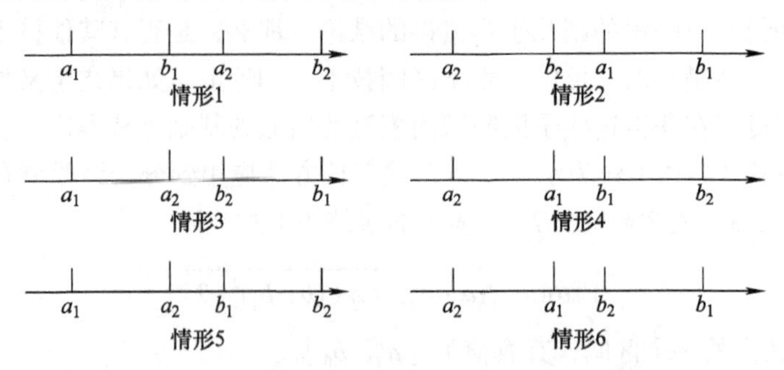

图 7-3　任意两区间结果间存在的六种情形

情形 1：当 $a_1 \leqslant b_1 \leqslant a_2 \leqslant b_2$ 时。那么，第一个痕迹区间的辨识框架为 $\{d_{11}, d_{12}\}$，其中，d_{11}=［a_1,b_1］, d_{12}=［a_2,b_2］; $m(d_{11})$=1, $m(d_{12})$= 0。同样的，第二个痕迹区间的辨识框架是 $\{d_{21}, d_{22}\}$，其中, d_{21}=［a_1,b_1］, d_{22}=［a_2,b_2］; $m(d_{21})$= 0, $m(d_{22})$=1。在这种情况下，可通过式（7-6）计算得 K 为 1，这意味着证据完全冲突，式（7-5）不能在这里用于融合这些高冲突证据。在这种情况下，采用式（7-7）计算其 BPA，并用式（7-8）对得到的 BPA 进行归一化整理，然后运用式（7-5）对这些证据进行融合。

情形 1 中给出的情况可以作为一个例子。根据式（7-7）可得，$m(d_{11})$=31.622 8, $m(d_{12})$= 0.316 2；$m(d_{21})$=0.316 2, $m(d_{22})$=31.622 8。根据式（7-8）可得, $m(d_{11})$=0.990 1, $m(d_{12})$= 0.009 9；$m(d_{21})$=0.009 9, $m(d_{22})$=0.990 1。根据式（7-6）得到修正后所需融合的冲突系数 K=0.980 4，并运用证据合成式（7-5）计算融合后的 BPA，为 $m(d_{11})$=$m(d_{21})$=0.5, $m(d_{12})$=$m(d_{22})$= 0.5。这个结果是合理的。因此，若我们不能否定从不同事故研究机构所获得的证据，一个合理的办法是认为他们的 BPA 值是一致的，即不同机构所获得的区间具有一样的 BPA 值。

情形 2：当 $a_2 \leqslant b_2 \leqslant a_1 \leqslant b_1$ 时。此时，情形 2 的处理方法和情形 1 的处理方法一样。

情形 3：当 $a_1 \leqslant a_2 \leqslant b_2 \leqslant b_1$ 时。此时，第一个痕迹区间的辨识框架为 $\{d_{11}, d_{12}, d_{13}\}$，其中，$d_{11}$=［$a_1$，$a_2$］, d_{12}=［a_2，b_2］, d_{13}=［b_2，b_1］。同样的，第二个痕迹区间的辨识框架为 $\{d_{21}, d_{22}, d_{23}\}$，其中，$d_{21}$=［$a_1$，$a_2$］, d_{22}=［a_2，b_2］, d_{23}=［b_2，b_1］; $m(d_{21})$=0, $m(d_{22})$=1, m(d_{23})=0。通过式（7-22）可计算 $m(d_{11})$、$m(d_{12})$ 和 $m(d_{13})$ 的值。对于任意一个区间［a,b］，其 BPA 为 1，则对另一个任意区间 C=［c，d］的 BPA，可通过以下公式进行计算。

$$m(C)=\frac{d-c}{b-a} \tag{7-22}$$

式中，$b \leqslant c \leqslant d \leqslant a$。

下面通过一个简单的数值算例来对情况 3 进行具体分析。

在一起交通事故中，根据警方的报告，车辆的制动距离为［16，18］m，而根据某一交通事故研究机构的另一份报告，其制动距离为［16.5，17.5］m。根据上面的分析，制动距离的辨识框架为 {［16，16.5］,［16.5，17.5］,［17.5，18］}。根据某事故研究机构的报告可知，m（［16，16.5］）=0, m（［16.5，17.5］）=1, m（［17.5，18］）=0。而根据警方报告和式（7-22）

可得，m（[16，16.5]）=0.25，m（[16.5，17.5]）= 0.5，m（[17.5，18]）=0.25。然后，通过式（7-6）计算得K=0.5。最后，根据式（7-5）给出最终的融合结果，为m（[16，16.5]）=0，m（[16.5，17.5]）=1，m（[17.5，18]）=0。从融合后所得结果可以看出，车辆的制动距离区间 [16，16.5] 和 [17.5，18] 经过融合后直接被自动剔除，这很不合理。

某些焦元区间经过融合后将被自动剔除，究其原因是这些焦元经融合后所得的BPA等于0，导致其被剔除。为了获得合理的结果，应使用式（7-7）和式（7-8）对这些焦元的BPA进行修正。根据式（7-7）和式（7-8），从某事故研究机构获得的BPA可以修改为，m（[16，16.5]）=0.020 7，m（[16.5，17.5]）=0.958 7，m（[17.5，18]）=0.020 7。然后，计算得K=0.510 4，融合后的结果为m（[16，16.5]）=0.01，m（[16.5，17.5]）=0.98，m（[17.5，18]）=0.01。相比之下，这个结果更为合理。

情形4：当$a_2 \leqslant a_1 \leqslant b_1 \leqslant b_2$时。此时，情形4的处理方法和情形3的处理方法一样。

情形5：当$a_1 \leqslant a_2 \leqslant b_1 \leqslant b_2$时。此时，第一个痕迹区间的辨识框架为$\{d_{11}, d_{12}, d_{13}\}$，其中，$d_{11}$= [a_1，a_2]，d_{12}= [a_2，b_1]，d_{13}= [b_1，b_2]。同样的，第二个痕迹区间的辨识框架为$\{d_{21}, d_{22}, d_{23}\}$，其中，$d_{21}$= [a_1，a_2]，d_{22}= [a_2，b_1]，d_{23}= [b_1，b_2]；m（d_{21}）=0。根据以上讨论，可以运用式（7-22）计算其他焦元的BPA；因为某些焦元的BPA值等于0，故可使用式（7-7）和式（7-8）修正这些区间焦元的BPA；最后，将所有来自不同机构的痕迹信息使用式（7-5）进行融合。

下面通过一个简单的数值算例来对情况5进行具体分析。

假设某一案例中来自警方的报告显示制动距离的区间是 [16，18] m，而从另一个事故研究机构得到的制动距离为 [17，19] m，可以确定制动距离的辨识框架为 { [16，17]，[17，18]，[18，19] }。根据警方报告和式（7-22）可得，m（[16，17]）= 0.5，m（[17，18]）=0.5，m（[18，19]）= 0。根据事故研究机构的报告和式（7-22）可得，m（[16，17]）=0，m（[17，18]）=0.5，m（[18，19]）=0.5。依据式（7-6）计算冲突系数得K=0.75，若直接运用式（7-5）融合，则可得m（[16，17]）=0，m（[17，18]）=1，m（[18，19]）=0。结果是不合理的，因此应首先使用式（7-7）和式（7-8）对所获得的各BPA值进行修正，从警方报告中所得的BPA修正后为m（[16，17]）=0.483 5，m（[17，18]）=0.483 5，m（[18，19]）=0.032 9；而从事故研究报告所得BPA修正后的值为m（[16，17]）=0.032 9，m（[17，18]）=0.483 5，m([18，19])= 0.483 5。最后，根据式（7-5）得融合后的BPA为m([16，17])=0.06，m([17，18])=0.88，m（[18，19]）=0.06，根据式（7-6）得K=0.734 2。

情形6：当$a_2 \leqslant a_1 \leqslant b_2 \leqslant b_1$时。此时，情形6的处理方法和情形5的处理方法一样。

步骤2：计算每个子区间域中的响应结果区间及其对应的BPA。对于一个输入s个参数和n_i（i=1，2，⋯，s）个焦元的问题，将有$N=n_1 \times n_2 \times \cdots \times n_s$个子区间域。然后可以使用第7.3.1节中提到的方案来计算响应结果区间。式（7-14）可用于计算其相应的BPA。

步骤3：计算响应结果区间的信任函数与似然函数。在步骤2之后，将有N个响应区间，然后可以使用式（7-9）和式（7-10）计算信任函数和似然函数。

7.3.3 案例分析

此处给出一个简单的案例来对上述的不确定性分析方法进行演示。在一次事故中，一辆汽车坠落到一座桥下。为了再现坠落前的车辆速度，使用如下模型。

$$v=\sqrt{2g}f(\sqrt{h+x/f}-\sqrt{h})\times 3.6 \tag{7-23}$$

式中，v 是车辆速度，单位为 km/h；g 为重力加速度，为 9.81m/s^2；f 是车辆与道路之间的摩擦系数；h 是桥的高度，单位为 m；x 是车辆的滑行距离，单位为 m。

从警方报告中得到，h=［4.0，4.5］m，x=［14，16］m，f=0.8；而从另一个事故研究机构则得到，h=［4.3，4.4］m，x=［15，15.5］m，f=0.7。

接着，使用 7.3.2 节所示的步骤来分析再现车速 v 的不确定性。

步骤 1：融合证据。

对于参数 f，其辨识框架为 {0.7，0.8}，根据式（7-7）、式（7-8）和式（7-5）可得，m（0.7）=0.5，m（0.8）=0.5。

对于参数 h，其辨识框架为 {［4.0，4.3］，［4.3，4.4］，［4.4，4.5］}。根据警方报告可得，m（［4.0，4.3］）=0.6，m（［4.3，4.4］）=0.2，m（［4.4，4.5］）=0.2。根据事故研究机构调查数据可得，m（［4.0，4.3］）=0，m（［4.3，4.4］）=1，m（［4.4，4.5］）=0。因为存在 BPA=0，所以应该使用式（7-7）和式（7-8）对其进行修正，然后得 m（［4.0，4.3］）=0.020 7，m(［4.3，4.4］)=0.958 7，m(［4.4，4.5］)=0.020 7。最后，运用式（7-5）得 m(［4.0，4.3］)=0.06，m（［4.3，4.4］）=0.92，m（［4.4，4.5］）=0.02，其中 K=0.791 8。

对于参数 x，其辨识框架为 {［14，15］，［15，15.5］，［15.5，16］}。根据警方报告可得，m(［14，15］）=0.5，m（［15，15.5］）=0.25，m（［15.5，16］）=0.25。根据事故研究机构调查数据，m（［14，15］）=0，m（［15，15.5］）=1，m（［15.5，16］）=0。因为存在 BPA=0，所以应该使用式（7-7）和式（7-8）对其进行修正，然后得 m（［14，15］）=0.020 7，m（［15，15.5］）=0.958 7，m（［15.5，16］)=0.020 7。最后，可以运用式（7-5）得 m(［14，15］)=0.04，m(［15，15.5］)=0.94，m(［15.5，16］）=0.02，其中 K=0.744 9。

步骤 2：计算速度 v 的区间及其对应的 BPA，所得的所有计算结果均列入表 7-6 中。

表 7-6 速度 v 的区间及其对应的 BPA

序号	f	h/m	x/m	v/（km/h）	BPA
1	0.7	［4.0, 4.3］	［14, 15］	［31.9, 33.9］	0.001 2
2	0.7	［4.0, 4.3］	［15, 15.5］	［33.5, 34.7］	0.028 2
3	0.7	［4.0, 4.3］	［15.5, 16］	［34.2, 35.5］	0.000 6
4	0.7	［4.3, 4.4］	［14, 15］	［31.7, 33.5］	0.018 4
5	0.7	［4.3, 4.4］	［15, 15.5］	［33.3, 34.2］	0.432 4
6	0.7	［4.3, 4.4］	［15.5, 16］	［34.1, 35.0］	0.009 2
7	0.7	［4.4, 4.5］	［14, 15］	［31.6, 33.3］	0.000 4
8	0.7	［4.4, 4.5］	［15, 15.5］	［33.1, 34.1］	0.009 4
9	0.7	［4.4, 4.5］	［15.5, 16］	［33.9, 34.8］	0.000 2
10	0.8	［4.0, 4.3］	［14, 15］	［33.1, 35.3］	0.001 2
11	0.8	［4.0, 4.3］	［15, 15.5］	［34.8, 36.1］	0.028 2
12	0.8	［4.0, 4.3］	［15.5, 16］	［35.6, 37.0］	0.000 6
13	0.8	［4.3, 4.4］	［14, 15］	［32.9, 34.8］	0.018 4
14	0.8	［4.3, 4.4］	［15, 15.5］	［34.6, 35.6］	0.432 4
15	0.8	［4.3, 4.4］	［15.5, 16］	［35.4, 36.4］	0.009 2

（续）

序号	f	h/m	x /m	v /（km/h）	BPA
16	0.8	[4.4, 4.5]	[14, 15]	[32.8, 34.6]	0.000 4
17	0.8	[4.4, 4.5]	[15, 15.5]	[34.4, 35.4]	0.009 4
18	0.8	[4.4, 4.5]	[15.5, 16]	[35.3, 36.2]	0.000 2

步骤 3：计算信任函数与似然函数。

根据式（7-9）和式（7-10），可以计算出信任函数和似然函数，结果如图 7-4 所示。

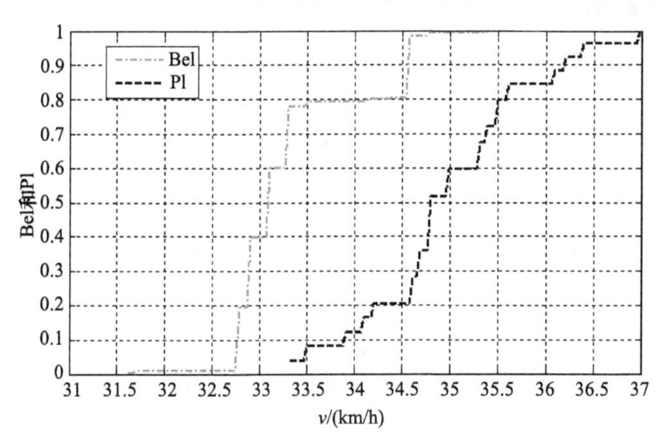

图 7-4　数值案例 1 中的 Bel 和 Pl

从图 7-4 中可得出如下结论。

1）碰撞速度的最小值约为 31.6km/h。需加以说明的是，结论中的所有数值都是基于图中相应位置的数字，后面所有的结论均与此相同。精确值可以直接从计算数据中去确定和获取。

2）碰撞速度的最大值约为 37km/h。

3）可从图中获得碰撞速度区间下限的近似概率。例如，速度区间下限落在［32.7，33］km/h 中的概率约为 40%。

4）可从图中获得碰撞速度区间上限的近似概率。例如，速度区间上限落在［34.5，35］km/h 中的概率约为 40%。

这类信息为判定交通事故中的责任提供了更有用的证据。

7.4　概率痕迹下不确定再现结果描述

如 7.2 节所述，在某些交通事故中，可以获得所有不确定痕迹的概率信息。对于这种情况，可给出与之相应的面向案例的不确定性分析方法。

7.4.1　分析步骤

步骤 1：每个概率参数被分成 k 个子区间，每个子区间被认为是相应参数的焦元，并且运用式（7-11）计算每一焦元的 BPA。

步骤 2：计算由这些子区间组成的每个子空间域中的响应的区间（也可称为响应的焦元）及其所对应的 BPA。根据步骤 1，每个概率参数已经被分为 k 个子区间，因此可以采用诸如

IT、GT 和 AT 等理论方法去计算响应的区间。运用式（7-14）计算每个子空间域所对应响应的 BPA。对于一个含有 n 个概率参数的问题，其每个输入参数均被划分为 k 个子区间，则其将存在 k^n 个子空间域。自然地，将获得 k^n 个响应的子区间及与之对应的 BPA。

步骤 3：基于响应的 k^n 个子区间，可以给出响应 $R=[r_{\min},r_{\max}]$ 的范围。然后，将区间 $[r_{\min},r_{\max}]$ 分成 n_0 个子区间。最后，根据式（7-9）和式（7-10）分别计算出每个子区间的信任函数和似然函数。自然地，根据子区间的 Bel 和 Pl 可以很容易地获得响应的信任函数和似然函数。

7.4.2 两个数值算例

下面将给出两个数值算例来演示 7.4.1 节所提方法的应用。

1. 概率痕迹 - 数值算例 1

算例模型为

$$v=9.84s_{\mathrm{p}}^{0.57} \tag{7-24}$$

式中，s_{p} 是车人碰撞事故中的行人抛距，单位为 m；v 是车辆的碰撞速度，单位 km/h。

该模型是国外学者 Toor 在 2003 年提出的。在一次交通事故中，行人抛距的概率信息由警方提供，根据警方的调查报告，s_{p} 遵循正态分布，其均值为 16m，方差为 0.2m。然后分析碰撞速度 v 的概率信息。有研究表明，车辆的碰撞速度 v 的累积分布函数（CDF）比概率密度函数更为重要，因此在本章中仅给出累积分布函数（CDF）的结果。

根据 7.4.1 节中的方法步骤，令 $k=10^4$，$n_0=10$ 来获得如图 7-5 所示的结果，图中 Truth 表示碰撞速度 v 的真实 CDF，它是采用 10^7 个样本点经蒙特卡洛方法计算得来的；Bel 是信任函数，而 Pl 是似然函数，除非另有说明，否则在后续所有相关图中相应的符号均表示一样的含义。令 $k=10^4$，$n_0=50$ 以获得如图 7-6 所示的结果。同样，令 $k=10^4$，$n_0=500$ 可获得如图 7-7 所示的结果。

从图 7-5 到图 7-7 可得出两个结论：第一个结论是真实的 CDF 曲线在 Bel 曲线和 Pl 曲线之间，这与 7.2.1 节中表述的相同；第二个结论是 Bel 曲线和 Pl 曲线彼此接近，随着 n_0 的增加，它们均趋近、收敛于真实的 CDF 曲线。

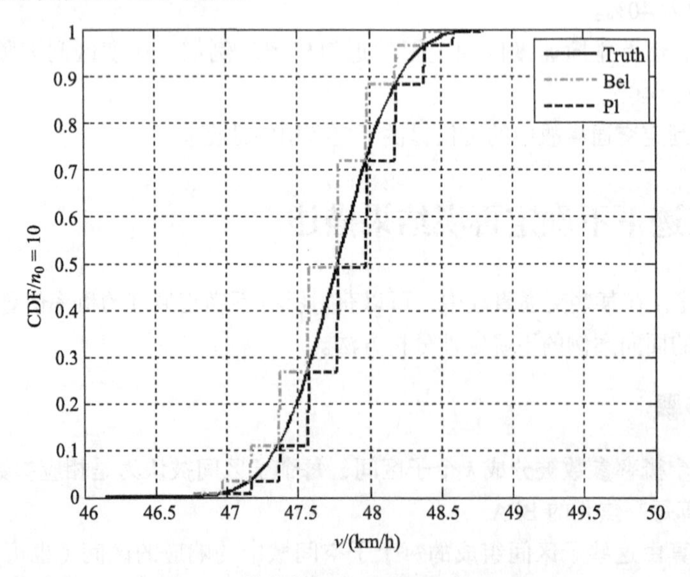

图 7-5 数值算例 1 中 n_0=10 的 CDF

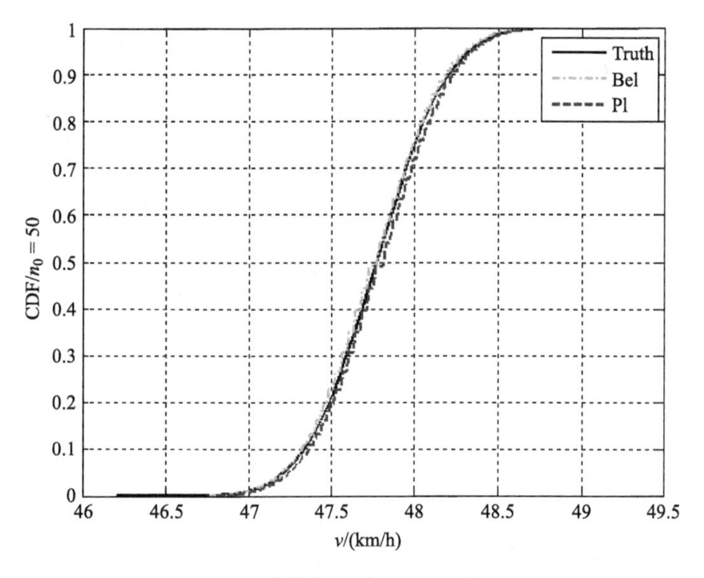

图 7-6 数值算例 1 中 n_0= 50 的 CDF

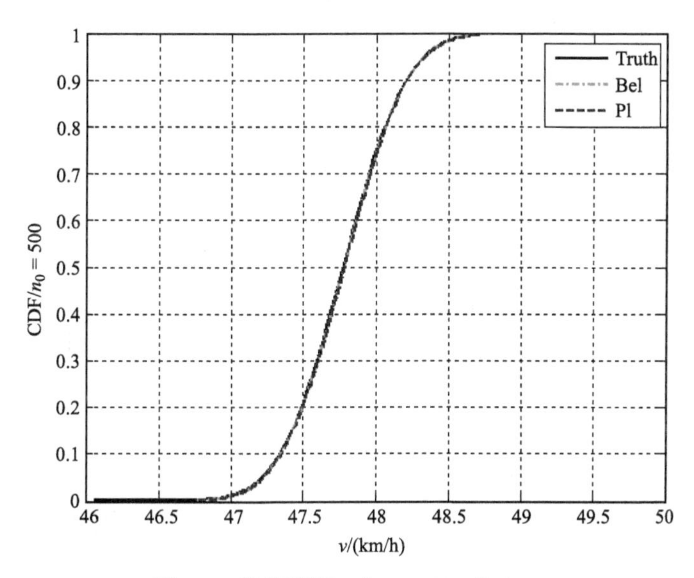

图 7-7 数值算例 1 中 n_0= 500 的 CDF

2. 概率痕迹 - 数值算例 2

算例模型为

$$d = vt + \frac{v^2}{2a} \tag{7-25}$$

这是用于计算交通事故中车辆制动距离的模型。在模型中，t 表示驾驶人的反应时间；v 是车辆的初始速度；a 是减速度；d 是制动距离。在某些情况下，可以获得输入参数的概率信息，并且所有信息都遵循正态分布。其中，v、t、a 的平均值分别为 16m/s、0.8s、0.749g（g 为重力加速度，取 9.81m/s^2）；v、t、a 的标准偏差分别为 1m、0.1s、0.052g。根据 7.4.1 节中介绍的步骤，设置 k=50，n_0=10、50 和 500，为此可获得如图 7-8、图 7-9 和图 7-10 所示的结果。

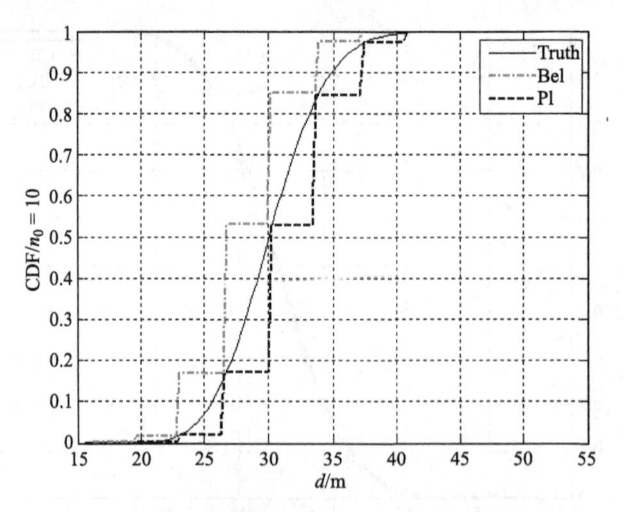

图 7-8　数值算例 2 中 $n_0 = 10$ 的 CDF

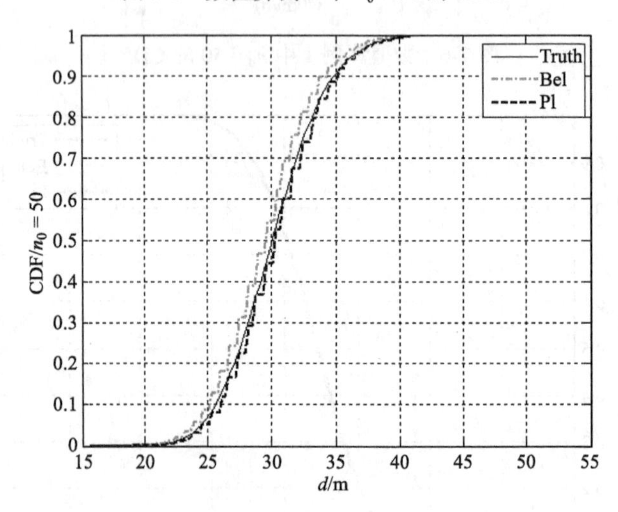

图 7-9　数值算例 2 中 $n_0 = 50$ 的 CDF

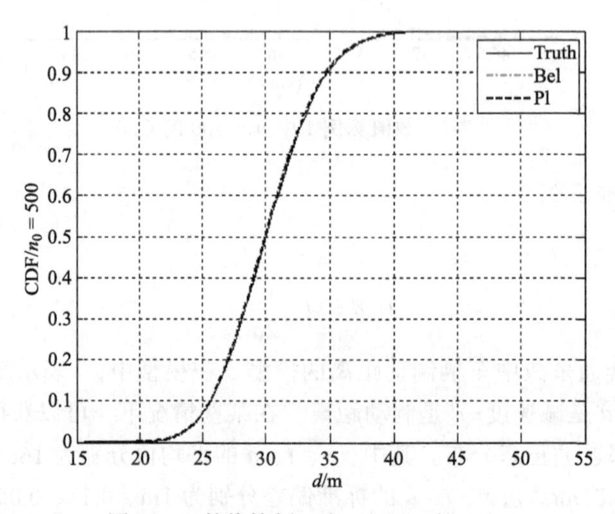

图 7-10　数值算例 2 中 $n_0 = 500$ 的 CDF

从图7-8到图7-10，得出了与数值算例1中相同的结论：首先，真实的CDF曲线在Bel曲线和Pl曲线之间；其次，Bel曲线和Pl曲线彼此接近，且随着n_0的增加，它们均趋近、收敛于真实的CDF曲线。

从数值算例1、2可以很容易得出：采用所提出的方法可以获得真实的累积分布函数（CDF）；并且该方法可用于分析仅含概率痕迹的事故再现结果的不确定性；此外，人们可以改变参数n_0和k以获得满足更高精度要求的合理结果。

7.5 混合痕迹下不确定再现结果描述

正如7.2节所述，在某些情况下，事故再现领域中的工程师们会在实践中遇到既有概率痕迹，又有区间痕迹的交通事故。对于这种情况，基于7.2.2节中的分析，下面将给出用于分析既有概率痕迹，又有区间痕迹的面向案例的事故再现结果不确定性分析步骤。

7.5.1 分析步骤

步骤1：对于概率痕迹，每个概率参数被划分为k个子区间，其中每个子区间被认为是相应参数的焦元，并且其BPA由式（7-11）进行计算。对于区间痕迹，如果只有一个机构提供了一个区间痕迹，则该区间被认为是一个焦元，且其BPA=1；如果不止一个机构提供区间痕迹，那么可以采用7.3.2节中步骤1所示的方法来融合不同的区间痕迹。

步骤2：计算每个子区间域中所对应的响应区间及其所对应的BPA。对于一个含有s个参数和k_i（i=1，2，…，s）个焦元的问题，其存在$K=k_1\times k_2\times\cdots\times k_s$个子区间域和所对应的$K$个响应区间。在每个子区间域中，可以使用7.3.1节中提到的方法来计算响应的区间，运用式（7-14）来计算与之对应的BPA。

步骤3：根据从步骤2中获得的K个响应区间，运用式（7-9）和式（7-10）计算相对应的Bel和Pl。

7.5.2 数值算例

同7.4节一样，此处给出两个数值算例来演示所提的方法。

1. 混合痕迹 - 数值算例1

混合痕迹 - 数值算例1是一个简单的数值案例，该案例的模型为

$$y=x_1x_2 \tag{7-26}$$

式中，x_1服从正态分布，其均值为5，方差为0.33；x_2是一个区间数，其上限和下限分别为5和3。然后通过采用本节所提出的方法来分析模型中y的不确定性。

步骤1：x_2仅含唯一的焦元［3，5］，故其m（［3，5］）=1。对于x_1，令$k=10^q$（q是任意正整数）。然后得到k的焦元，并利用式（7-14）计算其相应的BPA。

步骤2：计算每个子区间域中的响应区间。由于模型式（7-26）是一个线性方程，其中x_2仅含一个焦元，对于x_2的任意焦元［a，b］，其响应区间为［$3a$，$5b$］。

步骤3：利用式（7-9）和式（7-10）计算y的Bel和Pl。

令q=1，结果如图7-11所示。图中"True LB"表示y的下界的真实CDF，而"True UB"

表示 y 的上界的真实 CDF。图 7-11 和图 7-12 中的所有值均使用蒙特卡洛方法计算得来，其仿真次数为 10^7 次。令 q=2，结果如图 7-12 所示。从图 7-11 和图 7-12 中可以得出结论，当 k 增加时，Bel 收敛于响应下界的真实 CDF，而 Pl 收敛于响应上界的真实 CDF。因此，我们可以得出结论，所提出的方法可以应用于事故再现这一领域。

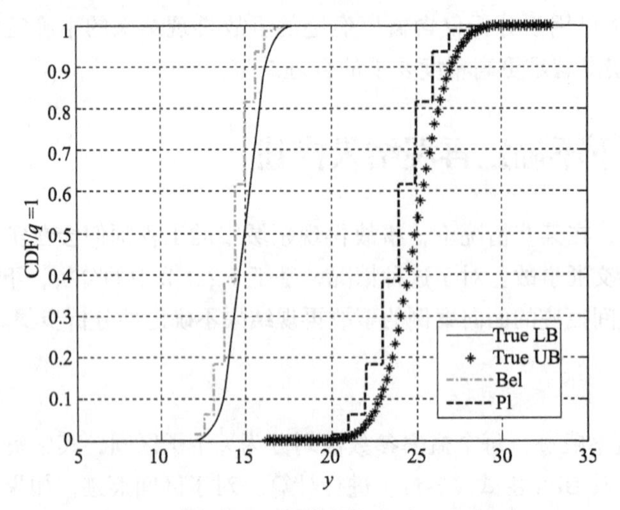

图 7-11　混合痕迹 - 数值算例 1 中 q=1 的 CDF

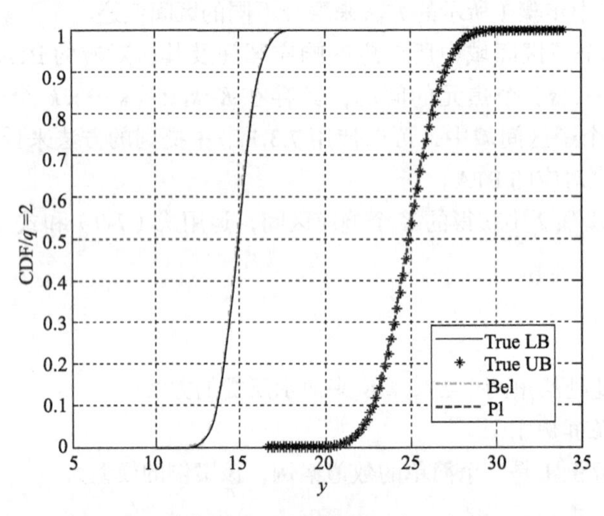

图 7-12　混合痕迹 - 数值算例 1 中 q=2 的 CDF

2. 混合痕迹 - 数值算例 2

混合痕迹 - 数值算例 2 是一种用于计算摩托车侧面撞击事故中摩托车速度的模型。该案例的模型为

$$v=\frac{1+m_1/m_2}{1+m_1/1950}\times(150D+12) \tag{7-27}$$

式中，v 是摩托车在撞击前阶段的速度，单位为 km/h；m_1 是摩托车的质量，单位为 kg；m_2 是车辆的质量，单位为 kg；D 是摩托车轴距的变形量。

在我国湖南省发生的一起摩托车侧面撞击事故中，摩托车与骑手一起测得其总质量为 205kg；车辆与驾驶人一起测得其总质量为 1 573kg。据目击者所述，车上只有 1 名成年男乘客，而据驾驶人所述，事故发生时车上有 2 名成年男乘客；据测量工程专家认为 D 服从正态分布，其均值为 0.3m，标准偏差为 0.01m。接下来需要计算摩托车的碰撞速度。根据《2014 年中国国家体质监测报告》，一名成年男性乘客的体重约为［60，80］kg，然后根据证人的说法，车辆的总重量为［1 633，1 653］kg，而根据驾驶人的说法，车辆的总重量为［1 693，1 733］kg。然后，根据式（7-7）、式（7-8）和式（7-5），车辆质量的辨识框架为{［1 633，1 653］，［1 693,1 733］}，而 m（［1 633，1 633］）=0.5 和 m（［1 693，1 733］=0.5。设 k=10，得如图 7-13 所示的结果。

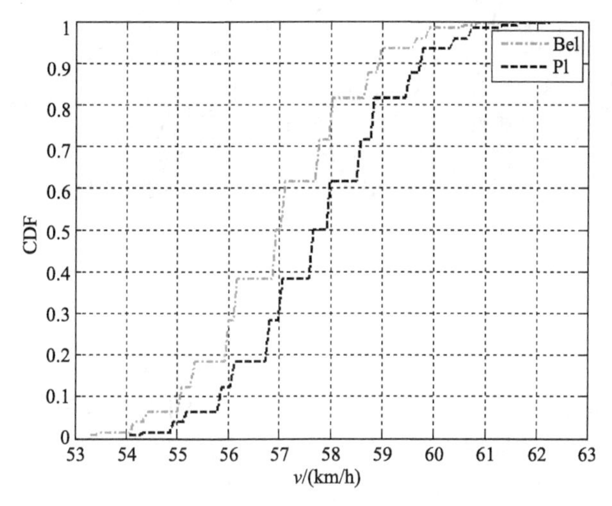

图 7-13　混合痕迹 - 数值算例 2 中 k=10 时的 CDF

从图 7-13 中可以获得有用的信息，例如 v 的范围、v 的下限和上限的范围等。显然，从图 7-13 中获得的信息在事故鉴定中比单个速度值更有用。

7.5.3　真实汽车碰撞事故案例

一辆长安小巴在一个干燥十字路口与一辆别克 GL8 相撞。在撞车前阶段，长安小巴从东向西行驶，而别克则从北向南行驶。然后，它们在十字路口的中间相撞。事故现场的手绘图如图 7-14 所示，而事故现场概况如图 7-15 所示，车辆的变形如图 7-16 所示。小巴士的重量为 1 310kg，而别克的重量为 1 820kg。两辆车没有乘客，所有车辆都处于良好的状态。在事故中，两名驾驶人均系安全带。事故中小巴驾驶人的左小腿和左髌骨骨折；同样，别克驾驶人的两条腿都发生了骨折。除此之外，两名驾驶人没有其他明显的受伤情况。根据两名驾驶人的说法，别克的速度约为 60km/h，而小巴的速度约为 30km/h。警察和别克的驾驶人均怀疑长安小巴的速度超速。因此，接下来是再现事故以获得长安小巴的碰撞速度。

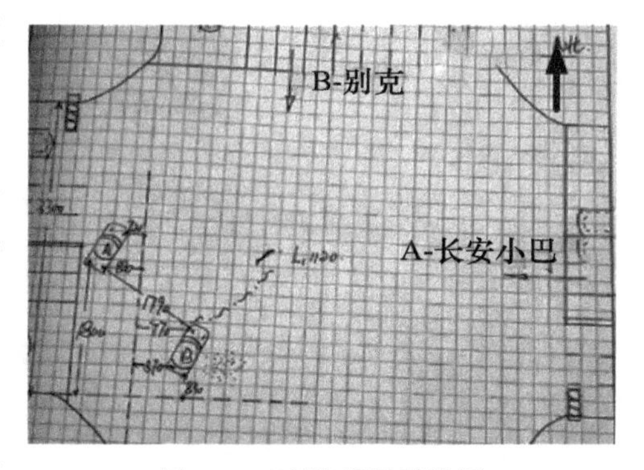

图 7-14　事故现场手绘图

从东向西

从北向南

图 7-15　事故现场概况

长安小巴

别克

图 7-16　汽车碰撞变形

本案例采用 Pc-Crash 软件来进行事故再现。在再现之前，图 7-14 所示的手绘草图由 AutoCAD 重新绘制。重新绘制的事故现场示意图如图 7-17 所示。图 7-17 清楚地表明了事故各方之间的位置关系。图中车辆 A 为长安小巴，车辆 B 为别克。由于警方没有仔细测量，导致没有获得长安小巴精确的制动距离，但根据我们对图 7-14 的分析，其近似值为 25.2m。经过多次仿真，当小巴的速度为 83km/h，别克车的速度为 62km/h 时，仿真中的车辆位置与草图匹配。模拟中事故的整个过程如图 7-18 所示。图 7-19 显示了这两辆车在模拟中撞击阶段的相对位置。从图 7-19 可以很容易地解释小巴整个侧面变形的原因。在模拟中，小型客车的 EES（能量等效速度）为 37.55，而别克车的为 27.10。图 7-20 和图 7-21 显示了其他车辆在其他事故中产生与本案例 EES 值相近的一些图片。通过将图 7-16 与图 7-20 进行比较，我们可以得出结论，在仿真中可以客观地解释小巴的变形。同样，通过将图 7-16 与图 7-21 进行比较，可以在仿真中客观地解释别克车的变形。

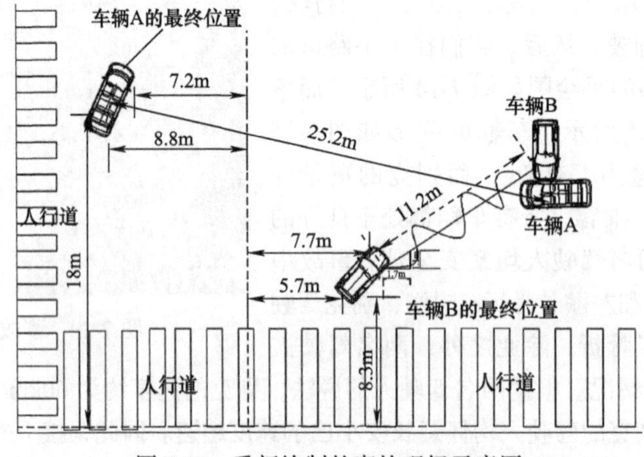

图 7-17　重新绘制的事故现场示意图

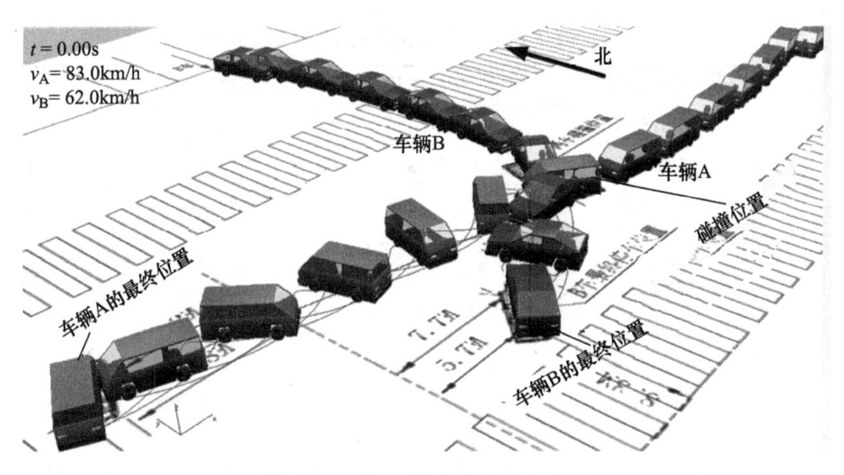

图 7-18　模拟中事故的整个过程

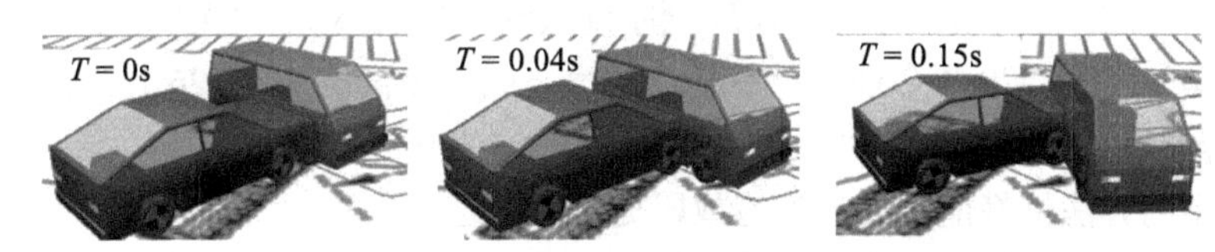

图 7-19　两辆车在撞击阶段的相对位置

图 7-20　不同车辆的侧向变形及相应的 EES

图 7-21　不同车辆的头部变形及相应的 EES

表 7-7 列出了小巴车驾驶人的受伤情况，表 7-8 列出了别克驾驶人的受伤情况。从表 7-7 和表 7-8 可以看出，Pc-Crash 仿真所得驾驶人受伤情况与警方调查报告结果一致。

表 7-7　小巴车驾驶人受伤情况

部位	损伤标准	仿真结果	演绎损伤	真实损伤
头部	HIC15 <700	201.3	无明显损伤	无明显损伤
胸部	3ms① < 60g	53.5	无明显损伤	无明显损伤
胸部	< 8kN	5 422.91N	无明显损伤	无明显损伤
股骨	< 6.3kN	左：3 526.93N 右：2 760.9N	无明显损伤	无明显损伤
胫骨	< 4kN	左：6 243.67N 右：3 113.14N	左小腿骨折	左小腿骨折
膝盖	< 3.1kN	左：8 306.46N 右：512N	左膝盖骨折	左膝盖骨折

① 3 ms 表示 3ms 合成加速度。

表 7-8　别克驾驶人受伤情况

部位	损伤标准	仿真结果	演绎损伤	真实损伤
头部	HIC15 <700	16.4	无明显损伤	无明显损伤
胸部	3ms< 60g	7.98	无明显损伤	无明显损伤
胸部	<8kN	2 932.93N	无明显损伤	无明显损伤
股骨	<6.3kN	左：3 949.75N 右：3 698.21N	无明显损伤	无明显损伤
胫骨	<4kN	左：8 760.17N 右：8 808.84N	两小腿骨折	两小腿骨折
膝盖	<3.1kN	左：1 138.54N 右：1 550.56N	无明显损伤	无明显损伤

据此可以认为，事故中几乎所有的痕迹都可以在仿真中得到客观、合理的解释。因而可以认为仿真能够很好地反映事故的真实情况，事故再现结果是客观、可信的。然而，长安小巴驾驶人质疑仿真结果。他给出两个理由：一是他的汽车制动距离为 24.5~26.1m，而不是一个确定的值；二是干燥路面的摩擦系数为 0.7~0.9，而不是确定值 0.8。

本章所提出的方法恰好能很好地解答他所提出的问题。

首先，将长安小巴的制动距离和摩擦系数认为是相应痕迹的焦元，其 BAP 等于 1。

其次，计算碰撞速度 v 的取值区间。为了计算 v，应给出模型 $v = f(s,\ \text{miu})$，其中，s 为车辆制动距离，miu 是车路间摩擦系数。虽然存在许多 f，但根据上述 Pc-Crash 的仿真结果认为仿真中显示的模型将是最合适的模型。为了获得模型的显式表达式，这里将采用响应面方法。试验设计表及相应的结果列入表 7-9 中。

根据表 7-9 所示的结果，可以通过回归方法获得响应面模型，即

$$v = 24.9 + 2.57s \times \text{miu}$$

剩余标准差为 0.304，相关系数为 0.998，表明回归关系显著。然后可以利用上述公式计算 v 的区间为［68.98，85.27］km/h。

最后，可以给出事故碰撞车速 v 的区间为［68.98，85.27］km/h，其所对应的 BPA 为 1。现在，长安小巴驾驶人没有理由再怀疑这一再现结果，因此这个区间可以用于事故责任认定。

表 7-9　仿真测试和测试结果

序号	s/m	miu	v/(km/h)	序号	s/m	miu	v/(km/h)
1	36.59	0.70	90.67	6	28.02	0.88	88.33
2	31.98	0.74	86.00	7	33.74	0.79	93.00
3	27.45	0.83	83.67	8	28.43	0.77	81.33
4	22.53	0.81	72.00	9	24.49	0.86	79.00
5	28.06	0.72	76.67	10	21.63	0.90	74.33

7.6　多模型事故再现结果融合

事故再现过程中，再现结果的求解均依靠再现模型。针对不同的道路交通事故形态，学者

们建立了相对应的事故再现模型，如车 - 两轮车碰撞事故再现时涉及碰撞模型、轨迹模型、驾驶模型、洒落物抛距模型等。即使对于同一事故参数，也存在多种求解模型和方法，以碰撞速度为例，存在人体抛距模型、制动距离模型、基于仿真再现软件的车速鉴定法、基于视频图像的车速鉴定法、基于车载记录设备信息进行车速鉴定的方法等。因此，现阶段已存在许多经过验证且成熟的模型和方法供事故再现人员选用。考虑到事故现场痕迹的测量常受到人为、天气、环境等因素的干扰使得测量结果中存在不确定性，若只采用单一的一种模型获得再现结果是非常不妥的，所以为保证再现结果的客观性，通常会运用多种模型或方法再现同一事故，随之会得出多个模型结果，有的模型结果很接近实际值，而有的却与实际值偏差很大，如何综合运用好模型所得结果，得到有利于事故责任判定的结果，已成为一个非常值得研究的重要问题。

事故再现的结果与输入参数的类型有关，输入参数的类型不同，所得的再现结果也不同。依据 7.2 节中的相关表述，认为输入参数可分为确定性痕迹信息、区间痕迹信息、概率痕迹信息和混合痕迹信息，与此相对应的输出结果则为确定性结果、区间结果、概率结果及混合结果。不同类型结果的多模型融合方法存在区别，故下面将从四个方面对多模型事故再现结果的融合进行介绍。

7.6.1 多模型事故再现确定性结果融合

1. 多模型确定性结果中 BPA 的确定

假设对于某一事故，选用了 n 个模型（或方法）进行再现，则可将式（7-1）转化为式（7-28）。

$$Y_n = f_n(X) \tag{7-28}$$

即 n 个结果构成一个辨识框架，若知道与之对应的 BPA 值，则能运用证据理论将相关结果融合成一个结果，即

$$G = \sum_{i=1}^{n} m(Y_i) \times Y_i \tag{7-29}$$

显然，这一步的核心在于确定 BPA 即 m（Y_i）的值。在证据理论中，BPA 是对证据的信任和支持程度，是通过对所得的数据进行分析或专家根据经验得出来的。考虑到证据存在冲突的情况下，即当证据间完全冲突时，每个证据都是相互独立的，证据之间完全互不支持，且可能会否定其他证据，此时每个证据均认定为完全支持自己的模型而否定其他模型。基于此，将提出两种方案确定 BPA 值。

方案一：认为选用的 i 模型对自身所得结果 100% 支持，但对其他模型所得结果则不支持。故而可得表 7-10 所示的 BPA 矩阵。

表 7-10 方案一的 BPA 矩阵

模型	模型 1 结果	模型 2 结果	…	模型 n 结果
1	1	0	0	0
2	0	1	0	0
…	0	0	1	0
n	0	0	0	1

方案二：由于方案一直接将选用的模型视为正确，忽略了模型之间本身信度不同的问题，故而在第二种方案中引入专家意见。在告知专家案情、所能获取痕迹的确定性信息及计划所选用的模型后，邀请不同专家对模型进行打分，对所得分数进行归一化后，将所得结果视为专家对相应模型结果的 BPA 赋值。专家打分汇总表见表 7-11。在表 7-11 中，S 表示分数，第一个下标为专家代号，第二个下标为模型代号。其具体确定步骤如下。

步骤 1：确定影响每个证据评分的因素，并设计好相应的专家评分表。

步骤 2：选择专家。选取的专家应当是对应领域内的权威性或代表性人物，且专家人数应当适当。

步骤 3：向专家提供相应的资料和打分表，给专家打分。

步骤 4：收集专家打分后的评分结果，并制作相应的表格，即专家打分汇总表，见表 7-11。

表 7-11　专家打分汇总表

专家	模型 1	模型 2	…	模型 n
1	S_{11}	S_{12}	…	S_{1n}
2	S_{21}	S_{22}	…	S_{2n}
…	…	…	…	…
n	S_{n1}	S_{n2}	…	S_{nn}

步骤 5：将专家打分结果转化为相应证据的 BPA，由表 7-11 可得与之对应的 BPA 赋值，其计算公式为

$$m_{ij} = S_{ij} / \sum_{j=1}^{n} S_{ij} \tag{7-30}$$

整理后得赋值矩阵见表 7-12。

表 7-12　专家打分 BPA 赋值

专家	模型 1	模型 2	…	模型 n
1	m_{11}	m_{12}	…	m_{1n}
2	m_{21}	m_{22}	…	m_{2n}
…	…	…	…	…
n	m_{n1}	m_{n2}	…	m_{nn}

2. 多模型确定性结果融合步骤

步骤 1：确定多模型确定性结果的 BPA。

对再现的每个模型结果，分析模型结果间的相互冲突性，通过上述所提出的方案一和方案二来确定多模型确定性结果的 BPA 值，得到 BPA 赋值矩阵。

步骤 2：融合多模型确定性结果。

在确定多模型确定性结果的 BPA 值后，需对模型结果进行融合。当用第一种方案时，因为模型证据间的相互冲突和相互独立，需要运用式（7-7）对多模型确定性结果的 BPA 进行修改，并运用式（7-8）对其进行归一化处理后才能运用证据理论合成法则即式（7-5）对多模型确定性结果进行融合，得到最终的融合结果；当用第二种方案时，因引入了专家打分意见，考虑到模型之间本身信度不同，此时模型证据间不会相互冲突和完全独立，可直接运用证据理论合成

法则即式（7-5）对多模型确定性结果进行融合，得到最终的融合结果。

步骤 3：分析融合结果。

在得到融合结果后，对融合后的结果进行分析。

3. 事故案例分析

案情简介：一辆标致车沿着公路南侧的第二条机动车道从东向西直行。由于速度快，标致车驾驶人未观察到突然从南向北横穿公路的行人，未及时做出反应采取避让措施，最终导致轿车与行人发生碰撞。碰撞部位为标致轿车前部左侧。碰撞后，轿车继续向西南移动约 29.6m，最后停止移动；事发后，行人向标致轿车行驶方向发生滚动，最终停止在标致轿车前方 10.1m 位置处。事故中行人当场死亡，而标致轿车只有轻微损坏，最终停止位置如图 7-22 所示。

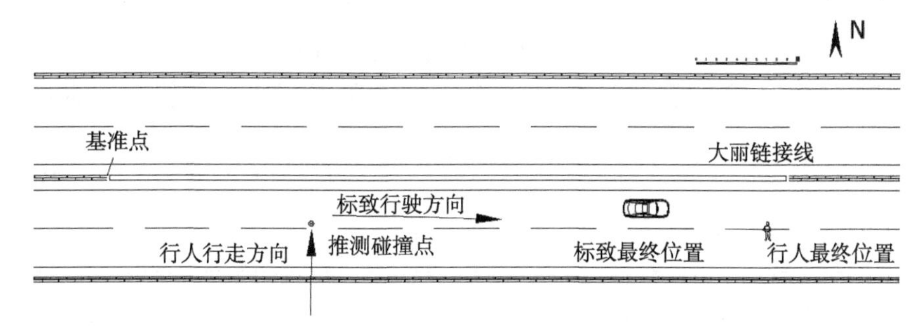

图 7-22　车、人最终停止位置

本次再现过程中，采用了三种方法来计算标致轿车的碰撞车速，具体如下。

方法 1：公式法计算车速。

根据制动距离计算事故中标致轿车的碰撞车速。据案发事故现场所得照片及事故现场勘查资料可知，事发时道路为干燥的沥青路，故其附着系数取为 0.7。轿车在事故现场路面留有 29.6m 的滑行制动痕迹，故可通过以下速度公式计算标致轿车碰撞时的行驶速度 v_1。

$$v_1 = 3.6\sqrt{2ugs} = 3.6\sqrt{2\times0.7\times9.8\times29.6} = 73\text{km/h}$$

式中，u 为碰撞车辆与路面的附着系数；g 为重力加速度（m/s^2）；s 为制动距离（m）；v_1 为轿车碰撞时的行驶速度（km/h）。

由于未获得现场监控视频，只对人 - 车停止距离、包络线、车辆前端高度、车辆前端长度和行人身高进行采集测量，具体数据见表 7-13。

表 7-13　事故参数

H/m	L/m	H_p/m	D/m	W/m
0.79	0.96	1.57	10.1	1.9

表中，H 为车辆前端高度（m）；L 为车辆前端长度（m）；H_p 为行人高度（m）；D 为人 - 车最终停止相对距离（m）；W 为包络线长度（m）。

方法 2：运用相对距离回归方程法计算车速。

将表 7-13 中的事故参数带入相对距离回归方程，可求解得轿车碰撞时的碰撞车速 v_2 为

$$v_2 = 5.495D - 90.676H + 30.038L + 30.412H_p + 5.89 \approx 66\text{km/h}$$

方法 3：运用包络线回归方程法计算车速。

将表 7-13 中的碰撞事故参数代入包络线回归方程，求解得标致轿车碰撞时的碰撞车速 v_3 为

$$v_3 = 166.667W - 317.5H_p + 33.333L + 216.667H + 53.333 \approx 75\text{km/h}$$

由上述三种车速鉴定模型所得车速鉴定结果见表 7-14。

表 7-14　三种模型所得车速鉴定结果　（单位：km/h）

公式法	相对距离回归方程法	包络线回归方程法
模型 1	模型 2	模型 3
73	66	75

本案例邀请资深专家进行打分，得到的专家打分汇总表见表 7-15。

表 7-15　案例中的专家打分汇总表

专家	模型 1	模型 2	模型 3
1	80	50	65
2	85	60	75
3	90	75	78
4	87	65	75

步骤 1：确定多模型确定性结果的 BPA。

运用第一种方案对三种方法所得模型结果进行融合时，由于这三种模型方法相互独立，模型方法对自身所得结果 100% 支持，即每个模型方法将自己所得模型结果视为完全正确，所以运用第一种方案时赋值 BPA 矩阵见表 7-16。

表 7-16　方案一模型的 BPA 矩阵

模型	模型 1	模型 2	模型 3
1	1	0	0
2	0	1	0
3	0	0	1

由式（7-6）可得冲突系数 K=1，此时证据高度冲突，式（7-5）失效。故选用式（7-7）对方案一的赋值 BPA 矩阵进行修正，修正矩阵见表 7-17，然后运用归一化公式（7-8）得到修正后方案一的修正赋值 BPA 矩阵，见表 7-18。

表 7-17　修正的 BPA 矩阵

模型	模型 1	模型 2	模型 3
1	21.544 3	0.464 2	0.464 2
2	0.464 2	21.544 3	0.464 2
3	0.464 2	0.464 2	21.544 3

表 7-18　归一化后的 BPA 修正矩阵

模型	模型 1 结果	模型 2 结果	模型 3 结果
1	0.958	0.021	0.021
2	0.021	0.958	0.021
3	0.021	0.021	0.958

运用第二种方案对三种方法所得模型结果进行融合时，考虑到这三种模型方法之间本身信度不同的问题，根据专家打分意见表（表7-15）和式（7-30）得到方案二的专家打分BPA矩阵，见表7-19。

表7-19 方案二的专家打分BPA矩阵

专家	模型1	模型2	模型3
1	0.410	0.257	0.333
2	0.386	0.273	0.341
3	0.370	0.309	0.321
4	0.383	0.286	0.331

步骤2：融合多模型确定性结果。

运用第一种方案对多模型确定性结果进行融合。结合表7-18中方案一的修正赋值BPA矩阵，依据式（7-6）计算后得修正后的冲突系数$K \approx 0.998\ 7$，运用证据合成式（7-5）得辨识框架{模型1，模型2，模型3}所对应的BPA为{1/3, 1/3, 1/3}，则由式（7-29）得$G_1 \approx 71.33$ km/h。

运用第二种方案对多模型确定性结果进行融合。结合表7-19中方案二的专家打分BPA矩阵，先将专家1与专家2证据融合，依据式（7-6）可算出冲突系数$K_1=0.658\ 026$，运用证据合成式（7-5）得辨识框架{模型1，模型2，模型3}所对应的BPA为{0.463，0.205，0.332}；再将此结果与专家3结果融合，依据式（7-6）可得冲突系数$K_2=0.658\ 773$，据合成式（7-5）得辨识框架{模型1，模型2，模型3}所对应的最终融合BPA为{0.502，0.186，0.312}。再将此结果与专家4结果融合，依据式（7-6）可得冲突系数$K_3=0.651\ 266$，运用证据合成式（7-5）得辨识框架{模型1，模型2，模型3}所对应的最终融合BPA为{0.551，0.153，0.296}，运用式（7-29）可得模型最终融合结果$G_2 = 72.521$km/h。

步骤3：分析融合结果。

运用第一种方案得辨识框架{模型1，模型2，模型3}所对应的BPA为{1/3，1/3，1/3}，这很合理，当三个模型结果均无法彼此否决对方时，会得到相同的BPA值，最终得到融合结果为$G_1 \approx 71.33$km/h，按照第一种方案得出来的融合结果本质上是对这三种模型方法所得的事故碰撞车速结果取平均值。

运用第二种方案所得辨识框架{模型1，模型2，模型3}所对应的最终融合BPA为{0.551，0.153，0.296}，从融合后所得的最终BPA可以看出，专家们对模型1所对应的鉴定碰撞车速结果最为肯定，即专家们对公式法所得的事故碰撞车速鉴定结果最为肯定，得模型最终融合结果为$G_2 = 72.521$km/h。

虽然最终两种方案结果只相差1.191km/h，但不能否定的是，在加入专家打分意见后，考虑到模型之间本身信度的不同，方案二比方案一的结果说服力更高些。

综上，为实现多模型确定性结果的融合，作者提出了基于证据理论的融合方法。此方法的核心在于各模型确定性结果BPA的确定，为此作者提出两种方案，这两种方案分别是通过分析模型对自身的支持度和专家打分的方式，随后提出基于证据理论的多模型确定性结果融合步骤并通过一个真实的事故案例来对其进行验证。通过对真实事故案例融合过程的分析发现，相较方案一，方案二不需要对BPA进行修正后再对多模型确定性结果进行融合，大大简化了计算量，且方案二引入了专家打分意见，考虑到了模型间本身信度不同的问题，故方案二的结果更具说服力。但当请不到专家时，方案一也是个不错的选择。

7.6.2 多模型事故再现区间结果融合

1. 多模型区间结果中 BPA 的确定

方案一：模型本身认为自身 100% 支持自己所得的区间结果，即模型对自己所得区间结果完全信任，不支持其他模型所得的区间结果。为此，可得表 7-20 给出的 BPA 矩阵。

表 7-20 方案一模型区间结果 BPA 矩阵

模型	模型 1 所得区间	模型 2 所得区间	…	模型 n 所得区间
1	1	0	0	0
2	0	1	0	0
…	0	0	1	0
n	0	0	0	1

方案二：与 7.6.1 节的处理方式相同。在告知专家案情、所能获取的区间痕迹信息及计划选用的模型后，邀请不同专家对每个模型所得区间结果进行打分，打分步骤和 7.6.1 节相似，这里不再复述，对所得分数进行归一化后，将所得结果视为专家对相应模型结果的 BPA 赋值。专家打分汇总表见表 7-21，其中 S 表示专家对所对应模型区间结果所打的分数，第一个下标为专家代号，第二个下标为模型代号。

表 7-21 专家打分汇总表

专家	模型 1 所得区间	模型 2 所得区间	…	模型 n 所得区间
1	S_{11}	S_{12}	…	S_{1n}
2	S_{21}	S_{22}	…	S_{2n}
…	…	…	…	…
n	S_{n1}	S_{n2}	…	S_{nn}

然后运用式（7-30）将表 7-21 中的分数进行归一化处理可得模型区间结果的赋值 BPA 矩阵，即方案二专家打分 BPA 矩阵，见表 7-22。

表 7-22 方案二专家打分 BPA 矩阵

专家	模型 1 所得区间	模型 2 所得区间	…	模型 n 所得区间
1	m_{11}	m_{12}	…	m_{1n}
2	m_{21}	m_{22}	…	m_{2n}
…	…	…	…	…
n	m_{n1}	m_{n2}	…	m_{nn}

2. 多模型区间结果融合步骤

步骤 1：确定多模型区间结果的 BPA。

对事故再现的每个模型区间结果，分析它们之间的相互冲突性，通过第一种方案和第二种方案来确定多模型区间结果的 BPA 值，得到采用方案一和方案二时的 BPA 矩阵。

步骤 2：融合多模型区间结果。

在完成步骤 1 后，需对模型区间结果进行融合，在融合前需先依据各模型区间结果的上、下界值进行大小关系排序，然后组成对应的新的区间结果以获得模型区间结果的辨识框架，在得到辨识框架后对区间结果分6种情形进行讨论，并分析辨识框架中模型区间结果的BPA是否需要进行修正，需要修正的则通过式（7-7）对其进行修正并运用式（7-8）进行归一化处理，具体操作步骤与7.3.2节中6种区间痕迹情形的处理步骤一致，此处不再赘述。然后基于证据理论运用第一种方案和第二种方案对多模型区间结果进行融合，得到融合结果。

步骤3：分析融合结果。

在得到融合的模型区间结果后，通过信任函数和似然函数对模型区间结果的Bel和Pl进行计算，即运用式（7-9）和式（7-10）计算得到Bel和Pl。最后将所得数据通过软件作图对融合后的模型区间结果进行分析。

3. 事故案例分析

案情简介：某天，一辆捷达小轿车沿道路自西向东行驶，当捷达小轿车行驶至离机场高速路3km时，由于未观察路况导致车辆前部与违规横穿高速公路的行人相撞，造成行人当场死亡。事故现场图如图7-23所示，图中01为违规行人，02为碰撞小轿车，C1为行人携带物品散落物。根据案发事故现场的调查报告，小轿车与行人碰撞后，车辆前部有明显凹痕，且车辆前部风窗玻璃破裂，人与地面的摩擦系数u_p=0.7，行人在地面所留下的抛距区间范围为S=［18，19］m，碰撞时人的质心高度h=1m，g=9.8m/s^2。现在要求计算小轿车与行人发生碰撞接触时的瞬时碰撞车速，可通过以下几种方法来求解。

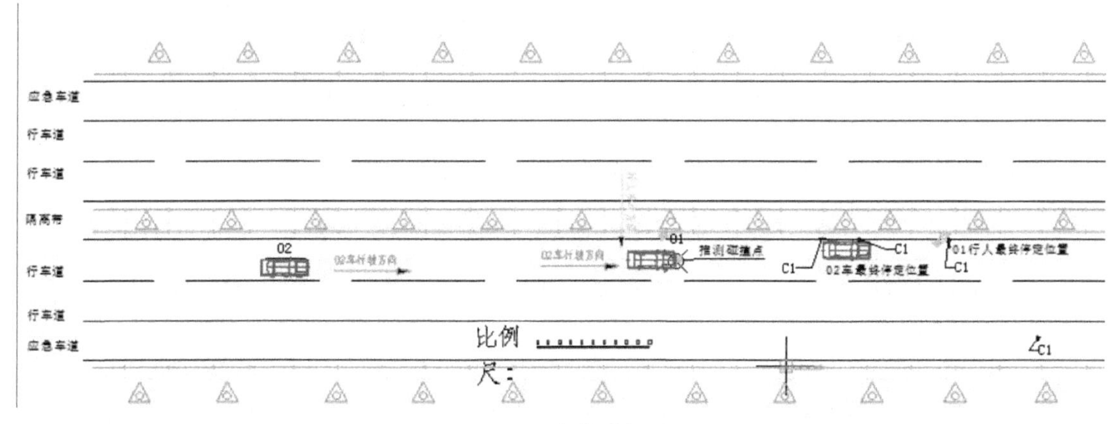

图7-23　事故现场图

方法1：基于行人抛距公式计算车速。

车辆碰撞行人抛距公式为

$$v=\sqrt{2gu_{\mathrm{p}}}\left(\sqrt{h+S/u_{\mathrm{p}}}\right)\times 3.6$$

式中，v为事故碰撞瞬间汽车的速度，单位为km/h；u_p为人体与地面的摩擦系数；S为行人的抛距；h为碰撞时行人质心高度，单位为m；3.6为单位换算产生的系数；g为重力加速度，取9.8m/s^2。

运用事故现场的区间痕迹、行人抛距S、相关系数等计算得出车辆与行人碰撞的瞬时车速区间为v=［46.5，48］km/h。

方法2：基于Fugger经验公式计算车速。

Fugger经验公式为

$$v = 8.3604S^{0.6046}$$

式中，v 为事故碰撞瞬间汽车的速度，单位为 km/h；S 为行人的抛距，单位为 m。

运用事故现场的区间痕迹、行人抛距 S、相关系数等计算得出车辆与行人碰撞的瞬时车速区间为 v=［48，49.5］km/h。

方法 3：基于 Pc-Crash 仿真再现碰撞车速。

运用 Pc-Crash 软件对事故进行仿真再现的流程已在本书第 4 章和第 6 章中进行阐述，读者参照相关内容便可完成此事故的重建，这里不再赘述。仿真中，车辆参数为：整备质量 1 427kg，长 4 487mm，宽 1 706mm，高为 1 470mm，外形参数与真实车辆保持一致，其他参数为软件默认值。仿真中人的模型选用 Pc-Crash 中的多刚体模型，人的高度和体重分别为 180cm、74kg，其他参数设置为软件默认值。通过多次仿真和迭代计算发现，当捷达小轿车车速范围在［47，50］km/h，行人速度为 5km/h，捷达小轿车与地面的附着系数为 0.7，行人与路面的附着系数为 0.7 时，仿真结果与事故现场结果最为吻合。轿车和行人的最终停止位置与实际位置非常接近，这说明在该事故案例中，轿车与行人碰撞时的瞬时车速区间为［47，50］km/h。被撞行人最近抛距和最远抛距如图 7-24 和图 7-25 所示。

图 7-24　被撞行人最近抛距

图 7-25　被撞行人最远抛距

由上述三种方法所得的瞬时碰撞车速区间结果见表 7-23。

表 7-23　三种不同模型方法所得的碰撞车速区间结果　（单位：km/h）

行人抛距车速计算公式	Fugger 经验公式	Pc-Crash 仿真再现方法
模型 1 ［46.5，48］	模型 2 ［48，49.5］	模型 3 ［47，50］

本案例邀请公安部等领域内的资深专家打分，得到三位专家打分汇总表，见表 7-24。

表 7-24　专家打分汇总表

专家	模型 1 ［46.5，48］	模型 2 ［48，49.5］	模型 3 ［47，50］
1	80	70	90
2	85	75	80
3	90	75	85

事故案例融合步骤：

步骤 1：确定多模型区间结果的 BPA。

运用方案一对模型区间结果进行融合时，由于这三种模型相互独立，模型对自身所得区间结果 100% 支持，即每个模型将自己视为完全正确，所以得方案一模型区间结果 BPA 矩阵见表 7-25。

表 7-25　方案一模型区间结果 BPA 矩阵

模型	模型 1 [46.5，48]	模型 2 [48，49.5]	模型 3 [47，50]
1	1	0	0
2	0	1	0
3	0	0	1

运用方案二对模型结果进行融合时，考虑到模型之间本身信度不同的问题，根据专家打分意见汇总表 7-24 并运用归一化式（7-29）得方案二专家打分 BPA 矩阵，见表 7-26。

表 7-26　方案二专家打分 BPA 矩阵

专家	模型 1 [46.5，48]	模型 2 [48，49.5]	模型 3 [47，50]
1	0.333	0.291 7	0.375
2	0.354 2	0.312 5	0.333 3
3	0.36	0.3	0.34

步骤 2：融合多模型区间结果。

在完成步骤 1 后，需对这三种模型所得的事故碰撞速度区间结果进行融合，在融合前需先依据各模型区间结果的上、下界值进行大小关系排序，然后组成对应的排序区间来获得模型区间结果的辨识框架。在该碰撞事故案例中，各模型区间结果的上下界排序为 {46.5，47，48，49.5，50}，所以可得模型区间结果的辨识框架为 {[46.5，47]，[47，48]，[48，49.5]，[49.5，50]}，依据步骤 1 中的方案一和表 7-25，运用式（7-22）得排序后所得区间结果辨识框架下的 BPA 矩阵，见表 7-27。

表 7-27　方案一模型区间结果 BPA 矩阵

模型	区间结果 [46.5，47]	区间结果 [47，48]	区间结果 [48，49.5]	区间结果 [49.5，50]
1	0.333 3	0.666 7	0	0
2	0	0	1	0
3	0	0.333 3	0.5	0.166 7

在方案一中，运用式（7-6）可得冲突系数 $K = 1$，模型区间结果之间完全冲突，此时证据合成式（7-5）失效，需要对方案一模型新区间结果 BPA 进行修正。运用式（7-7）对方案一模型区间排序结果 BPA 矩阵进行修正后得模型区间排序结果修正矩阵见表 7-28，运用式（7-8）进行归一化后的修正 BPA 矩阵见表 7-29。

表 7-28　方案一模型区间排序结果修正矩阵

模型	区间结果 [46.5，47]	区间结果 [47，48]	区间结果 [48，49.5]	区间结果 [49.5，50]
1	3.830 9	8.254 7	0.562 3	0.562 3
2	0.562 3	0.562 3	17.782 8	0.562 3
3	0.562 3	3.830 9	5.623 4	0.825 5

表 7-29　方案一模型区间排序结果修正 BPA 矩阵

模型	区间结果［46.5，47］	区间结果［47，48］	区间结果［48，49.5］	区间结果［49.5，50］
1	0.29	0.624 8	0.042 6	0.042 6
2	0.028 9	0.028 9	0.913 3	0.028 9
3	0.051 9	0.353 3	0.518 7	0.076 1

运用式（7-6）得修正后的冲突系数 $K \approx 0.972\,9$，最后运用证据合成式（7-5）得方案一区间融合结果，见表 7-30。

表 7-30　方案一区间融合结果

区间结果［46.5，47］	区间结果［47，48］	区间结果［48，49.5］	区间结果［49.5，50］
0.016 1	0.235 5	0.744 9	0.003 5

当运用方案二对多模型区间结果进行融合时，需对多模型区间结果进行排序，该碰撞事故案例中各模型区间结果的上、下界排序为｛46.5，47，48，49.5，50｝，所以可得模型区间结果的辨识框架为｛［46.5，47］，［47，48］，［48，49.5］，［49.5，50］｝，这与方案一中的辨识框架相同。依据步骤 1 中的第二种方案和表 7-26，运用式（7-22）得排序后所得区间结果辨识框架下的 BPA 矩阵，见表 7-31。

表 7-31　方案二模型区间排序结果 BPA 矩阵

专家	区间结果［46.5，47］	区间结果［47，48］	区间结果［48，49.5］	区间结果［49.5，50］
1	0.111 1	0.347 2	0.291 7	0.25
2	0.118 1	0.347 2	0.312 5	0.222 2
3	0.12	0.353 3	0.3	0.226 7

运用式（7-6）得修正后的冲突系数 $K \approx 0.915\,9$，最后运用证据合成式（7-5）得方案二区间融合结果见表 7-32。

表 7-32　方案二区间融合结果

区间结果［46.5，47］	区间结果［47，48］	区间结果［48，49.5］	区间结果［49.5，50］
0.018 7	0.506 4	0.325 2	0.149 7

步骤 3：分析融合结果。

根据表 7-30 给出的方案一区间融合结果和表 7-32 给出的方案二区间融合结果可绘制区间直方图，如图 7-26、图 7-27 所示。在方案一中（图 7-26），融合后区间［48，49.5］km/h 所占 BPA 最高；在方案二中（图 7-27），融合区间［47，48］km/h 所占 BPA 最高。此时两碰撞速度区间是连在一起的，这说明碰撞速度区间结果［47，49.5］km/h 所占 BPA 最大。通过方案一和方案二能细分每个区间，这比单纯只给一个大区间结果要好很多。相比于方案一，方案二加入了专家打分，这使得碰撞速度区间结果更符合实际，更加可信。

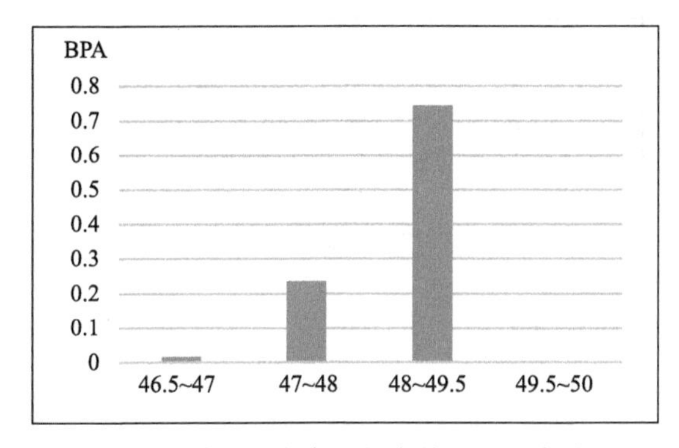

图 7-26　第一种方案所得事故再现融合结果

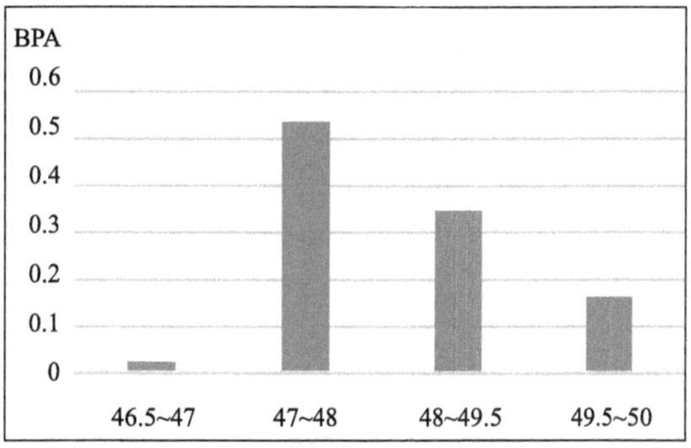

图 7-27　第二种方案所得事故再现融合结果

在得到融合的模型区间结果后，通过信任函数和似然函数对模型区间结果的 Bel 和 Pl 进行计算，即运用式（7-9）和式（7-10）计算得到 Bel 和 Pl。最后将所得数据通过软件作图得到如图 7-28 所示的方案一 Bel 和 Pl 图与图 7-29 所示的方案二 Bel 和 Pl 图，通过这两个 Bel 和 Pl 图，可以得到如下结论。

1）事故碰撞速度的最小值为 46.5km/h，事故碰撞速度的最大值为 50km/h。需注意的是，结论中所有的碰撞速度都是基于相应的图得出的。精确的事故碰撞速度可以直接从计算中确定。

2）可以得到速度下限落在任意区间内的近似概率。例如，在方案一中（图 7-28），速度下限落在［47，48］km/h 区间内的概率约为 23%。在方案二中（图 7-29），速度下限落在［47，48］km/h 区间内的概率约为 50%。

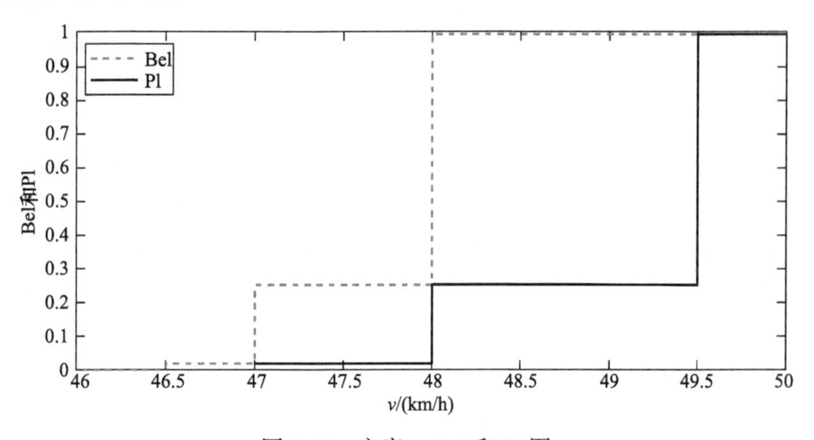

图 7-28　方案一 Bel 和 Pl 图

3）可以得到速度上限落在任意区间内的近似概率。例如，在方案一中（图 7-28），速度上限落在［48，49.5］km/h 区间内的概率约为 74%。在方案二中（图 7-29），速度下限落在［48，49.5］km/h 区间内的概率约为 32%。

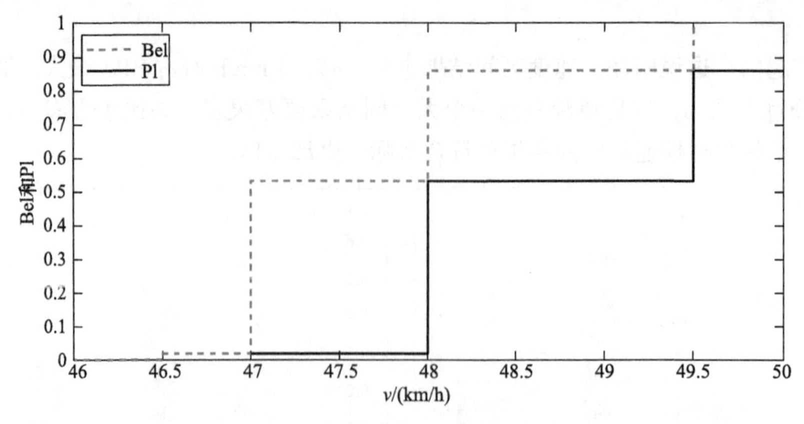

图 7-29 方案二 Bel 和 Pl 图

7.6.3 多模型事故再现概率结果融合

1. 多模型再现概率结果中 BPA 的确定

与 7.6.1 节及 7.6.2 节中通过方案一和方案二来确定 BPA 的方式不同，多模型再现概率结果中 BPA 的确定主要通过蒙特卡洛法。

蒙特卡洛法的基本思想是，当所求问题服从某个事件出现的概率或随机分布期望值时，通过建立概率模型或随机过程，得到此随机变量的数值特征，最后视其为问题的解。在本小节中，将利用蒙特卡洛法对事故再现结果进行数值仿真，通过对仿真结果进行数理统计分析，从而确定事故再现多模型概率结果中的 BPA。因此，基于蒙特卡洛法确定事故再现多模型概率结果中 BPA 的步骤如下。

步骤 1：首先确定输入参数即概率痕迹 X 所服从的分布情况。

步骤 2：将 X 分别输入 n 个模型得出 n 个模型的结果，这些结果一般为区间结果，可表示为 $[Y_{\min1}, Y_{\max1}]$, $[Y_{\min2}, Y_{\max2}]$, …, $[Y_{\min n}, Y_{\max n}]$，其中，n 表示参与事故再现模型的个数。

步骤 3：将这 n 个模型的区间结果 $[Y_{\min1}, Y_{\max1}]$, $[Y_{\min2}, Y_{\max2}]$, …, $[Y_{\min n}, Y_{\max n}]$ 重新进行排序，得到排序后新的区间结果 $\{[a, b], [c, d], \cdots, [s, p]\}$，这是后面进行证据融合步骤中的辨识框架。

步骤 4：在所给原来每个模型中运用蒙特卡洛方法对排序后新的区间结果 $\{[a, b], [c, d], \cdots, [s, p]\}$ 进行抽样，其中蒙特卡洛的样本数一般取 10^7，然后对排序后新的区间结果在原来每个模型中的区间结果进行抽样的概率统计分析，得到新的区间结果 $\{[a, b], [c, d], \cdots, [s,p]\}$ 在原来每个模型下所占的概率，得到的概率即新的区间结果 $\{[a,b], [c,d], \cdots, [s, p]\}$ 在原来每个模型下的 BPA。

2. 多模型概率结果融合步骤

步骤 1：确定多模型概率结果的 BPA。

在运用蒙特卡洛抽样方法对多模型概率结果的 BPA 进行确定后，每个模型所对应的新区间都可能会发生高度冲突，当发生冲突时需要对新的区间结果 $\{[a, b], [c, d], \cdots, [s, p]\}$ 的 BPA 进行修正，可通过式（7-7）进行修正，得到修正后的修正矩阵，然后对修正矩阵运用式（7-8）对其进行归一化处理，这样就可以得到新的区间结果 $\{[a, b], [c, d], \cdots, [s,p]\}$

的 BPA 矩阵。

步骤 2：融合多模型概率结果。

基于证据理论，运用式（7-6）计算可得冲突系数 K，然后运用式（7-5）对多模型生成的新结果进行融合，得到融合后的结果。

步骤 3：分析融合结果。

在得到融合的多模型概率结果后，通过信任函数和似然函数对模型概率结果的 Bel 和 Pl 进行计算，即运用式（7-9）和式（7-10）计算得到 Bel 和 Pl，最后对融合后的模型概率结果进行分析。

3. 事故案例分析

案情简介：在一次交通事故中，警察给出了行人抛距的概率信息。根据警方的报告，行人抛距 S_p 服从正态分布，其均值为 16m，方差为 0.2m。现场测得行人高度为 1.8m，其重心约为 1.2m，行人与地面的摩擦系数为 0.7。有三个求解碰撞车速的模型 A、B、C。

其中模型 A 为

$$v_A = 8.3604 S_p^{0.6046}$$

模型 B 为

$$v_B = 9.84 S_p^{0.57}$$

模型 C 为

$$v_C = \sqrt{2gu_p}(\sqrt{h + S_p / u_p} - \sqrt{h}) \times 3.6$$

式中，S_p 为车人碰撞事故中的行人抛距；g 为重力加速度；u_p 为行人与地面的摩擦系数；h 为行人的质心高度。现在需对碰撞车速 v 的概率信息进行分析。

首先基于蒙特卡洛法确定此事故再现多模型概率结果中的 BPA。

1）在案例中，行人抛距 S_p 服从正态分布，其他信息均为特定信息，因此运用上述 A、B、C 三种模型所得的车速 v 为概率结果。

2）运用计算软件 MATLAB，输入概率痕迹信息 S_p、摩擦系数 u_p、行人质心高度 h，经计算，所得的事故碰撞车速结果见表 7-33。

表 7-33　事故碰撞车速结果

模型	A	B	C
碰撞车速结果 /（km/h）	[42.9，46]	[46，49.4]	[40.7，44.1]

3）对模型 A、B、C 的结果进行排序，其上下界排序结果为 {40.7，42.9，44.1，46，49}，故可得到排序后新的区间结果为 {[40.7，42.9]，[42.9，44.1]，[44.1，46]，[46，49.4]}，这也是后面进行证据融合时的辨识框架。

4）在原来的模型 A、B、C 中运用蒙特卡洛方法对排序后新的区间结果 {[40.7，42.9]，[42.9，44.1]，[44.1，46]，[46，49.4]} 进行抽样，抽样时样本数取 10^7，然后对排序后新的区间结果在原来模型 A、B、C 中的区间结果进行抽样的概率统计分析，得到新的区间结果 {[40.7，42.9]，[42.9，44.1]，[44.1，46]，[46，49.4]} 在原来每个模型下所占的概率，得到的概率即新的区间结果 {[40.7，42.9]，[42.9，44.1]，[44.1，46]，[46，49.4]} 在模型 A、B、C 下的 BPA 矩阵，见表 7-34。

表 7-34　模型概率结果的 BPA 矩阵

模型	区间 [40.7，42.9]	区间 [42.9，44.1]	区间 [44.1，46]	区间 [46，49.4]
A	0	0.040 3	0.959 7	0
B	0	0	0	1
C	0.892 1	0.107 9	0	0

基于证据埋论的多模型概率结果融合步骤：

步骤 1：确定多模型概率结果的 BPA。

很显然，如果直接运用式（7-6）计算可得冲突系数 K=1，此时模型之间高度冲突，不能运用证据合成式（7-5）对证据进行融合，为此需要运用式（7-7）对新的模型概率结果进行修正，修正后的矩阵见表 7-35。

表 7-35　模型概率结果新区间的修正矩阵

模型	区间 [40.7，42.9]	区间 [42.9，44.1]	区间 [44.1，46]	区间 [46，49.4]
A	0.562 3	0.617	16.206 9	0.562 3
B	0.562 3	0.562 3	0.562 3	17.782 8
C	13.870 8	0.720 9	0.562 3	0.562 3

运用式（7-8）得到归一化后的修正区间结果 BPA 矩阵，见表 7-36。

表 7-36　模型概率结果新区间的修正 BPA 矩阵

模型	区间 [40.7，42.9]	区间 [42.9，44.1]	区间 [44.1，46]	区间 [46，49.4]
A	0.031 3	0.034 4	0.903	0.031 3
B	0.028 9	0.028 9	0.028 9	0.913 3
C	0.882 5	0.045 9	0.035 8	0.035 8

步骤 2：融合多模型概率结果。

基于证据理论，运用式（7-6）得修正后的冲突系数 $K\approx0.997\ 1$，然后运用式（7-5）对表 7-36 进行融合，得融合后的结果见表 7-37。

表 7-37　多模型概率融合结果

区间 [40.7，42.9]	区间 [42.9，44.1]	区间 [44.1，46]	区间 [46，49.4]
0.284 9	0.016 3	0.333 5	0.365 3

步骤 3：分析融合结果。

根据表 7-37 给出的多模型概率融合结果可绘制区间直方图，如图 7-30 所示。图中的车速区间为［46，49.4］km/h 时所占 BPA 最高，区间为［42.9，44.1］km/h 时所占 BPA 非常小，两速度区间结果形成了鲜明对比。这是由一个大区间细化为四个小区间得到的，比单纯只给一个大区间结果要好很多。

在得到融合的模型概率结果后，通过信任函数和似然函数对模型概率结果的 Bel 和 Pl 进行计算，即运用式（7-9）和式（7-10）计算得到 Bel 和 Pl。最后将所得数据通过软件作图得到如图 7-31 所示的 Bel 和 Pl 图，通过图 7-31 可以得到以下结论。

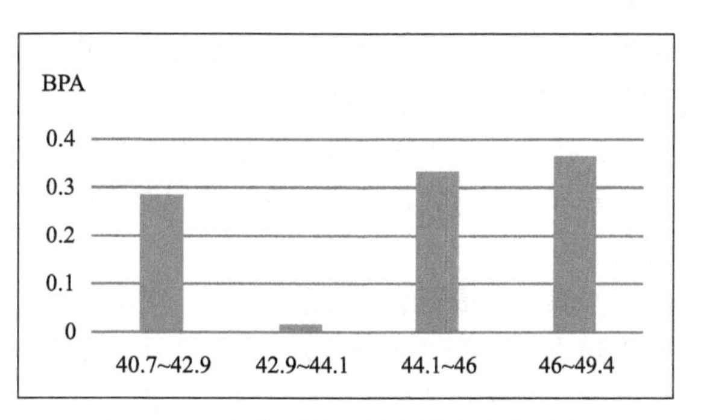

图 7-30 事故再现多模型概率融合结果

1）事故碰撞速度的最小值约为 40km/h，事故碰撞速度的最大值约为 50km/h。在这里，讨论中的所有事故碰撞都是基于相应的图。精确的事故碰撞速度可以直接从计算中确定。

2）可以得到速度下限落在任意区间内的近似概率。例如，速度下限落在［41，43］km/h 内的概率约为 28%。

3）可以得到速度上限落在任意区间内的近似概率。例如，速度上限落在［46，50］km/h 内的概率约为 36%。

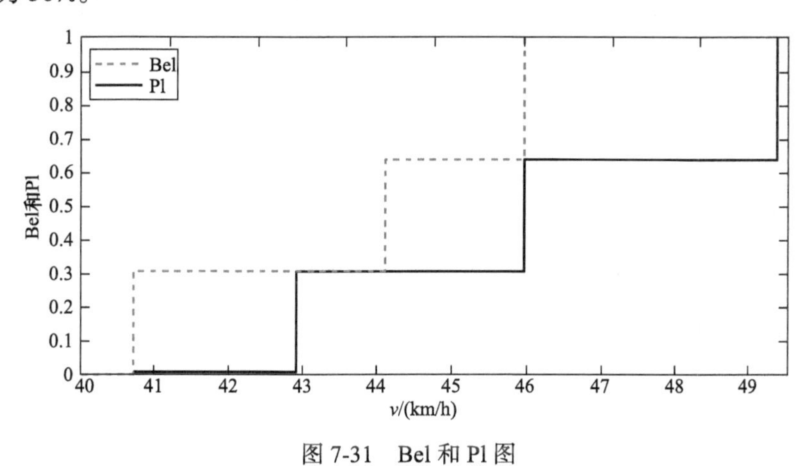

图 7-31 Bel 和 Pl 图

7.6.4 多模型事故再现混合结果融合

混合结果即采用多个模型，同一例事故的再现结果中既包含区间结果，也包含概率结果。为得到一个客观的再现结果，同样需对这些结果进行融合。融合的方法有多种，其中比较有代表性的有蒙特卡洛法和子区间技术法。下面介绍基于此两种方法对混合再现结果的融合过程，并通过一个真实案例演示其具体融合步骤。

1. 基于蒙特卡洛法的多模型再现混合结果融合步骤

步骤 1：获得各事故再现不确定结果的分布。在这种情况下，区间结果被认为是服从均匀分布的概率结果。

步骤 2：根据各事故再现不确定结果所服从的分布来生成样本点。为了保证最终的融合结果稳定，各事故再现不确定结果的样本点之和应为 $E_0 \times 10^8$，其中 E_0 为加权向量。一般情况下，$E_0=1/s$。

步骤 3：进行统计分析。首先将步骤 2 中生成的所有样本点集合在一起，形成一个新的样本集，显然，新样本集中的样本数量为 10^8 个，然后通过对新样本集进行统计分析，得出最终融合结果的累计分布函数。

2. 基于子区间技术的多模型再现混合结果融合步骤

步骤 1：得到各事故再现不确定结果的结果区间。对于概率结果，其区间是由其上下界组成的。

步骤 2：得到结果融合区间集。首先，根据步骤 1 可得到所有结果区间的下界 a 和上界 b，从而组成一个新的区间［a，b］。然后，根据步骤 1 中这些区间界限的最大小数点位数，给出区间集合中这些子区间的长度 d。对于一个有 n 位小数的界限，则子区间长度应满足 $d \leqslant 10^{-n}$。事实上，子区间长度一般设置为 d=0.01。

例如，对于两个区间数 {[1,3],[2,4]}，将其区间长度设置为 d=0.01，它们的融合区间集则为 {[1,1.01],…,[3.99,4]}。

步骤 3：计算权重矩阵 R_w。权重矩阵 R_w 见表 7-38。

表 7-38　权重矩阵 R_w

子区间		$[a, a+d]$	…	$[b-d, b]$
结果	1	w_{11}	…	w_{1k}
	…	…	…	…
	s	w_{s1}	…	w_{sk}
	sum	s_1	…	s_k

其中，w_{ij} 为权重系数，$k=(b-a)/d$, $s_i=w_{li}+\ldots+w_{si}$。

对于一个区间结果［$R_{i\text{-lower}}$，$R_{i\text{-upper}}$］和其子区间［c_j,c_j+d］，则有

$$w_{ij}=EO\times\frac{d}{R_{i-\text{upper}}-R_{i-\text{lower}}}，若 c_j>R_{i-\text{lower}}，c_j+d\leqslant R_{i-\text{upper}}，则 \quad w_{ij}=0 \tag{7-31}$$

对于一个概率结果 x，其上下界为［$R_{i\text{-lower}}$，$R_{i\text{-upper}}$］，它的子区间为［c_j，c_j+d］，密度函数为 PDF，则有

$$w_{ij}=EO\times\int_{c_j}^{c_j+d}\text{PDF}(x)\text{d}x，若 c_j>R_{i-\text{lower}}，c_j+d\leqslant R_{i-\text{upper}}，则 \ w_{ij}=0 \tag{7-32}$$

步骤 4：进行统计分析。通过统计分析给出最终融合结果的累计分布函数。

3. 案例分析

案情简介：2015 年某日下午，一名身高 180cm、体重 74kg 的男子在一条干燥的马路上被一辆捷达轿车撞飞致死。事故现场示意图如图 7-32 所示。经过警方调查，该男子的抛距约为 24m，区间为［23，25］m，车辆与该男子的相对静止距离约为 6m，区间为［5，7］m，该男子的重心高度约为 0.9m，区间为［0.8，1］m。接下来的任务是对碰撞车速进行再现，此处主要采用了 4 种方法来再现碰撞车速，现一一介绍如下。

方法 1：基于 Pc-Crash 软件的事故再现。

首先，在 Pc-Crash 软件中加载事故现场图，并构建仿真中的事故场景。然后导入 Pc-Crash 软件中的行人与车辆模型，并根据事故调查报告中的现实数据对仿真中的模型参数进行修正，从而建立仿真中的行人和车辆模型。最后通过多次仿真得到了仿真结果。通过多次仿真试验，

我们发现当车辆的碰撞速度区间为［45，55］km/h，行人速度为5km/h时，仿真中的痕迹与事故现场中的痕迹基本一致。仿真结果如图7-33所示，从图7-33中不难看出，仿真中车辆与行人的相对静止位置和碰撞位置都与实际位置吻合较好。

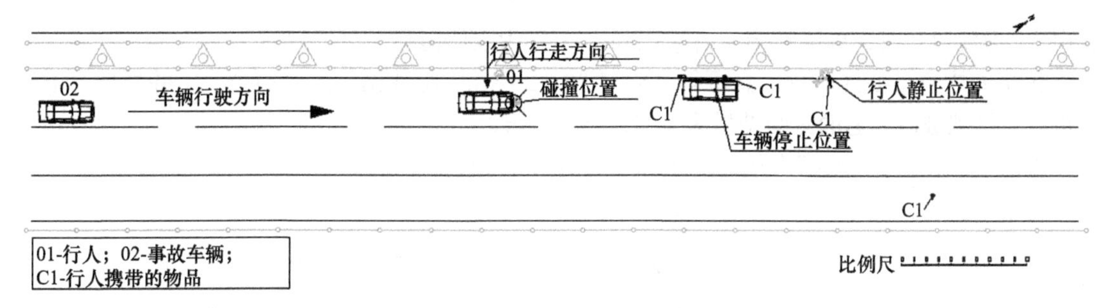

图7-32 事故现场示意图

接下来利用人体损伤信息进一步地对仿真结果进行验证。仿真中行人不同身体部位的损伤信息见表7-39。从表7-39中可得HIC15＝2 600，大于700，这可能是行人在事故中死亡的主要原因。仿真中车辆与行人的相对位置如图7-34所示，在t=0.13s和t=1.165s时，可以很好地解释行人与车辆有两次碰撞而导致行人致死。

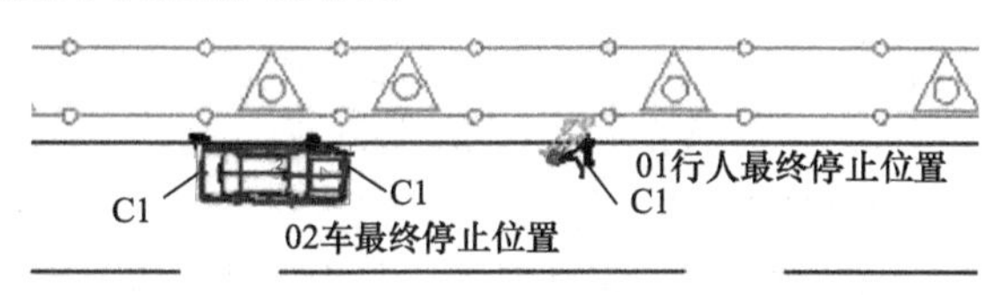

图7-33 人、车最终停止位置

表7-39 仿真中行人不同身体部位的损伤情况

身体部位	损伤标准	最大仿真值	演绎损伤
头部	HIC15 ≤ 700	HIC15=2 600	致命伤
躯干	3ms ≤ 60g	16.71g	没有骨折
股骨	剪切力＜6.3kN	左股骨＝2 665.7N 右股骨＝2 006.2N	没有骨折
小腿	剪切力＜4kN	左小腿＝953.9N 右小腿＝710.9N	没有骨折

t = 0.13s

t = 1.165s

图7-34 仿真中车辆与行人的相对位置

方法 2：基于 Fugger 经验公式计算车速。

基于 Fugger 的经验公式为

$$v = 8.360\ 4S_{p}^{0.6046}$$

式中，v 为碰撞车速，单位为 km/h；g=9.8m/s^2；S_p 为人体抛距，单位为 m。

在此事故中，根据事故信息可得，S_p=［23，25］m。将数据代入经验公式，并根据上下界法可计算得到碰撞车速的区间结果为［55，58］km/h。

方法 3：基于车辆与行人相对静止位置的回归方程计算车速。

基于车辆与行人相对静止位置的回归方程为

$$v = 5.495D - 90.676H + 30.038L + 30.412H_{p} + 5.89$$

式中，D 为车辆与行人的相对静止距离，单位为 m；H 为车辆前缘高度，单位为 m；L 为车辆前缘长度，单位为 m；H_p 是行人的高度，单位为 m。

在此事故中，根据事故调查信息可得，D=［5，7］m，H=0.8m，L=0.82m，H_p=1.8m。将这些数据代入上式，并根据上下界法可计算得到碰撞车速的区间结果为［45，51］km/h。

方法 4：基于人体抛距经验公式计算车速。

基于人体抛距的经验公式为

$$v = 3.6\sqrt{2g}\mu\left(\sqrt{h + \frac{S_{p}}{\mu}} - \sqrt{h}\right)$$

式中，v 为事故车辆车速，单位为 km/h；g=9.8m/s^2；μ 为人体 - 地面摩擦阻力系数；h 为人体重心高度，单位为 m；S_p 为人体抛距，单位为 m。

在此事故中，根据事故调查报告可得，h=［0.8，1］，S_p=［23，25］。根据已有的研究成果可知，行人抛距可视为服从均匀分布的概率痕迹，人体 - 地面摩擦阻力系数服从正态分布，其均值为 0.6，标准差为 0.1，故而可以采用蒙特卡洛法进行求解。将样本生成数量级设置为 10^8，然后将所有数据代入上式，并结合蒙特卡洛法对事故车辆的碰撞车速进行计算。最终的结果为：均值为 52.06km/h，方差为 2.072 5，区间为［44，59］km/h。

采用了四种模型对事故车辆的碰撞车速进行了计算，得到了三个区间结果和一个概率结果，为了方便接下来的研究，现将事故再现混合结果列于表 7-40 中。接下来使用蒙特卡洛法（FMCM）与子区间技术法（FSIT）对这些结果进行融合。

表 7-40　真实案例的混合不确定结果　（单位：km/h）

模型	模型 1	模型 2	模型 3	模型 4①
车速	［45，55］	［55，58］	［45，51］	［44，59］

① 该结果是概率结果。

（1）基于蒙特卡洛法融合真实案例混合不确定结果的步骤

步骤 1：混合不确定结果见表 7-40，在本案例中所有的区间结果被视为服从均匀分布，概率结果服从正态分布。

步骤 2：根据表 7-40 可得 EO = 0.25，样本点将根据概率结果所服从的分布进行生成，每一个概率结果所生成的样本点数量为 $EO \times 10^8$。

步骤 3：将步骤 2 中生成的所有样本点重新组合成一个新的样本集，显然在这个新的样本集中样本数量为 10^8 个。接下来对样本集进行统计分析，并给出最终融合结果的累计分布函数，如图 7-35 所示。

（2）基于子区间技术融合真实案例混合不确定结果的步骤

步骤 1：每个概率结果的上下界见表 7-40。

步骤 2：通过将所有不确定结果的上下界按升序排列，可得到一个新的区间［45，59］。接下来设置子区间长度为 d=0.01，则可以得到结果融合子区间集，见表 7-41。

步骤 3：计算权重矩阵。对于区间结果，通过式（7-31）计算得到权重；对于概率结果则通过式（7-32）计算权重，最终得到权重矩阵，见表 7-41。

表 7-41　案例二权重矩阵 R_w

子区间		［44，44.01］	…	［45，45.01］	…	［54，54.01］	…	［55，55.01］	…	［58.99,59］
结果	［45，55］	0	…	0.000 2	…	0.000 2	…	0	…	0
	［55，58］	0	…	0	…	0	…	0.000 666 7	…	0
	［45，51］	0	…	0.000 333 3	…	0	…	0	…	0
	［44，59］	0.000 000 225 93	…	0.000 001 293 6	…	0.000 241 11	…	0.000 134 56	…	0.000 001 293 6
	sum	0.000 000 225 93	…	0.000 534 594	…	0.000 441 11	…	0.000 801 26	…	0.000 001 293 6

步骤 4：做统计分析。最终通过统计分析可以得出融合结果的累积分布函数，如图 7-35 所示。

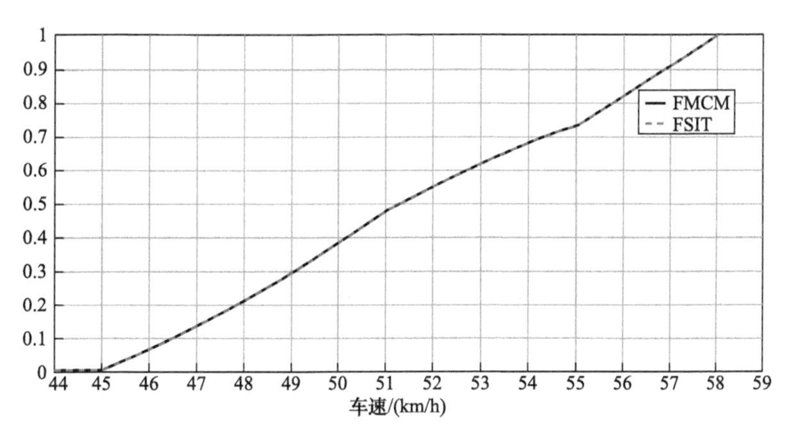

图 7-35　真实案例混合不确定结果融合

通过图 7-35 我们可以非常直观地读出任意速度区间的概率，如速度区间 $48 < v < 59$km/h 的概率约为 25%。

7.7　小结

本章主要对事故再现中的不确定性问题进行了介绍，从事故再现不确定性的定义入手，明确事故再现中的不确定问题有三种，分别为痕迹不确定性、模型不确定性和计算不确定性，并对这三种不确定性问题所产生的原因及所包含的内容进行了说明。

由于再现过程中的痕迹不确定性问题不可避免，故将此不确定性反映到再现结果中也是尊重客观事实的体现。为对痕迹不确定性结果进行分析，提出一种面向案例的不确定性分析方法，其核心为证据理论，即将事故中的所有痕迹均视为证据，并按照 Dempster 融合规则对证据进行融合。随后运用此方法对三种类型的痕迹不确定性结果进行分析（区间痕迹、概率痕迹和混合痕迹）并辅以相应的算例或真实案例，一方面向读者展示运用此方法对痕迹不确定性结果分析的步骤，另一方面也验证了此方法的可行性。

对于模型不确定性问题，作者提出多模型再现结果融合方法，以求得到一个合理的多模型融合结果，进一步提高再现结果的客观性和可靠性。针对不同的再现结果，所采用的融合方法不同。对于确定性结果和区间结果依旧采用了之前的证据理论方法，且采用了两种方案来确定再现结果的 BPA；对于概率结果则采用蒙特卡洛法来融合，对于混合结果则采用蒙特卡洛法和子区间技术法两种方法来融合。上述每种再现结果的融合方法均给出相应的操作步骤和以实际案例为基础的操作实例，以使读者更全面地了解各再现结果的融合过程。

需要注意的是，本章中所提的方法并非解决相应的不确定性问题的唯一方法，例如可采用 OWA 算子法对多模型确定性结果进行融合，但限于本书的篇幅，不在此做过多的阐述，读者若对此类研究有浓厚兴趣，可查阅相关文献来进一步学习。

第 8 章 Chapter 8

基于事故深度调查及再现技术的扩展研究

通过事故深度调查，我们可获得事故的特征规律、人员致伤（死）因素、事故的诱因等事故关键信息，基于这些信息我们可提出更具针对性和有效性的措施和建议，以达到降低事故发生率和人员伤亡率的目的。而基于 Pc-Crash、MADYMO 等软件的事故再现技术不仅可逼真地重现整个事故过程，还能获得许多有价值的且通过现场勘查、问询等方式无法获得的潜在数据（如人体损伤数值、碰撞角度、碰撞力等）。此外，由于上述仿真软件可十分方便地修改输入参数，相关学者常用其来设计具有代表性、多样性及可信性的仿真试验。本章便是在事故深度调查的基础上，结合事故再现技术开展了关于低速事故中人体损伤来源及相关性、智能车防护人地碰撞损伤新思路、摩托车骑乘人员损伤差异、自行车座高对骑车人背角和头部损伤影响规律的扩展研究。下面将逐一对其展开介绍。

8.1 人 - 车事故中人体损伤来源及相关性

行人交通安全因与每个人的出行息息相关，在近年来备受关注，成为不可忽视的社会问题。据世界卫生组织 2018 年发布的《道路安全全球现状报告》显示，2016 年全球道路交通死亡人数中，行人数量占 23%；而据中国公安部交通管理局数据显示，2016 年至少有 13 965 名行人死于交通事故，占总死亡人数的 22.13%，接近世界水平，这说明我国的行人交通安全形式依旧不容乐观。与车 - 车、单车事故不同，人 - 车事故的碰撞速度区间更低，有研究表明 70% 的人 - 车事故碰撞车速在 40km/h 以下，属于中低速碰撞事故。人 - 车碰撞事故中行人损伤具有重要的科研价值，可以据此来探索更多高效的保护弱势交通使用者的防护方法。国内外学者对此已开展较多研究，解释了人 - 车事故中行人损伤的影响因素，相关研究为探索行人损伤防护提供了支持，但现阶段对人体损伤的来源及人体各部位损伤之间相关性的研究还比较少，而深入探究人体各部位的损伤来源对以后车辆的安全性设计和事故再现中痕迹间的交叉验证都具有较高的价值。故本章将在 150 例人 - 车事故再现的基础上，分析“一人一车碰撞”这类人 - 车碰撞事故中的行人各部位损伤来源以及不同部位损伤之间的相关性。

8.1.1 数据来源及研究方法

1. 数据来源

本研究所采用的 150 例人 - 车事故案例均是来自课题组长期积累的数据库以及在互联网上通过“人车碰撞”“人车事故”“车祸”等关键词搜索，下载并按一定的标准筛选后获得的（筛选标准：要求视频案例或数据库信息能全面反映事故过程及各事故参与方的信息）。对后续研究中需要用到的碰撞车速及人体损伤信息均来自采用 Pc-Crash 对上述人 - 车事故案例的高质量再现仿真，再现的具体流程可参考本书第 7 章中的相关内容。

观察仿真再现过程，不难发现绝大部分事故中人体主要与车辆及地面产生接触，故可推测人体损伤来源主要有车辆碰撞及地面碰撞两个部分。对于车辆及地面损伤的区分，作者以仿真中人体完全腾空的时刻为分界点，该时刻前的损伤视为由车辆撞击所致，该时刻后的损伤则视为由地面撞击所致。对于碰撞车速，作者则将全部案例中的车速按大小划分为三个区间，分别为低速（小于 25km/h）、中速（25~40km/h）和高速（大于 40km/h），以进一步分析各车速区间下的人体损伤来源。

2. 研究方法

为全面评价人体的损伤情况，此处选取人体头部、胸部、臀部及下肢（左右大腿及小腿）这四个身体部位，结合本书 4.8 节中对人体损伤指标的相关表述，以 HIC15（头部），3ms 合成加速度（胸部）和碰撞力（头部、胸部及下肢）为损伤参数开展人体损伤来源以及相关性分析的研究。

为获得人体各部位的损伤来源，作者以车速为横坐标，各损伤参数为纵坐标来绘制统计图表并对比不同来源下各损伤参数的大小，以此来判断各身体部位的损伤来源。除采用统计图表直接观察判断的方法外，对于部分损伤参数还需对其进行显著性差异检验来判断损伤来源。本研究中采用 Mann-Whitney U 检验方法，检验水准 $\alpha = 0.05$；将相应的损伤参数输入 SPSS 软件，并合理地分组运算后得到 P 值，据 P 值的大小来判断由车辆及地面所造成的损伤是否具有显著性差异。通常 $P < 0.01$ 时，有极显著性差异；当 $0.01 \leqslant P < 0.05$ 时，有显著性差异；当 $P \geqslant 0.05$ 时，差异不显著。

对人体损伤相关性的研究同样用到了 SPSS 软件，首先为消除不同类型损伤数据的不同量纲和数量级悬殊的影响，在对相关性进行分析前，均先进行标准化，即归一化处理。再用 SPSS 中的 K-S（Kolmogorov-Smirnov）检验各组数据是否服从正态分布，这是因为后续用到的 Pearson 相关系数检验要求双变量服从正态分布，最后利用 Spearman 相关系数检验行人各部位损伤变量间的相关性。

8.1.2 头部损伤来源

图 8-1 给出了头部 HIC15 和碰撞力峰值在以车速为横坐标下的分布图。其中，HIC15 和碰撞力峰值来源于车辆碰撞的用散点代表，来源于地面碰撞的用折线代表（后续其他身体部位损伤参数的分布图采用的标准与此一致）。通过图 8-1a 中散点与折线的分布情况可以看出，散点大部分都位于折线上方，且随着车速的增加，位于折线上方的散点数量越多，说明车辆所致行人头部 HIC15 值要高于地面所致的行人头部 HIC15 值，即由 HIC15 所致的行人头部损伤主要来源于车辆的撞击。而图 8-1b 却没有得到相同的结果，散点基本上分布在折线两侧，因此由碰

撞力所致的行人头部损伤来源较难区分，还需进一步分析。

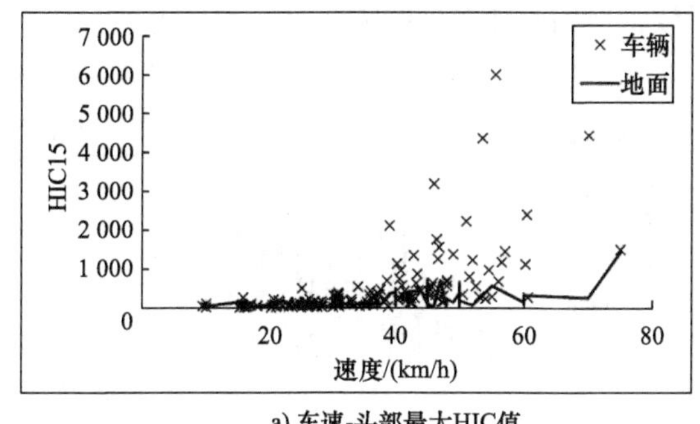

a) 车速-头部最大HIC值

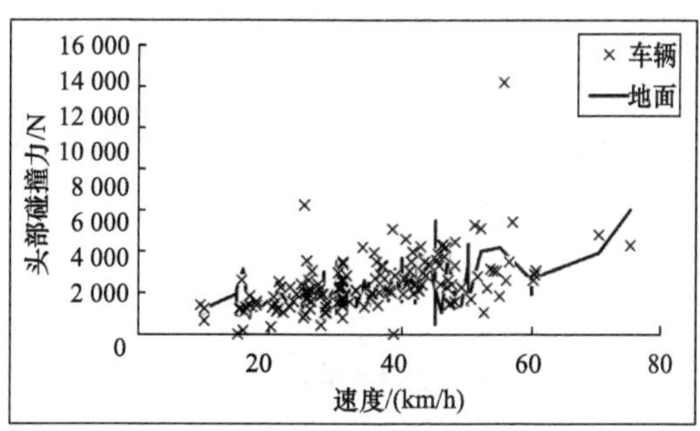

b) 车速-头部最大碰撞力

图 8-1　车速与头部 HIC 及碰撞力峰值的关系

图 8-2 给出了不同车速下车辆、地面所致的头部碰撞力对比箱形图。统计结果显示，当车速小于 25km/h 时，车辆及地面所致的头部碰撞力之间（$P = 0.194 > 0.05$）不具有显著差异；当车速处在［25，40］km/h 时，车辆及地面所致的头部碰撞力之间也无显著差异（$P = 0.054 > 0.05$）；当车速高于 40km/h 时，车辆及地面所致的头部碰撞力之间具有显著差异（$P = 0.039 < 0.05$）。结合箱形图可知，在低速下（车速 < 25km/h）由碰撞力所致的头部损伤主要来源于地面，而在中高速下（车速 >25km/h）头部损伤则主要来源于车辆的撞击。

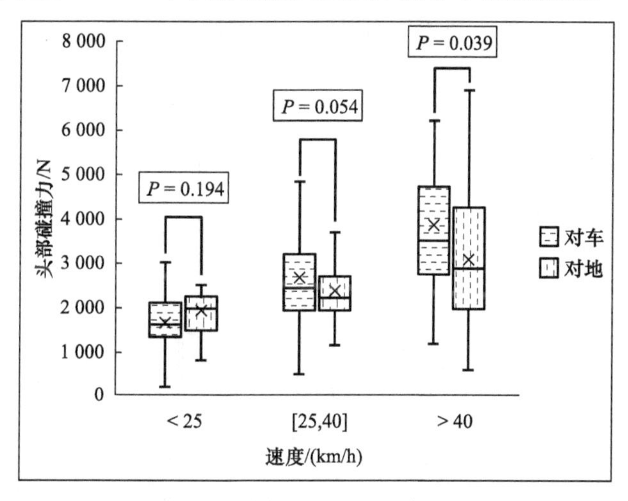

图 8-2　头部碰撞力对比箱形图

8.1.3　胸部损伤来源

图 8-3 给出了胸部 3ms 合成加速度和碰撞力峰值在以车速为横坐标下的分布图。从图 8-3a 中可观察到散点大多位于折线上方，但车速较低时则难以区分，表明车辆对行人胸部所造成的 3ms 合成加速度值总体要高于地面，但较低车速下还需深入分析，而从图 8-3b 中看到的结果却完全相反，可以明显地看到图中绝大部分的散点都位于折线下方，这表明地面所致的胸部碰撞力要大于车辆所致的胸部碰撞力。

上述两个截然不同的结果表明，胸部损伤来源要比头部损伤来源更加复杂，若从碰撞力所导致的损伤这一层面进行分析，则行人胸部损伤主要来源于地面；若从加速度所导致的损伤这一层面进行分析，则行人胸部损伤主要由车辆所致，但当车速较低时需要进一步分析。

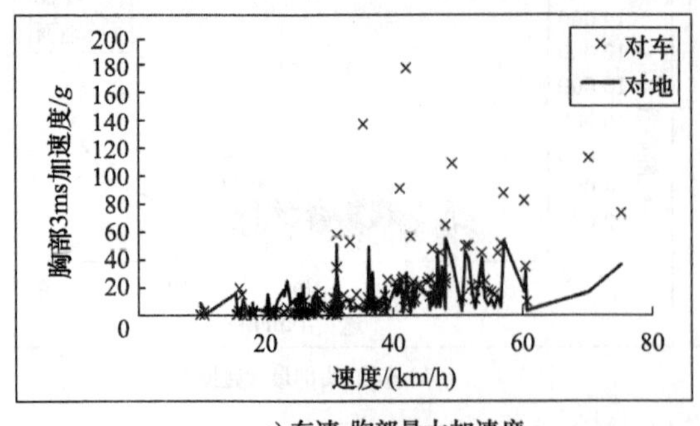

a) 车速-胸部最大加速度

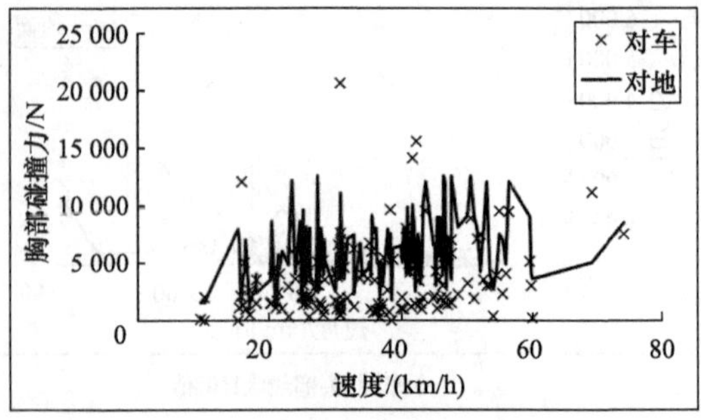

b) 车速-胸部最大碰撞力

图 8-3　车速与胸部加速度及碰撞力峰值的关系

图 8-4 给出了不同车速下车辆、地面所致的胸部 3ms 合成加速度值对比箱形图。统计结果显示，当车速小于 25km/h 时，车辆及地面所致胸部 3ms 合成加速度值之间（P=0.000<0.01）具有极显著差异；当车速处在［25，40］km/h 时，两者间不具有显著差异（P =0.110>0.05）；当车速高于 40km/h 时，两者间也不具有显著差异（P =0.366>0.05）。由此可知，在低速下由地面碰撞所致的胸部 3ms 合成加速度值要明显高于车辆所致。分析可知，因加速度所致的胸部损伤在低速下（车速 <25km/h）主要来源于地面碰撞，在中高速下（车速≥ 25km/h）主要来源于车辆撞击。

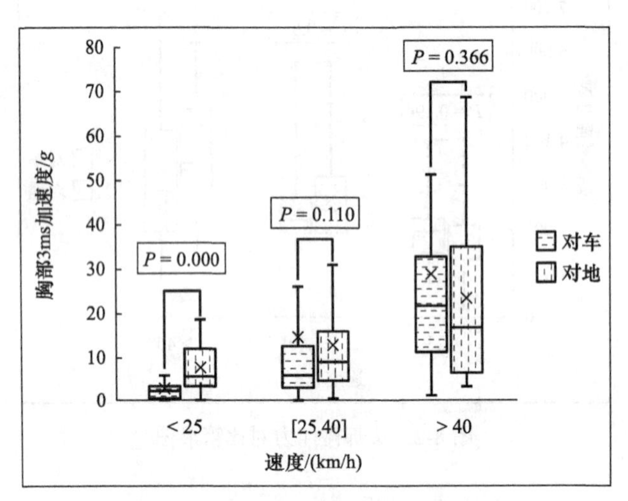

图 8-4　胸部 3ms 合成加速度对比箱形图

8.1.4　臀部损伤来源

图 8-5 所示为臀部碰撞力峰值在以车速为横坐标时的分布图。通过观察图中散点与折线的分布情况，发现散点与折线互相交织在一起，且散点较均匀地分布在折线两侧附近，较难发现规律，因此行人臀部损伤来源难以区分，由车辆以及地面所致的臀部损伤都较接近，臀部损伤来源还需要进一步分析。

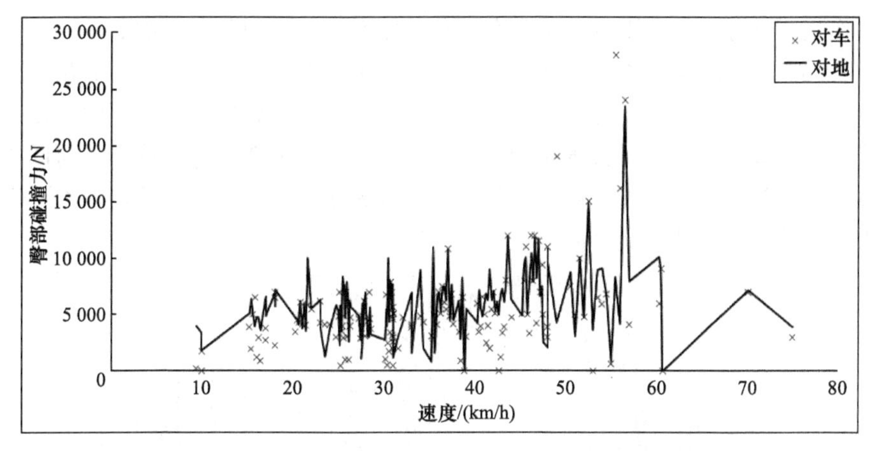

图 8-5 臀部碰撞力峰值在以车速为横坐标时的分布图

图 8-6 给出了不同车速下车辆、地面所致的臀部碰撞力对比箱形图。统计结果显示，当车速小于 25km/h 时，车辆及地面所致的臀部碰撞力之间具有显著差异（P=0.039<0.05）；当车速处在［25，40］km/h 时，车辆及地面所致的臀部碰撞力之间具有极显著差异（P=0.000<0.01）；当车速高于 40km/h 时，车辆及地面所致的臀部碰撞力之间不具有极显著差异（P=0.788>0.05）。由此可知，地面所致的臀部损伤在中低速下要明显高于车辆所致的臀部损伤，而在高速下二者相差不大。

据此对臀部损伤来源进行总结可知，臀部损伤来源在中低速下（车速 <40km/h）主要是地面碰撞所致，而在高速下（车速 >40km/h）则需要针对实际情况进行分析。

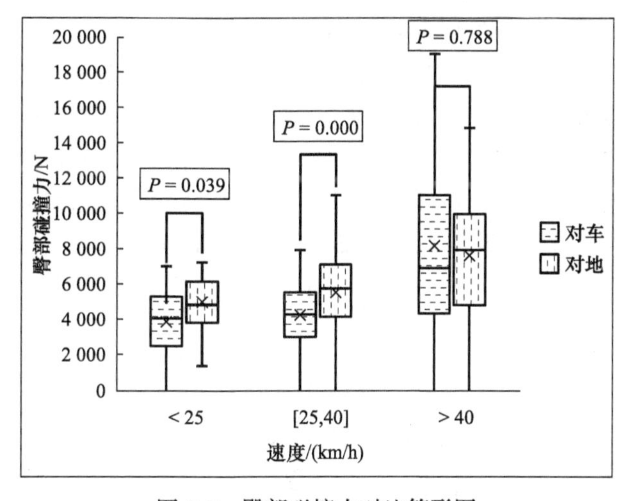

图 8-6 臀部碰撞力对比箱形图

8.1.5 下肢损伤来源

1. 大腿

图 8-7a 所示为左大腿峰值碰撞力在以车速为横坐标下的分布图。通过观察图中散点与折线的分布情况，发现在低速区间段中，散点与折线互相交错难以比较大小；但当车速较大时，大部分散点位于折线上方。因此，初步分析速度可能会影响行人左大腿的损伤来源，且高速下行

人左大腿损伤主要来源于车辆撞击，而低速下则地面及车辆所致的损伤相当。

图 8-7b 所示为右大腿峰值接触力在以车速为横坐标下的分布图。由图可看出，当车速较低时，散点分布在折线两侧；当车速较高时，则大部分散点位于折线上方。因此，行人右大腿损伤来源也受到了车速的影响，且高速下行人右大腿损伤主要来源于车辆撞击，而低速下则地面及车辆所致损伤相当。由此可知，行人大腿损伤在高速下主要来自车辆撞击，若要研究低速下行人大腿损伤来源，则需进一步分析。

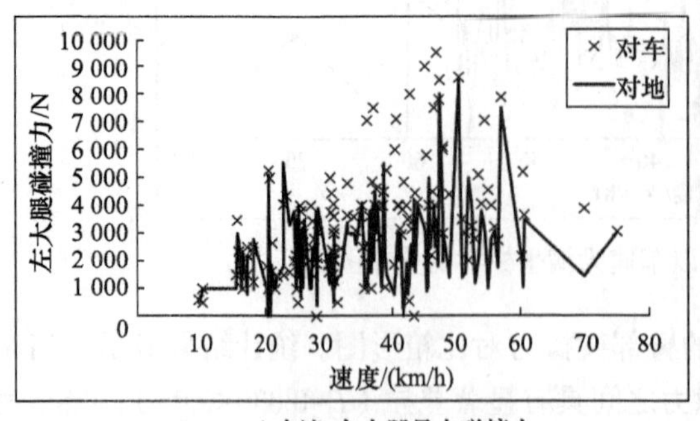

a) 车速-左大腿最大碰撞力

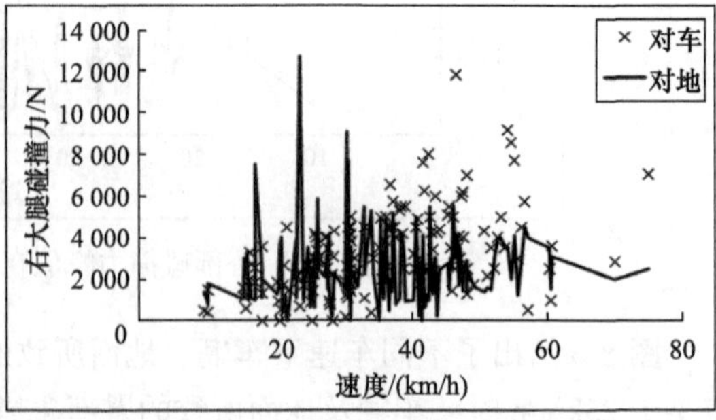

b) 车速-右大腿最大碰撞力

图 8-7　左、右大腿峰值碰撞力在以车速为横坐标下的分布图

图 8-8a 给出了左大腿在不同车速下由车辆、地面所致最大碰撞力对比箱形图。图 8-8b 给出了右大腿在不同车速下由车辆、地面所致的最大碰撞力对比箱形图。统计结果显示，当车速小于 25km/h 时，车辆及地面所致的左大腿（P=0.082>0.05）及右大腿（P=0.534>0.05）最大碰撞力之间都不具有显著差异；当车速处在［25，40］km/h 时，车辆及地面所致的左大腿最大碰撞力间不具有显著差异（P=0.089>0.05），但右大腿最大碰撞力间具有极显著差异（P=0.006<0.01）；当车速高于 40km/h 时，车辆及地面所致的左大腿最大碰撞力间具有显著差异（P=0.015<0.05），但右大腿最大碰撞力间不具有显著差异（P=0.109>0.05）。结合箱形图可知，当车速小于 25km/h 时，地面所致的大腿损伤要高于车辆所致的损伤；而当车速大于 25km/h 时，车辆所致的大腿损伤更高。

据此对大腿损伤来源进行总结，在低速下（车速 <25km/h），大腿损伤主要来源于地面碰撞；而在中高速下（车速 >25km/h），其损伤主要是车辆撞击所致。

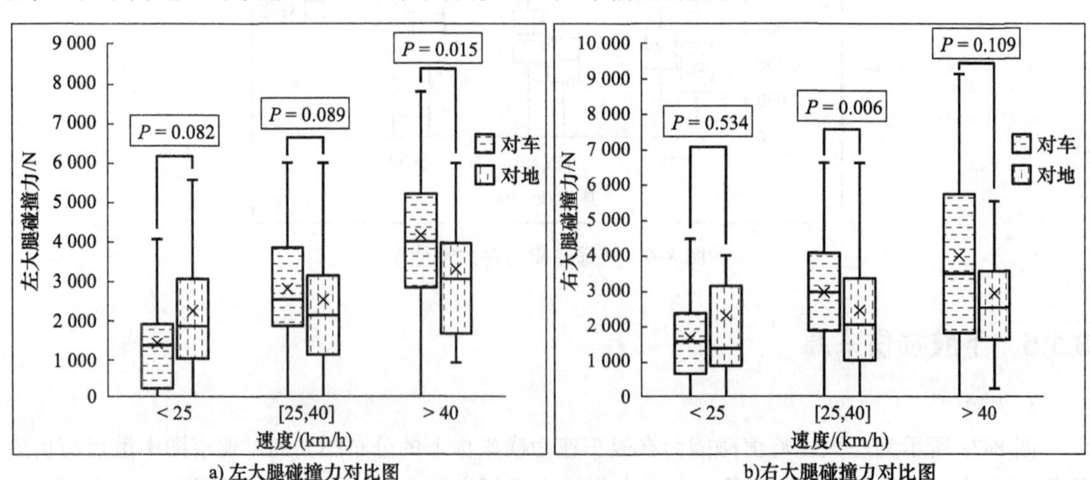

a) 左大腿碰撞力对比图

b)右大腿碰撞力对比图

图 8-8　左 / 右大腿对车、对地的碰撞力对比箱形图

2. 小腿

图 8-9 所示为行人小腿峰值碰撞力以车速为横坐标时的分布图（图 8-9a 是左小腿，图 8-9b 是右小腿）。观察图 8-9a 和图 8-9b 可知，两张图中的散点都较均匀地分布在折线两侧，且依据速度也无法发现明显规律，因此说明行人小腿部分的损伤来源最难区分，无法对其损伤来源得出一个具体的结论，需依据车速分区间进一步进行分析。

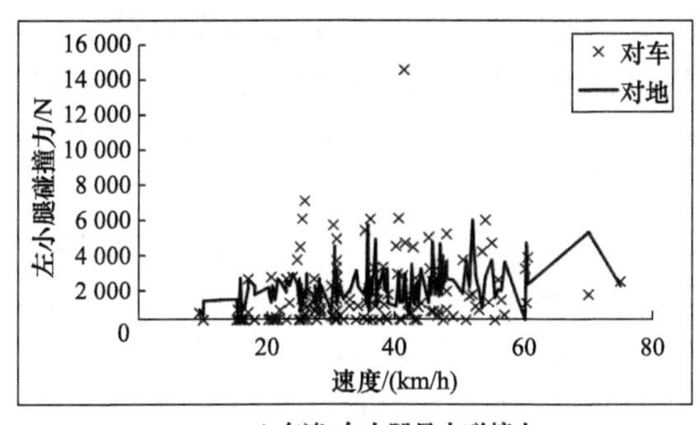

a) 车速-左小腿最大碰撞力

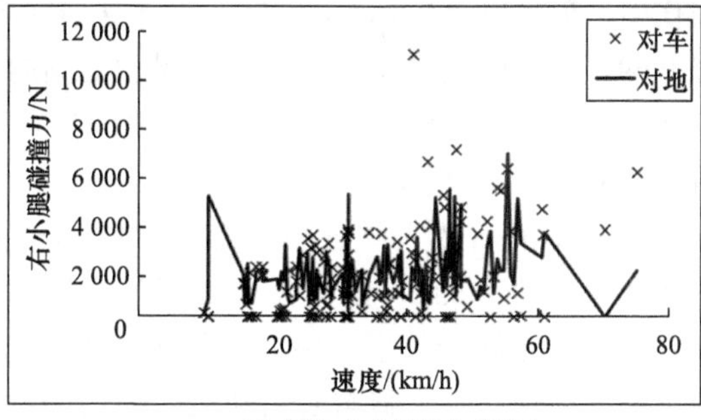

b) 车速-右小腿最大碰撞力

图 8-9 行人小腿峰值碰撞力以车速为横坐标时的分布图

图 8-10a 给出了左小腿在不同车速下由车辆、地面所致的最大碰撞力对比箱形图。图 8-10b 给出了右小腿在不同车速下由车辆、地面所致的最大碰撞力对比箱形图。统计结果显示，当车速小于 25km/h 时，车辆及地面所致左小腿最大碰撞力之间具有极显著差异（P=0.000<0.01），右小腿最大碰撞力之间具有显著差异（P=0.019<0.05）。结合箱形图进行分析，小腿损伤差异较为复杂，在低速下地面所致的小腿损伤要高于车辆所致的小腿损伤。

据此对小腿损伤来源进行总结可知，当车速较低时（车速 <25km/h），小腿损伤主要来源于地面碰撞；而右小腿则难以区分，需要针对实际情况具体分析。

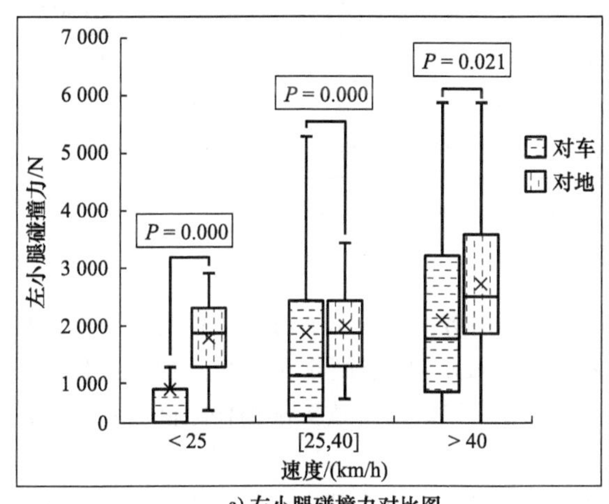

a) 左小腿碰撞力对比图

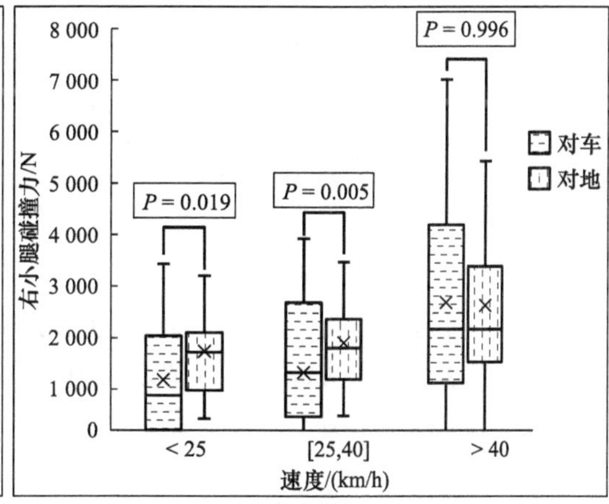

b)右小腿碰撞力对比图

图 8-10 左、右小腿对车、对地的碰撞力对比箱形图

8.1.6 人体不同部位损伤相关性分析

为探索人 - 车碰撞事故中行人各部位损伤之间的相关性、车速与损伤之间的相关性，下面

对真实事故中获得的车速和人体各部位（头部 HIC15 值、胸部 3ms 合成加速度值、臀部碰撞力、大腿及小腿碰撞力）损伤进行相关性分析，分析时将损伤分为车辆所致损伤以及地面所致损伤两部分进行。

1. 车辆所致损伤相关性分析

表 8-1 给出了行人各部位车辆所致损伤之间的相关系数。由表 8-1 可知，在车辆所致人体损伤中，车速与行人头部 HIC15 值及车速与胸部 3ms 合成加速度值两组的相关系数分别为 0.793 和 0.691，明显高于车速与其他损伤部位之间的相关系数绝对值，具有显著统计学意义。这表明车速与车辆所致头部损伤、胸部损伤之间具有高度的正相关性，车辆所致头部及胸部损伤会随着车速的增大而加重。

再对车辆所致人体各损伤部位之间的相关性进行研究发现，头部损伤与胸部损伤之间的相关系数为 0.632，该值大于其他各损伤部位之间的相关系数绝对值，具有显著统计学意义，表明在车辆所致损伤中，人体头部损伤与胸部损伤之间具有高度的正相关性。在车辆所致下肢损伤中，左大腿与右大腿之间的相关系数为 0.571，左小腿与右小腿之间的相关系数为 0.52，两者都具有显著统计学意义，这也表明在下肢中位于同一侧的损伤部位之间具有较高的相关性。

表 8-1　行人各部位车辆所致损伤之间的相关系数

部位	速度	头	胸	臀	左大腿	右大腿	左小腿	右小腿
车速	1.000	0.793**	0.691**	0.346**	0.522**	0.370**	0.382**	0.322**
头	0.793**	1.000	0.632**	0.406**	0.426**	0.260**	0.269**	0.255**
胸	0.691**	0.632**	1.000	0.279**	0.324**	0.220**	0.177*	0.123
臀	0.346**	0.406**	0.279**	1.000	0.263**	0.149	−0.075	0.045
左大腿	0.522**	0.426**	0.324**	0.263**	1.000	0.571**	0.320**	0.304**
右大腿	0.370**	0.260**	0.220**	0.149	0.571**	1.000	0.287**	0.288**
左小腿	0.382**	0.269**	0.177*	−0.075	0.320**	0.287**	1.000	0.520**
右小腿	0.322**	0.255**	0.123	0.045	0.304**	0.288**	0.520**	1.000

注：** 表示具有显著统计学意义，* 表示具有一般统计学意义；未标注表示无统计学意义。

2. 地面所致损伤相关性分析

表 8-2 给出了行人各部位地面所致损伤之间的相关系数。由表 8-2 可知，在地面所致人体损伤中，车速与行人头部 HIC15 值之间的相关系数为 0.468，明显高于车速与其他各损伤部位之间的相关系数绝对值，具有显著统计学意义，表明车速与地面所致头部损伤之间具有高度的正相关性。

再对地面所致人体各损伤部位之间的相关性进行研究发现，头部损伤与胸部损伤之间的相关系数为 0.424，该值大于其他各损伤部位之间的相关系数绝对值，具有显著统计学意义，表明在地面所致损伤中，人体头部损伤与胸部损伤之间具有高度的正相关性。在地面所致下肢损伤中，左小腿和右小腿之间的相关系数为 0.365，高于下肢其他部位之间的相关系数绝对值，表明左右小腿之间的损伤具有高度相关性。同时左大腿及右大腿、右大腿及右小腿之间的相关系数分别为 0.349、0.366，也具有显著统计学意义，需要加以重视。

表 8-2 行人各部位地面所致损伤之间的相关系数

部位	速度	头	胸	臀	左大腿	右大腿	左小腿	右小腿
车速	1.000	0.468**	0.371**	0.328**	0.175*	0.213**	0.322**	0.253**
头	0.468**	1.000	0.424**	0.073	0.093	0.018	0.021	0.098
胸	0.371**	0.424**	1.000	0.118	0.014	−0.099	−0.043	−0.054
臀	0.328**	0.073	0.118	1.000	0.049	0.041	0.155	0.142
左大腿	0.175*	0.093	0.014	0.049	1.000	0.349**	0.192*	0.230**
右大腿	0.213**	0.018	−0.099	0.041	0.349**	1.000	0.239**	0.366**
左小腿	0.322**	0.021	−0.043	0.155	0.192*	0.239**	1.000	0.365**
右小腿	0.253**	0.098	−0.054	0.142	0.230**	0.366**	0.365**	1.000

注：** 表示具有显著统计学意义，* 表示具有一般统计学意义；未标注表示无统计学意义。

8.1.7 结论

通过上述对 150 例真实人 - 车事故案例再现仿真中的人体损伤来源和相关性研究发现：

由 HIC15 所致行人头部损伤主要来源于车辆撞击；由碰撞力所致头部损伤，在低速下（车速 <25km/h）主要来源于地面，在中高速下（车速 >25km/h）则主要来自于车辆撞击。行人胸部损伤从碰撞力所致损伤这一层面进行分析主要来源于地面，而从加速度这一层面进行分析则低速下（车速 <25km/h）主要来源于地面碰撞，中高速下（车速≥ 25km/h）主要来源于车辆撞击。臀部损伤来源在中低速下（车速 <40km/h）主要由地面碰撞所致，而在高速下（车速 > 40km/h）则需要针对实际情况具体分析。大腿损伤低速下（车速 <25km/h）主要来源于地面碰撞，在中高速下（车速 >25km/h）其损伤主要由车辆撞击所致。当车速较低时（车速 <25km/h）小腿损伤主要来源于地面碰撞，中等车速（[25,40] km/h）下车辆撞击是小腿受伤的主要原因，当车速较高时（车速 >40km/h）左小腿损伤主要来自地面碰撞，而右小腿则难以区分，需针对实际情况具体分析。

人体头部及胸部之间的损伤相关系数无论在人车碰撞还是人地碰撞中都要明显高于其他损伤部位之间的相关系数，表明头部与胸部两者之间的损伤需要重点关注。车速与车辆碰撞所致头、胸部损伤；车速与地面碰撞所致头部损伤之间具有高度的正相关性，车辆所致头、胸部损伤及地面所致头部损伤会随着车速的增大而增加。分析下肢损伤部位之间相关性时发现，在人地碰撞中，右小腿与右大腿之间具有高度的相关性，但是左小腿与左大腿之间却没有较高的相关性，其中的原因还有待以后进一步进行探索。

8.2 智能车防护人地碰撞损伤的新思路

行人是最脆弱的道路使用者之一，因此如何在车 - 人碰撞中保护行人成为近年来的研究热点。部分学者的研究表明，行人伤害主要由车辆造成，但地面相关伤害也不容忽视。据 8.1 节的研究结果，人 - 车事故中人体损伤来源有车辆碰撞和地面碰撞两种，且部分情况下，地面碰撞造成的伤害要高于车辆碰撞。有学者通过尸体试验来探究行人的损伤机理，试验结果表明，与车辆接触相比，地面接触的头部损伤风险（分别使用 HIC/3ms 和 BrIC 进行评估）通常更高。此外，深入的事故调查结果表明，如果能够避免地面相关伤害，总伤害成本可降低 2/3。上述研究成果均表明，研究减少人 - 车碰撞中地面相关伤害的方法是很有价值的。虽然行人地面接触伤害很难预测，但学者们经过大量研究发现其与撞击速度、着陆机制、行人步态、旋转角度、车辆前端形状等有关。为获得更可靠的结果，研究人员采用了深入的事故数据、尸体试验、高精度行人 - 车辆 / 地面接触模型和虚拟试验样本来开展关于人地碰撞损伤方面的研究。

在先前的研究中，作者通过使用虚拟测试样本，首次提出了一种用于减少行人地面接触伤害的车辆制动方法。研究发现，运用此方法控制仿真中除厢式货车（面包车）外车型的制动，可使得仿真中行人的加权伤害成本（Weight Injury Cost，WIC）和头部撞击速度的中值较未控制制动前的显著降低，这说明控制人 - 车碰撞过程中车辆的制动对于减少行人地面接触伤害具有显著的潜力。此外，作者重构了 150 个真实案例，证明了控制车辆制动通常可为事故中行人地面接触提供益处，降低损伤，并且发现控制方法会受到空间和时间的限制。在这些前期研究的基础上，作者发现了两个有趣且值得思考的问题：一是通过控制人 - 车事故中的车辆制动能最大限度地使行人的 WIC 降低多少；二是控制制动时，车辆造成的伤害相比不控制制动的是否会增加。对于这两个问题，本小节将通过设计一系列的仿真试验来进行解答。

8.2.1 研究方法

已有研究表明，人车相互作用时间与人地碰撞损伤显著负相关；延长人车相互作用时间能显著降低地面所致头部、臀部损伤及车速 ≥ 40km/h 的胸部损伤，且不会明显增加地面所致四肢及车辆所致头、胸部和臀部的损伤。研究结果表明可从人车相互作用时间角度出发探索人地碰撞损伤防护的新方法。

1. 车辆控制制动方法

本研究采用作者于 2019 年提出的方法控制各试验车辆的制动。其中将行人与车辆的首次接触时刻设为 t_0，将行人头部与车辆的首次接触时刻设为 t_1。为使头部碰撞速度最小，车辆在 t_1 之前完全制动；从 t_1 开始松开制动，考虑到制动系统协调时间为 0.2s，故在 t_1+0.2s 时刻，汽车减速度才降为 0。在 t_2 时刻恢复制动，在 t_2+0.2s 时刻汽车恢复完全制动。

为了获得最佳 t_2，这里使用了穷举法。将区间［t_1+0.2，1.4］分成 100 个子区间，然后将每个端点设为 t_2。在实践中，我们发现 t_1 之后的 1.6s 足以让车辆实现足够的制动水平以减少行人地面接触伤害，因此，此处选择 1.4s 作为 t_2 的上限。显然，运用此控制制动方法，需要对每个控制制动的仿真进行 100 次的模拟，以获得使人地接触损伤最低的 t_2。图 8-11 所示为车辆的减速度曲线。

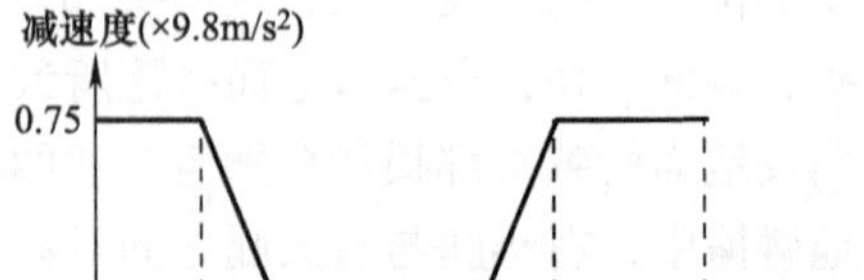

图 8-11 车辆的减速度曲线

2. 试验设计

试验中作者以碰撞速度（三种速度：21、31 和 41km/h）、行人尺寸（四种尺寸：90th 男性、50th 男性、5th 男性和 5th 女性）和行人步态（两种步态：50% 和 100%）为变量组成基本仿真测试样本（Basic Simulation Test Sample，BSTS），测试样本中共包含 3×4×2=24 次仿真。在先前的研究中我们发现，当汽车车型为厢式车（面包车）时，无法通过控制车辆制动来减少人体与地面碰撞的伤害；而当车辆为跑车时，人体与地面碰撞的伤害较小。因此试验中汽车车型仅采用大型轿车、大型 SUV、小型轿车和小型 SUV 四种（图 8-12）。

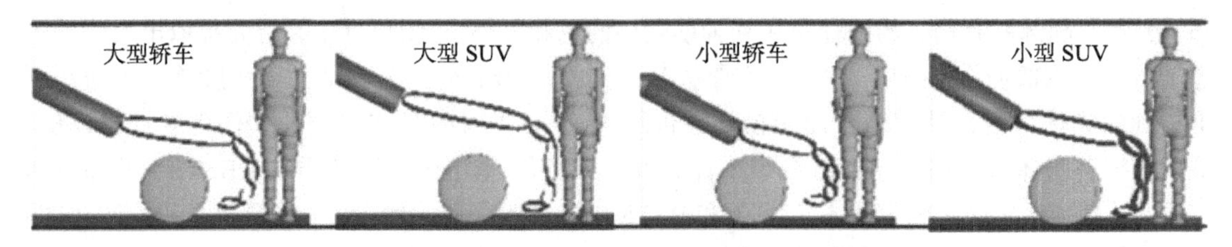

图 8-12 车辆形状对比 50% 男性行人模型

为了分析碰撞中控制车辆制动对降低人地碰撞损伤的最大益处，进行了 4 种车型 × BSTS（2 种行人步态 ×3 种车速 ×4 种行人尺寸）=96 组试验，每组试验中均采用了两种制动方法。第一种是不控制制动，即车辆在整个碰撞过程中都处于完全制动状态；第二种就是控制制动，即车辆采用图 8-11 所示的方法控制制动。每组测试中有 101 个仿真，因此共需进行 96×（100+1）=9 696 次仿真。

为了分析采用控制制动的方法是否会使由车辆碰撞导致的行人损伤增加，作者参照图 8-11，将制动强度减小到 0 的时间设置为 0、t_1、t_1+0.15、t_1+0.3 和 ∞ 秒 5 种时长。如果时间设置为 ∞ 秒，则表示车辆全程保持完全制动；如果时间设置为 0，这意味着车辆在整个过程中没有制动。显然，对于此问题的分析，我们需设计 4 种车型 ×5 种时长 ×BSTS（3 种车辆速度 ×4 种行人尺寸和 2 种行人步态）=480 次仿真。

上述的所有仿真均采用 MADYMO 软件来开展。仿真中，将行人与车辆及地面间的摩擦系数分别设定为 0.3 和 0.6。此外，将车辆前端结构的刚度设为一致（如保险杠、发动机舱盖等车头零部件）。碰撞形态设为侧面直角碰撞，因仿真中设定行人具有一定的行走速度，所以为保证仿真中行人头部与车辆前部结构发生接触，将行人从车辆中心线往后偏移 400mm，最终的人 - 车碰撞场景如图 8-13 所示。事故深度调查显示，该碰撞场景约占 GIDAS 数据库中人 - 车碰撞场景的 80%，说明此场景具有代表性；故仿真中以此场景为基础场景，仿真试验则通过改变此场景中的车速、行人尺寸和步态等试验变量来开展。

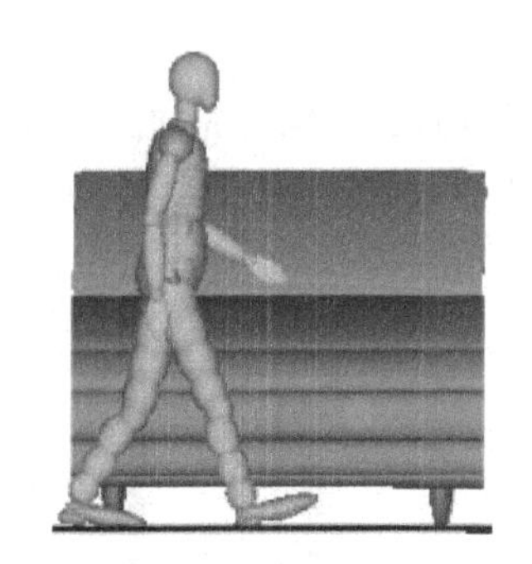

图 8-13 人 - 车碰撞基础场景

3. 损伤评价指标及分析方法

本研究中采用 HIC 作为行人头部损伤的指标，用加权伤害成本（WIC）作为行人总体损伤的指标。HIC 的计算方法详见本书 4.8 节，此处不再赘述；WIC 的计算方法为

$$\mathrm{WIC}=\sum_{i=1}^{N}\mathrm{IC}_i\times P_i \tag{8-1}$$

$$P_i=P_{si}P_{hi}P_{gi} \tag{8-2}$$

$$\sum_{i=1}^{N}P_i=\sum_{i=1}^{N}P_{si}=\sum_{i=1}^{N}P_{hi}=\sum_{i=1}^{N}P_{gi}=1 \tag{8-3}$$

式中，N 是基本仿真测试样本（BSTS）中的仿真次数，此处 N=24。P_{si}、P_{hi} 和 P_{gi} 分别表示车辆速度、行人高度和行人步态的比例，它们的值由从德国事故深度调查研究数据库（GIDAS）中的数据观察得到的相应影响参数的分布决定。IC_i 是碰撞场景的预计伤害费用（行人头部、胸

部、骨盆和腿部所有伤害的医疗费用和辅助费用的总和）。在每组仿真中，首先提取出 HIC（头部）、TTI（胸部创伤指数）、冲击力（骨盆）、弯矩（下肢长骨）和弯曲角度（膝盖）等损伤评价指标的具体数值，然后结合简明损伤评价等级（AIS）对各身体部位的损伤程度进行评价，最后依据各身体部位损伤的 AIS 等级来计算 IC_i。因此，基本仿真测试样本（BSTS）的加权伤害成本（WIC）定义为伤害成本（IC_i）和 BSTS 中各试验变量比例（P_i）的乘积之和，是 BSTS 中每次仿真所产生伤害的加权平均成本。

众所周知，虽然 MADYMO 是一种流行且广为接受的车辆行人碰撞伤害分析软件，但分析行人地面接触伤害的模型并未得到很好的验证，为了减少该因素的影响，这里采用绘图和制表的方法进行对比研究。

8.2.2 结果

通过以上试验，我们得到了大量的行人损伤数据。通过对比分析，得到了以下结果。

1. 制动强度降低时刻对人车碰撞损伤的影响

图 8-14 显示了不同制动强度减小时刻下由人车碰撞引起的 WIC 大小。而图 8-15 显示了不同制动强度减小时刻下的平均 HIC_t—HIC_{t1}；其中 HIC_t 表示制动强度减小时刻为 t 时的人车碰撞 HIC，t 可以是 0、t_1、t_1+0.15、t_1+0.3 和 ∞；HIC_{t1} 表示制动强度减小时刻为 t_1 时的人车碰撞 HIC。通过图 8-14 和图 8-15 可以很容易地发现，如果在 t_1 时刻之后制动强度开始减小，则由车辆引起的 WIC/HIC 没有增加。结果表明，在 t_1 之后降低车辆的制动强度不会造成人车碰撞损伤的增加，再结合先前的研究成果，作者认为通过控制人车碰撞过程中的车辆制动来减轻由地面碰撞造成的损伤是可行的。

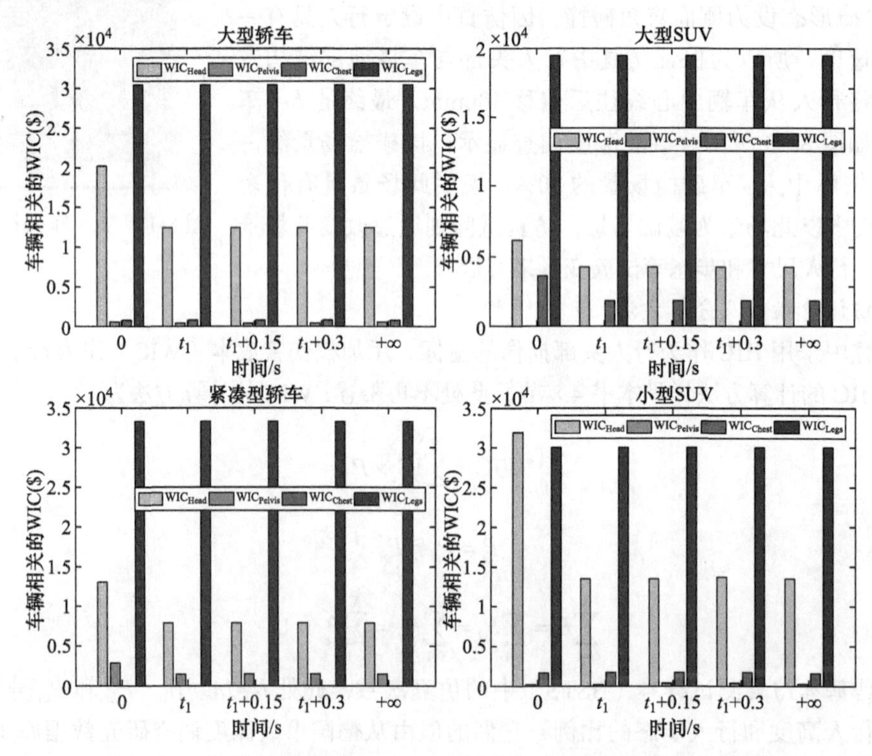

图 8-14 由车辆引起的 WIC 相对于制动强度开始减少的不同时间

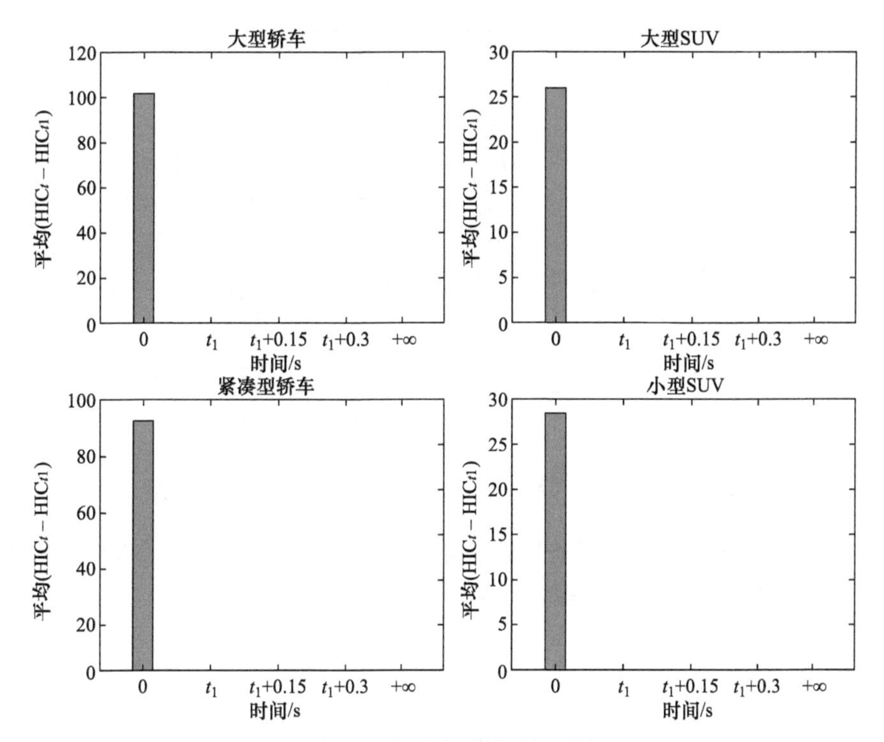

图 8-15 不同制动强度减小时刻下的平均 HIC_t−HIC_{t1}

2. 控制制动对降低人地碰撞损伤的最大效益

图 8-16 显示了四种车型在完全制动和控制制动下由人地碰撞产生的 WIC 大小，此处的 WIC 代表碰撞中人体全身的加权伤害成本，理论上由四部分组成，分别为 WIC_{Head}（头部 WIC）、WIC_{Chest}（胸部 WIC）、WIC_{Pelvis}（骨盆 WIC）和 WIC_{Legs}（下肢 WIC）。而图 8-17 显示了在完全制动和控制制动下的由人地碰撞产生的平均 HIC 大小。两图中各车型均有两组数据，其中左侧为车辆完全制动下的数据，右侧为控制制动下的数据。对比这两组数据，不难发现控制制动条件下由人地碰撞导致的 WIC/HIC 相比完全制动条件下显著降低。

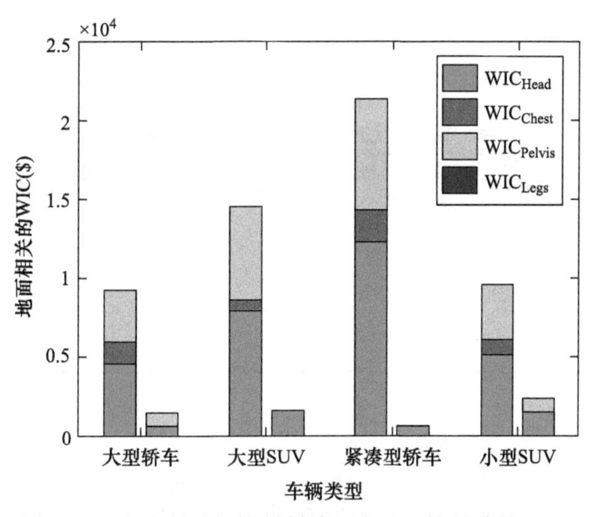

图 8-16 完全制动与控制制动下人地碰撞导致的 WIC

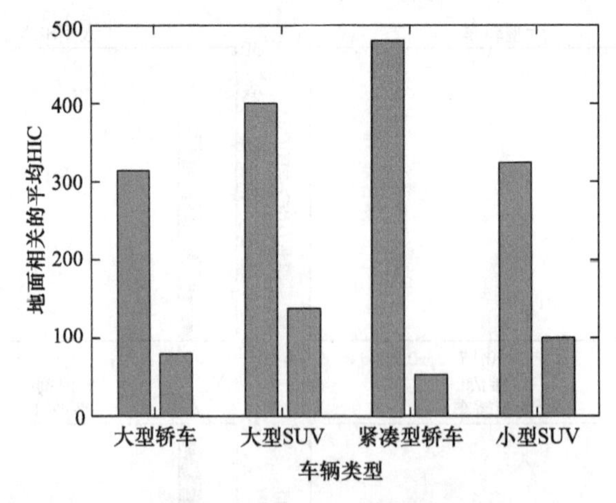

图 8-17 完全制动与控制制动下人地碰撞导致的平均 HIC

表 8-3 和表 8-4 则给出了完全制动与控制制动下人地碰撞导致的 WIC 和 HIC 的具体数据以计算控制制动下 WIC 和 HIC 的降低率，WIC 降低率的计算公式为

$$降低率 = \frac{WIC_{完全制动} - WIC_{控制制动}}{WIC_{完全制动}} \tag{8-4}$$

计算发现，由地面碰撞产生的 WIC 通过控制人 - 车碰撞过程中的车辆制动可使其最大降低率达到 88.9%。平均 HIC 降低率的计算方法同式（8-4）类似，将式中的 WIC 变量换成 HIC 即可，平均 HIC 的降低率虽没有 WIC 高，但是也达到了 75.6%。因此，可以看出控制人 - 车碰撞过程中的车辆制动对减轻由人地碰撞导致的损伤效果是显著的。

表 8-3 完全制动与控制制动下的人地碰撞 WIC

车型	完全制动下的 WIC（$）	控制制动下的最低 WIC($）	降低率
大型轿车（Bigcar）	9 308.7	1 502.3	83.9%
大型 SUV（Highsuv）	14 513	1 613.5	88.9%
紧凑型轿车（Compactcar）	21 381	566.0	97.4%
小型 SUV（Smallsuv）	9 501.9	2 417	74.6%
总计	54 704.6	6 098.8	88.9%

表 8-4 完全制动与控制制动下的人地碰撞 HIC

车型	完全制动下的 HIC	控制制动下的 HIC	降低率
大型轿车（Bigcar）	312.4	78.3	74.9%
大型 SUV（Highsuv）	395.3	135.0	65.8%
紧凑型轿车（Compactcar）	479.4	54.1	88.7%
小型 SUV（Smallsuv）	324.0	100.6	68.9%
平均值	377.8	92.0	75.6%

8.2.3 讨论

通过 8.2.2 节的分析，获得了两个发现：一是发现将车辆制动强度的减小时刻设置在 t_1 之后，不仅可减轻人地碰撞损伤，也不会加剧人车碰撞损伤；二是发现控制碰撞过程中的车辆制动对降低人地碰撞损伤的效果是显著的，WIC 和平均 HIC 的降低率分别达到 88.9% 和 75.6%。基于这些发现，作者进行了更深入的研究，提出了三个有趣且值得思考的问题。一是，是否有一种更为简单的方法来控制碰撞中车辆的制动？若采用图 8-11 所示的控制方法，未来的车辆需及时地检测出头车接触时间 t_1，然后立即找出合适的 t_2。对于未来的智能车来说，及时地检测到 t_1 并不难，因此这个问题就变成了我们能否在实践中轻易找到最优 t_2 的问题。二是，控制制动条件下人地碰撞损伤降低的内在原因为何？三是，运用控制制动的方式来减轻人地碰撞损伤在某些情况下是否会失效？

1. 一种简单的紧凑型轿车（Compactcar）控制制动方法

图 8-18 显示了在紧凑型轿车控制制动下伤害成本（IC）低于完全制动下 IC 的仿真试验，其中排除车辆碾压行人的仿真。图中的“次优 t_2（Suboptimal t_2）”表示控制制动仿真中的 IC 低于完全制动仿真的 IC，“最佳 t_2（Optimal t_2）”表示控制制动仿真中的 IC 是最低的。从图中我们发现，在控制制动的仿真中“次优 t_2”和“最优 t_2”都具有相当的数量，这说明“最优 t_2”不是孤立且唯一的时刻点，因此在实践中并不难找到该时刻点。从大型轿车（Bigcar）、大型 SUV（Highsuv）和小型 SUV（Smallsuv）的仿真中也获得了相同的结论（图 8-19~ 图 8-21）。

基于图 8-18 提炼出计算 t_2 的简单公式为

$$t_2 = t_1 + 0.2 + \frac{1.4 - t_1 - 0.2}{100} \times 23 \tag{8-5}$$

将该公式计算得出的 t_2 运用在四种车型的控制制动仿真中，仿真得出的 WIC 与完全制动下的 WIC 对比情况如图 8-22 所示（每种车型具有两组数据，左侧为完全制动的 WIC，右侧为控制制动的 WIC）。发现除紧凑型轿车外，其余车型采用上述公式计算得出 t_2 的控制制动方式所获得的 WIC 相比完全制动下 WIC 的减小效果不显著。特别是对于大型轿车，所得出的控制方法反而将加剧人地碰撞造成的损伤。这说明运用简单公式得出 t_2 的控制制动方式仅适用于紧凑型轿车车型，对于其他车型并不适用。同时也说明对于特定的车型并不难以获得简单、有效的控制方法，但想要获得一个适用于所有车型的简单制动控制方法则是困难的（可能是不能实现的）。换而言之，控制制动方法受到车型的影响。

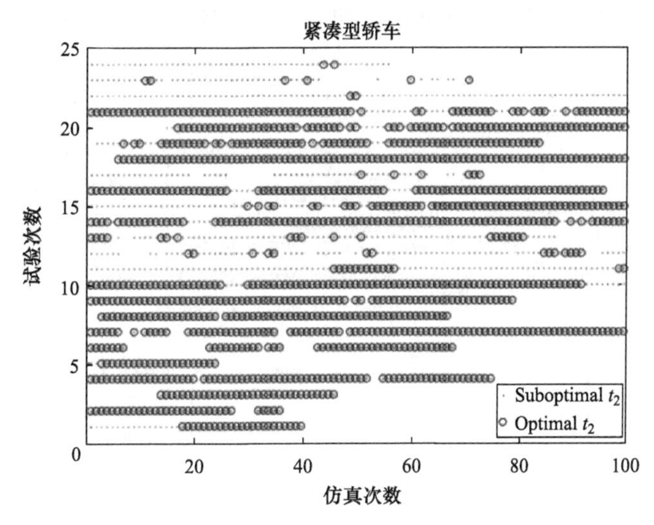

图 8-18 控制紧凑型轿车制动的最优和次优 t_2 仿真分布情况

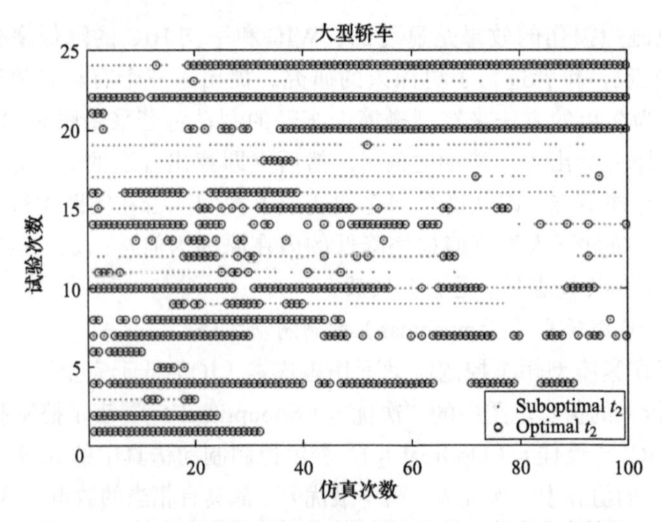

图 8-19　控制大型轿车制动的最优和次优 t_2 仿真分布情况

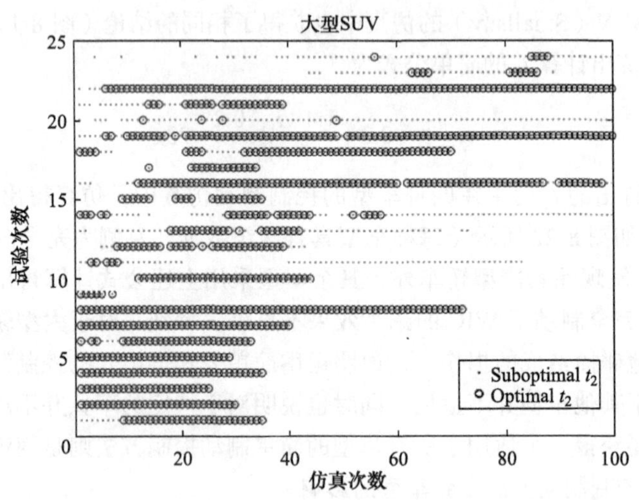

图 8-20　控制大型 SUV 制动的最优和次优 t_2 仿真分布情况

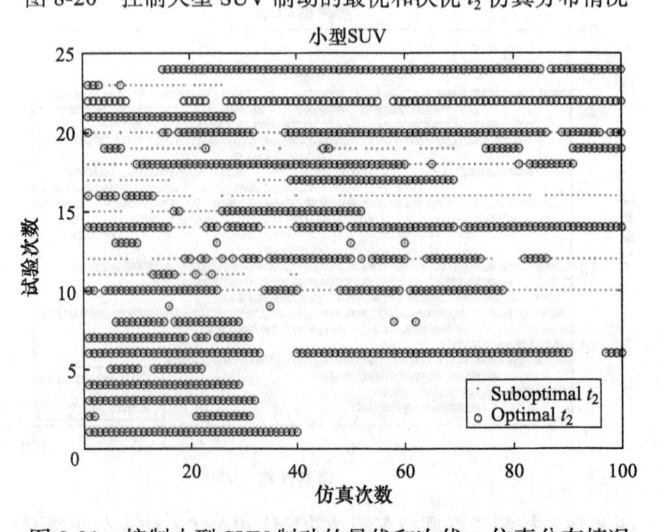

图 8-21　控制小型 SUV 制动的最优和次优 t_2 仿真分布情况

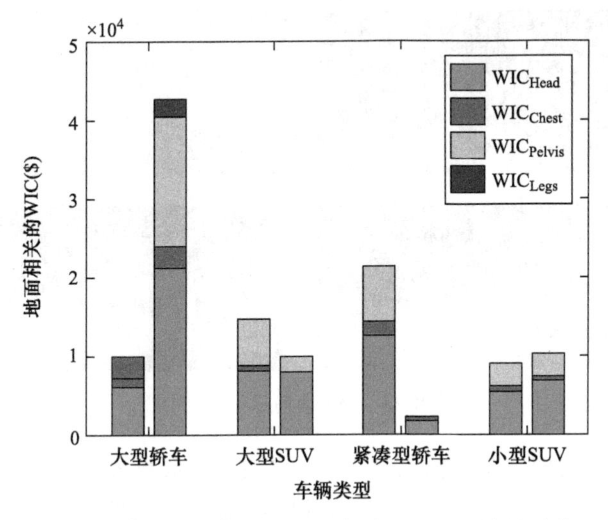

图 8-22 完全制动与简易方式控制制动下人地碰撞导致的 WIC

2. 人地碰撞损伤降低的内因

据作者及同领域相关学者的现有研究成果，发现行人地面接触损伤与落地机制有关。其中国外学者 Crocetta 于 2015 年提出了 6 种行人落地机制（图 8-23），作者则在此基础上揭露了落地机制与 IC 间的内在联系，结果表明落地机制 1(M1 ）和落地机制 4(M4 ）相比落地机制 2(M2 ）更危险。在后续的研究中，作者发现了一种新型落地机制，将其命名为 M6（图 8-24），此落地机制中行人的主体部位（头部、骨盆、躯干）首次与地面接触前，身体的旋转角度很小，各主体部位与地面保持平行，因此各主体部位接触地面时的角速度接近于 0。

图 8-23 Crocetta 提出的 6 种行人落地机制

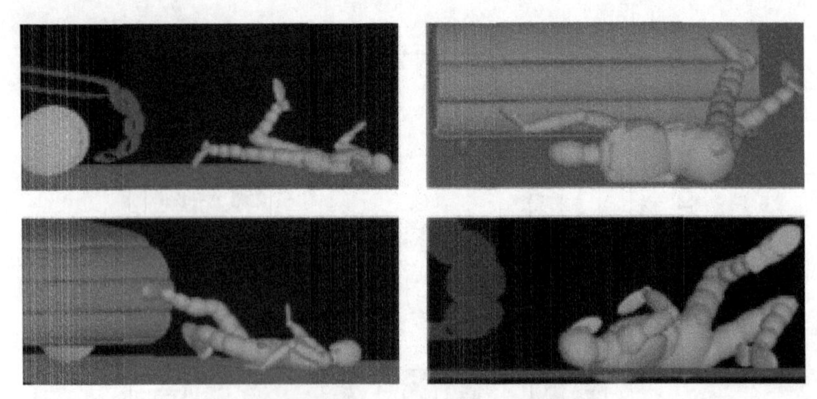

图 8-24 M6 落地机制示意图

事故深度调查研究表明，头部损伤是人 - 车事故中造成行人死亡的重要原因之一，故此处选用 HIC 来描述仿真中的人地碰撞损伤。为获得控制制动下人地碰撞损伤降低的内因，作者将 HIC 与行人落地机制联系，获得的结果如图 8-25 所示。发现 M1 和 M4 的地面相关平均 HIC 约大于 400，而 M2 和 M6 的平均 HIC 约小于 100。这意味着 M2 和 M6 比 M1 和 M4 更安全。图 8-25 还给出了全制动（Profull-brake）与控制制动（Procontral-brake）下不同落地机制所占的比例。分析发现，与完全制动相比，控制制动中的 M2 和 M6 比例显著增加；M1 和 M4 的比例则显著降低。这说明控制制动下人地碰撞损伤降低的内因是行人落地机制的改变，即控制碰撞过程中的车辆制动，使得行人由原先较为危险的落地机制（M1 和 M4）向相对安全的落地机制（M2 和 M6）转变，从而降低了人地碰撞损伤。

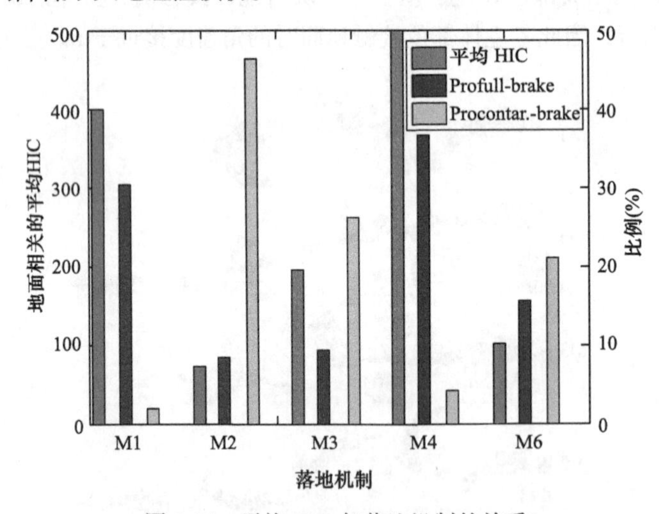

图 8-25 平均 HIC 与落地机制的关系

3. 控制制动方式无法降低人地碰撞损伤的情况

在研究中，进行了 4 种车型 ×BSTS（2 种行人步态 ×3 种车速 ×4 种行人尺寸）=96 组试验，每组试验有 101 次仿真。在 101 次仿真中，车辆完全制动状态下进行 1 次仿真，其余 100 次仿真均在控制制动下进行。将所有车型在完全制动状态下的仿真归类为完全制动组（共 96 次仿真）。选取所有车型控制制动状态下 WIC/HIC 最低且未发生车辆碾压行人的仿真归类为控制制动组（同样是 96 次仿真）。对比完全制动组和控制制动组中 WIC/HIC 的大小，结果显示，存在 1 例（小型 SUV 车型下的第 22 次仿真）控制制动仿真中最低 WIC 大于相应的完全制动组的 WIC；存在 8 例控制制动仿真中最低 HIC 大于相应的完全制动组的 HIC。这 8 例中，有 4 例属于大型轿车车型下的仿真（第 6、19、21 和 24 次仿真），有 3 例属于小型 SUV 车型下的仿真（第 9、21 和 24 次仿真），1 例属于大型 SUV 车型下的仿真（第 17 次仿真）。所有控制制动仿真中有 9 例（占比为 9.4%）WIC/HIC 未降低。这表明并非所有控制制动仿真中的 WIC/HIC 相比完全制动都能减小。

将上述 9 例仿真划分为以下 4 类。

1）完全制动仿真中的 WIC /HIC 等于或接近于零（4 例，占比为 44.4%）。典型案例如图 8-26 所示。在完全制动仿真中，行人平稳地向地面坠落，因下肢作为行人与地面的第一个接触部位，所以减轻了由地面碰撞导致的损伤。此外，在头部接触地面之前先与右臂发生接触，这使得最终与地面接触的 HIC 较低。上述这些现象所导致的最终结果是 WIC = 0。在实践中，确实存在人体在碰撞过程中未受到任何伤害的现象，虽然这是一个低概率事件，但并不代表它不会发生。因此，在未来的研究中，我们应该寻求能够高概率减少行人 - 地面接触损伤的方法，但试图找到一种适用于所有情况下控制车辆制动的方法来减轻人地碰撞损伤是行不通的。

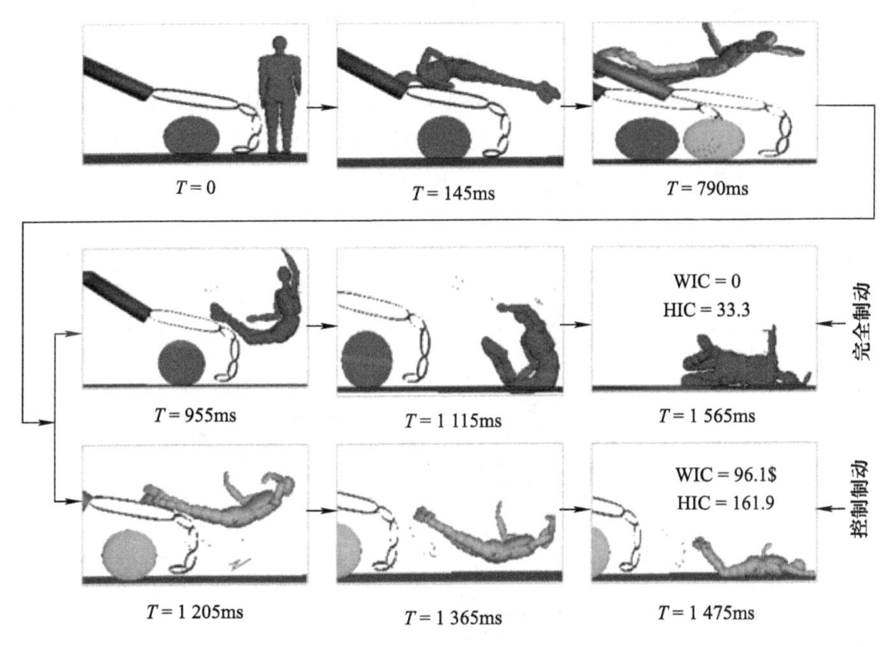

图 8-26 小型 SUV 车型完全制动和第 22 次控制制动仿真中的人体运动学响应示例

2）行人从车辆侧面向地面坠落（3 例，占比为 33.3%）。若碰撞过程中行人从车辆侧面落地，则车辆采用如图 8-11 所示的方法控制制动时并不会影响行人运动学响应，而且车辆可能会将更多的能量传递给行人，使人地接触时地面吸收更多的能量，从而增加人地碰撞损伤。典型案例如图 8-27 所示，在该案例中，在行人主体接触地面之前，车辆改变了其左臂的运动学响应（T = 970ms）导致仿真中 HIC 较高。结合先前的仿真，认为碰撞过程中行人从车辆侧面跌落至地面是控制制动仿真中十分危险的情况之一，也是未来探究更契合实际的车辆控制制动方案中值得重点关注的问题。

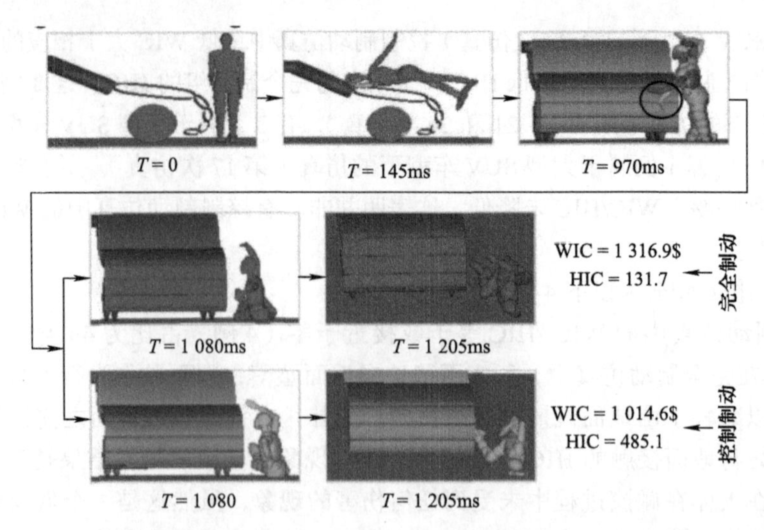

图 8-27　大型轿车车型完全制动和第 21 次控制制动仿真中的行人落地示意图

3）车辆在控制制动仿真中无法接住行人（1 例，占比为 11.1%）。控制制动的车辆可以减少地面相关损伤的主要原因是改变了行人的落地机制。如果车辆不能赶上行人，则不能接触行人的主体部位（骨盆、头部、胸部），这意味着车辆很难改变行人的落地机制。典型案例如图 8-28 所示，车辆只能与行人的腿部发生接触（T = 825ms），因此无法改变其落地机制，也就无法降低人地碰撞的 HIC。更重要的是，行人在接触地面之前，其腿与车辆接触，产生旋转速度。旋转速度会增加 Z 方向的头 - 地接触速度，从而导致 HIC 较高。

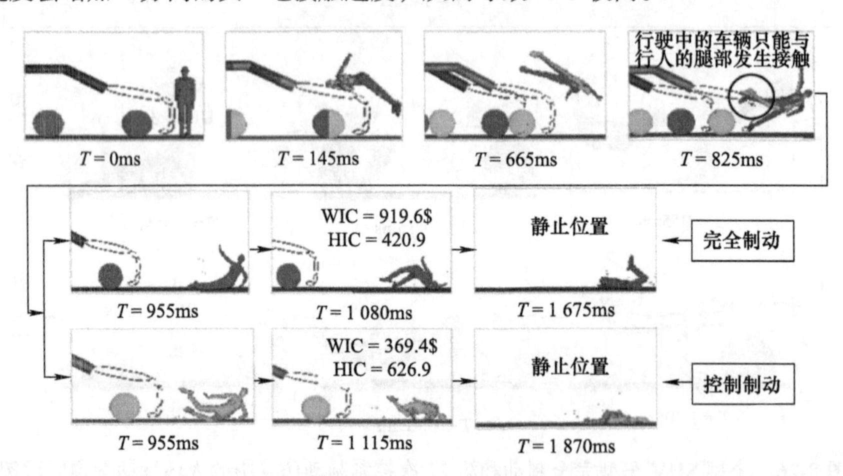

图 8-28　大型 SUV 车型完全制动和第 17 次控制制动仿真中的行人运动学响应

4）车辆与行人长时间互动，行人最终沿车辆前端形状落地（1 例，占比为 11.1%）。在这类仿真中，行人的主体部位将接触车辆的风窗玻璃（或车顶），然后沿车辆前端形状滑落至地面，行人头部作为第一落地部位，典型案例如图 8-29 所示。对于这类情况，若车辆是未来智能车辆，则作者认为行人应该可以得到很好的保护，因为碰撞过程中行人与车辆存在长时间互动，智能车辆有足够的时间检测到行人位置，然后车辆可以使用其他设备来保护行人，如安全气囊。在现阶段的研究中，除了采用控制车辆制动的方式外，作者暂未考虑其他保护行人的方法，因此行人最终不得不跌落至地面。此外，考虑到小型 SUV 的发动机舱罩前缘的高度较高，故行人跌落地面时人地碰撞 HIC 较高（T=2 030ms）。

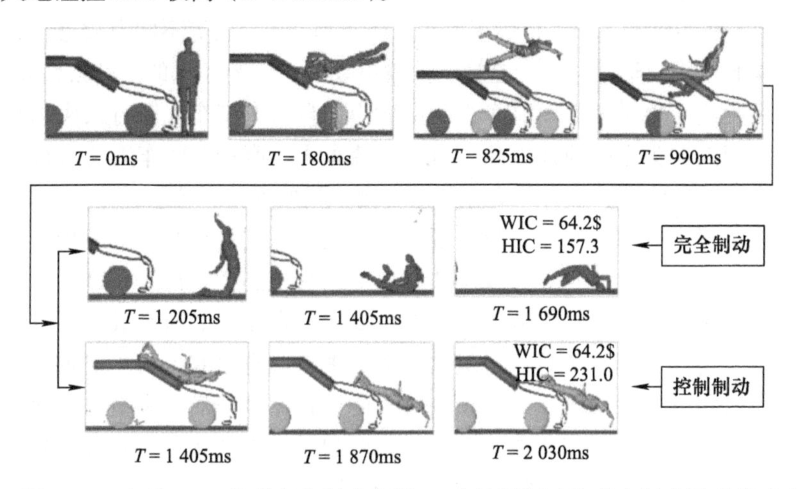

图 8-29　小型 SUV 车型完全制动和第 24 次控制制动仿真中行人运动学响应

8.2.4　结论

通过仿真试验发现，在 t_1 之后降低车辆的制动强度，由车辆碰撞导致的人体损伤不会增加。合理地控制人 - 车碰撞过程中的车辆制动可使由人地碰撞导致的 WIC 和 HIC 最大降低率为 88.9% 和 75.6%。进一步分析发现，对于特定车型（如紧凑型轿车）可通过获取最佳的 t_2 时刻点来获得一种简单的控制制动方式，但想要获得一种适用于所有车型的简单控制制动方式是困难的（也可能是不可能的）。通过分析不同落地机制在完全制动和控制制动下所占的比例，发现行人地面接触伤害得以降低的可能原因是行人落地机制的改变。此外，9 例仿真中的 WIC/HIC 并未降低。详细分析发现，并非所有与地面相关的伤害都可以减少，这是因为在一些完全制动的情况下，WIC/HIC 已经等于或接近于 0；或者仿真中存在行人从车辆侧面跌落至地面及车辆在控制制动过程中无法接触到行人主体的危险情况。

8.3　载人摩托车事故中骑乘人员损伤差异

在道路交通事故中，两轮车（主要包括摩托车、电动车和自行车）的骑车人和后座乘员由于身体直接暴露在外，缺乏车身保护，使其成为损伤风险最高的群体之一。据公安部道路交通管理局的数据显示，2017 年我国共发生两轮车事故 59 500 起，导致 67 573 人受伤，14 594 人死亡。其中，摩托车事故为 39 780 起，伤亡人数为 46 504 人和 10 991 人，分别占两轮车事故总数的 66.86%、68.82% 和 75.31%。

为揭示事故机理，更好地保护两轮车骑乘人员，国内外相关学者就两轮车事故展开了广泛且深入的研究。部分学者基于相应的事故深度调查数据库（如 GIDAS、CIDAS 等）探究两轮车事故中影响骑车人损伤严重程度的因素，发现事故中的碰撞车速（包含汽车和两轮车速度）、碰撞位置、车头形状、头部是否与车辆接触、是否佩戴头盔等因素对骑车人的损伤具有重要影响。借助于 Pc-Crash、MADYMO 等专业事故仿真软件，学者们可通过高质量再现事故案例或设计仿真对照试验的方式来揭露两轮车事故中的人体损伤机理。例如，有研究者通过重建自行车事故来分析骑车人的头部碰撞条件，并获得了关于车速的头部损伤风险曲线和下肢骨折风险曲线。部分学者则将车 - 电动两轮车、车 - 自行车、车 - 摩托车、车 - 人等不同事故进行比对来探索不同事故形态下人体的损伤及运动学响应差异。发现电动两轮车骑车人的下肢损伤风险高于行人；行人的头部损伤风险高于电动两轮车骑车人。碰撞中，自行车骑车人及行人头部相对骨盆的运动轨迹几乎重合；行人的头车碰撞速度高于自行车骑车人。摩托车骑车人与自行车骑车人在不同碰撞车速和碰撞位置条件下，二者的头部和撞击侧小腿的动力学响应差异较为显著。

如上所述，相关学者针对两轮车事故开展了大量的研究并取得丰硕的成果，但基于摩托车事故在两轮车事故中占比很大，且载人现象非常普遍，甚至还衍生出了“摩的”这一职业，这使得研究摩托车事故中骑乘人员损伤的差异具有重要的现实意义。研究成果不仅可为骑乘人员损伤防护提供支持，还能为驾乘关系认定提供保障。现阶段有研究人员在对重庆地区涉及骑乘人员的摩托车事故进行统计后发现，摩托车骑车人的死亡率高于后座乘员，且两者会阴部损伤具有显著性差异，并指出会阴部损伤差异可作为判断驾乘关系的依据。除此之外，已有研究成果中对骑乘人员损伤差异的探索尚不多，亟需更多研究。

为此，本研究基于事故再现中应用率极高的 Pc-Crash 仿真软件，通过设计 147 组汽车碰撞载人摩托车的仿真试验并对其结果进行统计分析，研究不同碰撞条件下骑车人和后座乘员头部、胸部及撞击侧下肢等主要部位损伤的差异。

8.3.1 试验方案

1. 汽车、摩托车及骑乘人员模型

本研究中，汽车、摩托车及骑乘人员模型均在 Pc-Crash 中直接调入并根据真实数据进行修正，模型各部分的机械特性分别根据 Euro-NCAP 相似车型的碰撞试验结果定义。本研究中主要考虑三类车型：轿车、SUV 和微型厢式车，从 Pc-Crash 中调入“VW-Passat”代表轿车、“BMW-X5”代表 SUV、“VW- Multivan”代表微型厢式车。为增加所选车型在同类车型中的代表性，对其外形尺寸及车重等参数进行适当的调整，其中轿车的长、宽、高和车重分别为 4 933mm、1 836mm、1 469mm 和 1 575kg，SUV 分别为 4 712mm、1 839mm、1 673mm 和 1 615kg，微型厢式车分别为 4 692mm、1 794mm、1 626mm 和 1 500kg。调入 mot + driver + occupant 010910 模型后，根据事故中常见的普通跨骑摩托车对其尺寸参数和车重进行调整，其中摩托车的长、宽、高和坐高分别设置为 1 930mm、740mm、1 100mm 和 780mm，质量为 126.5kg；骑车人和后座乘员均依据国家体育总局发布的《2010 年国民体质监测公报》中的人体参数将身高、体重分别设置为 169cm 及 69kg。轿车、SUV、微型厢式车及摩托车 - 骑乘人员模型三维视图如图 8-30 所示。

图 8-30　轿车、SUV、微型厢式车及摩托车 - 骑乘人员模型三维视图

2. 仿真参数设计及碰撞形态

由于城市限速、交通拥堵及事发前大部分驾驶人都将采取制动措施，所以车辆及两轮车在碰撞时的速度常处于中低速范围，故仿真中将车辆碰撞速度设置为30km/h、35km/h、40km/h、45km/h、50km/h、55km/h和60km/h且车辆完全制动，摩托车的速度设置为15km/h。参照《典型交通事故形态车辆行驶速度技术鉴定》，将汽车与地面的摩擦系数设置为0.8，摩托车与地面的摩擦系数设为0.65，摩托车骑乘人员与地面的摩擦系数均为0.5，其余参数均保留Pc-Crash默认值。据统计，前碰撞（即两车碰撞点位于汽车车头前端）是两轮车事故中最为常见的碰撞类型，而前碰撞又可根据汽车与两轮车的碰撞角度（指汽车与两轮车行驶方向的夹角）将其分为正面碰撞、侧面直角碰撞、侧面斜角碰撞和追尾碰撞。因此，本研究将汽车与摩托车的碰撞形态设置为侧面直角碰撞（包括汽车侧面直角碰撞摩托车前部、中部和后部）、侧面斜角碰撞（包括同向斜角碰撞和对向斜角碰撞）、正面碰撞和追尾碰撞。各碰撞形态下汽车与摩托车的相对位置如图8-31所示（以轿车为例）。

a) 前部

b) 中部

c) 后部

d) 同向斜角

e) 对向斜角

f) 正面碰撞

g) 追尾碰撞

图8-31 各碰撞形态下汽车与摩托车的相对位置

（图中前部、中部和后部均指侧面直角碰撞，下同）

3. 损伤评价指标及统计方法

本研究主要对仿真试验中骑乘人员头部、胸部及碰撞侧大腿、小腿的损伤进行对比分析，以此来探究不同碰撞条件下骑乘人员的损伤差异。各身体部位所选用的损伤参数分别为HIC（头部）、3ms合成加速度（胸部）、下肢（峰值碰撞力）。对于各损伤参数的计算方法及安全界限可参考本书4.8节中的相关表述。

本研究采用Mann-Whinty U检验方法对摩托车骑乘人员各身体部位的损伤差异进行显著性检验，检验水准$\alpha = 0.05$。将损伤参数的相关数据导入SPSS软件之后得到P值，根据P值的大小即可判断骑乘人员各主要部位的损伤是否具有显著性差异。一般来说，当$P < 0.01$时，认为两者具有极显著差异；当$0.01 \leqslant P < 0.05$时，认为两者具有显著性差异；当$P \geqslant 0.05$时，一般认为两者不具有显著性差异。主要采用绘制箱线图的方法来统计试验中各骑乘人员身体部位损伤参数大小。

8.3.2 结果及分析

1. 不同碰撞形态下骑乘人员各主要部位损伤的对比

（1）头部

图8-32给出了不同碰撞形态下骑乘人员HIC15对比的箱线图。统计结果显示，除汽车侧面直角碰撞摩托车中部以外，其余六种碰撞形态下骑车人和后座乘员的HIC15均具有显著差异（$P < 0.05$）。其中在汽车侧面直角碰撞摩托车前部、对向斜角和正面碰撞的情况下（$N = 21$，N为仿真试验样本数，下同），骑车人HIC15高于后座乘员的仿真试验分别为16组、18组和19组，所占比例分别为76.19%、85.71%和90.48%，这表明在这三种碰撞形态下，骑车人的头部损伤

比后座乘员更为严重。而对于汽车侧面直角碰撞摩托车后部、同向斜角和追尾碰撞而言（$N=21$），后座乘员的HIC15显著高于骑车人，这三种碰撞形态下后座乘员HIC15高于骑车人的仿真试验分别为18组、17组和19组，所占比例依次为85.71%、80.95%和90.48%。这表明在这三种碰撞形态下，后座乘员更有可能受到严重的头部伤害，此差异形成的原因可能与骑乘人员初始碰撞位置至头部碰撞点（车辆发动机舱或前风窗玻璃）的距离有关。

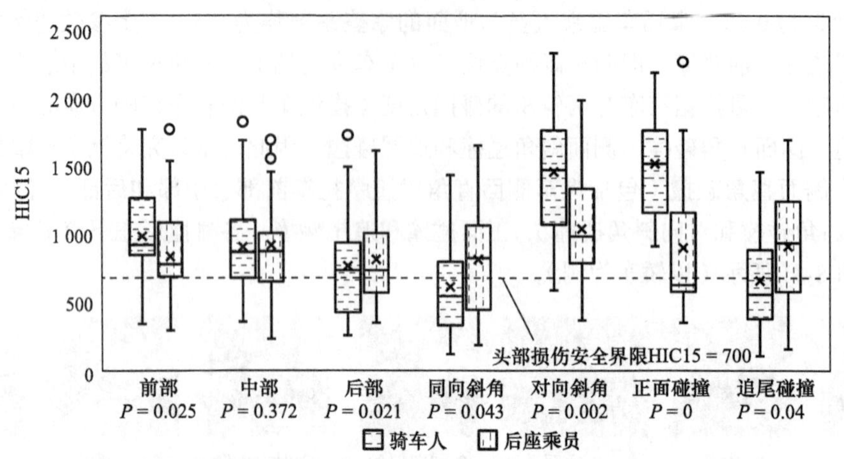

图 8-32　不同碰撞形态下骑乘人员 HIC15 对比的箱线图

（图中横虚线表示骑车人，竖虚线表示后座乘员，下同）

（2）胸部

图8-33给出了不同碰撞形态下骑乘人员胸部3ms合成加速度对比的箱线图。如图8-33所示，除汽车侧面直角碰撞摩托车中部以外（$N=21$），其余碰撞形态下骑乘人员的胸部3ms合成加速度的分布均具有显著差异（$P<0.05$）。统计显示，在汽车侧面直角碰撞摩托车前部、同向斜角、对向斜角和正面碰撞四种碰撞形态下，摩托车骑车人的胸部3ms合成加速度高于后座乘员的仿真试验分别有17组、16组、20组和18组，占比分别为80.95%、76.19%、95.24%和85.71%，这表明在这四种碰撞形态下骑车人遭受严重胸部损伤的可能性比后座乘员更大。此外，由对向斜角和正面碰撞导致的骑乘人员胸部损伤明显高于其他碰撞形态，且大多数仿真试验中骑乘人员已超过其损伤极限60g，其中在对向斜角碰撞（$N=21$）时，骑乘人员胸部损伤超过其安全界限的仿真试验分别为19组和14组，占比分别为90.48%和66.67%，正面碰撞（N=21）时分别有17组和11组，占比分别为80.95%和52.38%，这表明对向斜角和正面碰撞导致骑乘人员的胸部损伤比其他碰撞形态更为严重，这可能是因为在这两种碰撞形态下两车的相对碰撞速度更高。

（3）撞击侧大腿

图8-34给出了不同碰撞形态下骑乘人员撞击侧大腿所受峰值碰撞力对比的箱线图。除正面和追尾碰撞外，其余碰撞形态下骑车人撞击侧大腿所受的峰值碰撞力远高于后座乘员且两者具有极显著性差异（$P<0.01$）。对于侧面直角（包括前部、中部和后部，N=63）、同向斜角（$N=21$）和对向斜角碰撞（$N=21$）而言，骑车人撞击侧大腿所受的峰值碰撞力高于后座乘员的仿真试验分别为60组、18组和20组，占比分别为95.24%、85.71%和95.24%，这表明在此碰撞形态下骑车人撞击侧大腿受到严重伤害的可能性远高于后座乘员，其中在侧面直角碰撞时骑车人撞击侧大腿超过其股骨耐受极限的仿真试验共49组，占比为77.78%，而后座乘员仅为2组，

占比为 3.17%。这表明骑车人很有可能发生大腿股骨骨折，而后座乘员发生骨折概率不大。此外，对于追尾碰撞（$N=21$）而言，后座乘员的大腿由于直接与汽车前端接触，而骑车人大腿距离车辆前端较远且以后座乘员身体作为缓冲，因此导致骑车人大腿损伤低于后座乘员，两者平均值分别为 2.47kN 和 3.12kN，均低于股骨耐受极限。

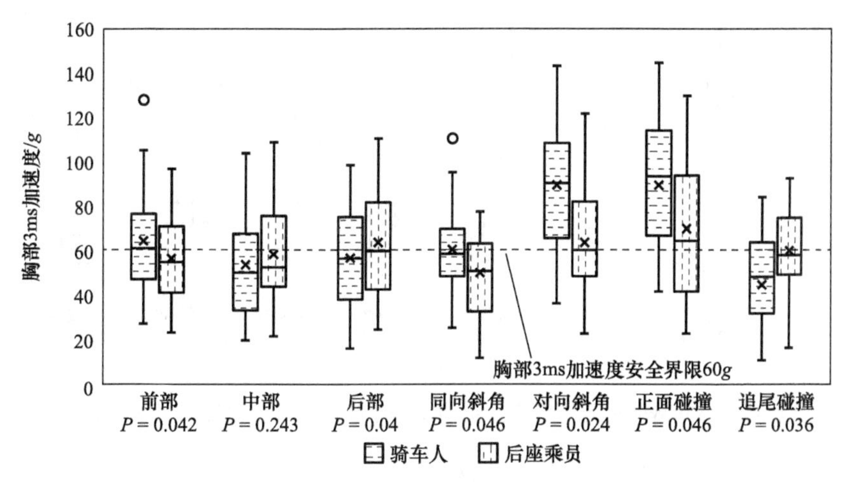

图 8-33　不同碰撞形态下骑乘人员胸部 3ms 合成加速度对比的箱线图

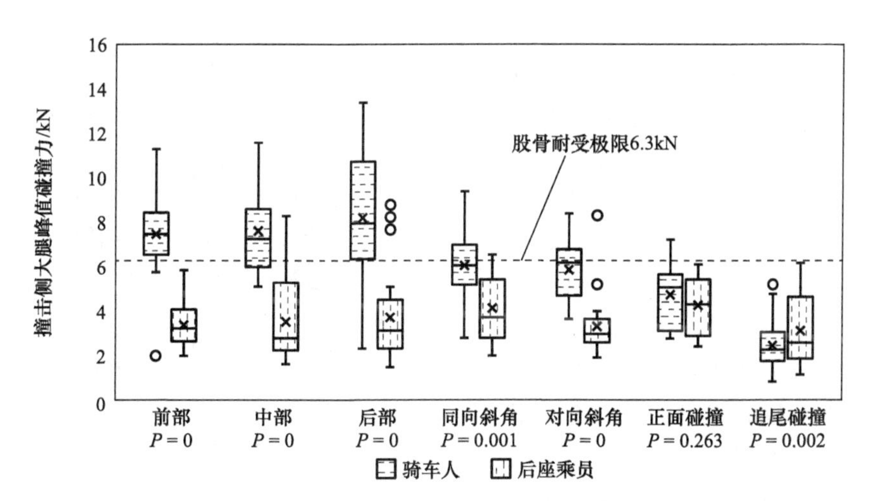

图 8-34　不同碰撞形态下骑乘人员撞击侧大腿所受峰值碰撞力对比的箱线图

（4）撞击侧小腿

图 8-35 给出了不同碰撞形态下骑乘人员撞击侧小腿所受峰值碰撞力对比的箱线图。统计结果显示，所有碰撞形态下骑车人和后座乘员撞击侧小腿所受的峰值碰撞力均具有显著性差异（$P<0.05$），其中对于侧面直角（前部、中部和后部，$N=63$）和对向斜角碰撞（$N=21$）而言，摩托车骑车人撞击侧小腿所受的峰值碰撞力远高于后座乘员且两者具有极显著性差异（$P<0.01$），在此碰撞形态下，几乎在所有仿真试验中骑车人小腿损伤均已超出其胫骨耐受极限，而后座乘员均低于其耐受极限值，这表明在这些碰撞形态下，骑车人极有可能发生胫骨骨折，而后座乘员胫骨骨折的概率较低。此外，对于同向斜角和正面碰撞而言（$N=21$），骑车人撞击侧小腿损伤高于后座乘员的仿真均为 19 组，占比均为 90.48%。但在追尾碰撞时，后座乘员的小

腿由于直接与汽车前端发生碰撞，导致其小腿所受峰值碰撞力大于骑车人，此时后座乘员小腿损伤高于骑车人的仿真试验为18组，占比为85.71%，这表明追尾碰撞将导致后座乘员的小腿损伤更加严重，但一般不会超过其胫骨耐受极限。

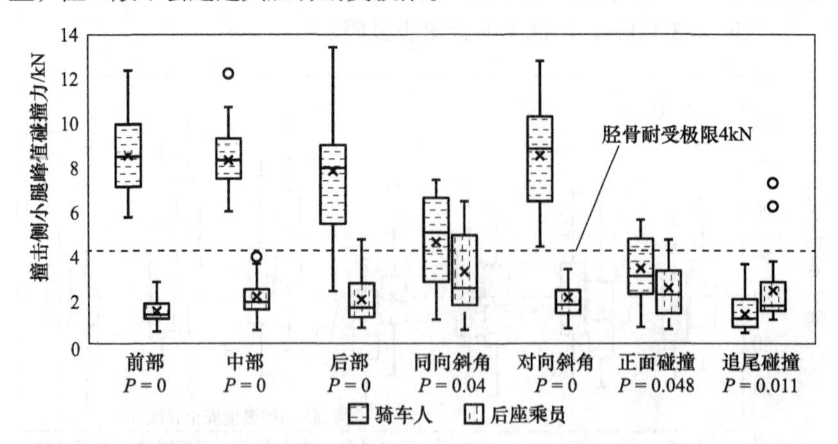

图8-35　不同碰撞形态下骑乘人员撞击侧小腿所受峰值碰撞力对比的箱线图

2. 不同车型下骑乘人员各主要部位损伤的对比

（1）头部

图8-36给出了不同车型碰撞下骑乘人员HIC15的对比情况。统计结果显示，在涉及三类车型的147组仿真试验中，骑车人达到头部损伤极限的试验有112组，占比为76.19%，后座乘员有107组，占比为72.8%。在轿车和SUV碰撞的情况下（$N = 49$），骑车人HIC15的分布高于后座乘员且两者分布具有显著性差异（$P = 0.019$和$P = 0.02$），这两类车型碰撞下导致的骑车人HIC15高于后座乘员的仿真试验分别有39组和40组，所占比例分别为79.6%和81.63%。这表明轿车和SUV碰撞可能导致骑车人的头部损伤更为严重。而在微型厢式车（N = 49）碰撞时，骑车人HIC15的平均值低于后座乘员，分别为1 020.03和1 168.66，但不具有显著性差异（$P = 0.116$）。此外，轿车、SUV分别与微型厢式车之间导致骑乘人员的HIC15也具有显著性差异（$P = 0.037$和$P = 0.043$），这可能是因为轿车、SUV与微型厢式车的车头外形轮廓相差较大。

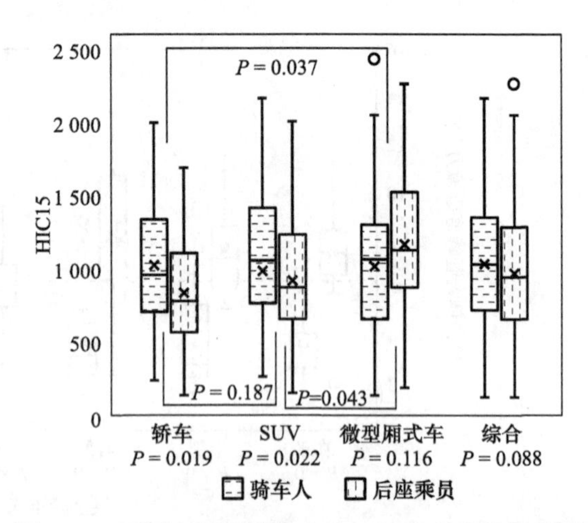

图8-36　不同车型下骑乘人员HIC15对比的箱线图

（图中综合为不分车型的数据，下同）

（2）胸部

图8-37给出了不同车型碰撞下骑乘人员胸部3ms合成加速度的对比情况。结果显示，骑车人和后座乘员的胸部3ms合成加速度在三类车型碰撞下均具有显著性差异（$P < 0.05$）。147组仿真试验中，骑乘人员达到其胸部损伤安全界限的试验分别为78组和60组，占比分别为53.06%

和40.82%。在轿车和SUV碰撞的情况下（$N = 49$），骑车人的胸部3ms合成加速度高于后座乘员的仿真试验均为40组，占比为81.63%，这表明在轿车和SUV碰撞的情况下，摩托车骑车人更有可能遭受严重的胸部损伤。而对于微型厢式车碰撞而言（$N = 49$），后座乘员胸部3ms合成加速度高于骑车人的仿真试验有37组，所占比例为75.51%，这表明在微型厢式车碰撞下后座乘员更可能遭受严重的胸部伤害。此外，微型厢式车碰撞下导致骑乘人员胸部损伤超过其安全界限的仿真试验分别有37组和39组，占比分别为75.51%和79.59%，均远高于轿车和SUV（轿车分别为17组和5组，SUV分别为24组和16组），这表明在微型厢式车碰撞下导致骑乘人员胸部的损伤更加严重，且各车型之间导致骑乘人员达到胸部损伤具有极显著性差异（$P < 0.01$）。

（3）撞击侧大腿

图8-38给出了不同车型下骑乘人员撞击侧大腿所受峰值碰撞力的分布情况。如图8-38所示，在三类车型碰撞下，摩托车骑车人撞击侧大腿所受的峰值碰撞力的分布均明显高于后座乘员，且两者具有极显著差异（$P < 0.01$）。在147组试验中，骑车人撞击侧大腿达到股骨耐受极限的仿真试验有75组，占比为51.02%，而后座乘员达到股骨耐受极限的只有6组，占比为4.08%，这表明骑车人撞击侧大腿发生股骨骨折的概率将远高于后座乘员。在三类车型碰撞时，骑车人撞击侧大腿损伤高于后座乘员的仿真试验分别为42组、45组和43组，所占比例分别为85.71%、91.84%和87.76%，这表明骑车人遭受的大腿损伤远比后座乘员更加严重。此外，在轿车与SUV（$P < 0.01$）、SUV与微型厢式车（$P = 0.038$）碰撞下导致的摩托车骑乘人员撞击侧大腿的损伤也分别具有（极）显著性差异。

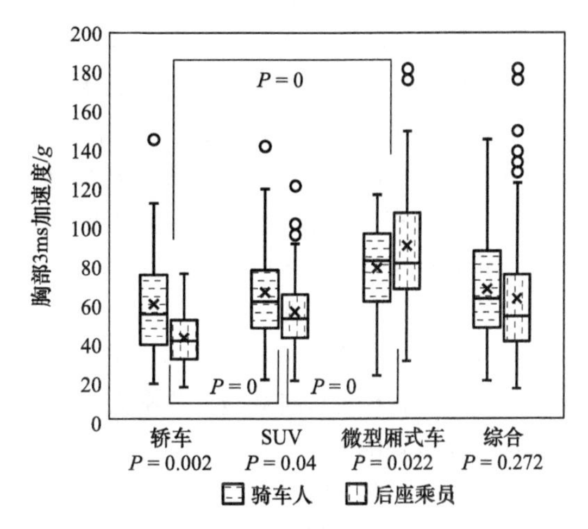

图8-37 不同车型碰撞下骑乘人员胸部3ms合成加速度对比的箱线图

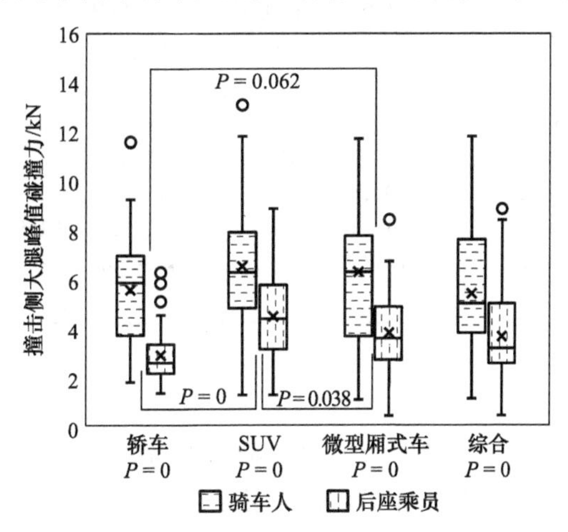

图8-38 不同车型下骑乘人员撞击侧大腿所受峰值碰撞力对比的箱线图

（4）撞击侧小腿

图 8-39 给出了不同车型下骑乘人员撞击侧小腿所受峰值碰撞力的分布情况。统计结果显示，在与轿车、SUV 和微型厢式车碰撞（$N = 49$）时，摩托车骑车人撞击侧小腿所受的峰值碰撞力均远高于后座乘员，且两者具有极显著性差异（$P < 0.01$），在 147 组试验中，骑车人撞击侧小腿超过小腿胫骨耐受极限的仿真试验有 101 例，占比为 68.71%，而后座乘员达到胫骨耐受极限的只有 13 例，占比为 8.84%，这表明骑车人发生小腿胫骨骨折的概率要远高于后座乘员。此外，在轿车、SUV 和微型厢式车碰撞下骑车人撞击侧小腿损伤高于后座乘员的仿真试验分别为 42 组、45 组和 43 组，所占比例分别为 85.71%、91.84% 和 87.76%。这表明与后座乘员相比，摩托车骑车人更容易遭受严重的小腿伤害。

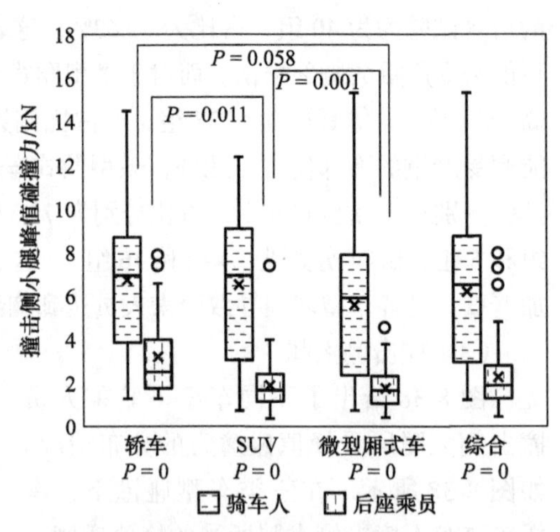

图 8-39 不同车型下骑乘人员撞击侧小腿所受峰值碰撞力对比的箱线图

此外，在轿车与 SUV（$P = 0.011$）、SUV 与微型厢式车（$P = 0.001$）之间导致的摩托车骑乘人员撞击侧大腿损伤也分别具有（极）显著性差异。

3. 不同车速下骑乘人员各主要部位损伤的对比

表 8-5 给出了不同车速碰撞下骑乘人员各主要部位损伤参数的均值。骑乘人员的 HIC15 和胸部 3ms 加速度均随着车速的增加而明显增大，在碰撞车速相同的情况下，骑车人各主要部位的损伤参数均值均高于后座乘员，当车速达到 45km/h 时，骑车人的头、胸部损伤达到其安全界限，而后座乘员头、胸部在 50km/h 时超过其安全界限。此外，对于骑车人而言，其撞击侧小腿在所有车速下均已超过胫骨耐受极限，当车速达到 45km/h 时，撞击侧大腿开始超过其股骨耐受极限，但对于后座乘员而言，所有车速下撞击侧大小腿均值均未超过其耐受极限。

表 8-5 不同碰撞车速下骑乘人员各主要部位损伤参数的对比（括号内为后座乘员）

车速 /（km/h）	HIC15	胸部 3ms 加速度 /g	大腿峰值碰撞力 /N	小腿峰值碰撞力 /N
30	480.29（452.59）	46.94（38.89）	4 131.36（2 618.99）	5 198.14（1 231.66）
35	559.24（517.99）	52.60（45.65）	5 139.48（2 683.10）	6 043.64（1 740.77）
40	672.45（628.47）	57.59（52.81）	5 669.10（3 050.32）	6 117.06（1 936.89）
45	745.66（673.23）	65.13（58.13）	6 724.06（3 852.78）	6 377.36.（2 022.77）
50	1 161.36（1 027.70）	81.28（67.34）	6 762.74（4 004.37）	6 384.22（2 238.79）
55	1 416.25（1 295.91）	107.56（82.09）	6 797.26（4 159.24）	6 486.08（2 442.03）
60	1 796.02（1 649.23）	123.08（98.36）	6 867.64（4 890.91）	6 885.69（2 584.88）
损伤标准	700	60	6.3kN	4kN

8.3.3 结论

基于 Pc-Crash 仿真软件，以车型、车速和碰撞形态为试验变量设计并仿真 147 组汽车碰撞载人摩托车的试验，进而统计分析了不同碰撞条件下摩托车骑车人和后座乘员头部、胸部和撞击侧下肢损伤的差异，并对其进行显著性检验，得出如下结论。

1）大多数碰撞形态下，骑乘人员的头部及胸部损伤具有显著性差异，而撞击侧大、小腿具有极显著性差异。在汽车侧面直角碰撞摩托车前部、对向斜角和正面碰撞的情况下，骑车人头部和胸部损伤显著高于后座乘员；而在侧面直角碰撞摩托车后部和追尾碰撞时，后座乘员头、胸部损伤更加严重；除正面和追尾碰撞外，骑车人撞击侧下肢的损伤远高于后座乘员，且两者一般具有极显著性差异。

2）在轿车和SUV碰撞的情况下，骑车人的头、胸部损伤高于后座乘员，且两者具有显著性差异；在微型厢式车碰撞时，后座乘员的头、胸部损伤更加严重。三类车型碰撞下导致骑车人撞击侧下肢的损伤均远高于后座乘员且两者具有极显著性差异。此外，各车型之间导致骑乘人员主要部位的损伤也一般具有显著性差异。

3）不同的碰撞车速下，骑车人头部、胸部和撞击侧下肢损伤参数的均值均高于后座乘员，当碰撞速度分别为45km/h和50km/h时，骑车人和后座乘员的头、胸部损伤分别超过其耐受极限。因此，有必要在摩托车事故多发路段将车辆行驶速度限制在45km/h以下。

4）统计结果发现，骑乘人员不同部位的损伤有显著性差异，这种差异能为骑乘关系认定及损伤防护措施制定提供指导，在实践中极具价值。但导致这种差异的原因以及如何基于此差异进行事故鉴定或保护骑乘人员，尚需更多后续的研究。

8.4 自行车座高对骑车人脊背前倾角和头部损伤的影响规律

8.4.1 引言

我国自行车社会保有量接近4亿辆，位居世界第一，自行车骑车人与行人一样作为交通弱势群体，因缺乏有效的外在防护而常在事故中遭受严重伤害。据国家统计局数据显示，2015—2019年我国自行车事故数从1 369起增加到2 283起（增比为66.8%），死亡人数从304人增加到440人（增比为44.7%）。这表明我国自行车交通安全形势依然严峻。

当前，自行车安全研究主要有主动安全和被动安全两类。主动安全方面，学者们主要针对汽车自动紧急制动系统（Autonomous Emergency Braking，AEB）测试场景、AEB系统效率评估和主动安全系统及道路基础设施对自行车事故影响等方面开展研究。被动安全方面，骑车人损伤特点、损伤差异及损伤影响因素是当前研究的热点。在损伤特点方面，研究者发现头部及下肢为骑车人最易受伤的部位且头部损伤是造成骑车人死亡的重要原因之一。在损伤差异方面，研究发现电动自行车骑车人的头部损伤风险低于行人，下肢损伤风险高于行人；在同等碰撞条件下，骑行自行车更易遭受头部损伤，骑行摩托车更易遭受腿部损伤。在损伤影响因素方面，研究发现碰撞车型、速度、形态、道路特征及骑车人年龄、性别、损伤部位、是否佩戴头盔等与骑车人伤亡程度密切相关；进一步研究发现自行车车型、骑车人体型、骑车人脊背前倾角（简称背角，β）及自行车座椅高度（简称座高）对骑车人损伤也有影响，代步自行车、小身材骑车人、背角越小、座高越高，骑车人头部损伤越严重。

现有研究中，通常只考虑各类因素对损伤的单方面作用，而忽略了各因素间存在的相互作用，这会导致研究结果具有局限性。观察生活中典型自行车骑车人的骑行姿态，易发现固定自行车车型及骑车人体型下，座高与背角不是两个独立的变量，二者之间应具有相关性。如能揭示这种相关性，则可更全面地研究考虑背角因素的座高对骑车人头部损伤的影响规律。研究结

果可为车 - 自行车碰撞仿真试验设计特别是座高和背角参数的选择提供支持，为骑车人头部损伤防护措施提供建议，为骑车人结合自身情况选择合理的骑行座高提供指导。

为此，本研究将首先设计 46 组物理试验以研究骑车人背角影响因素并揭露背角与座高关系，再设计 98 组试验并用 MADYMO 仿真以研究考虑背角因素的典型自行车座高对骑车人头部损伤的影响规律，得出各体型骑车人骑行各典型自行车的头部损伤耐受座高范围。

8.4.2 背角影响因素及与座高关系

以骑车人体型、自行车车型和座高为变量设计 46 组物理试验来研究背角影响因素并揭露背角与座高关系。

1. 试验变量定义及取值

骑车人体型参考“新车评估测试”（New Car Assessment Program，NCAP）碰撞试验中对成人碰撞假人的体型分类，以 GB 10000—1988《中国成年人人体尺寸》中的人体数据为基础选取三个具有代表性的骑车人体型，分别为小身材（5th，女性）、中等身材（50th，男性）和大身材（95th，男性），挑选 3 个身材与上述标准相近的志愿者进行试验，具体参数见表 8-6。

表 8-6 骑车人体型参数

体型	来源	身高 /m	体重 /kg	身高（体重）误差
小身材（5th，女性）	标准数据	1.48	42	3.38%（7.14%）
	志愿者实测	1.53	45	
中等身材（50th，男性）	标准数据	1.67	59	0.6%（8.5%）
	志愿者实测	1.68	54	
大身材（95th，男性）	标准数据	1.775	75	0.28%（6.6%）
	志愿者实测	1.78	70	

自行车车型则选取日常生活中最常见的代步车、山地自行车和公路自行车三种车型；因近年来共享经济的快速发展，共享单车已遍布全国各地，越来越多的人选择共享单车作为短途出行工具，故用共享单车来代表代步车。自行车外形尺寸参数如图 8-40 所示。在试验开始之前通过淘宝、京东等网站搜索并采集若干组代步车、山地车和公路车外形尺寸数据（代步车、山地车和公路车的样本数 N 分别为 10、20 和 25），再取各外形参数的平均值作为典型尺寸（代步车、山地车和公路车各一组），最后挑选外形尺寸与典型尺寸相近的代步车、山地自行车和公路自行车各一辆作为试验车，具体尺寸见表 8-7。

表 8-7 自行车车型参数

车型	来源	把手高 /cm	座高 /cm	车长 /cm	轮径 /cm	外观
代步车	典型尺寸	100	80~93	162	50	
	试验车尺寸	100	78~93	159	47	
山地车	典型尺寸	97	86~96	170	66	
	试验车尺寸	98	85~102	172	66	
公路车	典型尺寸	90	85~99	169	66	
	试验车尺寸	90	86~103	169	66	

对比表8-6中各骑车人体型参数的统计数据和实测数据及表8-7中自行车车型参数的典型尺寸和试验车尺寸，发现二者差别不大，说明试验志愿者和试验车具有代表性。

2. 试验方案

3种体型的志愿者，分别在不同座高下骑行不同类型的自行车往返试验路段一次，并全程录制骑行过程。在试验车型基础上将座高划分为低、中、高3个等级，试验中小身材骑车人因身高原因无法正常骑行山地车和公路车，考虑到生活中小身材骑车人也较少选择上述外形尺寸的山地车和公路车作为出行工具，故在此不安排小身材骑车人骑行山地车/公路车，而代步车低座高和中座高各增设一组试验座高。试验座高详见表8-8（往返共需46组试验）。试验原则如下。

图8-40 自行车外形尺寸参数

1）试验路段的路面应平整、干燥，长度在30m左右且不应存在干扰试验的障碍物。

2）试验中骑车人起步后应尽量保持正常的骑行姿态，直线匀速骑行通过整个试验路段。

3）沿路安排多个相机顺序拍摄以获得全路段的骑行过程，各相机间距为6~10m（可据相机数量进行调整，此处相机数量为3，间距为10m），用专业三角架对其进行固定以确保镜头与骑车人垂直，与地面平行；相机与骑车人的垂直距离为4m，离地高度为0.9~1.1m，具体高度据实际情况进行调整，保持骑车人处于录制画面中央且录制画面不应歪斜扭曲（图8-41）。

表8-8 物理试验座高

车型	身材	座高/cm		
		低	中	高
代步车	小	78、80	85.5、86.5	93
	中、大	78	85.5	93
山地车	中、大	85	93.5	102
公路车	中、大	86	94.5	103

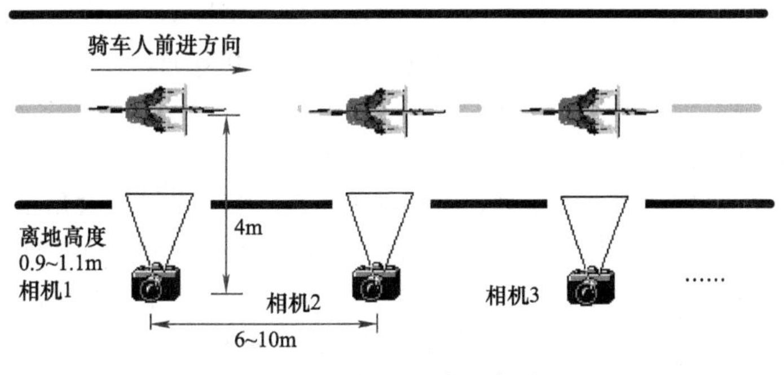

图8-41 物理试验示意图

3. 背角测量方法

背角测量参考了D.Otte等学者提出的对骑行姿态的测量方法，具体实施步骤如下。

1）截取正常骑行过程中的骑行姿态图片，要求骑车人处于画面中央且与观察者的视线成 90°，以确保测量背角的准确性。

2）在骑车人臀部与腰部的过渡部位定位一点 a，在骑车人颈部与背部的过渡部位定位一点 b，用直线 A 连接 ab 两点，微调 a、b 位置尽可能保证直线 A 与骑车人背部轮廓相平行（图 8-42a）。

3）以 a 为起点绘制一条与地面垂直的直线 B，以 b 为起点绘制一条与地面平行的直线 C，直线 B、C 相交于点 c。直线 A、B 和 C 在骑车人背部组成一个虚拟的直角三角形（图 8-42b），图中 $\angle cab$ 则为骑车人的背角。

4）测量直线 B 与 C 的长度，利用反三角函数公式求解 $\angle cab$，即 $\angle cab = \arctan(C/B)$。

a)

b)

图 8-42　背角测量方法示意图

4. 统计方法

同 8.3 节一样，此处也采用 Mann-Whitney U 检验方法，对物理试验中不同自行车车型、座高及骑车人体型下的骑行背角差异进行显著性检验，检验水准 $\alpha = 0.05$。将背角数据导入 SPSS 软件并根据试验变量合理分组运算后得到 P 值，再根据 P 值的大小来判断不同车型、不同座高及不同骑车人体型下的背角是否有显著性差异。

采用非线性回归方法，对物理试验中座高与背角的关系进行描述，参数间关系采用多项式函数回归模型来表达。函数表达式为

$$y = a_0 x^n + a_1 x^{n-1} + \cdots + a_{n-1} x + a_n \tag{8-6}$$

式中，系数 a_0，a_1，…，a_{n-1}，a_n 均通过最小二乘法确定，变量 x 与 y 之间的相关性由相关系数 R^2 确定，一般认为 $R^2 \in [0.9,1]$ 时，x 和 y 显著相关；$R^2 \in [0.6,0.9]$ 时，二者相关性较强。

5. 试验结果

（1）背角影响因素

图 8-43~ 图 8-45 分别给出不同车型、座高及骑车人体型下的骑行背角箱线图。统计结果显示，骑行代步车的背角与骑行山地车和公路车间均有极显著性差异（$P = 0.00$），骑行山地车与公路车的背角间也存在显著性差异（$P = 0.012$），各车型下的背角大小排序为：代步车＜山地车＜公路车（图 8-43）。低座高与高座高的背角间具有极显著性差异（$P = 0.006$），其余座高下的背角差异不显著，各座高下的背角大小排序为：低座高＜中等座高＜高座高（图 8-44）。代步车车型下，中等身材和大身材骑车人的背角间具有显著性差异（$P = 0.026$），其余体型的背角间差异不显著，各体型下的背角大小排序为：中等身材＜小身材＜大身材（图 8-45）。统计结

果表明：大部分情况下，不同车型、座高及体型下的背角间存在显著性差异，说明自行车车型、座高及骑车人体型均为背角的显著性影响因素。

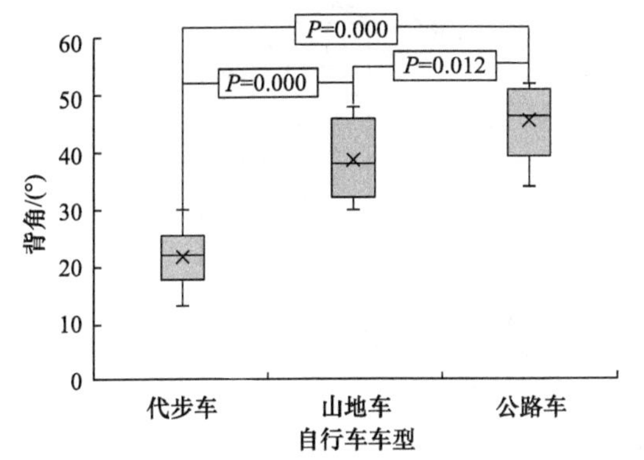

图 8-43　不同车型下的骑行背角箱线图

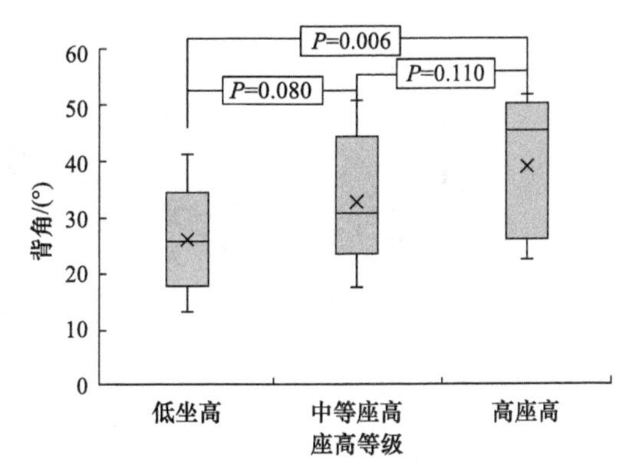

图 8-44　不同座高下的骑行背角箱线图

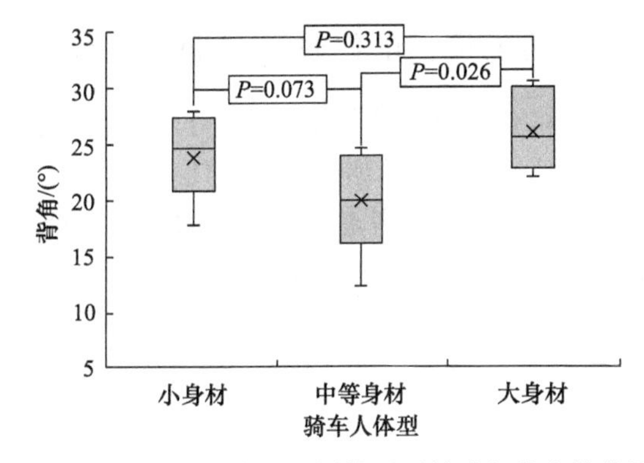

图 8-45　骑行代步车时不同体型下的骑行背角箱线图

（2）背角与座高关系

为兼顾自行车车型和座高对背角的影响，将座高与把手高的比值（简称座把比）作为回归模型的自变量 x，结合表 8-7、表 8-8 可知，试验中各车型下的座把比分别是代步车为 0.78、0.8、0.855、0.865、0.93，山地车为 0.87、0.95、1.04，公路车为 0.96、1.05、1.14。

因试验时骑车人在同一车型、座高下往返试验路段一次，故相同试验条件下有 2 组背角数据（3 台相机，每组有 3 个背角数据），为保证研究结果的准确性，取其平均值作为回归模型中的背角数据，用非线性回归方法获得了三种体型骑车人背角与座把比的回归模型及多项式拟合曲线（图 8-46）。相关性研究表明，座把比与小身材和中等身材骑车人的背角间具有较强的相关性（小身材 R^2=0.838 2，中等身材 R^2=0.840 2），与大身材骑车人的背角显著相关（R^2=0.901 2），说明回归模型及拟合曲线能很好地反映座把比与背角间的关系（因未安排小身材骑车人骑行山地车和公路车，故其回归模型自变量范围为 0.75~0.95）。

在同一自行车车型下，即把手高固定，图 8-46 中座把比的增大即自行车座高的增大，此时座把比与背角的回归模型相当于座高与背角的回归模型。分析发现：座高增大时，小身材骑车人的背角先增大后减小，其余体型骑车人的背角持续增大，大身材骑车人的背角比中等身材的大，但二者的差距随座高增大而逐渐减小。

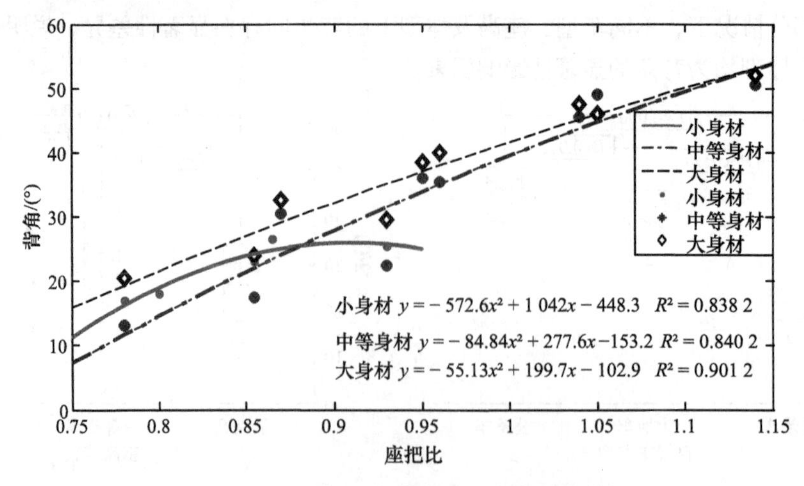

图 8-46　座把比与背角的回归关系曲线

8.4.3　典型自行车座高对头部损伤的影响及耐受座高范围

用非线性回归方法分析了 46 组物理试验数据，获得了 3 种体型骑车人背角与座把比间的回归模型，可利用该模型根据座把比确定各体型骑车人在任一座高下骑行典型自行车的背角，从而能用单因素分析方法结合仿真试验分析考虑背角因素的座高对骑车人头部损伤的影响规律，并获得各体型骑车人骑行典型自行车的耐受座高范围。

1. 试验方案

试验前先分析 184 例自行车事故视频，发现轿车（56.5%）和 SUV（19.6%）为最常见的碰撞车型，碰撞前绝大部分汽车采取了制动应急措施（73.9%），而大部分自行车则未采取应急措施（77.2%）。事故中侧面直角碰撞形态居多（51.6%），且汽车前保险杠中部（37.2%）和自行车左右车身（56.7%）为碰撞频率最高的部位。

根据事故统计和物理试验的结果并参考同领域学者设计仿真试验时的变量取值，设计以碰撞车型、自行车车型、座高及骑车人体型为变量的仿真试验。其中碰撞车型定义为轿车和 SUV 两种，有学者认为车头形状参数（如发动机舱罩长度、底盘高度、保险杠高度等）对事故中的人体碰撞响应有显著性影响，故试验中同样以这些参数来定义车头形状（图 8-47），相关参数的具体数值均来自对大众捷达（轿车）和大众探岳（SUV）的实车测量（表 8-9），基于车头形状参数利用 MADYMO 搭建轿车和 SUV 车型的多刚体模型（图 8-48）。自行车车型选代步车、山地车和公路车 3 种（把手高分别为 100cm、98cm、90cm）；并以表 8-7 中的试验车尺寸为基础搭建自行车多刚体模型（图 8-49）。在物理试验座高基础上，设置代步车仿真座高范围为 77~95cm，山地车和公路车仿真座高范围为 85~103cm；再以 3cm 为步长对座高范围进行划分，得到 7 个仿真试验座高；与此同时利用图 8-46 中背角与座把比的关系，获得与各仿真座高对应的骑车人背角（表 8-10）。按照我国成人人体尺寸数据，选取小身材（5th 女性）、中等身材（50th 男性）和大身材（95th 男性）作为试验中骑车人的体型，各体型的多刚体模型均由 MADYMO 自带的人体模型缩放而来（图 8-50）。试验中碰撞形态为侧面直角碰撞，骑车人位于车头正中部（图 8-51）。

汽车碰撞速度为 35km/h，自行车碰撞速度为 12km/h，汽车完全制动，车与路间的摩擦因

数 $f=0.8$，人或自行车与汽车间的摩擦因数 $f=0.3$，人与地间的摩擦因数 $f=0.5$，自行车 - 地面间的摩擦因数 $f=0.8$，人与自行车间的摩擦因数 $f=0.4$。现有的研究结果表明：自行车事故中骑车人头部为最易受伤的部位，头部损伤大体来源于车辆撞击且是造成骑车人死亡的重要原因。故选取头部损伤标准（Head Injury Criterion，HIC）作为试验中的损伤评价指标，且仅考虑头部与车辆的碰撞。

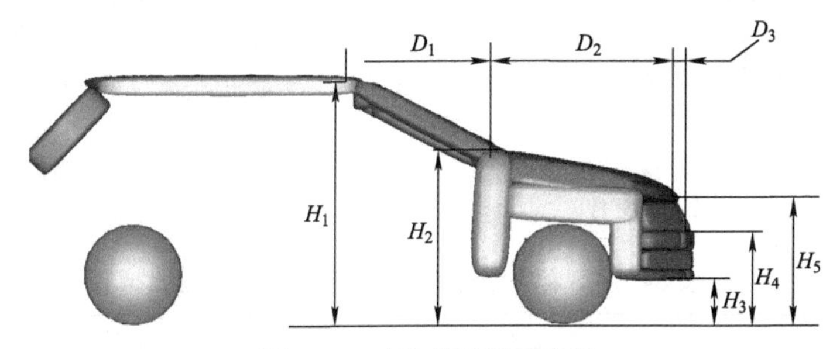

图 8-47　车头外形尺寸参数

表 8-9　车头形状参数具体数值

参数	代号	数值 /m	
		轿车	SUV
风窗玻璃上边缘高度	H_1	1.43	1.60
风窗玻璃下边缘高度	H_2	1.05	1.17
底盘高度	H_3	0.252	0.31
保险杠高度	H_4	0.572	0.78
发动机舱罩边缘高度	H_5	0.75	0.94
风窗玻璃长度	D_1	0.71	0.73
发动机舱罩长度	D_2	1.11	1.25
保险杠伸出距离	D_3	0.08	0.05

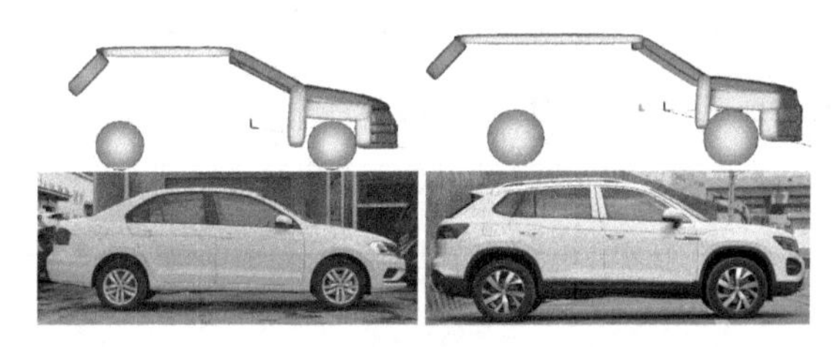

图 8-48　轿车和 SUV 车型仿真外形与真实外形对比

图 8-49　自行车仿真外形与真实外形对比（从左至右为代步车、山地车和公路车）

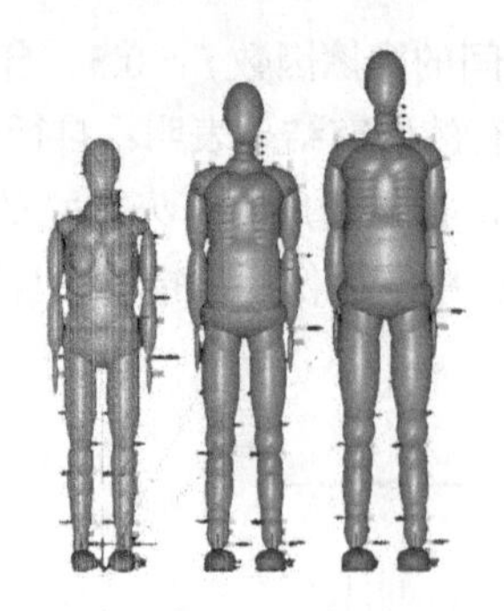

图 8-50　骑车人多刚体模型
（从左至右为小、中等和大身材）

图 8-51　仿真中的碰撞形态

表 8-10　3 种车型仿真座高下骑车人的背角 β

车型	座高 / cm	座把比	β /(°)		
			小身材	中身材	大身材
代步车	77	0.77	14.5	10.3	18.2
	80	0.80	18.8	14.6	21.6
	83	0.83	22.1	18.8	24.9
	86	0.86	24.3	22.8	28.1
	89	0.89	25.5	26.7	31.2
	92	0.92	25.7	30.4	34.2
	95	0.95	24.8	34.0	37.1
山地车	85	0.87	—	23.8	28.8
	88	0.90	—	27.7	32.0
	91	0.93	—	31.4	35.0
	94	0.96	—	35.0	37.9
	97	0.99	—	38.4	40.8
	100	1.02	—	41.7	43.5
	103	1.05	—	44.8	46.1
公路车	85	0.94	—	33.3	36.5
	88	0.98	—	37.1	39.7
	91	1.01	—	40.7	42.7
	94	1.04	—	44.2	45.5
	97	1.08	—	47.4	48.3
	100	1.11	—	50.5	50.9
	103	1.14	—	53.4	53.4

2. 分析方法

用非线性回归方法分析仿真数据，获得 HIC 与座高的回归模型和多项式拟合曲线。HIC 常用的有 HIC15 和 HIC36 两种，所对应的损伤界限分别为 700 和 1 000。此处选择 HIC15 为仿真中骑车人头部损伤评价指标，HIC15 越大，头部损伤越严重，当 HIC15 超过 700，认为头部有 22% 的概率受 AIS3+ 级损伤。

3. 结果分析

图 8-52~ 图 8-54 给出了不同体型骑车人在不同碰撞车型下骑行三种典型自行车的 HIC15 与座高关系图。相关性检验发现，各试验条件下的 HIC15 与座高间均有强相关性（各图中的相关性系数 R^2 均大于 0.6），说明各多项式拟合曲线能很好地反映头部损伤随座高的变化关系。头部损伤耐受座高是仿真中轿车及 SUV 车型下 HIC15 均小于 700 时所对应的座高，不同自行车

车型及不同骑车人体型下的耐受座高范围都有所不同。下面对各碰撞车型下头部损伤随座高的变化趋势进行描述，并分析各体型骑车人骑行各典型自行车的耐受座高范围。

（1）代步车座高与头部损伤关系及耐受座高范围

骑行代步车时，座高对各体型骑车人头部损伤的影响规律一致：轿车车型下，各体型骑车人的头部损伤随座高的增大先减小后增大；SUV 车型下，各体型骑车人的头部损伤随座高的增大而减小。此外，小身材骑车人在座高低于 89cm（图 8-52a）、中等和大身材骑车人在座高低于 86cm 时（图 8-52b、图 8-52c），SUV 车型下的头部损伤较轿车车型下的严重；其余座高范围下，轿车车型下的头部损伤严重。骑行代步车时，小、中等和大身材骑车人的耐受座高范围分别为 86.1~92.5cm、82.7~89cm 和 84.3~87.6cm（图 8-52）。

（2）山地车座高与头部损伤关系及耐受座高范围

骑行山地车，中等身材骑车人在轿车车型下的头部损伤随座高的增大而增大，在 SUV 车型下的头部损伤随座高的增大先减小后增大；座高低于 91cm 时，SUV 车型下的头部损伤比轿车车型下的严重。中等身材骑车人骑行山地车的耐受座高范围为 88.2~94.2cm（图 8-53a）。大身材骑车人在两种碰撞车型下的头部损伤均随座高的增大而增大，且二者的差异不大；大身材骑车人骑行山地车的耐受座高范围为 85~92cm（图 8-53b）。

（3）公路车座高与头部损伤关系及耐受座高范围

骑行公路车时，座高对中等和大身材骑车人的头部损伤影响规律一致：轿车车型下，头部损伤随座高的增大而增大；SUV 车型下，头部损伤随座高的增大先减小后增大。中等身材骑车人骑行公路车的耐受座高范围为 89~94cm（图 8-54a）；大身材骑车人骑行公路车的耐受座高范围为 85~95.3cm，大部分座高下，轿车车型下的头部损伤较 SUV 车型下的严重（图 8-54b）。

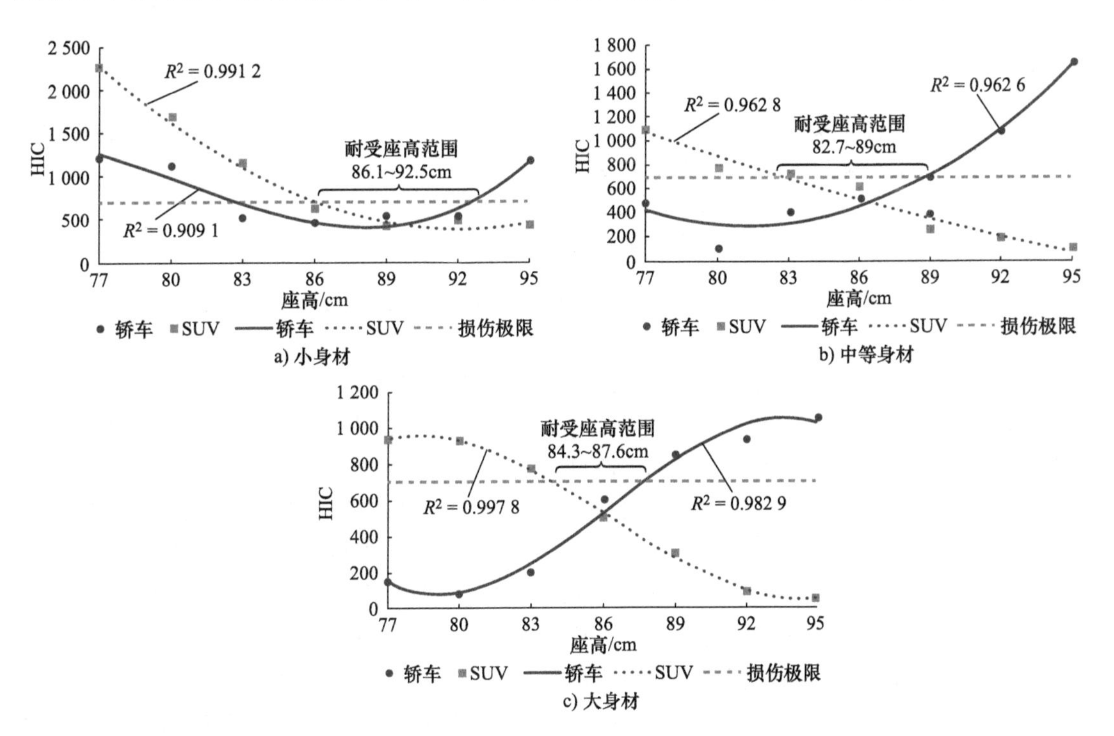

图 8-52 代步车车型下座高与 HIC15 的关系曲线

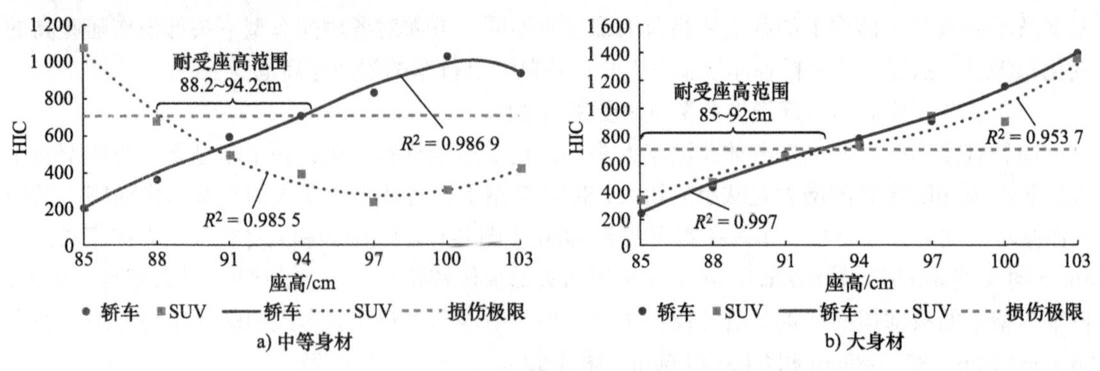

图 8-53 山地车车型下座高与 HIC15 的关系曲线

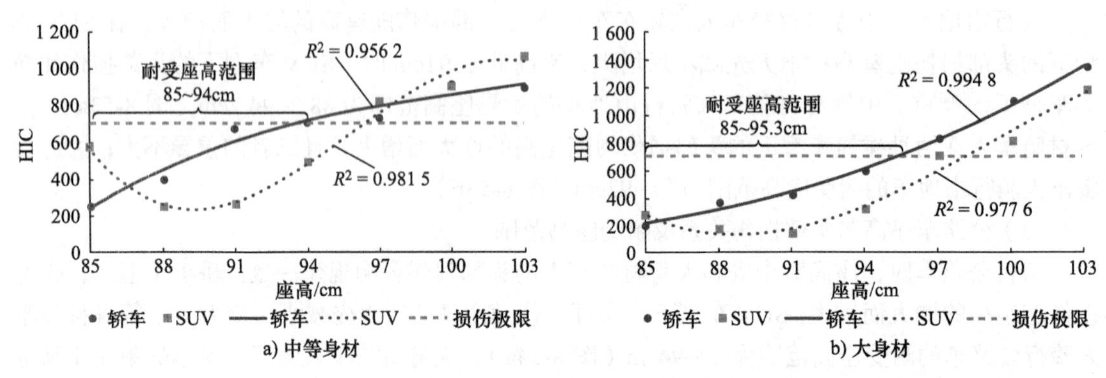

图 8-54 公路车车型下座高与 HIC15 的关系曲线

8.4.4 讨论

为探究耐受座高下头部损伤降低的内在因素，引入头车相对碰撞速度 v_r（头部与汽车碰撞瞬间，头部相对于车辆的速度），计算公式为

$$v_r = \sqrt{(v_x - v_c)^2 + {v_y}^2 + {v_z}^2} \tag{8-7}$$

式中，v_x、v_y、v_z 是指头部与车辆碰撞时刻沿 x 轴、y 轴和 z 轴的速度分量；v_c 是指头车碰撞时刻车辆的速度。

将仿真中的 HIC15 按大小均等划分为 5 个区间，并统计各区间内的 v_r 值，发现 HIC15 随 v_r 的增大而增大（图 8-55）；再分析仿真中骑车人的运动学响应过程，此处以中等身材骑车人骑行山地车为例，选取非耐受座高 100cm（碰撞车型为轿车）和 85cm（碰撞车型为 SUV）分别对比耐受座高 91cm 的骑车人运动学响应过程，发现不论何种碰撞车型，在相同时间的节点下，耐受座高下的 v_r 均小于非耐受座高下的。轿车车型下，耐受座高与非耐受座高下的骑车人运动学响应大致相同，但耐受座高下骑车人的整体运动高度较非耐受座高的低，这缩短了头车碰撞时间，且头车碰撞前，肩部先与汽车发动机舱罩碰撞，抵消了部分碰撞能量，使 v_r 降低；而非耐受座高下，骑车人头部与肩部几乎同时与汽车相撞，故 v_r 较高（如图 8-56a 所示，耐受和非耐受座高下的 v_r 分别为 7.76 m/s 和 8.84 m/s）。SUV 车型下，耐受座高下的骑车人臀部受到发动机舱罩边缘撞击，随后骑车人受碰撞力作用被抛出，在空中以自身重心为旋转中心向发动机舱罩方向旋转，最后头部与发动机舱罩发生碰撞；而在非耐受座高下则是腹部与发动机舱罩边缘相撞，上半身的绕转中心为腹部，使得头部旋转半径较耐受座高下的小，v_r 较高（如图 8-56b 所示，耐受与非耐受座高下的 v_r 分别为 6.87 m/s 和 8.43 m/s）。

最后，统计并对比仿真中骑车人在三种典型自行车车型的耐受座高与非耐受座高下的 v_r 并检验其显著性差异，发现骑车人在非耐受座高下的 v_r 均比耐受座高下的高，且二者均有显著性差异（$P < 0.05$）。图 8-55~ 图 8-57 的分析结果表明，耐受座高下头部损伤降低的内因是骑车人头车相对碰撞速度 v_r 的降低。

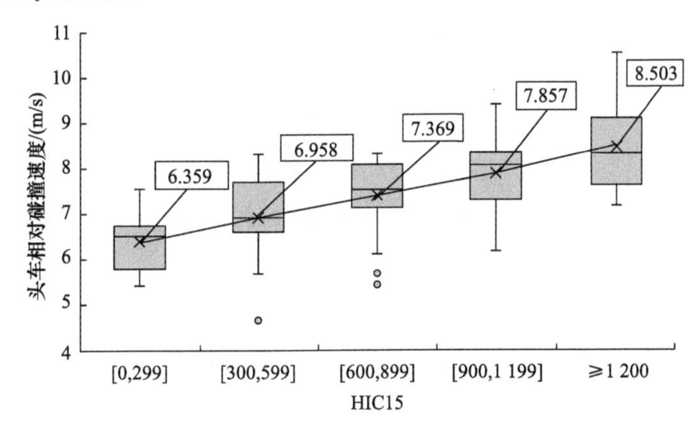

图 8-55 HIC15 与头车碰撞速度的关系

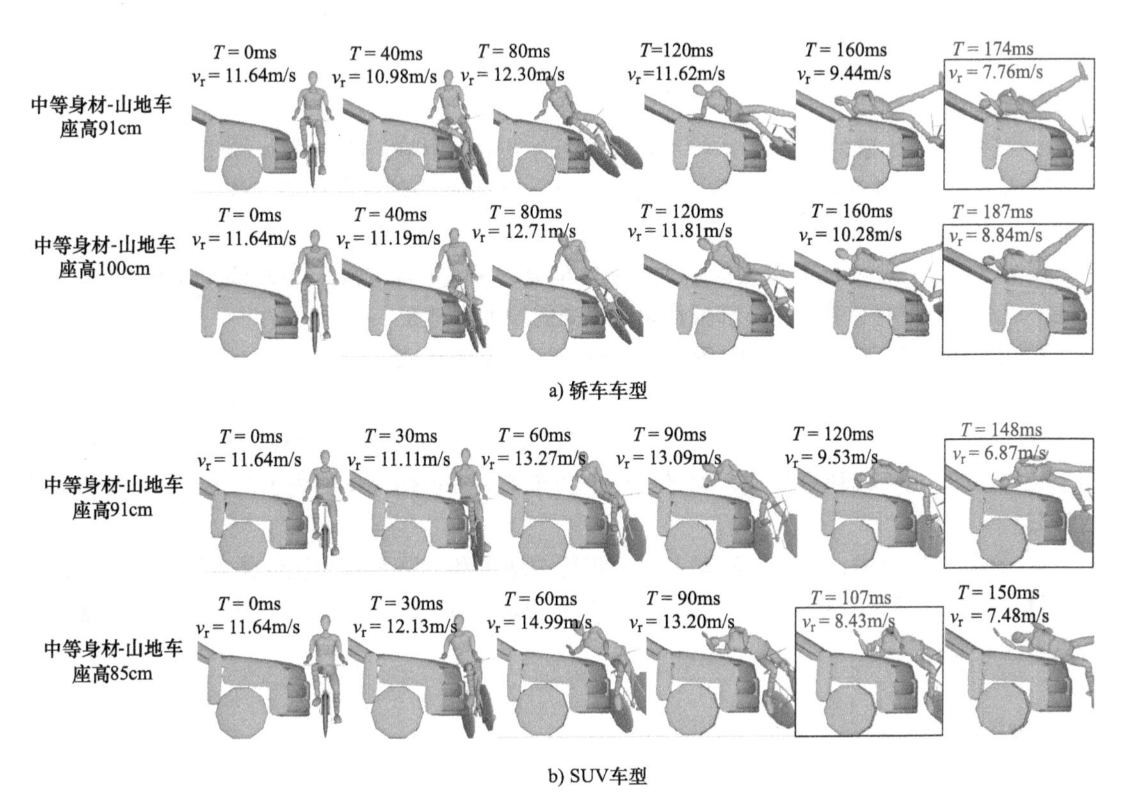

图 8-56 耐受座高与非耐受座高下的骑车人运动学响应对比

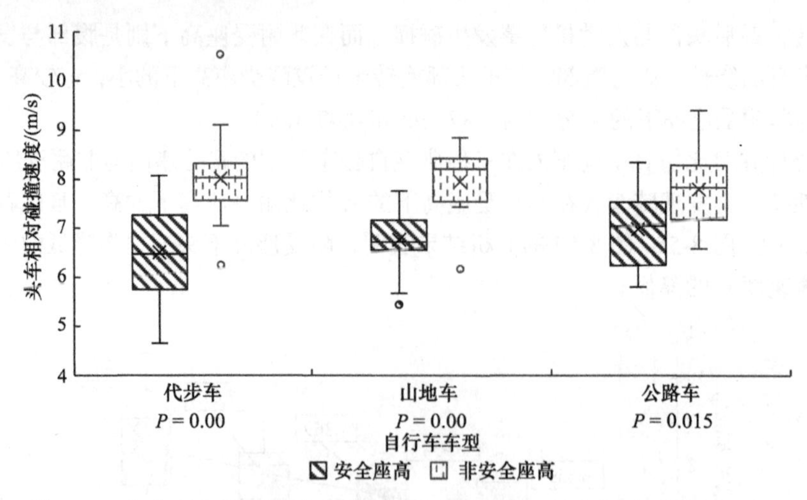

图 8-57 各典型自行车的耐受座高与非耐受座高下头车相对碰撞速度对比

8.4.5 结论

为探究自行车座高对骑车人背角和头部损伤的影响规律，设计并进行了 46 组物理试验和 98 组仿真试验，得出以下结论。

1）自行车车型、座高及骑车人体型均为背角的显著性影响因素。可分车型、体型建立背角与座高间的强相关非线性回归模型，座高增大时，小身材骑车人背角先增大后减小；其余体型骑车人背角则持续增大，其中大身材骑车人背角比中等身材的大，但二者的差距随座高的增大而逐渐减小。

2）考虑背角因素的座高对骑车人头部损伤有显著性影响。骑行代步车时，座高对三种体型骑车人的头部损伤影响规律一致。轿车车型下，头部损伤随座高的增大先减小后增大；SUV 车型下，头部损伤随座高的增大而减小。骑行山地车和公路车时，轿车车型下，中等和大身材骑车人头部损伤均随座高的增大而增大；SUV 车型下，中等身材骑车人头部损伤随座高的增大先减小后增大，大身材骑车人头部损伤则随座高的增大而增大。

3）代步车车型下，小、中等和大身材骑车人的耐受座高范围分别为 86.1~92.5cm、82.7~89cm 和 84.3~87.6cm。山地车车型下，中等和大身材骑车人的耐受座高范围分别为 88.2~94.2cm 和 85~92cm。公路车车型下，中等和大身材骑车人的耐受座高范围分别为 85~94cm 和 85~95.3cm。进一步研究发现，耐受座高下骑车人头部损伤降低的内因是头车相对碰撞速度的降低。

4）在物理试验中，小身材骑车人无法骑行山地车和公路车，故设计仿真试验时便排除了小身材骑车人骑行此两种车型的情况，这意味着山地车或公路车的座高对其头部损伤的影响尚需更多的研究。

8.5 小结

本章主要在基于事故深度调查和再现技术的基础上开展了一系列的扩展研究。首先 8.1 节以 150 例利用 Pc-Crash 再现技术高质量再现的人 - 车事故为基础，探究人 - 车事故中人体各部位的损伤来源及相关性。研究获得不同碰撞车速下，人体各部位的损伤来源均有不同；中低车速下（车速≤ 40km/h），人体各部位损伤（头部、胸部、臀部、大腿和小腿）主要来自地面；头、胸部之间的损伤具有高度的相关性。8.1 节的结论表明，地面所致的人体损伤十分显著，具有研究价值。故作者在先前的研究中已提出一种基于制动控制的智能车人地碰撞损伤防护方法，大量的仿真试验或真实案例验证均表明，此方法可有效降低事故中的人地碰撞损伤。但此方法在“是否会增加人车碰撞损伤？”以及“降低人地碰撞损伤最大效益是多少？”这两方面存疑，故本章 8.2 节通过设计一系列的仿真试验对这两个问题进行解答。研究发现只要在 t_1（头车首次接触时间）之后降低车辆的制动强度，人车碰撞损伤就不会增加。合理地控制人车碰撞过程中的车辆制动，可使由人地碰撞导致的 WIC 和 HIC 最大降低率为 88.9% 和 75.6%。进一步探究发现，对于特定的车型（如紧凑型轿车）可获得一种简单的控制制动方法，但若想要获得一种适用于所有车型的简单控制制动方法是极其困难的，几乎是不可能的。此外，发现此方法降低人地碰撞损伤的内因是改变了行人的落地机制，且此方法并非适用于所有情形，某些情形下运用此方法反而会加剧人地碰撞损伤。

8.1 节和 8.2 节主要对人车碰撞事故进行相关研究，而骑车人与行人一样，作为交通弱势群体，也常在事故中受到严重伤害。因此，两轮车事故也是现阶段相关学者们的研究热点，作者在 8.3 节和 8.4 节进行了两轮车事故的相关研究。8.3 节主要研究了载人摩托车事故中骑乘人员的损伤差异，发现绝大多数碰撞形态下骑乘人员的头、胸部损伤具有显著性差异，撞击侧大、小腿具有极显著性差异。绝大多数碰撞条件下，包括不同碰撞车速，骑车人头部、胸部和撞击侧下肢损伤指标参数的均值均高于后座乘员；此外，当碰撞车速分别为 45km/h 和 50km/h 时，骑车人和后座乘员的头、胸部损伤都超过其安全界限。8.4 节研究了自行车座高对骑车人背角和头部损伤的影响规律，发现自行车车型、骑车人体型及座高均为背角的显著性影响因素，可分自行车车型、骑车人体型建立座高与背角的强相关非线性回归模型；座高增大，小身材骑车人的背角先增大再减小，其余体型骑车人的背角持续增大。座高与骑车人头部损伤显著相关，不同汽车车型、自行车车型与骑车人体型组合下的头部损伤随座高变化规律有差异，但均能找到头部损伤耐受座高范围。进一步分析发现，耐受座高下头部损伤降低的内因是头车相对碰撞速度的降低。